Anton Lukesch

„Der Tapir, der an der Himmelsstütze nagt"

Anton Lukesch

„Der Tapir, der an der Himmelsstütze nagt"

Mythos und Leben der Kayapó

BÖHLAU VERLAG WIEN · KÖLN · WEIMAR

Gedruckt mit Unterstützung durch
das Bundesministerium für Wissenschaft und Forschung,
die Steiermärkische Landesregierung und
die Diözese Graz

Titel der Erstausgabe:
„Mythos und Leben der Kayapó",
Acta ethnologica et linguistica 12,
hg. von Engelbert Stiglmayer,
Wien 1969.

Die Deutsche Bibliothek – CIP-Einheitsaufnahme
Lukesch, Anton:
„Der Tapir, der an der Himmelsstütze nagt":
Mythos und Leben der Kayapó / Anton Lukesch.
Wien ; Köln ; Weimar : Böhlau, 1994
ISBN 3-205-98160-X

© 1994 by Böhlau Verlag Gesellschaft m. b. H. und Co. KG,
Wien · Köln · Weimar
Satz: Atelier Vogel, A-2100 Korneuburg
Druck: MANZ, 1050 Wien

INHALT

8

9

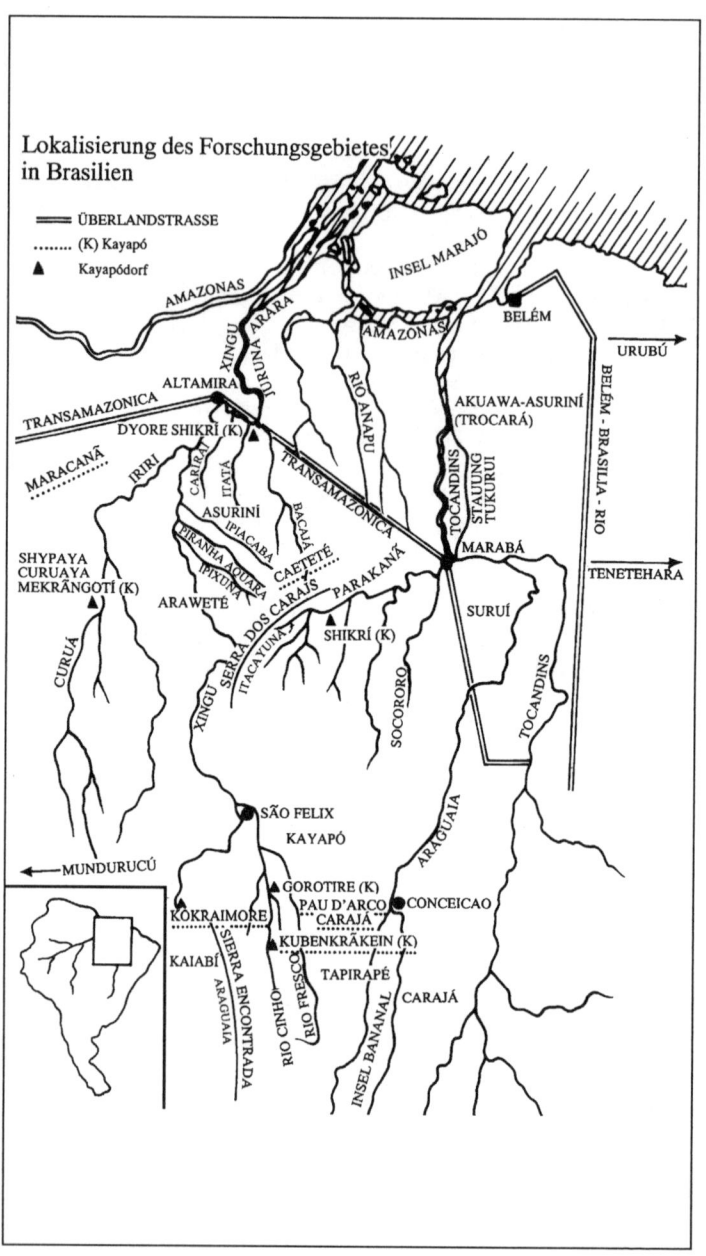

Lokalisierung des Forschungsgebietes
in Brasilien

⟹ ÜBERLANDSTRASSE
.... (K) Kayapó
▲ Kayapódorf

AMAZONAS

INSEL MARAJÓ

BELÉM

URUBÚ

XINGU

ÚRUNA ARARA

AMAZONAS

RIO ANAPU

BELÉM - BRASILIA - RIO

ALTAMIRA

TRANSAMAZONICA

DYORE SHIKRÍ (K) ▲

AKUAWA-ASURINÍ
(TROCARÁ)

TOCANDINS

STAUUNG
TUKURUI

MARACANÃ

IRIRI

CARIRATÁ

ITATÁ

TRANSAMAZONICA

ASURINÍ

IPIACABA

BACAJÁ

MARABÁ

SHYPAYA
CURUAYA
MEKRÃNGOTÍ (K) ▲

PIRANHA AQUARA

IPIXUNA

CAETETÉ

ARAWETÉ

SERRA DOS CARAJÍS

PARAKANÃ

SURUÍ

CURUÁ

XINGU

ITACAYUNA

SHIKRÍ (K)

SOCORORO

TOCANDINS

SÃO FELIX

KAYAPÓ

ARAGUAIA

◄—MUNDURUCÚ

KOKRAIMORE ▲

GOROTIRE (K) ▲
PAU D'ARCO
CARAJÁ

● CONCEICAO

KUBENKRÄKEIN (K) ▲

KAIABÍ

SIERRA ENCONTRADA

ARAGUAIA

OHNIO

RIO CINHO

RIO FRESCO

TAPIRAPÉ

INSEL BANANAL

CARAJÁ

TENETEHARA

10

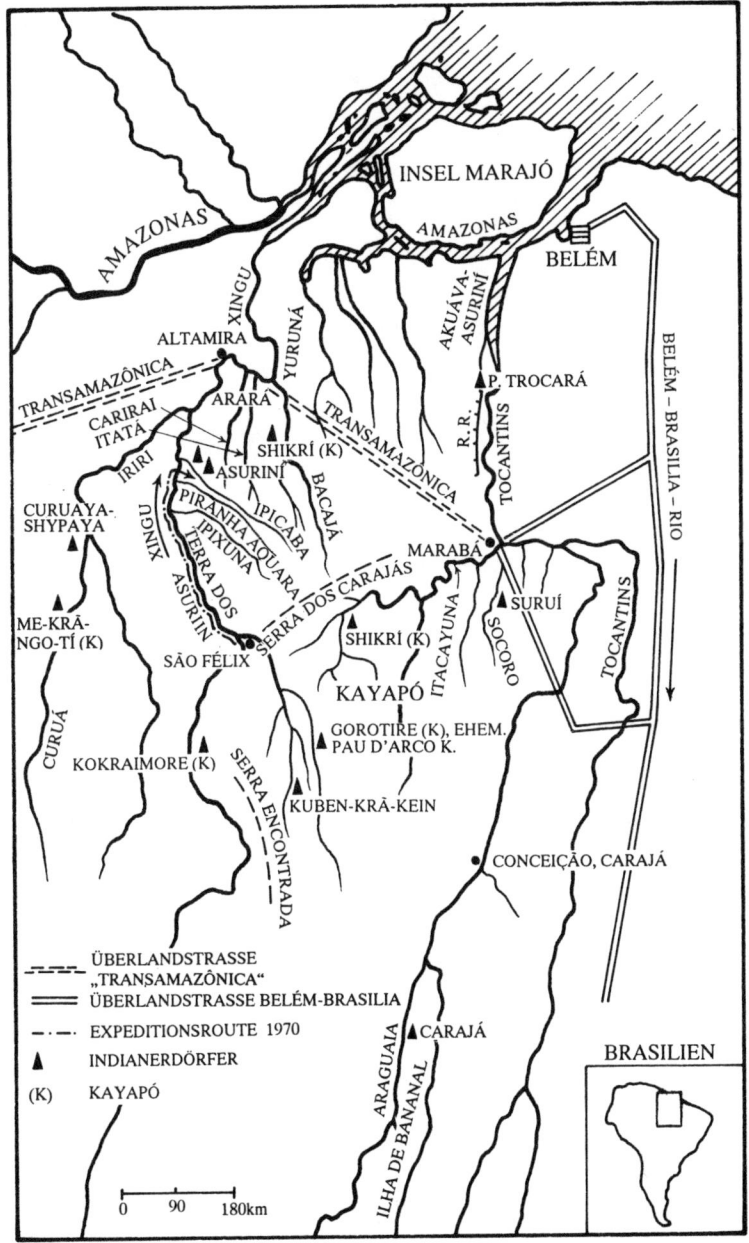

INSEL MARAJÓ

AMAZONAS

AMAZONAS

BELÉM

AKUÁVA-ASURINÍ

ALTAMIRA

XINGU

YURUNÁ

P. TROCARÁ

BELÉM – BRASILIA – RIO

TRANSAMAZÔNICA

CARIRAI

ITATÁ

ARARÁ

TRANSAMAZÔNICA

R. R.

TOCANTINS

IRIRI

SHIKRÍ (K)

ASURINÍ

IPICÁBA

BACAJÁ

CURUAYA-SHYPAYA

XINGU

PIRANHA AQUARA

IPIXUNA

MARABÁ

ME-KRÃ-NGO-TÍ (K)

ASURIÍN

TERRA DOS

SERRA DOS CARAJÁS

SURUÍ

ITACAYUNA

SOCORO

TOCANTINS

SÃO FÉLIX

SHIKRÍ (K)

CURUÁ

KAYAPÓ

GOROTIRE (K), EHEM.

PAU D'ARCO K.

KOKRAIMORE (K)

SERRA ENCONTRADA

KUBEN-KRÃ-KEIN

CONCEIÇÃO, CARAJÁ

- - - - ÜBERLANDSTRASSE „TRANSAMAZÔNICA"

===== ÜBERLANDSTRASSE BELÉM-BRASILIA

—·—·— EXPEDITIONSROUTE 1970

▲ INDIANERDÖRFER

(K) KAYAPÓ

ARAGUAIA

CARAJÁ

BRASILIEN

ILHA DE BANANAL

0   90   180km

11

VORWORT

Die erste Auflage dieses Buches liegt lange zurück und ist
längst vergriffen. Sie erschien 1968, als ich gerade wieder
auf lange Zeit gemeinsam mit meinem Bruder Karl Lukesch
in dem weiten indianischen Lebensraum am mittleren Xin-
gustrom in Amazonien, Brasilien, weilte. Wir kamen auch in
den folgenden Jahren noch wiederholt in die Dörfer Gorotire und Kubenkrãkein, wo wir etwa zehn Jahre vorher die Kayapó-Mythen aus dem Munde der Indianer selbst gehört hatten. Monatelang lebten wir wieder mit den Kayapó-Kokrai-
more in der Nähe der Sierra Encontrada am Xingu
zusammen. Von Altamira aus den Xingu lange stromabwärts
und dann den Bacajá stromaufwärts fahrend, kamen wir in
das Dorf der Dyore-Shikrí, einer Kayapó-Insel im Norden,
wo der brasilianische staatliche Indianerschutz einen Posten
von zwei Funktionären unterhält. Schließlich besuchte ich
von der Sierra dos Carajas aus mit dem Helikopter das typische kreisrunde Kayapódorf der Shikrí am Caeteté, einem
Nebenfluß des Itacayuna im äußersten Südosten. Die in diesem Buch dargelegten Forschungsergebnisse fanden wir
überall bestätigt, und ich konnte diese vertiefen.

Ungefähr im Zentrum der Region, im Urwald auf der
rechten Seite des Xingu, etwa auf der Höhe der Mündung
des großen Iriri-Stromes, gelang uns – nach einer schwierigen und gefahrvollen Expedition, den oftmals von Schilf-
gras und großen Wurzeln überwucherten Bach Iipaçaba mit
dem Boot stromaufwärts fahrend und dann noch ein Stück in
die Wildnis vordringend – am 9. Mai 1971 in 3°25 südl.
Breite und 52°20 westl. Länge die Entdeckung und Herstel-
lung des friedlichen Kontaktes mit dem Tupi-Volk der Asuriní. Das Unternehmen folgte auch einem humanitären Konzept: Der damalige Bau der großen Überlandstraße „Transamazônica" war mit einer systematischen Kolonisierung
verbunden. Durch vordringende Arbeitstrupps oder Neu-
siedler konnte es zu tragischen interethnischen Konflikten

mit etwaigen im weiteren Umkreis des Straßenbaues noch isoliert lebenden Indianergruppen kommen; um dem vorzubeugen, mußte versucht werden, möglichst rasch eine friedliche Verbindung zu diesen Indianern herzustellen. Ab 1976 kamen wir etwa 2° weiter im Süden am Ipixuna zu einem anderen Tupi-Volk, den Araweté, die – noch einige Jahre später als die Asuriní – aus eigener Initiative aus den Wäldern gekommen waren. Der Name Asuriní leitet sich von dem Wort der Juruna-Indianer „asoneri" für „rot, Rote" ab. Auch die Kayapó nennen ihre bisher „ins Dunkel des Geheimnisses gehüllten Erbfeinde" – ohne einen Unterschied zwischen Asuriní und Araweté zu machen – „kuben kamrik" („Rote Fremde", Stammesfremde), nach dem Übermaß an rotem Pflanzenfarbstoff der Urucu-Frucht (Bixa Orellana), den beide Völker zu ihrer Körperbemalung verwenden.

Asuriní und Araweté schilderten uns die Kayapó in ihrem Verhalten nach außen, bei langen Streifzügen, die sie durch ihr Land führten, in den Fehden und Überfällen auf ihre Dörfer: Den düsteren Aspekt von deren Kraftideal und ihrer extrem anthropozentrischen Haltung, die sie nur in den Dorfgenossen des eigenen Kayapódorfes richtige Menschen erkennen ließ. Sie bezeichnen die Kayapó in ihrer Sprache als „Feinde, die mit dem Holzpflock auf die Köpfe einschlagen". Damit meinten sie die schweren Rund- und Schwertkeulen der Kayapó, die diese als Kriegswaffen verwendeten, und mit denen sie den Asuriní und Araweté, die sich im Krieg nur auf kleine, schön gearbeitete Bogen verließen, beim Nahkampf im Urwald oder Dorf immer wieder überlegen waren. Die Araweté zeigten uns auf drastische Weise, wie sie dies von ihren Eltern gehört oder noch selbst erlebt hatten. Sie kauerten sich auf den Boden, bedeckten mit den Händen Nacken und gebeugten Kopf und stellten dar, wie die Dorfgenossen unter den mächtigen Keulenschlägen der Kayapó starben. Bei unserem Zusammenleben mit den beiden Stämmen und den Forschungen in den Jahren 1970, 1976, 1979 und 1982 bot sich die für den Ethnologen einzig-

artige Chance, die von der „Zivilisation" noch fast unberühr-
te Welt der Indianer zu erleben. Meiner Darstellung der Kultur dieser Indianer gab ich in einer Art Doppelmonographie
den Titel „Schamanen am Rio Xingu" (Böhlau 1990), da die
Schamanen, Paié bzw. Peié, und ihr großartiges Ritual in
Weltanschauung, Religion und Politik in beiden Gemeinschaften eine zentrale Bedeutung einnehmen. Bei den Kayapó haben eine ähnliche Position eher die Häuptlinge sowie
hervorragende Persönlichkeiten aus der Altersklasse der reifen Männer. Asuriní und Araweté sind seit unvordenklichen
Zeiten Bodenbauern und ein richtiges Urwaldvolk, während
die Kayapó des mittleren Xingu eigentlich ein Steppenvolk
sind, das aus dem Süden gekommen war. Bei ihnen liegt der
Übergang zum Ackerbau noch nicht sehr lange zurück, und
das jägerische Element bestimmt noch stark ihren Lebens-
rhythmus. Es bieten sich viele Möglichkeiten des Kulturver-
gleiches der beiden Tupi-Völker mit den Stammesgruppen
der Kayapó, die mit ihnen den Lebensraum teilen, an.

Bei der anläßlich des Amerika-Jubiläums „500 Jahre der
Begegnung mit indianischen Völkern" ausgelösten, oft sehr
leidenschaftlich geführten Diskussion war immer wieder,
freilich oft nur sehr oberflächlich, die Rede von den indianischen Kulturen im Zusammenhang mit ihrer Zerstörung in
einer bewegten Geschichte und der Bedrohtheit der Existenz
von überlebenden Kulturen. Man sprach auch von der Verpflichtung, angesichts der Hypothek der Schuld, die auf den
Beziehungen zwischen Europa sowie den nationalen Gemeinschaften des Doppelkontinentes und den indianischen
Völkern lastet, etwas für ihre Zukunft zu tun, Beiträge für
die Erhaltung ihrer echten kulturellen Eigenwerte, der Bewahrung ihrer Identität und ihrer organischen Entwicklung
in die Zukunft zu leisten.

Dieses Buch will die geistige Kultur eines indianischen
Volkes darstellen. Es will darüber hinaus zeigen, wie india-
nische Geistigkeit und Mentalität in ihrer Weltanschauung
Gestalt annimmt, die sich bis heute in ihrem täglichen Leben

verwirklicht bzw. dieses noch immer weitgehend bestimmt. Sie wird auch, über allen unvermeidbaren Kulturwandel hinweg, weiterwirken. Sie muß man berücksichtigen, an sie muß man anknüpfen, will man der Zukunft indianischer Völker wirklich Wege öffnen. Vor allem deshalb hoffe und glaube ich, daß dieses Buch vielleicht einen bescheidenen Beitrag dazu bieten kann und einem echten Bedarf entspricht.

Jimbe, Cordillera Negra Peru,
im Oktober 1993   *Anton Lukesch*

EINLEITUNG

Der Inhalt dieses Buches besteht in der Hauptsache aus den Erfahrungen im jahrelangen Zusammenleben von meinem Bruder und mir mit dem Ge-Volk der nördlichen Kayapó-Indianer und auf intensiven Forschungen unter ihnen. Die überlebenden Stammesgruppen im mittleren Becken des Xingustromes, soweit überhaupt Kontakt mit ihnen aufgenommen wurde, haben ihre ursprüngliche Lebensform, ihre Schriftlosigkeit und ihren naturvölkischen Charakter zum Großteil bewahrt.

Die in diesem Buche dargestellten Mythen, bedeutungsvoll für das Geistesleben und die Ideenwelt der Kayapó, wurden uns in den Jahren 1954 bis 1958 in zwei Dörfern erzählt: In Gorotire am Rio Fresco, einem Nebenfluß des Xingu, das den portugiesischen Namen Novo Horizonte trägt (7°4 s. B., 52°08 w. L.), und in Kubenkrãkein, am Riocinho, einem Nebenfluß des Rio Fresco mit dem portugiesischen Namen Fumaça, nach dem gleichnamigen Wasserfall Cachoeira da Fumaça, etwa 5 km flußabwärts (8°4 s. B., 52°09 w. L.).

Zur Zeit meiner Feldforschung hatte das Dorf Gorotire bereits Kontakt mit unserer Zivilisation, aber es lebte überwiegend nach seiner althergebrachten Tradition, während die Bewohner von Kubenkrãkein kaum mit der Zivilisation in Berührung gekommen waren. Freilich wird dieser Zustand nicht sehr lange dauern, wenn ich auch die allzu düstere Vorschau von Alfred METRAUX (1962: 109) nicht teilen kann. Ich jedenfalls hatte noch die Chance, die Ideenwelt der Indianer, die zu begreifen ich mich bemühte, richtig gelebt vorzufinden.

Durch endlose Fahrten im Kanu und lange Wanderungen konnte ich die weite Heimat der heutigen Kayapó und auch die anderer, mit ihnen verwandter Gruppen kennenlernen. So kam ich bald nach ihrer „Befriedung" (1956), wie man nicht sehr glücklich in Brasilien die friedliche Kontaktaufnahme mit Indianerstämmen nennt, zu den Kokraimore. Diese haben sich von der Gruppe in Kubenkräkein abgespalten und leben jetzt weiter oben am Xingu. Dann besuchte ich auch die Mekrängotí am Curua, einem Nebenfluß des Iriri, der wiederum ein Nebenfluß des Xingu ist. Diese Gruppe wurde erst 1958 befriedet. Im Dorf Gorotire lernte ich Gruppen und Individuen der Dyore, auch Shikrí genannt, kennen. Weiters war ich mit Shikrí und ehemaligen Pau d'arco Kayapó in Las Casas – etwa in der Mitte zwischen Xingu und Araguaia beisammen. Die heutigen Gruppen der Kayapó des mittleren Xingu-Beckens lebten einst – wie die Indianer selbst mir wiederholt mit Stolz erzählten – in einem riesigen Dorf beisammen, dem Krimet-ti, das gegen Sonnenuntergang etwa eine Tagesreise (60 km) weit vom heutigen Kubenkräkein lag. Alle Stammesgruppen der Kayapó haben die Selbstbezeichnung Mebemokré gemeinsam. Die Bezeichnung der als Dorfgemeinschaft organisierten Stammesgruppen, wie Gorotire, Kubenkräkein, Kokraimore usw., stammen von den jeweils anderen Untergruppen der Kayapó bzw. von den Siedlern.

1936 fand durch den Dominikanerbischof Frei Sebastian Thomas die erste friedliche Begegnung mit den Kayapó des mittleren Xingu-Beckens statt. Er traf sie, nachdem er den Riocinho aufwärts gefahren war, beim Wasserfall Fumaça. Einige Monate vorher hatte eine überstürzte Expedition von drei Engländern (die Siedler unten am Fluß nennen sie bloß nach ihren Taufnamen die drei Fredericos) einen tödlichen Ausgang gefunden. Bis dahin wurden alle diese Stammesgruppen als Gorotire bezeichnet (THOMAS 1936: 45 ff.). Sie waren durch ihre Fehden und blutigen Auseinandersetzungen allgemein gefürchtet. Andere Stämme in dem Gebiet – wie Shipaya, Curuaya und Juruna – wurden von ihnen fast völlig vernichtet. Ich konnte noch einige vereinzelte Abkömmlinge dieser Stämme auf meinen Fahrten zu den Kayapó kennenlernen. Den Namen Gorotire dürften unseren Indianern wohl die Kayapó des Pau d'arco gegeben haben, von denen auch die Kunde kam, daß es sich bei ihnen ebenfalls um Kayapó handle (NIUMENDAJU 1952: 428). Heute heißen nur noch die Bewohner des Dorfes Novo Horizonte Gorotire. Die Siedler weiter unten am großen Strom verwenden für die einzelnen Stammesgruppen zum Teil die portugiesischen Bezeichnungen, je nach der geographischen Lage, z. B. Indios da Fumaça = Kubenkrãkein. Zum Teil nehmen sie auch die Kayapó-Bezeichnungen. In meiner Arbeit bleibe ich, wenn ich von den einzelnen Stammesgruppen bzw. Dorfgemeinschaften rede, bei den Kayapó-Namen. Das Ziel meiner Arbeit soll es sein, die Lebens- und Schicksalsfragen der Kayapó aus ihren Mythen, ihrer Tradition und ihrem Leben heraus zu begreifen. Die Mythen, nach BAUMANN (1959: 3) weltanschauliche Erzählungen, stellen eine klassische Selbstaussage der Kayapó dar. Sie sollen daher auch den Kern des Buches bilden.

Erzähler vorliegender Mythen war in Gorotire hauptsächlich ein Mann der führenden Klasse der Mebenget, Ngoitumre (Wasser trübes), Ratgeber der Häuptlinge und berühmter Geschichtenerzähler, von dem die Indianer selbst sagten, daß er all ihr Wissen besitze, all ihre Sagen, Mythen und Geschichten kenne. In Kubenkrãkein war es vor allem der alte Medizinmann Kapot (die Steppe); dazu der gewandte Sprecher, Unterhändler und Vertreter der Indianer, Kurikó, der auch als Erzähler der alten Geschichten durchaus verläßlich war.

Es sollen nun die Erzählungen und Berichte der Indianer als Zeugnis ihres Weltbildes und ihrer ganzen Ideenwelt möglichst getreu wiedergegeben werden. Dies versuche ich dadurch, daß ich die Geschichte sowohl in einer freien Übersetzung bringe, als auch (im zweiten Teil des Buches) im indianischen Wortlaut mit interlinearer Übersetzung. Die freie Übersetzung will nichts anderes sein, als eine echte Übertragung in unsere Sprache, d. h., es sollen die indianischen Erzählungen so wiedergegeben werden, wie wir selber Märchen, Sagen und alte Geschichten erzählen. Daher wird bewußt darauf verzichtet, die sonst bei solchen Übersetzungen so übliche Einstreuung von einzelnen Wörtern oder ganzen

Sätzen in der Eingeborenensprache zu bringen. Ebenso verzichte ich dabei auf eine wörtliche Wiedergabe einzelner Sätze und auf jede meist ziemlich oberflächliche Anlehnung an den Satzbau im Originaltext. Was in dieser freien Übersetzung, im Vergleich zum Originaltext, ausführlicher erscheint, ist jedoch nicht meine Erfindung. Der indianische Erzähler gibt den Inhalt der Geschichte sehr lebendig wieder. Es ist fast immer eine schauspielerische Darstellung der Ereignisse damit verbunden. Mitunter ersetzt diese die mündliche Erzählung völlig, führt sie weiter und ergänzt sie (KOCH-GRÜNBERG 1921: III). Der Kayapó-Indianer ahmt Stimmen und Gebärden von Menschen, Geistern und Tieren nach. Oft spielt er ganze Szenen vor, wie etwa einen Kampf auf Leben und Tod, eine Flucht, ein aufregendes Jagdabenteuer, eine Geistererscheinung usw. Alles das gehört mit zum Inhalt der Geschichte und wurde daher von mir in die freie Übersetzung hereingenommen. Manches darin stammt aus Ergänzungen und Erklärungen der Indianer auf meine Frage hin. Der Verständlichmachung dienen auch einige kleine Erweiterungen aufgrund meiner Beobachtungen aus dem Leben der Indianer und aus der sie umgebenden Welt.

Besonders möchte ich aber auf die Originaltexte der Erzählungen mit interlinearer Übersetzung hinweisen, die ich lediglich aus praktischen Gründen erst im zweiten Teil des Buches bringe. Auch bei der Darstellung der Weltanschauung, die das Buch bringt, zitiere ich bei der Heranziehung der Mythen immer den jeweiligen Originaltext. Die sprachliche Einführung in die Kayapótexte sowie das Vokabular im 2. Teil des Buches sollen ein selbständiges Übersetzen und ein tieferes Verständnis der Texte ermöglichen. Das Ziel des Buches ist kein sprachwissenschaftliches. Die Sprache ist jedoch erster und charakteristischer Ausdruck, Trägerin der Gedanken, Ideen und Anschauungen, die im Volk lebendig sind (BREDA 1933: 12). In ihr ist die Art und Weise ausgeprägt, wie ein Volk seinen Schicksals- und Lebensfragen gegenübersteht. Dies brachte mich dazu, auf die Wiedergabe

der Originaltexte mein besonderes Augenmerk zu lenken.
Aus den Originaltexten geht auch die Art und Weise hervor,
wie der Indianer seine Geschichten erzählt. Wie er zum Beispiel ein Ereignis zuerst als vollendet hinstellt und dann erst
schildert, wie es dazu gekommen ist, und dergleichen mehr.
Die Gegenüberstellung des Originaltextes bzw. der inter-
linearen Übersetzung mit der freien Übersetzung, in der die
gleiche Geschichte so wiedergegeben ist, wie wir sie erzählen würden, macht vielleicht allein schon etwas von der
Mentalität des Naturvolkes deutlich. Allein das Skeletthafte,
Rahmenhafte der Erzählung der Indianer beweist schon, wie
verschieden ihre Welt von der unsrigen ist: Es stehen ihrer
Phantasie Bilder zur Verfügung, die wir nicht kennen.

Dem Buch liegt folgende Disposition zugrunde: Vorangestellt ist ein Kapitel allgemeinen Charakters, das die
Grundthemen umreißt, die allen Kayapómythen und damit
ihrem Weltbild eigen sind – ob direkt ausgesprochen oder
nicht. Darauf folgt in je einem Kapitel die Darstellung einer
bestimmten Lebensfrage des indianischen Menschen und
seine Stellungnahme dazu. Im ersten Abschnitt jedes Kapitels wird eine, oder werden mehrere charakteristische Mythen gebracht, die, selbst ein gesteigertes Leben darstellend,
Antwort auf die jeweilige Frage geben. Sind für eine bestimmte Frage mehrere charakteristische Mythen verfügbar,
so zeigt dies allein schon die besondere Bedeutung, welche
die Indianer gerade diesem weltanschaulichen Problem beimessen. Freilich werden in den meisten Mythen auch noch
andere Lebensfragen und Probleme anklingen. Jedoch dürfte wieder interessant und charakteristisch sein, in welchem
Rahmen eingebettet eine Stellungnahme zu der behandelten
Daseinsfrage erfolgt. Wie bereits gesagt, wird hier die mythische Erzählung in einer freien Übersetzung gebracht. Es
wird aber jeweils auf den Originaltext der Mythe verwiesen,
der im zweiten Teil des Buches wiedergegeben ist.

Im zweiten Abschnitt jeden Kapitels, ‚Weltanschauung
und Leben‘, versuche ich, aus den betreffenden Mythen und

unter Heranziehung einschlägiger Stellen, aus der gesamten Kayapómythologie die Weltanschauung der Indianer in dieser Frage herauszustellen. Vor allem ist mir aber eine Quelle für die Darstellung der Weltanschauung das Leben der Indianer selber, das ich eine Zeitlang mitleben durfte, und in dem sie das, was sie glauben, auch leben.

Im zweiten Teil des Buches bringe ich zuerst eine Einführung in die Originaltexte der Mythen mit einer Darstellung der Kayapólaute und grammatikalische Hinweise, welche ein selbständiges Übersetzen und besseres Eindringen in die Texte ermöglichen sollen. Hierauf erfolgt die Wiedergabe der Originaltexte mit interlinearer Übersetzung. Den Abschluß bildet ein Vokabular für die Texte und ein Personen- und Sachregister.

Die Bildtafeln von den Menschen und ihrem Lebensraum sollen einiges aus der Welt festhalten, die die Indianer mit ihrem Glauben und ihren Ideen beherrschen wollen.

Vielleicht kann das Buch, dessen ganzes Bestreben es ist, in die Geisteswelt dieses Naturvolkes der Kayapó einzudringen, auch einige Hinweise allgemeiner Natur für die Erforschung naturvölkischer Geistigkeit und für die allgemeine Mythenforschung bringen.

I. TEIL

I. KAPITEL

Kunde von Urzeit und Wandel

Indianerdinge

Wenn man von der Geistigkeit des Volkes reden will, wird es bedeutungsvoll, wie unsere Indianer selber die Themen dieses Buches bezeichnen würden. Welchen Begriff haben sie selbst für das, was wir als Mythen, als typische Lebensauffassungen, als die von der Gemeinschaft anerkannte zusammenfassende Haltung und Ausrichtung des Menschen in der Welt, als Weltanschauung und Weltbild bezeichnen würden. Sobald wir die Sprache immer besser verstanden, erregte im Dorf Gorotire mehr und mehr ein Mann namens Ngoi-tumre (Wasser trübes) unser Interesse. Er genoß allgemein großes Ansehen. Von ihm hieß es: *„Ngoi-tumre mebemokré moia kuní mari"* = Ngoi-tumre kennt all die Dinge der Indianer. Er verstand es, eine prächtige Schwertkeule, eine Rundkeule oder auch den großen Bogen der Kayapó anzufertigen. Er war einer der besten Jäger, vor allem aber der berühmteste Geschichtenerzähler. Und das meinten die Indianer auch, wenn sie erklärten, er wisse alle Indianerdinge. Ding bedeutet eine Keule genauso wie eine Geschichte, ein Ritual oder ein Fest. Unter „Indianerdinge" verstehen sie ihre gesamte materielle und geistige Kultur. Geistiges und Materielles wird mit dem gleichen Wort, *moia* = Ding, bezeichnet. Dies hängt auch zusammen mit der Überzeugung des Erzählers von der Wahrheit der Geschichte, der Mythe oder des Rituals. Wahr ist für ihn Mekrãngotí-moia = die historische Darstellung des gefürchteten Feindes und seiner Eigenschaften und der Heldentaten, die das Volk gegen ihn vollbrachte; der Häuptling von Kubenkrãkein schildert dies immer wieder den Seinen, um sie zur Wachsamkeit und zur Pflege der Wehrtüchtigkeit aufzufordern. Mythe und historischer Bericht ist für den Indianer ebenso real wie etwa seine Keule, die man greifen und fassen und mit der man zuschlagen kann. So hat der indianische Sprecher in Kubenkräkein immer wieder eine Schwertkeule, eine Rundkeule oder einen Pfeil in der Hand, wenn er nächtlich auf dem Dorfplatz die Runde macht und seine Rede hält, während in den Hütten schon alles still geworden ist und die Feuer flackern. Er unterstreicht seine Rede mit viel Gesten und Mimik, aber die Waffe in seinen Händen dient weniger der dramatischen Darstellung seiner Geschichte, sie ist vielmehr Ausdruck und Zeichen für sie, eine Art Verdinglichung seiner Erzählung. Wenn der Indianer die Herkunft seiner Mythe erwähnt, verweist er auf die Tradition. So betonte der Erzähler der Geschichte von den „bösen Wesen" immer wieder, wie ein Onkel oder Großvater sie einem Kinde erzählte. Mütterlicher Onkel oder mütterlicher Großvater und Neffe bzw. Enkel, sind die Menschen, zwischen denen die höchste geistige Bindung besteht. Der erste Berichterstatter aber – heißt es in jenem Mythos – war ein Mann, der die geschilderten Tatsachen mit eigenen Augen gesehen und das Ganze selbst erlebt hat. Auf meine Frage an einen meiner ständigen Erzähler, wie er denn die Geschichten erfahren habe, bekam ich die Antwort: Als ich noch ein Knabe war, hat mir nachts, wenn alles schon still war und wir ganz allein auf dem Plattformbett lagen, mein Onkel immer wieder die alten Geschichten erzählt. Charakteristisch an dieser Antwort ist, daß von vornherein die engste geistige Bindung besteht zwischen dem Lehrer und Schüler. Das Wissen wird in der Verborgenheit vermittelt, und das ist typisch für die Ehrfurcht, mit der die Indianer ihre „Dinge" – ihre Geschichten und Mythen – behandeln. Sie haben Furcht vor der Profanierung ihrer Ideenwelt und ihrer persönlichsten und heiligsten Gedanken und Gefühle. Auf diese Haltung paßt der Kayapó-Begriff *pyam* = Scham; er umfaßt auch die ängstliche Scheu davor, den anderen einen Blick in die eigene Seele tun zu lassen. Dies wurde mir erst zum ganz persönlichen Erlebnis, als ich die Sprache verstand und selber reden konnte. Die erste Geschichte wurde mir von einem Indianer, dessen Vertrauen ich allmählich und mühsam errungen hatte, erzählt. Er kam in der Nacht in unsere Hütte und wartete, bis alle anderen gegangen waren, ehe er zu erzählen begann. Was die Art dieses Erzählens anlangt, so war es mir jedesmal, als ob er aus einem verborgenen Schrein behutsam wertvolle Schmuckstücke hervorholte und sie vor dem bewundernden Beschauer ausbreitete. Es machte ihn richtig glücklich und verlieh seiner Darstellung Schwung, wenn er sah, daß sie Bewunderung, Freude und brennendes Interesse beim Zuhörer auslöste. Einmal sagte er am Schluß: „Jetzt gehe ich wieder auf eine große, tagelange Jagd; da werde ich auch viel allein und einsam sein, da werde ich viel und lange denken können. Dann werde ich wiederum viele Geschichten wissen; und wenn ich zurückkomme, erzähle ich sie dir." Dies weist auf die Problematik hin, inwieweit die Geschichte echter Mythos ist, d. h. geistiger Besitz der Gemeinschaft, und inwieweit sie vom Erzähler ausgedacht, also Dichtung ist. Wie es sich bei den vorgelegten Geschichten herausstellt, ist jedesmal auch ein persönlicher Beitrag des Erzählers vorhanden, man könnte sagen, es handle sich um eine freie Nachdichtung. Aus den verschiedenen Versionen einer Mythe – die ich mitunter nachstehend wiedergebe – ergibt sich: Verschieden ist das Kolorit, verschieden manche Einzelheit im Gang der Handlungen, es gibt auch Ergänzungen und Fortführungen, aber die Grundzüge weltanschaulicher Natur bleiben die gleichen; es gibt keine Widersprüche und die Harmonie in der Weltauffassung ist nicht gestört. Wenn ich selber versuchsweise die Geschichte im Kreis von Indianern bewußt anders erzählte, wurde beinahe schroff auf den echten Inhalt verwiesen. Der Mythos ist den Indianern wie eine ungeschriebene Kodifikation ihrer Weltauffassung, von der sie keine Abweichung dulden. Gerade diese Wesenszüge der mythischen Erzählung, an denen sie mit der Kraft ihrer ganzen Überzeugung festhalten, sind wiederum das, was sie als Indianerdinge bezeichnen. Deshalb kann nur von den Indianerdingen her die Geistigkeit dieses Stammes verstanden werden.

Die alte Zeit

Fast alle Geschichten der Kayapó beginnen mit dem Ausdruck *amre-be*. Oft wird dieser Ausdruck sogar einige Male wiederholt. Die Anwendung geschieht so konsequent, daß man annehmen kann, falls sie einmal unterbleibt, der Erzähler sei achtlos gewesen oder habe auch weggelassen, was sich einfach von selbst versteht. *Amre* ist sonst der Ausdruck eines Befehles, bedeutet aber in diesem Zusammenhang die Vergangenheit. *Be* ist das Wort für Sein, Werden, hier als eine Zeitepoche verwendet. Man könnte den Begriff also mit dem „es war einmal" unserer Märchen, besser mit „in der alten Zeit" übersetzen. Nun läßt aber dieser Ausdruck keinen Schluß zu auf die Länge des zeitlichen Abstandes. Die alte Zeit hat vielmehr den mythischen Sinn einer Urzeit (Vgl. GRAEBNER 1924: 67). Es ist die Zeit, in der entscheidende Ereignisse, Welttaten, geschahen, welche die geltende Seinsordnung begründeten. Sie umfaßt die Epochen bis zur entscheidenden Welttat und schließt diese selbst noch ein. Sie ist nicht bloß eine Zeit, sondern sie bedeutet einen Zustand und eine Ordnung, die so lange bestand, bis das Werden der neuen, der geltenden Ordnung begann. Z. B.: In dieser Zeit „redeten die Tiere" oder „die Menschen aßen nur faules modriges Holz" usw. Bei den Kayapó, die keine eigentliche Schöpfungsmythe kennen, ist sie irgendwie anfangslos oder verliert sich in einem nebligen Dunkel. Sie hat auch im allgemeinen nichts mit einem verlorenen Paradies zu tun. Im Gegenteil, ein Zustand, in dem die Menschen nur faules, modriges Holz zu essen haben, kann nicht als paradiesisch bezeichnet werden. Anklänge an eine verlorene Harmonie – wenn es etwa heißt, „damals redeten die Tiere in der Sprache der Indianer" – werden sofort wieder gedämpft durch die Folgerung, die daraus gezogen wird: „Damals war die Jagd leicht; wenn die Jäger sich einem versteckten Tapir näherten, so rief dieser: ‚Was ist denn los? Schaut her, da habe ich mich hingelegt!' Und die Jäger eilten hin und töteten das Tier."

Wenn auch der Hinweis auf die alte Zeit, selbst in Verbindung mit einem historischen Ereignis, nichts aussagt über den tatsächlichen zeitlichen Abstand, so erscheint doch gerade der Abstand als ein Argument für die Gültigkeit der neuen Ordnung, die damals ihren Anfang nahm. Die alte Zeit ist die Bühne der Welttaten, die für die indianische Ideenwelt entscheidend sind.

Sicher haben die Kayapó viele Geschichten und Mythen, die nicht ihr geistiger Alleinbesitz sind. Manche davon haben sie mit vielen Völkern – und nicht bloß Ge-Völkern – gemeinsam. Nur selten wird sich der Ursprung lokalisieren lassen, aber all die entscheidenden, eine neue Ordnung begründenden Ereignisse und Taten werden auf jene Bühne verlegt, die sie *„die alte Zeit",* die Urzeit nennen. Auch jene Geschichten beginnen mit *ambre-bé* = „in der alten Zeit" und werden, durch sie sanktioniert, mit derselben Überzeugung geglaubt. Ich fand bei den Kayapó eine große Aufgeschlossenheit gegenüber fremder Überzeugung von echten Welttaten, die in einer entscheidenden Zeit geschahen. Solche Überzeugungen werden angenommen, wenn sie in einer Form geboten sind, die in das mythische Konzept der Indianer paßt. Die Bezugnahme auf die Urzeit ermöglicht ihnen die Annahme von neuen Ideen, ohne daß dadurch die Geschlossenheit und Harmonie ihres Weltbildes wesentlich gestört wird.

Verwandlungen

Von Anfang an drängte sich mir bei den alten Geschichten die Frage auf, um was es den Indianern dabei gehe, was sie als das Entscheidende ansähen. Gegenüber den Titeln der bloß in Übersetzung vorgelegten Geschichten war ich seit jeher skeptisch, weil in ihnen zunächst wohl das herausgegriffen ist, was dem fremden Berichterstatter als besonders wichtig erschien. Oft war dieser noch auf einen schlechten Dolmetsch angewiesen, der mühsam in eine Sprache übersetzte, die der andere auch nicht voll beherrschte. Aber auch ausgesprochene Kenner der Originalsprache haben sich um die echten Eingeborenentitel überhaupt nicht gekümmert. Ich bemühte mich also jedesmal herauszubekommen, wie die Indianer selbst ihre Geschichten benennen, und stellte Fragen danach. Vor allem aber hörte ich dieselben Titel immer wieder, wenn einer der alten und erfahrenen Männer – etwa der Medizinmann Kapót (= die Steppe) – voll Stolz alle Geschichten, die er kannte, aufzählte. Dabei wurde mir klar, daß auch die Titel zu jenem festen, unveränderlichen Teil der Mythen gehören, welchen die Kayapó als „Indianerdinge" bezeichnen. Sicher greifen also diese Titel das für sie Wesentliche heraus. Die Erzählung selbst enthält zwar wichtige weltanschauliche Aspekte, der Titel jedoch gibt jene Akzentuierung, die die Indianer selbst als entscheidend betrachten. In den indianischen Titeln kehrt sehr häufig der Ausdruck *kubé* wieder, = „sich verwandeln in, zu etwas werden" oder bloß *be,* das Wort für „sein", das hier auch in der Bedeutung „geworden sein", „werden zu", also in der Bedeutung von „Verwandlung", genommen ist. In manchen großen Erzählungen, die viele Motive und Themen enthalten, wird als Titel der entscheidende Aspekt der Verwandlung herausgegriffen, z. B. in dem großen Mythos vom Mann, der sich in einen Tapir verwandelte. Die Verwandlung ergibt sich nach ziemlich einfachen Analogien, wie etwa das Umwickeln des Körpers mit Bananenblättern zur Formung des plumpen Leibes, der dann eben zum Tapirleib wird. Sie geschieht fast immer im Affekt, in einer Anwandlung von Leidenschaft dessen, der die Verwandlung des anderen bewirkt, oder dessen, der sich selbst verwandelt. Solche Affekte sind vor allem der Zorn, die gerechte Rache und die Eifersucht. Entflammt von Eifersucht, verwandeln die Männer im erwähnten Mythos den Liebhaber ihrer Frauen, den Schönen Birá, in einen Tapir, um eine Jagd auf ihn anzustellen, um ihn gegen die Häuser des Dorfes zu hetzen und zu töten. Die Frau wiederum, die den Geliebten als Braten vorgesetzt bekommt und entdeckt, welche Bewandtnis es mit dem Stück Tapirfleisch hat, schleudert den Überbringer, ihren eigenen Knaben, in die Luft; der Knabe aber verwandelt sich in einen Vogel und flattert davon. Im Mythos vom Mann, der sich in den Regen verwandelte, steigt der um die Beute betrogene Bebgororotí im gerechten Zorn zum Himmel empor und verwandelt sich in *na,* den Regen, das Gewitter. Die Verwandlung setzt den Affekt fort, sie symbolisiert ihn und verkörpert ihn zugleich. Sie führt zu gesteigertem Leben. Auch die Verwandlung in Tiere bewirkt eine Steigerung der Kräfte und des Lebens, zumindest in einer für die Mythe ausschlaggebenden Eigenschaft. Nach dem Mythos vom Feuer des Jaguars zum Beispiel, verwandeln sich die Indianer in Tiere, um rasch und sicher zu dem Jaguar zu gelangen, von dem ihnen erzählt wurde, daß er das Feuer besitze. Die Männer werden Tapire und Wildschweine, die Buben werden Webervögel. Mit dieser höheren Lebenskraft ausgestattet, gelingt ihnen die Kulturtat des Feuerbringens. Und der Mann, der sich in das Gewitter verwandelt, gewinnt eine Steigerung seines Lebens und seiner Kraft über sein Menschsein hinaus: Er erhält überirdische Wirkkraft im kosmischen Bereich und wird zur Gottheit.

Die Vielfalt der Verwandlungen im Mythos, ihr Vollzug im leidenschaftlichen Affekt als dessen Verkörperung, der Gewinn von verstärktem, vollerem Leben, ist ein beredtes Zeugnis für die Dynamik in der Ideenwelt des Naturvolkes.

II. KAPITEL

Mensch und Universum

1. MENSCH UND UNIVERSUM IM MYTHOS

Das Loch im Himmel

In alten, alten Zeiten wohnten die Kayapó im Himmel, dort, über dem Himmelsdach hatten sie alles, was ihr Herz begehrte. Es gab Süßkartoffeln, Macaxeira, Yams, Mandioka, Mais, Inajá-Früchte, Bananen, Wildbret aller Art und Landschildkröten, alles, was man sich zu essen nur denken kann, gab es da.

Eines Tages entdeckte einer der erfahrenen Männer aus der Klasse der Mebenget im Wald das Loch eines Gürteltieres. Er wollte das Tier erbeuten und begann daher zu graben. Er grub und grub den ganzen Tag bis zum Abend, aber das Gürteltier fand er nicht. Am nächsten Morgen begab er sich schon früh in den Wald, um weiterzugraben. Wieder grub er bis zum Abend ohne Erfolg. Am fünften Tage endlich, als er schon ganz in der Tiefe grub, sah er plötzlich das Riesengürteltier. Zugleich aber durchstieß er im Eifer des Grabens das Himmelsgewölbe. Das Gürteltier stürzte in die Tiefe. Es fiel und fiel, es fiel bis auf die Erde hinunter. Auch der alte Krieger stürzte nach. Während des Fallens erfaßte ihn jedoch ein gewaltiger Sturmwind und schleuderte ihn wieder zurück in die Höhe. So flog er wieder in den Himmel hinauf. Durch das Himmelsloch blickte er auf die Erde hinunter. Unten sah er einen Hain von Buritípalmen, einen großen Strom und eine weite Steppe. Und große Sehnsucht, ein heißes Verlangen nach dieser Welt erwachte in ihm.

Nachdem er sich sattgesehen, lief er eilends heim ins Dorf und erzählte allen, was geschehen war. „Ich habe ein Loch in den Himmel gegraben", erzählte er auch den Männern im Männerhaus. „Wie konnte denn das geschehen?" fragten die

Männer. Nun erzählte der Alte, wie er im Wald das Loch eines Riesengürteltieres entdeckt und dann zu graben begonnen habe, wie er tagelang immer tiefer gegraben und schließlich das Firmament durchstoßen habe. „Und wo ist das Gürteltier jetzt?" fragten die Männer alle. „Es stürzte in die Tiefe", erwiderte der Alte. „Ich blickte ihm nach und sah, daß es in einen Hain von Buritipalmen fiel."

Nun berieten sich die beiden Häuptlinge des Kayapó-Dorfes über all das eben Gehörte. „Was sollen wir jetzt tun?" fragte der eine. „Sollen wir im Himmel bleiben oder auf die Erde hinabsteigen?" Der zweite meinte, sie sollten alle auf die Erde auswandern. Sie besprachen sich und überlegten noch lange. Schließlich beschlossen sie, daß die Kayapó auf die Erde ziehen sollten. „Die Frage ist nur, wie wir hinunterkommen", meinte der eine Häuptling. Der andere sagte: „Wir wollen alle unsere Fußbänder, Gürtel, Armbänder und Bogensehnen zusammenknüpfen, und jeder von den Männern soll noch in seine Hütte gehen und von dort alles mitbringen, was er an Stricken und Bändern findet. Aus dem allen wollen wir dann ein langes, langes Seil knüpfen." „Du hast recht", erwiderte der erste, „und es soll ein Seil werden, stark wie die Sehne unserer Bogen."

Wie die beiden Häuptlinge beschlossen und befahlen, so geschah es auch: Die Männer der Kayapó knüpften ein langes Seil zusammen und ließen es durch das Loch im Himmel hinab. Dann begannen sie daran niederzusteigen. Aber das Seil reichte nicht bis zur Erde. Sie mußten wieder in den Himmel zurückklettern. Dort knüpften sie noch eine Menge Bänder und Stricke an das Seil. Es war aber noch immer zu kurz und sie mußten zurück. Wieder verlängerten sie das Seil und wieder reichte es nicht. Nun suchten sie alles zusammen, was an Bändern und Stricken, Gürteln und Halsketten im Dorf noch aufzutreiben war, und diesmal wurde das Seil wirklich lang genug. Ein furchtloser und noch dazu schwindelfreier Mann, einer aus der Klasse der Mebenget, kletterte allen voraus allein hinunter. Er war der erste, der die Erde betrat. Dort angelangt, band er das Seil am Stamm eines mächtigen Baumes fest. Dann begann der ganze Stamm die Reise, voran die Jungmänner, ihnen folgten die Frauen mit allen Kindern – die kleinsten Kinder in ihren Traggürteln. Dann schlossen sich die Männer an, zuletzt die Greise. Danach gelang der Abstieg keinem mehr. Einige Kayapó waren nämlich furchtsam. Sie zögerten und wagten nicht sogleich, sich anzuschließen. Da kam auf der Erde unten ein kleiner fremder Bub herbeigelaufen, bemerkte das Seil und schnitt es ab. Lachend spottete er dabei: „Ich schneide das Seil ab, damit sie ewig droben bleiben und nie herunterkönnen." Die glücklich Gelandeten machten sich sogleich auf und zogen durch die weite Steppe. Allen voraus liefen die Jungmänner, um den Weg zu einem Wohnplatz ausfindig zu machen.

So ist es gekommen, daß ein Teil der Kayapó weiter im Himmel wohnt, die anderen aber auf der Erde ihre Heimat gefunden haben.

Der Tapir, der an der Himmelsstütze nagt

In der alten Zeit begann ein Tapir den gewaltigen Stamm anzufressen, auf dem der Himmel ruht. Seither nagt er an dem Stamm und droht durch seine Gefräßigkeit die Stütze zu fällen, die den Himmel trägt. Freilich, der Spalt, den er in den Baum frißt, schließt sich immer wieder hinter ihm. Dennoch leben die Indianer in der ständigen Angst, daß der Himmel einmal herunterstürzen und sie alle begraben werde. Und dort, weit, weit im Osten, wo der Baum steht, auf dem der Himmel aufruht, dort wohnen auch alle Dämonen: die Menschenfresser, die Affenmenschen, die Aasgeiermenschen, die Gürteltiermenschen, die Hundemenschen und die Donnermenschen. Wahrhaftig alle bösen Wesen sind dort beisammen. So hat einmal ein Mann erzählt. Die erwachsenen Indianer wissen alle davon. Die Großväter und Großmütter erzählen es den Enkelkindern, und die Onkel und Tanten erzählen es ihren Neffen und Nichten. Und wenn die Kinder herangewachsen sind, geben sie die Geschichte wieder weiter; denn alle sollen ja darum wissen. Als erster aber hat der Mann, der es selbst beobachtet hat, sein Mündel davon unterrichtet.

Von der Welt unter uns
(Eine andere Version der Geschichte vom Loch im Himmel)

In alten Zeiten kannten die Indianer nur eine einzige Welt. Einmal aber ging einer der Männer auf die Jagd und da entdeckte er eine andere Welt.

Dort oben über dem Himmelsdach, dort ist auch eine Welt. In jener Welt ging einmal ein Mann für einen Tag auf die Jagd, um Wildbret heimzubringen. In einem Erdloch entdeckte er ein Riesengürteltier. Er wollte es töten. Um es zu erwischen, begann er das Loch aufzugraben. Er grub Tag um Tag, und er kam immer tiefer in die Erde. Endlich durchstieß er beim Graben die Erdkruste des Himmelsdaches, das Gürteltier stürzte in die Tiefe, hinunter auf unsere Welt, und der Mann ihm nach. Aber im Fallen erfaßte ihn ein gewaltiger Sturm und blies in wieder hinauf in die Welt über dem Himmelsdach. Nachdem seine Jagd ohne Beute geblieben war und diesen Ausgang genommen hatte, kehrte er zu den Seinen zurück und erzählte den Männern im Dorf, was vorgefallen war. Am nächsten Morgen liefen alle hinaus, um das Himmelsloch zu sehen; und es war wirklich ein riesiges Loch.

Von seinem Rande aus spähten die Menschen hinunter auf die neue Welt. Sie waren ratlos, was sie jetzt tun sollten. Da sagte einer der Männer: „Seht doch, wie schön die neue Welt ist! Laßt uns hinunterklettern!" Die anderen stimmten begeistert zu, waren aber bald von neuem ratlos: „Wie sollen wir das nur anstellen?" fragten sie sich. Da riet wiederum einer der Männer: „Wir wollen ein Seil knüpfen und daran hinunterklettern." Und so geschah es auch. Die Kinder, die größeren Buben und die unverheirateten Frauen schleppten alle Bänder, Stricke und Schnüre zusammen, die sie auftreiben konnten, und knüpften das lange Seil. An diesem kletterten die Indianer hinab auf die Erde. Das ging so zu: zuerst kletterte einer der Männer allein voraus und war entzückt von der herrlichen Welt, die er betrat. Daraufhin folgten ihm die anderen nach. Aber einigen gelang es nicht. Ein fremdes Kind kam nämlich ganz plötzlich herbeigelaufen und schnitt das Seil ab, so daß alle, die noch nicht herunten waren, oben bleiben mußten. Und die wenigen, die oben blieben, verwandelten sich in Sterne. Die Leute aber, denen es gelungen war, ihr Ziel zu erreichen, durchstießen später auch die neue Erde. Das kam so: Wieder ging einer der Männer auf die Jagd und entdeckte weit außerhalb des Dorfes in einem Erdloch ein Gürteltier. Kaum hatte er es gesehen, so verschwand es auch schon wieder unter der Erde. Der Mann machte sich eilig daran, das Loch aufzugraben. Er grub und grub, durchstieß die Erdschicht, die unsere Welt von dem Raum über einer anderen Welt trennt. Auch diesmal stürzte das Gürteltier in die Tiefe und der Mann ihm nach. Ein Sturm schleuderte ihn wieder in seine Welt hinauf. Von oben blickte er zurück in die Tiefe und sah unten auf der anderen Welt die weite Steppenlandschaft und den Wald. Und auch alle anderen Dorfgenossen liefen herbei und staunten über die neue Welt da unten.

Alle waren sich einig: „Wir wollen nicht hinunter, wir wollen bleiben, wo wir sind!" Sie hatten nämlich Angst davor, sich in die gähnende Tiefe hinabzuwagen. „Nein", riefen sie, „laßt uns bleiben, wo wir sind!" Und sie kehrten in ihr Dorf zurück.

2. MENSCH UND UNIVERSUM IN WELTANSCHAUUNG UND LEBEN

Menschen

Das Kayapówort für Mensch ist *meõ*. Oft wird auch nur das Wort *me* dafür gebraucht. Vor allem in den mit „Mensch" zusammengesetzten Wortverbindungen wird *me* von *õ* getrennt und im Sinne von „Menschenwesen" = „menschliches Wesen" gebraucht, z. B. *me-tük-õ-puka* = Menschen (der) toten Wesen Erde = Begräbnisstätte = Friedhof. Mensch gilt als Sammelbegriff für Männer, Frauen und Kinder. *meõ* wird auch für Mann verwendet, anstelle von *meõ-mu* = *memu* oder bloß *mu* = Mann. Selten wird *meõ* für Frau verwendet. Frau heißt gewöhnlich *meõ-nire* = *menire* = *nire* = *ni*.

Im Mittelpunkt der Welt steht für die Kayapó der Mensch, auf den alles bezogen wird. Diese anthropozentrische Einstellung erfährt noch eine Steigerung durch den Begriff des Mebemokré, der Selbstbezeichnung der Kayapó. Für den Kayapó ist die urtümliche Gesellschaftsform seine Dorfgemeinschaft. Freilich gab es und gibt es mehrere Dorfgemeinschaften der Kayapó. Mit *mebemokré* bezeichnet aber der einzelne Kayapó nur sich selbst und die Angehörigen seiner eigenen Dorfgemeinschaft. Schon die Bewohner des nächsten Kayapódorfes sind ihm gewöhnlich *kuben* = Fremde. So nennt z. B. ein Bewohner des Dorfes Gorotire sich und seine Dorfgenossen *mebemokré,* die Bewohner des Kayapódorfes oberhalb des großen Wasserfalles Fumaça nennt er Kuben-krã-kein = Fremde mit dem geschorenen Haupt (nach einem Haarschnitt in Dreiecksform von den Schläfen bis zum Scheitel bei Festzeiten). Und diese selber wiederum nennen sich und die Ihren ebenfalls *mebemokré;* die Einwohner des Kayapódorfes mit dem portugiesischen Namen Novo Horizonte am Rio Fresco nennen sie ebenso wie deren Dorf, Gorotire. Immer aber, wenn die Kayapó von einem

Menschen *meõ, me* reden, von einem Mann *meõ-mu, memu, mu,* von einer Frau *meõ-nire, menire, nire, ni* oder von den Kindern *meõ-prire, meprire, prire,* meinen sie damit Menschen der eigenen Dorfgemeinschaft, *mebemokré.* Wie meine langjährige Erfahrung lehrte, bedeutet das Wort *kuben:* „Fremde, fremde Wesen". In der eigenen Dorfgemeinschaft findet sich dieses Wort nur als Bestandteil von Personennamen, z. B: *kuben-í* = Knochen des Fremden. Ich fand diese Bezeichnung bei den Indianern vor allem als Name für die Neubrasilianer; für diese gebrauchen sie allerdings häufig, wenn auch etwas entstellt ausgesprochen, auch die Bezeichnung „cristão", wie sich die Neubrasilianer selber nennen, schon um ihre Überlegenheit und den Abstand von den Indianern, den „Caboclos", zu betonen. *Kuben* bedeutet überhaupt den Stammesfremden und den Angehörigen eines anderen Kayapódorfes. Falsch ist es jedenfalls, das Wort *kuben* einfach mit „gente" = Leute zu übersetzen, was verschiedene Forscher von den Neubrasilianern übernommen haben (BANNER 1957: 53; METRAUX 1960: 9; u. a.). Tiefstes Mißtrauen kennzeichnet die Einstellung der Kayapó zu allen Fremden, selbst wenn es sich um Angehörige des nächsten Kayapódorfes handelt. Das mag vielfach in bitteren historischen Erfahrungen seine Ursache haben. Als ich lange im Dorf Gorotire weilte, hörte ich die Einwohner immer wieder von den Bewohnern von Kubenkräkein reden: „Einmal werden sie kommen und über uns herfallen, sie werden unsere Hütten in Brand stecken und alles niedermachen." Ähnliche düstere Vorahnungen hörte ich später während meines Aufenthaltes in Kubenkräkein über die Bewohner von Gorotire. Noch größer ist die Furcht von den *kuben,* wenn es sich dabei um Neubrasilianer handelt. Diese Einstellung steigert sich bis in den metaphysischen Bereich hinein und läßt die Fremden als *kuben-punure* = böse Fremde, zu feindseligen Wesen übersinnlicher Natur werden, zu Dämonen. Diese stellt man sich zwar noch menschlich vor, aber von schreckhaftem Aussehen, halb Tier, halb Mensch oder halb Tier, halb Pflanze usw. Sie haben schlimme Eigenschaften und zugleich übermenschliche Kräfte.

„Reden können" heißt auf Kayapó *kabén-mari* und bedeutet: „Die Sprache der Kayapó sprechen können." Nur das Kayapó ist für sie eine richtige menschliche Sprache. Wer ihre Sprache spricht, wird einer der Ihren. Als einmal ein Militärflugzeug auf der Steppe in der Nähe von Kubenkrãkein landete und Fremde ins Dorf kamen, sagten die Kayapó nachher zu uns: „Ihr seid unsere Brüder und Verwandten, aber diese Fremden können nicht einmal reden." Nur die *mebemokré*, die Angehörigen der eigenen Dorfgemeinschaft, sind für sie vollwertige Menschen. Auch wenn in ihren Mythen *mebemokré* als Gesamtbegriff erscheint und darunter die ganze Menschheit zu verstehen ist, so doch immer nur im gleichen engen, auf die eigene Dorfgemeinschaft bezogenen Sinn.

Himmel und Erde

Charakteristisch für das Weltbild der Kayapó ist das Fehlen einer richtigen Schöpfungsmythe. Welt und Weltall mit Menschen und aller Kreatur war irgendwie immer schon da. Dies besagt jedoch nicht, daß sie sich die *mebemokré* – und hier ist der Begriff vom Standpunkt der Indianer her mit Menschheit zu identifizieren – immer auf dieser Welt beheimatet und im Zustand ihrer heutigen Seinsordnung vorstellen. Dies stünde aber auch im Widerspruch mit einem Weltbild, in dem das Werden, die Verwandlung, also das dynamische Element das Entscheidende ist. Auch sie denken über die Herkunft nach, obwohl sie an keine alles erschaffende Gottheit glauben. Das „Loch im Himmel" öffnet – nach dem gleichnamigen Mythos – das Tor aus einer anderen Welt zu der irdischen. Bis dahin haben die Menschen auf dem Dach ober der Erde, *koikwa,* dem Himmelsdach, gelebt. Die Welt dort oben war ihrer heutigen ähnlich. Sie lebten auch in einer Dorfgemeinschaft. Einer der ihren, ein starker Vorfahre aus der führenden Klasse der Mebenget ist es, der dieses Himmelsdach aufgräbt und zum Entdecker der neuen Welt wird. Charakteristisch für die Geisteshaltung der Kayapó ist die Art und Weise, wie er die Welt entdeckt und erobert. Es geschieht auf der Jagd, die vom Indianer Einsatz und Anspannung aller Kräfte fordert, die ihm auch das höchste Lustgefühl gewährt. Auf der Jagd entdeckt der große Vorfahre das Loch eines Gürteltieres (Riesengürteltier = Priodontes gigantes; Gürteltier = Dasypodiag), das sie als das älteste Tier des Weltalls ansehen. Er gräbt Tag und Nacht, um das Wild zu fassen. Und als seine wilde Verfolgung ihr Ziel zu erreichen scheint, als er die heißbegehrte Beute endlich sieht und Spannung und Jagdlust ihren Gipfel erreichen, durchstößt er beim Graben das Himmelsdach, und der Weg zur neuen Erde wird frei. Aber es kostet größte Anstrengung, sie zu gewinnen. Wenn die Indianer bis in den Wipfel eines turmhohen Urwaldriesen klettern, spüren sie in der luftigen Höhe oft heftigen Wind. Sie kennen auch die verheerenden Stürme am Beginn der Regenzeit. Ein noch gewaltigerer Sturm muß in dem unmeßbaren hohen und weiten Raum unter dem Himmelsdach wehen. Wohl stürzt das Zaubergürteltier herunter auf die Erde und der Jäger stürzt nach, aber der Sturm wirft ihn zurück in den Himmel. Von dort aus sieht er – gemeinsam mit den herbeigeeilten Genossen – die neue Welt. Sie sehen den großen Strom, sie sehen die weite Steppe und den Wald. *Kam-oamā* heißt es im Originaltext „und sie hatten Sehnsucht, sie hatten Heimweh, das Herz brannte ihnen" nach jener Welt, für die sie bestimmt waren. Dies ist ein typisches Gefühl für die Kayapó. So sehnt sich die Frau nach dem Gatten oder Liebhaber, der sich auf einem langen Jagdzug befindet. So sehnt sich dieser – trotz aller Gefährten – nach der geliebten Frau. Die stark egozentrische Haltung zeigt sich dabei insofern, als es noch möglich sein muß, den Gegenstand des Sehnens zu erreichen, sonst erlischt das Gefühl. Als ich zum Beispiel meinen Freund Kurikó aus Kubenkrãkein einmal samt seinem Söhnchen auf eine weite Reise flußabwärts nach Altamira mitnahm und ihn dort einmal fragte, ob er denn keine Sehnsucht nach seiner Frau habe, sagte er: „Nein, die ist ja jetzt so weit weg."

Die Indianer sahen also damals in der Urzeit greifbar und deutlich die Welt unter sich, wenn auch in schwindelnder Tiefe. Wiederum charakteristisch für die Einstellung der Kayapó und für die Geschlossenheit ihrer, die ganze Menschheit bedeutenden Gesellschaft ist der weitere Verlauf der Geschichte. Nicht ein einzelner darf sich aus eigenem Antrieb hinunterwagen, die Gemeinschaft muß entscheiden. Die beiden Häuptlinge, von denen jeder die halbe Menschheit repräsentiert, beraten im Männerhaus das Lebensproblem, ob man in der alten Welt bleiben oder hinunter auf die neue ziehen soll, und wie das anzustellen ist. Rege beteiligten sich die Männer an dem Hin und Wider. Man hört schließlich auf den Rat eines Mannes aus der führenden Klasse: „Laßt uns ein Seil machen, stark wie die Sehne unserer Bogen." So kommt der einstimmige Beschluß der Häuptlinge und damit der Gemeinschaft zustande. Und alle, die ganze Menschheit, Männer, Frauen und Kinder beteiligen sich an seiner Verwirklichung: Bänder und Stricke, ja Armbänder und Fußbänder werden herbeigeschleppt und zusammengeknüpft zu einem Seil. Daß es immer wieder zu kurz ist und die Menschen zurückklettern müssen, ist Zeugnis für die Schwierigkeit und Größe der Welttat, die zu einer neuen Daseinsform führt. Als das Seil endlich lang genug ist, klettert der Mann aus der Klasse der mebenget, der furchtlose Urzeitheld, allen voraus und bindet das Seil unten an einem mächtigen Baumstamm fest. Ihm ist die Besitznahme der Welt zu danken. Die Reihenfolge, in der die Gruppen nachklettern, ist die gleiche wie bei den endlosen Wanderungen der Indianer durch die Steppe: Die Jungmänner, die Knaben, die Frauen mit den Kindern, die Männer und als Nachhut die wichtigsten, die Mebenget. Aber nicht alle wagen sich an das Seil. Manche zögern noch und fürchten sich vor der Tiefe. Sie werden oben bleiben müssen, denn nur den Starken soll die neue Welt gehören. Ein *kuben kra,* ein fremder Bub, kommt nämlich gelaufen und schneidet das Seil ab. Er spottet: „Ich schneide das Seil ab, damit sie immer oben bleiben müssen und nie herunterkommen." Die meisten Indianer denken dabei wohl an ein Kind der Neubrasilianer, ein Christenkind. Fremde gibt es also schon auf dieser neuen Welt. Und schon sind sie auch schuld an einer Spaltung und daran, daß nicht alle Indianer überhaupt die hiesige Heimat erreichen. Böse Fremde also gleich am Beginn der indianischen Menschheitsgeschichte; sie werden auch die Ursache späteren Unheils sein. Am Anfang erwacht auch schon der Haß und tiefes Mißtrauen gegen die Fremden.

Ein Teil der Kayapó bleibt also oben über dem Himmelsdach und sie leben dort in der alten Dorfgemeinschaft weiter. Nach einer anderen Version des gleichen Mythos sind es nur wenige, die oben bleiben; und diese gehen dann als Sterne an den Himmel. Durch ihre Verwandlung wird eine Verbindung, ein Übergang vom Menschen zum Kosmos geschaffen. Menschen greifen nach den Sternen, mehr als das, Menschen werden Sterne.

Mit einer glücklichen Wanderung durch die Steppe beginnt das irdische Dasein der Menschen. Es ist der erste *me-ü,* die erste Wanderung, der erste Steppenrundgang, bei dem die Indianer nur von der Jagd und wildem Honig leben. Alljährlich halten sie auch heute noch am Beginn der Trockenzeit, sobald ihre Pflanzungen bestellt sind, diese Wanderung. Sie dauert vom Beginn der Trockenzeit bis zum Reifen der Früchte auf den Pflanzungen. Sie bedeutet ihnen immer eine glückliche Zeit. Abend für Abend wird dann zuerst das Lager aufgeschlagen und danach getanzt. Mit einer solchen Wanderung nahm also das Erdenleben der Menschen seinen Anfang. Wie heute noch, gingen auch damals die Jungmänner voraus, um den besten Weg ausfindig zu machen. Die Indianer lieben diese ihre Welt, vor allem die Steppe. Sie haben ein ganz tiefes Heimatgefühl. Als einmal einer der beiden Häuptlinge von Kubenkräkein, Oket, lange abwesend war – Funktionäre des staatlichen Indianerschutzes hatten ihn in die Hauptstadt des

Landes geführt – bei seiner Heimkehr von einem niedrigen Hügel aus die weite Steppe vor sich sah, rief er aus: *„kapót a-patoit-kumrent"* („die Steppe ist mächtig, wahrhaftig") – und Tränen standen ihm dabei in den Augen.

Was noch einmal den alljährlichen Steppenrundgang anlangt, so vermitteln ihnen Jagd und Tanz, wozu er in so reichem Maß Gelegenheit bietet, höchste Lebensgefühle, und das Wandern ist zugleich Ausdruck und auch Motiv der Dynamik ihres Wesens.

Es soll noch auf die Frage eingegangen werden, wie die Indianer die Welt über dem Himmelsdach, die sie ebenso wie das Dach selbst *koikwa* nennen, bewerten. Es wurde bereits erwähnt, daß die obige Welt der irdischen ähnlich sei. Anklänge an christliche Vorstellungen vom Himmel als Ort der Seligen kann man darin finden, daß die Welt über dem Himmelsdach von den Indianern mitunter als ein Ort der Nahrungsfülle beschrieben wird. Im Mythos vom „Loch im Himmel" heißt es zum Beispiel, daß es dort Yams, Süßkartoffeln, Bananen, Mandioka und Inajá-Früchte gibt. Landschildkröten, Jagdwild und überhaupt alle eßbaren Dinge. In einem anderen Mythos holt die Tochter des Regens die Früchte für die Pflanzungen und Speisen, die den Menschen bis dahin unbekannt waren, vom Himmel herunter; und ihr Vater bringt ihr noch viele köstliche Dinge von dort oben nach (120). Ebenfalls vom Himmel bringt er den Menschen das Feuer. Daneben bleibt aber unverrückbar feststehend, daß die Menschen dennoch die irdische Welt allen anderen Welten vorziehen. Schon als der Entdecker dieser Welt, wie oben geschildert, das Himmelstor aufgrub und den ersten Blick herunter tun konnte, packte ihn brennendes Heimweh. Und die Indianer kletterten herunter, weil sie glaubten, in dieser Welt glücklicher zu werden. An die von Horace BANNER (1957: 37) geschilderte Verehrung als höhere Wesen, die er und seine Begleiter bei ihrer Ankunft angeblich nur deshalb fanden, weil die Indianer meinten, sie kämen vom Himmel, kann ich nicht ganz glauben. Eine gewisse Voreingenommenheit dürfte den gleichen Autor (1957: 40) wohl auch veranlaßt haben, die Entdeckung des Mädchens, das vom Himmel kommt, im Mythos von der „Tochter des Regens" so zu schildern: „Todos admiraram a beleza da filha do ceu" (alle bewunderten die Schönheit der Tochter des Himmels). In Wirklichkeit erzählt der Urtext ganz gegenteilig; sobald die indianische Mutter das Mädchen gefunden habe, habe sie es zuerst einmal nach Art der Indianer bemalt, dadurch erst sei es schön geworden. Und der Erzähler fügt ausdrücklich hinzu: „Im Himmel war sie häßlich gewesen."

Interessant ist aber die Auffassung, die der eben erwähnte Autor (1957: 37) hörte, wonach es im Himmel keine feste Erde, sondern *„pukakit"* gebe. *pukakit = puká ket* = nicht Erde, womit offenbar der Gegensatz zu unserer Erde hervorgehoben werden soll.

Wo Himmel und Erde aufeinanderstoßen

Das flache Dach, das der Himmel ursprünglich für die Indianer darstellte, schwebt nicht frei in der Höhe. Es ruht auf der Erde auf. Da ist es eine Säule, ein gewaltiger Stamm, der das Himmelsdach trägt. Das Bild der turmhohen Kastanie (Paránußbaum = Bertholecia excelsis), die weit in den Himmel hineinragt und Riesenäste gleich starken Armen emporstreckt, liegt wohl dieser Ansicht zugrunde. An diesem Stamm nagt ein Tapir, frißt sich in ihn hinein und gefährdet so die Himmelsstütze. Damit droht auch die Vernichtung alles Lebens, das der herabstürzende Himmel begraben würde. Immer wieder schließt sich zwar hinter dem Tapir der Spalt, den er gefressen hat, aber immer weiter und weiter frißt auch der Tapir. In dieser mythischen Vorstellung spiegelt sich die ganze Bedrohtheit des Daseins wider, die bei der Beobachtung des indianischen Lebens und Denkens zu erkennen ist. Wie ein Damoklesschwert schwebt über ihren Häuptern der Himmel, der eine Welt trägt. Horace BANNER (1957: 48) fand eine andere Version der Erzählung: danach frißt sich der Tapir Tag für Tag in den Stamm, dessen Spalt sich in der Nacht wieder schließt. Erst als es ihm gelingt, auch in der Nacht weiterzufressen, fällt die Himmelsstütze. Nacht umhüllt das schlimme Geschehen. Der herabstürzende Himmel, besser das Himmelsdach, schlägt mit seinen beiden Enden auf die Erde auf und formt ein Firmament. BANNER hat diese Fassung sicherlich in Gorotire gehört und es ist leicht möglich, daß sich darin auch fremde Einflüsse geltend machen. In Kubenkrãkein, wo zu meiner Zeit die Indianer noch ihr ursprüngliches Stammesleben führten, fand ich den Glauben an die Himmelsstütze lebendig, und immer wieder kamen die Indianer darauf zu sprechen. Nichtsdestoweniger findet sich aber in jener zweiten Fassung des Mythos die Vorstellung einer Bedrohtheit aus dem Weltall, indem eine zweite Welt herunterfallen und alles vernichten kann.

Höchste Gefahr besteht an dem Ort, wo der Himmel auf der Erde ruht, wo nach dem Mythos, den ich hörte, der dachtragende Stamm sich weiter erhebt. Dieser Ort und seine Umgebung ist auch die Wohnstatt aller bösen Mächte, die der Menschheit feindlich gesinnt sind und sie ständig bedrohen. Alle diese Mächte werden von den Indianern personifiziert. Sie erscheinen meist als Doppelwesen, halb Mensch, halb Tier, oder halb Mensch, halb Pflanze, oder halb Mensch, halb kosmisches Phänomen; oder sie erscheinen als fremde Menschen von schreckhaftem und furchterregendem Äußeren. Man könnte sie als Dämonen bezeichnen. In unserem Mythos ist gesagt, daß alle diese bösen Menschen dort, wo Himmel und Erde zusammenstoßen, ihre Heimat haben. Aber nur einige Gruppen von ihnen werden direkt genannt. Unsere Mythe spricht von Menschenfressern, Affenmenschen, Gürteltiermenschen, Hundemenschen und Donnermenschen. Weiteren solchen bösen Wesen werden wir in den Kapiteln über die übersinnlichen Wesen noch begegnen.

Ich hörte von den Indianern in Kubenkrãkein auch die Ansicht, daß die bösen Menschen in der Nähe des stützenden Stammes, in einem tiefen Erdloch wohnen. Wenn es eine ursprüngliche Vorstellung der Kayapó gibt, die an den Hades erinnert oder an eine richtige Höllenvorstellung, so ist sie hier. Welche Bedeutung die Indianer dem mythischen Bericht von dem unheilvollen Ort mit seinen schrecklichen Bewohnern beimessen, geht auch daraus hervor, daß sie bei den Erzählungen darüber ausdrücklich die Herkunft erwähnen. Der erste Bericht stammt – so sagen sie – von einem Mann, der dort war und alles mit eigenen Augen gesehen hatte. Er hat es dann seinem Neffen oder Patenkind mitgeteilt, und so wird es weitererzählt von Großvätern und Onkeln, von Müttern und Tanten, damit alle davon Kenntnis erhalten, damit alle über die Bedrohtheit ihres Daseins Bescheid wissen. Das brennende Interesse der Indianer an dieser mythischen Überlieferung habe ich persönlich erlebt: Durch wiederholte Fragen wollte ich einmal im Dorf Kubenkrãkein Näheres über den Ort an der Grenze von Himmel und Erde und seine düsteren Bewohner erfahren. *„Gwai on"*, = „los, gehen wir", rief einer der starken Männer aus der Klasse der Alten plötzlich aus. „Brechen wir auf, nimm dir einen von den Vögeln mit der harten Schale." Er meinte die Flugzeuge, die er öfters am Himmel sah, und von denen schon einige Male ein Militärflieger in der Steppe gelandet war, „fliegen wir hin, dann sehen wir alles selber!" Er war auch schon aufgesprungen, und man sah ihm an, wie ihn das Abenteuer lockte; man sah ihm an, daß er es durchaus ernst meinte und wie begierig er danach war, zu sehen, was die Alten schildern und was er von klein auf immer wieder gehört hatte.

Welten unter der Welt

Genauso, wie nach dem Mythos, als die Menschen noch alle im Himmel lebten, ein gewaltiger Jäger auf der Jagd nach einem Gürteltier das Himmelsloch aufgrub und die Menschen sich dadurch die Erde gewannen, genauso kam es nach einem anderen Kayapómythos auch zur Entdeckung einer

Welt unter der Erde. Wiederum geht in grauer Vorzeit ein Mann aus der Klasse der Mebenget allein auf die Jagd und findet das Loch eines Gürteltieres. Er gräbt Tag um Tag, und als er der Beute endlich ansichtig wird, durchsticht er die Erde und hat auch der Welt ein Loch gegraben. Wiederum stürzt das Gürteltier in die Tiefe und der nachstürzende Jäger wird von einem gewaltigen Sturm nach oben zurückgeschleudert. Wiederum können der Jäger und seine herbeigeeilten Gefährten einen Blick tun auf die Welt unter der Erde. Aber sie alle scheuen vor dem Wagnis zurück, in die schwindelnde Tiefe vorzudringen. *Pumáia* = aus Angst, bleiben die Menschen auf ihrer irdischen Welt.

Horace BANNER (1957: 50) hat eine ganz andere Wiedergabe des Mythos gehört. Auch sie entspricht aber der völlig gleichen mythischen Idee. Zwei Jäger entdecken danach das Loch eines Zaubergürteltieres. Als sie dieses durch Graben endlich erreichen, überwältigt das Gürteltier den einen Jäger und schleppt ihn in die „Unterwelt". Die Indianer hören ihn unten singen. Sie graben sich bis zum Ausgang vor – genau wie in der von mir erfahrenen Darstellung –, sie wagen sich nicht hinein in diese Welt unter der eigenen.

Die Indianer erzählen weiter, wie ich wiederholt gehört habe, daß unter jener unteren Welt wieder eine Welt liegt. Und dann wieder eine und wieder eine usw. Sie nennen die Welt unter der irdischen und die weiteren Welten *puká ondyu* = weitere Welt oder *atéma puká* = andere Welt. Für die untere Welt ist die jeweils darüberliegende *koikwa* = der Himmel; auch diese ihre Erde ist für die darunterliegende ein Himmel. Es herrscht also die Vorstellung von einem stufenförmigen Aufbau des Universums in unendlicher Folge. Die Welt, auf der sie leben, ist nur ein Stockwerk im ganzen Weltenbau.

Eine Welt unter der irdischen steht gleichfalls in Beziehung zur Herkunft des Menschengeschlechtes. In dem Mythos vom Vater, der Indianer schuf (207), hat in grauer Vorzeit der Tod reiche Ernte gehalten. Der Vater der einzig überlebenden Familie, der Zauberkraft besitzt, läßt die Seinen Hütten bauen. In der Nacht kommen auf seinen Zaubergesang hin, aus der Tiefe der Erde herauf, herauf aus einer anderen Welt, neue Menschen und bevölkern die Hütten und das Dorf. Eine menschliche Gemeinschaft, eine neue Menschheit ist erstanden, stammend aus einer anderen Welt in der Tiefe.

Auch die Tiefe des Wassers ist eine Welt, aus der Menschen stammen. Nach dem Mythos vom Mann, der in einen Tapir verwandelt wurde (129) stimmen die Frauen, denen die Männer ihren Liebhaber ermordet haben, einen Zaubergesang an; und aus Liebeskummer und um sich an den Männern zu rächen, stürzen sie sich in den Fluß und werden zu Fischen. Sie leben weiter im Wasser. Ihre Männer fischen sie wieder heraus, und sie werden wieder Indianerinnen. Die Stammütter der folgenden Geschlechter kommen also aus der Wassertiefe heraus. Die Selbstbezeichnung der Kayapó, *mebemokré,* findet man auch heute noch in der Aussprache, wie sie der Mythos bringt und erklärt, also *me-be-ngō-kre* = Menschen aus des Wassers Tiefe.

Aus dem Element Wasser und seiner Welt kommt auch Größe und Stärke und Erneuerung der Lebenskraft, die in den Geschlechtern der Menschen fortwirkt. Im Mythos vom großen Adler (76) ist davon die Rede: In der Urzeit lebt ein Riesenvogel, eine Geißel der Menschheit. Er stößt aus den Lüften herab und holt sich seine Opfer. Klein und schwächlich, sind die Menschen ihm ohnmächtig ausgeliefert. Da wird ein Brüderpaar in einem Haus aus Stämmen unter dem Wasser großgezogen, sie wachsen zu überragender Größe, stark und mächtig heran. Sie töten das Ungeheuer und werden zu Rächern der Menschheit; sie werden auch zu Stammvätern einer neuen Menschheit von großen und kräftigen Leuten, des Geschlechtes der Starken, der Kayapó.

III. KAPITEL

Mensch und Gestirne

1. MENSCH UND GESTIRNE IM MYTHOS

Sonne und Mond

In alten, alten Zeiten lebten die Sonne und der Mond auf der Erde. Sie waren von menschlicher Gestalt und beide Männer. Sie bauten sich auf Erden ein Haus, in dem sie gemeinsam wohnten. Einmal ging die Sonne auf die Jagd. Sie brachte ein Wildbret nach Hause, das sie getötet hatte. Der Mann, der die Sonne war, weidete nun das erbeutete Wildbret aus und zerteilte das Fleisch. Für den Mond schnitt er nur ein ganz mageres Stück herunter und gab es ihm. Deshalb war der Mond traurig und weinte bitterlich. Als der Mann, der die Sonne war, ihn so sah, schnitt er ein Stück fettes Fleisch von der Beute ab und warf es dem Mond so heftig zu, daß es ihm an den Leib flog. Hart traf das große Fleischstück den Körper des Mondes und schlang sich um seinen Bauch und seinen Rücken, wo es ihn entsetzlich verbrannte. Der Mond weinte, heulte und schrie vor Schmerzen. Sein ganzer Leib brannte. Er lief zum Fluß und sprang hinein. Dort verweilte er, um seinem brennenden Körper Kühlung zu verschaffen. Da rief der Mann, der die Sonne war, dem Fluß zu: „Wasser, trockne dich aus!" Da versiegte und vertrocknete das Wasser, und der Mond stand bald im sandigen und steinigen Flußbett. Wieder weinte und heulte er vor Schmerz. Er begann nun mit fiebrigen Händen im Sand des Flußbetts ein Loch zu graben. Den feuchten Schlamm, den er herausgrub, legte er sich zur Kühlung auf den Bauch und alle Stellen seines Leibes, die ihn brannten. Als der Mann, der die Sonne war, sein Treiben sah, befahl er einer Schildkröte, dem Mond den Schlamm wieder vom Körper zu kratzen. Er rief der Schildkröte immer wieder zu und spornte sie an: „Pack zu, kratz ihn, pack zu, kratz ihn . . .“, und die Schildkröte gehorchte. Sie ging auf den Mond los und kratzte ihm den kühlenden Schlamm vom Leib, der nun wieder wie Feuer brannte. Der Mond weinte, weinte und weinte sehr.

Die Tiere, die Sonne und Mond gehören

In alten, alten Zeiten, als Sonne und Mond noch auf der Erde weilten, hatte jeder ein Tier gezähmt. Die Sonne zähmte ein Muscheltier und der Mond eine Schnecke. Da machte die Sonne dem Mond den Vorschlag: „Laß uns doch unsere beiden Tiere gemeinsam aufziehen.“ Der Mond war einverstanden, und sie zogen von da an Muscheltier und Schnecke gemeinsam auf. Eines Tages sagte der Mann, der die Sonne war, zum Mond: „Gehen wir doch einmal mit unseren beiden Tieren spazieren.“ Dem Mond war es recht. So brachen sie denn auf. Voran ging der Mond und dann kam das Muscheltier, dann die Schnecke, und ganz hinten ging die Sonne. Als der Mond weit voraus war, tötete die Sonne seine Schnecke. Der Mond vorne ahnte nichts davon, er schlenderte dahin, ohne sich umzublicken. Als er aber endlich bemerkte, was geschehen war und daß seine Schnecke tot war, war er sehr traurig. Er sprach zur Sonne: „Laß uns singen, damit die von uns gemeinsam aufgezogene Schnecke wieder lebendig wird.“ Sonne und Mond stimmten nun gemeinsam einen Gesang an, und wirklich wurde die Schnecke davon wieder lebendig. Dann brachen Sonne und Mond noch einmal miteinander auf. Sie gingen wieder an den Himmel zurück. Auch am Himmel oben gehen Sonne und Mond miteinander. Manchmal sind sie zornig und böse aufeinander; manchmal streiten und kämpfen sie. Wenn die Sonne den Mond erschlägt, dann haben die Menschen Mondfinsternis, und wenn der Mond die Sonne tötet, haben die Menschen Sonnenfinsternis. Sie sehen dann die Sonne nicht, und es ist dunkel wie in der Nacht.

Sonne, Mond und Sterne

Die Sonne kommt bei ihrem Aufgang aus der Tiefe herauf und steigt beim Untergang wieder hinunter. Des Nachts wandert sie unter der Erde bis zu ihrem Aufgang zurück. Der Mond folgt der Sonne und steigt nach ihr heraus aus der Tiefe. Er läuft ihr nach; die Sonne geht ihm voraus. Es gibt aber noch einen anderen Mond, den man nicht sehen kann. Er macht die Abendröte am Himmel.

Wenige Menschen nur wurden zu Sternen. Die Sterne aber brennen am Himmel.

2. MENSCH UND GESTIRNE IN WELTANSCHAUUNG UND LEBEN

Sonne und Mond als Jagdgefährten

Sonne und Mond überragen bei den Kayapó in ihrer mythischen Bedeutung weit alle anderen Himmelskörper, die daneben verblassen (vgl. VRIES DE 1961: 331). Nach ihrer antropomorphen Betrachtungsweise stellen sich die Indianer Sonne und Mond im Mythos menschlich vor. Beide sind Männer der Urzeit. Nirgends ist davon die Rede, daß sie Brüder oder Zwillinge seien, wohl aber gehören sie zusammen; sie treten im Mythos als Gefährten auf. Sie bauen auch gemeinsam ein Haus und wohnen miteinander darin. Im Sinne der vom Jägerischen bestimmten Geisteskultur des Naturvolkes sind Sonne und Mond in der Urzeit Jäger. Sie ziehen gemeinsam aus und sind auch immer irgendwie aufeinander angewiesen. Trotzdem sind die beiden aber zur gleichen Zeit Rivalen und ganz verschiedenartigen, ja gegenteiligen Temperamentes. Wie sie immer wieder miteinander aufbrechen, kämpfen sie auch immer wieder gegeneinander. Das wird auch dann noch fortgesetzt, nachdem sie schließlich an den Himmel hinaufgehen; sie wandern auch dort gemeinsam, und zwar im Sinne der indianischen Auffassung, die am Augenschein haftet: Nach dem Sonnen- und Mondaufgang bzw. -untergang geht der Mond der Sonne voraus. Wenn sie aber doch einmal zusammentreffen, kommt es zum Kampf. Es kommt auch zum mythischen Mord und Tod. Erschlägt der Mond die Sonne, dann ist Sonnenfinsternis, tötet der Sonnenmann den Mond, dann ist Mondfinsternis.

Der starke Mann Sonne und der Schwächling Mond

Stets wird im Mythos der Kayapó der Mann Sonne als der

starke geschildert. Ein typisch indianisches Zeugnis für seine Kraft – eine Stärke, die durch Mut, List und körperliche Überlegenheit zu siegen weiß – ist es, wenn er als erfolgreicher Jäger dargestellt wird. Neben *pa-toit* = starker Arm, erhält er auch das Prädikat *dyokre,* was wir mit wild oder gewalttätig übersetzen könnten. Dieser Bedeutung kommt das portugiesische Wort „valente" am nächsten. Der Mond hingegen ist *uabore,* das wir am besten mit zahm, portugiesisch „manso", übersetzen würden. Dieses „zahm" oder „sanft" hat einen abwertenden, verächtlichen Sinn. Der Mond ist der stärkeren Sonne gegenüber der Genarrte. Rücksichtslos und uns grausam erscheinend, läßt der Mann Sonne den anderen seinen Vorrang fühlen. Von dem erlegten Tier, das er ausweidet und brät, gönnt er ihm nur das magere Stück. Allein dieses ungleiche Teilen stellt schon eine Beleidigung und Demütigung des Jagdgefährten dar. Dasselbe führt nach dem Mythos vom Mann, der sich in den Regen verwandelte, dann zu den unheilvollsten Folgen (vgl. 248) Er, der starke Sonnenmann, kann sich das leisten. Der Mond weint bitterlich, völlig ohnmächtig in seiner Demütigung. Noch grausamer und zynischer erscheint die Handlungsweise des Sonnenmannes, als er darauf ein großes fettes Fleischstück direkt vom Feuer nimmt und dem Mond so heftig hinschleudert, daß es sich ihm um Bauch und Rücken schlingt und ihn arg verbrennt. Der Mond heult und weint. In den Mondflecken sehen die Kayapó heute noch die Narben der Brandwunden, die der Arme damals erlitt (vgl. BANNER 1957: 48). Den Fluß, in dem der Verletzte Kühlung sucht, läßt der Sonnenmann vertrocknen, und auf sein Geheiß kratzt eine Schildkröte den zur Kühlung aufgelegten feuchten Schlamm von Bauch und Rücken des Mondes, damit der brennende Schmerz nicht aufhöre. Der Mond kann nur weinen und weinen. – Von der Kraft und Gewalttätigkeit des Mannes Sonne in der Urzeit, die er verächtlich und roh den Gefährten spüren läßt, berichten auch die Mythen anderer Ge-Stämme; ebenso von des Mondes Schwäche und Unfähigkeit, sich zu wehren. Daß er immer

der Unterliegende, der Draufzahler ist, wird bei diesen Stämmen in verschiedenen mythischen Berichten noch viel mehr
ausgeschmückt, als bei den Kayapó, doch grundsätzlich handelt es sich immer um dasselbe Motiv. Am nächsten kommt
der Kayapódarstellung die der Apinaye: Die beiden Jäger
braten Fleisch von einem Wildbret, das im Steppenfeuer um-
kam. Die Fleischstücke, die der Sonnenmann ausgewählt hat,
sind fett, die des Mondes nur Haut und Knochen. Dreimal
kommt der Benachteiligte zum Bratrost des anderen und beklagt sich bitter. Der Sonnenmann wirft ihm schließlich ein
fettes Stück Wasserkuh von seinem Rost über dem Feuer zu,
daß es ihm den Bauch verbrennt. Dann läßt er zuerst den Fluß
austrocknen, und als der Mond wenigstens mit dem Schlamm
seine Wunden kühlen will, läßt der Sonnenmann den Fluß
sich wieder füllen und befiehlt einer Schildkröte, sich in die
Brandwunden des anderen zu verbeißen und sich dort festzu-
klammern. Höhnisch erklärt er noch, das alles nur irrtümlich
verschuldet zu haben. – Als sie das erbeutete Fleisch zum
Trocknen auslegen, vergißt der Mond Feuer unter seinem
Rost zu machen, und Würmer kommen an seinen Anteil. Der
Sonnenmann erzeugt noch durch einen Zauber das Raubwild,
das den Vorrat des Mondes auffrißt. Das Fleisch, das sich der
Betrogene vom Rost des Sonnenmannes stehlen will, aber in
seinem Ungeschick fallen läßt, verwandelt sich in Wildvögel,
die davonfliegen. Der Sonnenmann täuscht den Mond, als
dieser ebenso schöne rote Exkremente haben will wie er selber: Er müsse dazu die Früchte des Pau D'arco-Baumes essen. Und in Wirklichkeit werden dann die Exkremente des
Mondes ganz schwarz; als der Mond dann schließlich sein
Geheimnis entdeckt und ihn dabei erwischt, wie er selber Burití-Früchte ißt, läßt er diese zumindest zur Hälfte so hart wie
Steine werden, damit sie der Mond nicht genießen kann (vgl.
NIMUENDAJU 1959: 61 ff.). Bei den östlichen Timpira wird besonders auf die Geschicklichkeit und Kraft des Sonnenmannes hingewiesen, dem alles gelingt, während der Mond, der
ihm nacheifern will, alles verfehlt. So erhält der Sonnenmann

von den Spechten einen roten Federschmuck zugeworfen. Der Mond – obwohl vom anderen gewarnt – will auch den Schmuck auffangen, den ihm ein Specht zuwirft. Der rote Schmuck wird aber brennend heiß in seinen Händen; er muß ihn fallen lassen, und ein richtiger Steppenbrand bricht aus. Der Sonnenmann kriecht in ein Wespennest, das ihn schützt. Der Mond dagegen kriecht in ein solches, das ihm nicht genügend Schutz vor der Hitze bietet, er muß fliehen und sucht in einer Fallgrube Zuflucht. Aber der Rauch vertreibt ihn auch da, bis er sich endlich in einen Fluß retten kann. Der Steppenbrand tötet ein männliches und ein weibliches Wasserschwein; der Mond nimmt sich das weibliche Tier, das ihm besser erscheint. Als er es aber ausweidet, ist es ganz mager; und das hat der Sonnenmann gemacht, indem er das Tier vorher anspuckte. Er willigt ein, die Beute zu tauschen, hat aber unterdessen auch das andere Tier angespuckt, daß es ebenfalls mager wird. Als der Mond hungrig und erschöpft einschläft, weckt ihn der andere und lädt ihn zynisch zum Essen ein. Er wirft ihm dabei ein Stück der heißen Leber, die er eben am Feuer gebraten hat, an den Bauch und verbrennt ihn. Er möge zur Linderung ins Wasser springen, rät er ihm. Da kommt er unter den Bauch einer Schildkröte, die am Ende des halb vertrockneten Tümpels im Sand vergraben liegt; als er diese ein wenig aufhebt, bricht ein gewaltiger Schwall Wasser hervor, der alles und auch den Mond mit sich fortreißt (NIMUENDAJU 1946: 243 f.). Die Überlegenheit und Kraft, die sich auch grausam betätigt, wie sich hier in den Mythen der Ge-Stämme zeigt, stellt aber, wie mich die Erfahrung bei den Kayapó lehrte, für sie eine Art von Ideal dar. Nach ihrer Ethik wird diese Kraft positiv gewertet, während eine Schwäche und Ohnmacht, wie die des Mondes, als negativ verurteilt wird. Ich habe die Kayapó oft sagen hören, daß die Sonne gut sei und der Mond böse. Nach dem Mythos der Apinaye, wie ihn uns NIMUENDAJU (1939: 135) schildert, wird die Sonne sogar zur Gottheit, die sie mit „unser Vater" bezeichnen. Stark zu sein, überlegen zu sein, was sich als roh und grausam auswirkt und in dem Begriff von *dyokre* liegt, ist gut, aber mit einer Einschränkung, in der sich die allgemeine egozentrische Einstellung der Indianer besonders kennzeichnet: Dieselbe Kraft und Wildheit wird für den Indianer im gleichen Augenblick böse und häßlich, in dem sie sich gegen ihn selbst oder gegen die Seinen richtet. Dies habe ich in meinem Zusammenleben bei verschiedenen Vorfällen in den Indianerdörfern des öfteren beobachten können. Sobald sich – nach dem mythischen Bericht, den Horace BANNER (1959: 48) von den Kayapó gehört hat – die brutale Grausamkeit der Sonne gegen die Menschen richtet, wird diese Umstellung gleichfalls sofort deutlich: Die Sonne schickt den Menschen eine Hitze, daß ihre Haare zu feuerroter Farbe verbrannt werden; da wehren sie sich und schießen mit ihren Bogen auf die Sonne. Die Pfeile, die treffen, sind bei Sonnenuntergang und Sonnenaufgang, wie die Indianer sagen, als Sonnenstrahlen sichtbar.

Sonne und Mond und die Gemeinschaft der Menschen

Das Bild von Sonne und Mond als lebende Wesen wird hauptsächlich durch das jägerische Kulturkonzept bestimmt. Nach dem mythischen Bericht der Kayapó haben sowohl die Sonne als auch der Mond ein Tier, das ganz ihnen gehört, das sie zähmen und aufziehen. – Das Verhältnis der Indianer zu einem solchen Tier *nyõkrit,* das ihnen gehört und das sie aufziehen, ist fast wie das Verhältnis zum eigenen Kind; man liebt es, wobei die Liebe auch eine gewisse Zartheit hat. – Sonne und Mond ziehen ihre Tiere zuerst gemeinsam auf. Das Tier der Sonne ist ein Muscheltier und das des Mondes eine Schnecke. Die langsame Gangart wird hier als Analogie wohl mitbestimmend gewesen sein. Der Sonnenmann, der wiederum einmal grausam seine Kraft zeigen will, tötet auf einem Spaziergang das Tier des Mondes. Der Mond ist tieftraurig über den Verlust und bringt den Sonnenmann dazu, daß er gemeinsam mit ihm einen Zaubergesang anstimmt, durch den das Tier wieder zum Leben erwacht. Sonne und Mond werden also übermenschliche Kräfte zugeschrieben; die Herrschaft über ein Tier, die Macht über Tod und Leben und die Fähigkeit, Totes zum Leben zu erwecken. Auch die Art und Weise, wie die Schildkröte, deren runde Schale irgendwie das Sonnenzeichen trägt, der Sonne gehorcht, deutet darauf hin, daß man es bei Sonne und Mond mit „Herren der Tiere" bzw. einer Tiergattung zu tun hat (vgl. ZERRIES 1954: 93 f.). Das „Herr der Tiere sein" bedeutet aber in einer wesentlich vom jägerischen Element bestimmten Kultur, wie sie uns bei den Kayapó vorliegt, ein nahezu göttliches Prädikat. Auch eine Wesensbeziehung zwischen Sonne und Mond und den Elementen Feuer und Wasser tritt wiederholt in Erscheinung. Immer wieder ist die Rede von Hitze, Verbrennen und Feuer. So etwa, wenn der Sonnenmann das glühende Stück Fleisch vom Bratrost nimmt und dem Gefährten zuwirft, um ihn damit zu verbrennen, wovon die Narben heute noch als Flecken sichtbar sind (vgl. auch NIMUENDAJU 1939: 161 ff.). Ebenso steht bei Apinaye und Timbira der Steppenbrand zu Sonne und Mond in Beziehung (NIMUNEDAJU 1946: 244). Der Sonne gehorcht nach den Kayapó auch der Fluß, dessen Wasser auf ihren Befehl hin vertrocknet. Auf einen Zusammenhang mit dem Wasser und der Welt in der Wassertiefe deutet wohl auch der Umstand hin, daß das Tier der Sonne gerade ein Muscheltier ist. Die Welt in den Tiefen des Wassers steht bei den Kayapó aber wiederum mit der Herkunft der Menschen in ursächlichem Zusammenhang: Im Mythos vom schönen Birá verwandeln sich die Kayapófrauen in Fische und werden danach die Stammütter des heutigen Geschlechtes (81, 105). Vielleicht ist also auch die Beziehung von Sonne und Mond zum Wasser bzw. zur Welt unter dem Wasser tiefgründiger, als es zuerst scheinen mag. Vielleicht ist auch bei den heutigen Kayapó nur in Vergessenheit geraten, daß sie einst glaubten, die Sonne habe aus dem Wasser die Menschheit hervorgeholt. Ein anderer

Ge-Stamm, die Apinaye, erzählt, wie Sonne und Mond Kürbisse ins Wasser werfen und darauf Menschenpaare heraufkommen; er erzählt auch von einem Bad, das Sonne und Mond einmal nahmen, wobei der Sonnenmann jedesmal, wenn er ins Wasser sprang und tauchte, einen hübschen Jungen oder ein hübsches Mädchen heraufbrachte. Der Mond hingegen brachte jedesmal einen häßlichen und dunkelhäutigen Jungen und ein häßliches Mädchen mit herauf. So sei die Menschheit entstanden, in der es gutaussehende und häßliche Leute, wohlgestaltete und solche mit Körpergebrechen gibt: Hier ist die Sonne mit der Hervorbringung des vollen Lebens und der Mond mit den Schattenseiten des Lebens in Verbindung gebracht (NIMUENDAJU 1939: 164). Auch bei den Kayapó ist, wie bereits gesagt, die Sonne gut und der Mond böse. Hinsichtlich der negativen und dunklen Macht des Mondes gehen die Ansichten der Kayapó sogar noch weiter. Horace BANNER (1957: 49) wurde erzählt, daß der Mond einmal den Himmel verlassen habe, um das Grab eines toten Kindes festzustampfen, und seither sei der Tod erst ewig geworden.

Bei dem verwandten Apinaye-Stamm planten Sonne und Mond den kreisrunden Dorfplatz und steckten ihn auf der Erde ab; sie teilten das Dorf in einer Ost-West-Linie. Der Mond siedelte seine Kinder an der nördlichen Hälfte an und die Sonne an der südlichen (NIMUENDAJU 1939: 21). Auch das Kayapódorf ist kreisrund, und die Hütten sind in konzentrischen Reihen gebaut, die zum großen Dorfplatz hin offen sind. Nur hörte ich von ihnen nie die Auffassung, daß diese Anlage auf Sonne und Mond zurückgehe. Andererseits ist aber die Führung durch zwei Häuptlinge – in jeder Dorfhälfte einer – die gemeinsam ihre Beschlüsse fassen und letzten Endes dennoch in einer gewissen Rivalität leben, ein genaues Abbild des mythischen Verhältnisses zwischen Sonne und Mond.

Bei den Kayapó werden Sonne und Mond als menschliche Wesen dargestellt, jedoch ausgestattet mit übermenschlichen Kräften. Eine direkte Verehrung von Sonne und Mond als Gottheiten in der unmittelbaren Gegenwart konnte ich jedoch nicht in Erfahrung bringen. Die Apinaye sehen ja in dem Sonnenmann, dem sie den Mond unterordnen, den Schöpfer und Vater der Menschheit. Er ist auch der Schöpfer der Dualorganisation und der örtlichen Festlegung der beiden Dorfhälften. Wie der Ge-Stamm der Sherente die Auffassung hat, daß die Menschen Kinder von Sonne und Mond sind, so nennen auch die Apinaye die Sonne „me-papam" = unser Vater, „id-pam-mbud" – mein Vater Sonne. Die Apinaye wenden sich auch in ihren Schwierigkeiten mit einfachen Fragen und Anrufungen an den Sonnengott. Er wird gebeten, die Feldfrüchte zu beschützen, und es gibt Feste, in deren Mittelpunkt er steht. Es gibt zwar keine Bilder von der Sonne, aber das in konzentrischen Kreisen angelegte Dorf und die Maniokfladen beim Fest sind Abbilder der Sonne. Wie Häuptling Matuk von den Apinaye NIMUENDAJU mitteilte (1939: 135), erscheint der Sonnengott auch in Visionen und Träumen dem Häuptling. Er erscheint auch anderen Indianern auf der Jagd, er zeigt sich stets sympathisch und gütig. Er trennt sich völlig von seinem Substrat, da er auch in menschlicher Gestalt erscheint, während die Sonne am Himmel steht. Die Berichte von diesen Visionen und Erscheinungen sowie das ganze Konzept dieses Sonnengottes sind allerdings nicht als absolut verläßlich anzusehen, da der Gewährsmann, von dem NIMUENDAJU diese Berichte hatte, der Häuptling Matuk, selbst schon Christ war, auch die Hauptstadt Rio de Janeiro bereits besucht hatte, und so immerhin die Möglichkeit besteht, daß in seiner Darstellung sich schon stark christliche Einflüsse bemerkbar machen.

Das feierliche Singen der heutigen Kayapó vor Sonnenaufgang in Texten, die von den Indianern selbst nicht verstanden werden, ist wohl ein Hinweis auf eine gewisse Verehrung der Sonne, die vielleicht wiederum das Relikt einer ehemaligen göttlichen Verehrung ist. Die Idee von einem Sonnenwesen höherer Art, das mit allem Leben verbunden ist und auch alles Leben bedingt, ist den Kayapó jedenfalls nicht völlig fremd: Bei Sonnenfinsternis glauben sie, daß der Mond die Sonne erschlagen habe und sind von Entsetzen erfüllt. Wie man mir im Dorf Kubenkrãkein erzählte, schossen sie bei einer Sonnenfinsternis vor einigen Jahren mit Brandpfeilen auf die Sonne und sangen mit vielen Wiederholungen *mut ué amre kanie-ti* = Sonne erleuchte dich. Sie waren von einem panikartigen Schrecken beherrscht und fürchteten, jetzt und jetzt werde die Sonne herabstürzen und die Welt unter sich begraben, und alles Leben werde erlöschen. Diese Verhaltensweise des Kayapóvolkes bei der Sonnenfinsternis hat ihr Gegenstück in einer Vision des Häuptlings Matuk bei den Apinaye: Diesem erscheint der Sonnengott in einer menschlichen Gestalt, auf einem Ast sitzend, er dreht sich dabei um sich selbst. Die Frauen, die der Häuptling vor ihren Hütten stehen sieht, schreien: Wenn unser Vater herunterfällt, wird alles zu Ende sein. Matuk tröstet die Frauen, indem er ihnen sagt, der Sonnengott werde nicht herunterfallen; bevor er aufwacht, sieht er, wie der Sonnengott wieder hinaufschwebt und ist voll Freude (NIMUENDAJU 1939: 135).

Der Mond wird von den Kayapó ebenso als ein Wesen mit übermenschlichen Kräften angesehen, doch ist er eine dunkle Macht, verabscheuungswürdig und böse. Es wird ihm keine Schöpferkraft zugemessen wie etwa bei den Apinaye. Sie sagen, er sei „zahm" und verstehen dies in einem ganz negativen Sinn als schwächlich, unfähig, häßlich. Auch mit dem Pflanzenwuchs hat er nach den Kayapó nichts zu tun. Im Gegenteil, der Mond bringt der Gemeinschaft Unheil, wie wohl am besten aus dem mythischen Bericht erkennbar ist, wo ihm die Schuld an der Verewigung des Todes zugeschoben wird. Man sagte mir wiederholt in den Kayapódörfern, daß man die großen Nächte, die in der letzten Phase ihrer Feste begangen werden und die zugleich deren Höhepunkt bedeuten, lieber auf Neumondnächte festlegt. Es soll die Festfeier und Freude unbedroht bleiben von der unheilvollen Macht des Mondes.

Die Sterne

Nach unserer Version des Mythos „das Loch im Himmel" stammen die Menschen aus der Welt über dem Himmelsdach. Sie sind in der Urzeit durch das von dem Gürteltier gegrabene Loch an einem endlosen Seil auf die Erde heruntergeklettert. Ein Teil der Menschen wagte den Abstieg nicht, und als ein kleiner, fremder Bub das Seil durchschnitt, waren sie verurteilt, für immer oben zu bleiben. Nach einer Version dieses Mythos gehen nun diese, wie es darin heißt, „wenigen" Menschen als Sterne an den Himmel. Eine besondere Bedeutung von Sternbildern habe ich bei den Kayapó nicht gefunden. Auch das Motiv der Sternenfrau oder des Sternenmädchens, mit dem sich ein Erdenmensch dann vermählt, ist ihnen an und für sich fremd. Wohl gibt es bei ihnen einen Mythos von einem Mädchen, das aus der Welt ober dem Himmel kommt und die Frau eines Indianers wird; diese Frau begibt sich später auf eine Himmelsreise und bringt von dort oben ihrer hungernden Familie Feldfrüchte und damit den Ackerbau. Sie wird bezeichnet als die Tochter des „Regens" – das ist Bebgororotí, der Mann, der sich in den Regen, das Unwetter, das Gewitter verwandelt hat. Dieser Mythos hat auch nichts zu tun mit Sternenglanz und überirdischer Schönheit, denn es heißt darin ausdrücklich, daß das Mädchen, so wie die jungen Indianer es fanden, häßlich war; und erst, als die Mutter es bemalt hatte, wie die anderen Indianerinnen bemalt sind, war es schön.

Auch in den Anschauungen über die Sterne spiegelt sich die Bedrohtheit des indianischen Daseins wider. Die Kayapó haben Angst vor dem Meteor, sie haben Angst vor den Sternen, die niederstürzen und alles Leben vernichten. Ein entsprechendes Erlebnis hatten wir, als einmal im Dorf Kubenkrãkein eine kleine Explosion war. Wir hatten sie selbst verursacht, als wir Abfälle in einer Grube mit Benzin übergossen und in Brand steckten. Damals kam das ganze Dorf bestürzt und schreckensbleich gelaufen. Man glaubte, ein Stern sei heruntergestürzt und war von Angst erfüllt.

IV. KAPITEL

Tag und Nacht

1. TAG UND NACHT IM MYTHOS

Wie sie die Nacht suchen gingen

In alter, alter Zeit gab es nur den Tag; immer schien die Sonne, eine Nacht gab es nicht. Da brachten die Männer einmal
von einem Kriegszug gegen die Siedler die Tochter des Dyoibekro ins Dorf. Sie war bei den Christen gefangen gewesen. Damals liebten die Indianer nur den Tag und den hellen
Sonnenschein. Sie kannten ja auch nichts anderes. Die Tochter des Dyoibekro aber mochte den Tag und den Sonnenschein gar nicht. Sie sagte zu den Indianern: „Lasset uns aufbrechen, um die Nacht zu suchen, damit wir in ihr schlafen
können. Denn der Tag und der Sonnenschein sind häßlich;
die Menschen können in ihm nicht schlafen." Die Indianer
aber taten, was die Tochter des Dyoibekro sie geheißen; sie
machten sich auf, um die Nacht zu suchen. Die Tochter des
Dyoibekro sagte ihnen den Weg zum Hause ihres Vaters an,
sie selbst aber blieb im Dorf zurück.

Unterwegs begegneten die Männer all den bösen Wesen.
Sie begegneten den Urubu-Menschen, die den Kopf eines
Aasgeiers haben, den Hundemenschen mit einem Hunde-
kopf, den Froschmenschen mit dem Kopf eines Frosches,
den Schneidegrasmenschen, deren Kopf das fürchterliche
Schneidegras ist, den Vogelmenschen mit dem Kopf eines
Vogels, den Gürteltiermenschen mit einem Gürteltierkopf,
den langbärtigen Menschen, die wohl einen menschlichen
Kopf, aber einen langen Bart daran haben, und den Menschen
mit dem zusammengebundenen Leib. Sie begegneten all den
Wesen mit Köpfen von Tieren und Wesen von häßlicher Gestalt. Schließlich gelangten die Indianer zu einer Wegkreuzung. Sie schlugen den Pfad ein, der zum Hause des Dyoibe-

kro führt. Dieser wohnt weit draußen in der Steppe. Sie folgten dem Pfad und plötzlich wurde es ganz, ganz finstere Nacht. Durch diese Nacht schritten sie nun mit Fackeln in den Händen weiter. So gelangten sie zum Hause des Dyoibekro. Dieser wollte von ihnen erfahren, wo seine Tochter sei. „Mebemokre", sprach er sie an, (wie die Indianer sich selber nennen), „wo ist meine Tochter?" Da deuteten die Indianer mit der Hand in die Richtung, aus der sie gekommen waren, und sagten: „Dort, weit von hier, dort sitzt deine Tochter und wartet auf uns, bis wir wiederkommen. Sie war es auch, die uns den Auftrag gab, die Nacht zu holen." „Bringt mir meine Tochter wieder", sagte Dyoibekro, „ich habe solche Sehnsucht nach meiner Tochter." Sie aber erwiderten: „Wir sind gekommen, um die Nacht zu holen." „Wozu braucht ihr denn die Nacht?" fragte Dyoibekro. „So halt, damit wir in ihr schlafen können, denn dort im Lande der Menschen gibt es immer nur den Tag und Sonnenschein; deshalb zogen wir aus, um die Nacht zu suchen." „Ach, jetzt verstehe ich euch erst", sagte Dyoibekro, „so nehmt denn die Nacht mit euch." Er übergab ihnen eine Kalebasse, deren Deckel mit Lianen fest zugebunden war. „Unterwegs dürft ihr die Fruchtschale nicht öffnen", warnte er, „denn in ihr drinnen ist die Nacht."

Die Indianer machten sich nun wieder auf den Heimweg und trugen die Nacht mit sich. Einer von ihnen, der ein ganz böser Mensch war, riß unterwegs die Lianen herunter, mit denen die Kalebasse zugebunden war, und öffnete sie. Da sprang ein Skorpion aus der Fruchtschale heraus und biß den Mann in die Hand. Der heulte und schrie, so schmerzte ihn die Wunde. Einer von den Gefährten packte den Mann bei dem verletzten Arm und schleuderte diesen in die Luft. Da verwandelte sich der böse Mensch, der die Nacht freigelassen hatte, in eine Eule und flatterte in die Lüfte. Die Nacht aber entwich aus der geöffneten Kalebasse. Nicht nur ein wenig von ihr entschlüpfte, sondern die ganze Nacht machte sich frei. Und die Nacht blieb bei den Indianern. Seit damals haben sie die Nacht, in der sie schlafen können.

In alten, alten Zeiten gab es keine Nacht, sondern nur den Tag und den hellen Sonnenschein. Die Tochter des Dyoibekro brachte ihnen dazu auch die Nacht. Mit viel Mühe gelang es den Indianern dann, die Nacht vom Tage zu trennen. Seither folgt auf den Tag immer die Nacht.

Der Mann, der sich in eine Eule verwandelte

In alten Zeiten kannten die Indianer noch nicht die Geheimnisse, welche die Nacht birgt. Sie kannten auch den gefährlichen Skorpion noch nicht. Da hielt einmal ein Mann allen Dorfgenossen eine Rede. Dabei sagte er: „Mit den Dingen, die der Nacht angehören, sollt ihr euch nie zu schaffen machen! Die Dinge, die der Nacht gehören, sind unter den dürren braunen Blättern verborgen, die auf dem Boden liegen." Da fragten die Dorfgenossen: „Was sind denn das für Dinge, die der Nacht eigen sind?" Der Mann sagte: „Der Nacht eigen ist der Skorpion, der beißt, die Spinne, die große weiße Ameise und die Schlange. Es gibt auch noch viele andere Wesen und Dinge, die der Nacht gehören." Da höhnte einer der Dorfgenossen: „Du willst uns nur etwas vormachen, du lügst uns an." Der Mann aber, der alle gewarnt hatte, erwiderte dem, der ihm so frech widersprach: „Wenn du schon so viel zu wissen glaubst, dann rühre nur an den Geheimnissen der Nacht und du wirst sehen, was geschieht." Der andere ließ sich aber nicht so leicht entmutigen und rief: „Ich will noch heute nacht mit den Füßen das dürre Laub am Boden stampfen." Der Mann, der zuerst gewarnt hatte, warnte noch ein letztes Mal: „Rühret nicht an die Dinge der Nacht, sonst wird Unheil über euch kommen!"

In der Nacht schliefen alle Dorfgenossen, bis auf den einen, der die Mahnung nicht befolgen wollte. Er ging in der Nacht umher. Er war nämlich ein böser Mensch. Das Tier, das von der Nacht aufgezogen und gezähmt worden war, der Skorpion, biß den Bösen. Verborgen unter der Decke von dürren Blättern, schliefen nämlich der Skorpion, die Spinne, die große weiße Ameise und die Schlange. Der Mann aber, der die warnende Stimme seines Dorfgenossen mißachtete, schritt mit festen Tritten über sie hin. Da biß ihn der Skorpion, es bissen ihn auch die Spinne, die Schlange und die große Ameise. Die anderen Indianer aber schliefen in dieser Nacht. Alle guten Menschen schlafen in der Nacht. Nur böse Menschen schweifen im Dunkel umher. So war auch dieser böse Mann unterwegs, und der Skorpion, die große Ameise, die Schlange und die Spinne konnten ihn beißen. Da schrie er mitten in der Nacht und heulte, daß alle erwachten. Zuerst fragte ihn der Mann, der die anderen über die Geheimnisse der Nacht belehrt hatte: „Was ist dir denn geschehen? Was hast du denn, daß du so schreist?" Der andere jammerte: „Der Skorpion hat mich gebissen und die Spinne, die Schlange und die große Ameise." Und jetzt gestand er: „Wahrhaftig, wilde und böse Dinge sind der Nacht eigen." „Weil du ein böser Mensch bist, der in der Nacht umherläuft", erwiderte der andere, „haben dich die Wesen angegriffen, die der Nacht gehören." Der Verwundete schrie und heulte weiter. „Wo schmerzt es dich denn?" fragte der andere. Der Gefragte zeigte seine Wunden und heulte: „Es schmerzt ganz furchtbar!" Als er mit seinem Gezeter gar kein Ende finden konnte, erkundigte sich der andere wieder: „Hört denn der Schmerz gar nicht auf?" „Der Schmerz verläßt mich nimmer", schluchzte der Verletzte. Da sagte der, der die Indianer zuerst vor der Nacht gewarnt hatte: „Warum hast du dich auch herumgetrieben in der Nacht, in der sich Wesen bewegen, die uns beißen? – Hör jetzt auf mit dem Gejammer! Wenn du nicht aufhörst so zu heulen, mußt du fort; ich werde dich packen und in den Wald schleudern!" „Nimmermehr", schrie der Böse, „hier will ich bleiben!" Und er weinte und heulte weiter. Da faßte ihn der andere beim Arm, riß ihn mit sich und schleuderte ihn in den Wald. Der böse Mann aber schrie und heulte noch lauter auf; sein Geheul klang Gua, Gua, Gua . . . So heulte und heulte er weiter, bis er sich in eine große Eule verwandelte, die auf solche Weise heult.

Hier ist meine Geschichte zu Ende.

2. TAG UND NACHT IN WELTANSCHAUUNG UND LEBEN

Der ewige Tag

Die dualistische Auffassung, welche das ganze Weltbild unserer Indianer durchzieht, gibt auch Tag und Nacht eine Polarität von ganz großer Bedeutung und Symbolkraft. In der Urzeit gab es nach dem Glauben der Indianer nur den Tag und das helle Licht. Dies geht auch aus ihrem Mythos, „Wie sie die Nacht holen gingen" hervor. Couto MAGALHAES berichtet schon 1890 von einem ähnlichen Mythos aus dem amazonischen Raum und hält ihn für geistigen Besitz der Tupivölker (MAGALHAES 1935: 231 ff.; BALDUS 1946: 11 f., 82 f.). Sicher ist: auch unsere Indianervölker sind davon überzeugt, daß der Tag am Anfang stand. Das mußte auch Horace BANNER (1957: 39) bei seiner Übersetzung des Schöpfungsberichtes aus der Bibel erfahren. Als er von der Finsternis erzählte, die die Erde bedeckte, bis Gott sprach: „Es werde Licht", protestierten die Indianer energisch und zweifelten an der Wahrheit dieser Aussage, denn nach ihrer Glaubensüberzeugung gab es ja von Anfang an das Licht. In ihrer Weltanschauung ist für diese Urzeit noch keine Rede von einem Zusammenhang zwischen Sonne und Tag. Freilich gehören Tag und Sonnenlicht in ihrem heutigen Dasein irgendwie zusammen: Wenn sie vom Morgen reden, sagen sie *mut-krü* = kalte Sonne; *aringró* = starke, mächtige Sonne = Mittag, *mut-tum* = die Sonne, die heruntergefallen ist = der Abend. Aber selbst da ist keine direkte Verbindung zwischen dem Licht der Sonne und dem Tag gegeben, eher besteht eine Verbindung zwischen der Hitze und Kraft der Sonne und dem Tag. Nach ihrer Mythologie wandelte ja der Mann „Sonne" in der Urzeit selber als Jäger auf der Erde und es war bereits hell hier. Erst am Ende. der Urzeit geht dieser Mann an den Himmel hinauf. Im Sinne ihres ptolo-

meischen Weltbildes wandert er langsam den ganzen Tag
über am Himmel dahin, während er in der Nacht unter der
Erde fortschreitet, bis er bei Tagesanbruch am entgegenge-
setzten Ende der Erde wieder auftaucht. Dort, wo er niedersteigt, ist Sonnenuntergang und wo er aufsteigt, ist *mut-
katóro* – wörtlich: die Sonne kommt hervor, Sonnenaufgang.
Horace BANNER (1957: 39) hat von einer „Quelle des Lichtes" bei den Indianern erzählen gehört, unter der die Menschen der Urzeit aßen, tanzten und sangen in einer unendli-
chen Freude, wie er sich ausdrückt. Es fragt sich, ob der Autor hier nicht allzusehr sich von seiner persönlichen
Auffassung leiten ließ, der zufolge die Urzeit ein paradiesi-
scher Zustand der Menschen gewesen ist. Nach dem Wortlaut unseres Mythos „Wie sie die Nacht suchen gingen"
steht aber der ewige Tag der Anfangszeit in keinem Zusammenhang mit einem Glauben an einen paradiesischen Urzustand. Einer ähnlichen Tendenz wie BANNER scheint auch
Couto MAGALHAES (1935: 221–235) gehuldigt zu haben; er
sagt nämlich, daß damals, als es nur den Tag gab, auch die
Tiere Menschen gewesen seien und alle Tiere geredet hätten
(vgl. BALDUS 1946: 11 ff., 82 f.). Wieder liegt der Gedanke
nahe, daß der Erzähler, der den Mythos in einer freien Übersetzung bringt, seine eigene Überzeugung in den Text hin-
eininterpretiert hat. Jedenfalls ist nach dem Kayapó-Mythos,
der von dem ewigen Tag spricht, keine Rede davon, daß der
Urzustand ein Paradies gewesen sei. Vielmehr geht aus dem
Bericht hervor, welche Last der heiße Tropentag, der beweg-
te Alltag mit seiner ganzen Härte – der Jagd, den Kämpfen,
dem Ringen mit der Natur – für die Indianer bedeutet. Es
fehlt die Ruhe, die Erholung, der Schlaf. Nicht nur dieses
Ausruhen, den heißersehnten Schlaf gewährt die Nacht, sondern ihr Dunkel behütet als keusche Hülle die Vereinigung
der Liebenden. Sie hilft ihnen, ihr Geheimnis zu wahren, sie
schützt ihr Schamgefühl. Nach der Version des Mythos, wie
sie METRAUX (1960: 19) gehört hat, wird gerade diese Eigenschaft der Nacht und dieser Vorzug gegenüber dem Tag

als der alleinige Grund angegeben, warum die Menschen, solange sie nur den Tag kannten, die Nacht ersehnten und warum sie – allen Gefahren zum Trotz – sich aufmachten, um die Nacht zu erobern. Tatsächlich konnten auch wir während unseres langen Zusammenlebens mit den Indianern fast nie bemerken, daß während des Tages zwischen Mann und Frau irgendwelche Zärtlichkeiten ausgetauscht wurden. Dies darf nur in der Verborgenheit und im völligen Dunkel der Nacht geschehen.

Der Herr der Nacht und seine Tochter

Die Nacht stammt nach dem Glauben unserer Indianer von einem Besitzer, einem Herrn, dem sie vollkommen zu eigen ist. Seine Macht ist übermenschlich, erscheint aber doch als die eines Menschen. Es ist ein Mann, der, wie mir die Indianer erzählten, weit draußen in der Steppe wohnt. Sein Name ist *Dyoibekro* = *Dyoibe-kro* = Quelle des Inneren = Quelle des Innenlebens, der Seele, der Geistigkeit. Die Steppe, die als sein Wohnort angegeben wird, hat für die Indianer auch eine tiefe Symbolkraft für Weite, Größe und Unendlichkeit. Der Besitzer der Nacht gilt ihnen auch in anderer Weise als ein Wohltäter der Menschheit, ein Kulturheld; von ihm stammt nach ihrem Glauben die erste Stahlaxt.

Was die Nacht anlangt, so tritt als Mittler zwischen deren Herrn und den Menschen eine Frau auf, seine Tochter. Sie wird zur Heilbringerin, und er liebt diese Tochter. Sie wurde ihm von den Indianern entrissen, lebt nun unter ihnen und hat sich mit einem Indianer vermählt. Um ihretwillen gibt er den Menschen die Nacht. Nach dem Mythos, wie ich ihn erzählen hörte, wurde sie von bösen Fremden, Christen, geraubt und gefangengehalten; die Indianer befreiten sie bei einer Fehde mit diesen Fremden und gelangten dadurch in ihren Besitz: Nach der Version des Mythos, die METRAUX (1960: 19) wiedergibt, raubten die Indianer dem Mann der Steppe seine schöne Tochter. Diese Frau erzählt ihnen zum erstenmal von der Nacht und weckt ihre Sehnsucht danach. Sie erweckt die Sehnsucht nach der herrlichen Ruhe des Schlafes und fordert die Männer auf, die Nacht von ihrem Vater zu holen. Nach einer anderen Version des Mythos fordert sie die Indianer aus egoistischen Gründen dazu auf – nämlich als sie von ihrem ersten Liebhaber bei der Untreue ertappt wird – damit künftighin Liebesgeheimnisse durch die Nacht gewahrt bleiben mögen.

Der Erwerb der Nacht

In der Episode, die erzählt, wie die Menschheit zur Nacht kommt, spiegelt sich die ganze Härte des indianischen Lebens wider. Wohl ist die Nacht im Besitz eines höheren Wesens, des Mannes draußen auf der großen Steppe, der es gut mit den Menschen meint, der ihnen auch die Nacht überlassen will und durch seine Tochter in ihnen die Sehnsucht danach wachgerufen hat, aber die Menschen müssen sich diese Nacht unter tausend Mühen erringen. Genauso wie sie einen harten Daseinskampf zu führen haben und sich ständig von bösen Mächten und Feinden bedroht fühlen, genauso ist auch ihr Weg zum Erwerb der Nacht ein gefahrvoller und bedrohter. Um zu deren Herrn zu gelangen, müssen die Indianer eine weite Wanderung unternehmen und furchtbare Abenteuer bestehen. Unterwegs begegnen ihnen, wie es in unserem Mythos heißt, alle bösen Wesen. Aufgezählt werden die Aasgeiermenschen, die den Kopf eines Aasgeiers haben, die Hundemenschen mit einem Hundekopf, die Froschmenschen mit dem Kopf eines Frosches, die Schneidegrasmenschen, deren Kopf ein scharfer Schneidegrashalm ist, die Vogelmenschen mit einem Vogelkopf, die Gürteltiermenschen mit dem Kopf eines Gürteltieres und die Langbärtigen mit einem großen Bart, der für die Indianer den Inbegriff der Häßlichkeit darstellt. All diese bösen Wesen sind nach einem anderen Mythos in dem Land beheimatet, in dessen Mitte der gewaltige Baumstamm das Himmelsdach trägt. Dieses Land ist, wie erwähnt, irgendwie unserer Vorstellung von der Hölle vergleichbar.

Nach einer anderen Version müssen die Männer der Kayapó, um zur Nacht zu gelangen, durch die Reiche vieler feindseliger, ja dämonischer Stämme wandern, so durch ein Land der Menschenfresser, ein Land der Leute mit den vergifteten Pfeilen, ein Land der Aasgeiermenschen, deren Kopf nach Art der Aasgeier kahlgeschoren ist, durch das Land der Menschen mit den dicken Kehlen, der Steinmenschen, die Steinpfeile besitzen, mit denen sie das Vogelwild töten. Von allen möglichen Scheusalen ist die Rede, als solche werden auch Menschen bezeichnet, die weiß sind wie die Christen, Gürteltiermenschen, die äußerst verderbenbringend sind, weil sie ganz große Bogen besitzen. Es ist auch die Rede von den Taquaramenschen, die mit ihren Armen, gleich scharfen Bambusklingen, beim Kampf die Kehlen der Feinde durchschneiden. Auch die abscheulichen Piranhamenschen werden aufgezählt, deren Finger wie Fischzähne sind, die Froschmenschen, die Bienenmenschen und die Aramenschen, die einen gelben Körper haben und wie die Papageien schreien (METRAUX 1960: 18).

Nach unserer Fassung des Mythos kommen die Indianer, nachdem sie allen dämonischen Gefahren entronnen sind, zu einer Wegkreuzung; sie folgen dem Pfad, der zum Herrn der Nacht führt. Noch bevor sie diesen erreichen, wird es völlig dunkel, und nur mit Hilfe von glimmenden Scheitern, die sie schwingen und so zum Aufglühen bringen, finden sie zu ihrem Ziel. – Auch nach der Version, die METRAUX (1960: 18) erzählt, kommen sie in eine Gegend voll tiefer Finsternis. Sie finden ihren Weg nur durch das Licht der Fackeln. Schließlich gelangen sie zur Waldlichtung, wo der Herr der Nacht lebt. Offenbar beeinflußt durch christliche Auffassung des Dolmetsch, dessen sich METRAUX bedienen mußte, ist der Herr der Nacht „un homme tout noire comme le diable", ein Mann, der ganz schwarz ist wie der Teufel. Die Bewältigung aller Schwierigkeiten allein genügt aber nicht, um

die Nacht zu gewinnen, sondern die Indianer erhalten sie
durch die Güte des Mannes, dem sie gehört. Der Herr der
Nacht übergibt ihnen das Geschenk in einer verschlossenen
Kürbisschale. So erhalten die Indianer das erstemal die
Nacht. Nach einer Darstellung von Horace BANNER (1957:
39) befand sich die Nacht, sorgfältig mit Blättern umhüllt
und verschnürt, im Gewahrsam eines Zauberpriesters des
Dorfes. Ein solcher hat wohl Beziehungen zu höheren We-
sen. Diese mythische Erzählung erwähnt aber nicht, wie der
Priester zu dem kostbaren Besitz gekommen war.

Wohltat und Schrecken der Nacht

Im Sinne des Dualismus, der in der Weltanschauung der Kayapó immer wieder zutage tritt, bestehen für sie Gut und
Böse, Wohltat und Übel immer nebeneinander. So bedeutet
ihnen die Nacht ein hohes Gut, eine Wohltat, denn sie bringt
Schlaf und Ruhe und bewahrt das Liebesgeheimnis, wie es
ihnen die Tochter des Herrn der Nacht schon geschildert hat.
Aber entfesselt, mißbraucht, bringt die Nacht den Menschen
Unheil. Sie gehört dem Mann, weit draußen auf der Steppe,
sie wird von ihm beherrscht und in Zaum gehalten und ist, in
seinem Sinne gebraucht, eine Wohltat. Er übergibt sie auch
den Menschen in gebundenem Zustand, eingeschlossen in
eine Kalebasse, die fest zugeschnürt ist. So will er sie seiner
Tochter schicken, die weit weg im Dorf lebt, damit diese als
Heilbringerin den Indianern und deren Welt die Vorteile der
Nacht zukommen lasse. Er trägt den Männern, die die Nacht
holen kamen, eigens auf: „Ihr dürft die Kalebasse nicht öffnen." Die entfesselte Nacht, die Nacht in ihrer ganzen Fülle
bringt Unheil. Nach einer anderen Version des Mythos droht
er den Männern ausdrücklich die Strafe an: „Öffnet die Kalebasse nicht, denn sie enthält auch einen Skorpion, der euch
beißen wird, und Unglück wird über euch kommen" (ME-
TRAUX 1960: 19). – Der Mann, der dann das Tabugesetz verletzt, der die Schnüre der Kalebasse löst und sie öffnet, wird

71

nach dem Mythos, wie ich ihn erzählen hörte, als ganz böser Mensch bezeichnet. Horace BANNER (1957: 39) hat man die Geschichte mitgeteilt, wie sie den kleinen Jungen im Dorf erzählt wird. Er sagt in seiner Wiedergabe, daß ein schlimmer Bub das Päckchen mit der Blätterhülle, in dem ein Medizinmann die Nacht verwahrt hielt, heimlich öffnete, und daß sein Motiv hiefür Neugierde war. Nach einer anderen Version wieder sind die Männer, die nun die Nacht heimtragen in einer Kalebasse vom Herrn der Nacht, müde geworden, sie haben Sehnsucht nach Ruhe, sie wollen schlafen und rühren deshalb eigenmächtig an das Geheimnis (METRAUX 1960: 19). Couto MAGALHAES (1935: 231–235) spricht von einer großen Schlange und ihrer Tochter, die dann die Nacht bringt. Er sieht darin ein Fragment der Genesis, das in einer ganz groben Form wiedergegeben wird. Der ewige Tag am Anfang ist für ihn das Paradies, die Frucht, in deren Schale verwahrt, die Indianer die Nacht heimtragen, ist ihm die Frucht des verbotenen Baumes im Paradies. Nach seiner Version hätten drei Diener die Nacht so geholt. Das allein schon zeigt, daß hier ein Interpret am Werk ist, der manches in die Erzählung hineinbringt, was ursprünglich nicht drinnen war, da ja die Indianer eine soziale Schichtung – Diener und Herr – nicht kennen. Die Strafe, die der Untat des Öffnens folgt, bestehe darin, daß Finsternis die Erde bedecke und daß sich alle Lebewesen am Flußufer in Enten und Fische verwandelten. Die verhängnisvolle Tat selbst ist nach ihm die Erbsünde.

Nach der von mir im Originaltext vorgelegten Fassung der Mythe wird durch das Öffnen des Gefäßes die Nacht entfesselt. Es erfolgt sofort eine Bestrafung der Freveltat: der böse Mann, der das Gefäß öffnete, wird von dem befreiten Skorpion gebissen; und als der Mann klagt und heult, packen ihn die Gefährten und werfen ihn in den Wald. Dadurch flattert er als Vogel davon, während aus seinem Heulen und Klagen das Geschrei des Vogels, das Geheul der Eule wird. Die Nacht aber ist jetzt nicht mehr beherrscht, sie entweicht. Sie ist irgendwie stofflich gedacht als Rauchwolke, die sich immer weiter ausbreitet – durch den Wald, über die Steppe, über die ganze Welt. Wie mir die Indianer aus ihrer Überlieferung berichteten, gelang es den Vorfahren nur mit der größten Mühe, später den Tag wieder von der Nacht zu trennen. Nach einer anderen Wiedergabe des Mythos begaben sich die Menschen nun auf die Suche nach dem Licht. Da sie aber nicht sehen konnten, verloren sie sich im Wald. Sie waren hungrig, fanden nichts Eßbares und wurden krank. Viele starben vor Hunger, andere vor Sehnsucht nach dem Licht. Endlich fanden die Überlebenden einen kleinen Lichtstrahl und waren gerettet. Seither wechseln sich Tag und Nacht ab bis in die heutige Zeit (BANNER 1957: 39). Eine andere Abart des Mythos schließlich läßt auch jetzt wieder die Tochter des Herrn der Nacht als Heilbringerin auftreten. Mit einer Papageienfeder fängt sie mühsam die Enden der Nacht wieder ein, die in alle Windrichtungen entwichen sind. Nur soviel von der Nacht sammelt sie wieder, als notwendig ist, um den Menschen genug Dunkelheit für den Schlaf und das Lieben zu sichern (METRAUX 1960: 19).

Aber auch die Nacht, die jetzt in Schranken gehalten ist, birgt noch dunkle Geheimnisse und steht unter einem Tabugesetz, das man nicht übertreten darf. Nach dem Mythos vom Mann, der sich in eine Eule verwandelt, belehrt ein Wayangari die Menschen über die Nacht, ein Zauberpriester, einer der mit höheren Mächten in Verbindung steht und das Wesen der Dinge kennt. Er tut es im Sinne des Herrn der Nacht. Vielleicht ist er sogar eine Inkarnation dieses Herrn der Nacht oder überhaupt mit ihm identisch. – Er warnt die Dorfgenossen davor, an die Geheimnisse der Nacht zu rühren. Dabei erscheint die Nacht irgendwie als ein lebendiges antropomorph gesehenes Wesen. Sie hat auch Tiere, die ihr allein eigen sind, von ihr gezähmt und aufgezogen wurden. Aber wieder ist unter den Dorfgenossen ein Mann, der die Warnung des Zauberpriesters mißachtet; obwohl er gehört hat, daß die Nacht nur zum Schlafen bestimmt ist, schweift er im Dunkeln umher und stampft das dürre Laub am Boden mit Füßen. Entgegen dem Tabugesetz hat er sich auch nachts aus dem Dorf entfernt. „Alle guten Menschen schlafen in der Nacht und nur die bösen gehen umher", heißt es in dem Mythos. – Die Folgen für den Frevler bleiben nicht aus: die Tiere, die der Nacht gehören – der Skorpion, die Spinne, die große weiße Ameise und die Schlange – beißen ihn; und als er vor Schmerz heult und klagt, schleudert ihn der Zauberpriester in den Wald, nun nicht mehr als Mahner, sondern als Vollstrecker der Strafe. Und der böse Mann verwandelt sich selber in ein Tier der Nacht, in eines der unheimlichen Wesen, die ihren Schrecken ausmachen – in eine Eule. Wie er zuerst vor Schmerz geheult und geklagt hat, so klingt jetzt auch sein tierischer Schrei.

Diese Überlieferung und dieses Glaubensgut fand ich auch im Leben der Indianer bestätigt. Sie verlassen abends das Dorf nicht, sie verlassen auch auf ihren großen Wanderungen während der Trockenzeit nachts ihr Lager nicht. Einem, der sich in der Nacht herumtreibt, werden böse Absichten unterschoben. Wenn wir am Abend im Dorf Kubenkrãkein bei hellem Mondenschein einen Spaziergang machten, begleitete uns gern eine Schar Indianer. Sobald wir aber dabei das Dorf verließen, blieb einer nach dem anderen zurück, und wir waren bald allein.

Die Nacht hat für sie außerhalb des Dorfes und außerhalb der Gemeinschaft etwas Furchterregendes, Bedrohliches. Der Mebenget Beb-ngri erzählte uns: „Wenn ich im Wald die Gefährten verliere und wenn ich dann von der Nacht überrascht werde, klettere ich auf einen hohen Baum und binde mich dort oben fest, um im Schlaf nicht herunterzustürzen." Nur so fühlt sich der starke Mann einigermaßen sicher vor den Schrecken der Finsternis.

Die Interpretation des Mythos „Wie sie die Nacht holen gingen" von Couto MAGALHAES, der diesen Mythos mit dem Verlust des Paradieses und dem Sündenfall in Verbindung bringt, ist sicher abwegig und das Ergebnis einer von vorn-

herein feststehenden Überzeugung. Andererseits ist aber
dieser Mythos für die Weltanschauung der Kayapó tatsächlich von ganz besonderer Bedeutung. In ihm wird nämlich
die Tabu-Norm hinsichtlich der Nacht – als ein für die Indianer ethisches Gesetz – direkt von dem Willen eines höheren
Wesens abhängig gemacht. Der Herr der Nacht hat ja nach
unserer mythischen Erzählung befohlen: „Ihr sollt an die
Dinge der Nacht nicht rühren." Der böse Mensch, der dann
diesen Befehl mißachtet, und alle jene, die sich gleich ihm in
der Nacht herumtreiben, verfallen der Strafe, die schon in
der Urzeit jenes höhere Wesen – eben der Herr der Nacht –
über alle Frevler gegen sein Gebot verhängt hat.

V. KAPITEL

Die zwei großen Ahnherren

1. DIE ZWEI GROSSEN AHNHERREN IM MYTHOS

Der große Adler

In alten, alten Zeiten bedrohte ein riesiger Adler (Harpia harpyia L.) die Indianer. Der grauenhafte Vogel fraß auch die Tante der beiden mächtigen Stammesväter der Kayapó auf. Sie war die Schwester ihres Vaters gewesen. Der Vater zog die beiden Söhne im Wasser auf, damit sie zu starken Männern heranwachsen sollten, um den schrecklichen Vogel zu töten und so den Tod ihrer Verwandten zu rächen. Der Name des einen Sohnes war *Kukrüt-kakó* = Tapirknochen, der Name des anderen war *Ngokon-ngri* = kleine Kalebasse. Sie waren noch kleine Knaben, als der Vater begann, sie unter dem Wasser aufzuziehen. Er baute ihnen aus Holz ein Gehäuse und steckte sie damit ins Wasser, so daß nur ihre Gesichter herausschauten. Alle fünf Tage kam die Mutter zum Fluß und brachte ihnen Maniokfladen zu essen. Auf diese Weise wurden die Knaben größer und stärker als alle anderen Kinder. Der Fluß, in dem sie zu Riesen wurden, ist der Koka-ti, das ist der große Araguaia. Damals waren die Indianer alle sehr, sehr klein. Nur die beiden im Fluß wuchsen zu Riesen heran. Die Indianer im Dorf wußten aber nichts von ihnen. Es waren ja nur die eigenen Eltern, die immer wieder die Söhne besuchten und mit ihnen sprachen. Als sie Männer geworden waren, ließ der Vater sie aus dem Wasser heraussteigen. Mit Vater und Mutter gingen sie nun ins Dorf. Alle Indianer des Dorfes aber fürchteten sich sehr vor den großen Männern, denn Vater und Mutter hatten ja nie von ihnen erzählt. Der Vater baute nun seinen Söhnen ein mächtiges Haus aus den Stämmen der Burití-Palmen, und in dieses Haus zogen die beiden jungen Riesen ein. Der

Vater erzählte ihnen von dem furchtbaren Ungeheuer, dem Schrecken aller Indianer; er erzählte ihnen auch, daß dieser Vogel ihre Vaterschwester aufgefressen habe. Da zogen die Söhne aus, um den Vogel zu suchen und den Tod der Tante zu rächen. Weit draußen, am Rande der großen Steppe, stand ein gewaltiger Baum, und dort hatte der mächtige Adler sein Nest. Seine Klauen waren wie dicke Baumstämme; die Höhle seines Mundes glich dem Maul eines Tapirs; seine Federn waren wie ungeheure Bananenblätter und seine Augen von unheimlicher Größe. Viele Indianer hatte der Vogel schon aufgefressen! Er packte sie mit seinen riesigen Klauen und entführte sie durch die Lüfte. Die Indianer waren so eingeschüchtert, daß sie aus Angst vor dem grauenhaften Tier ihr Dorf gar nicht mehr zu verlassen wagten. Die Riesen aber, welche die Ahnherren der heutigen Indianer wurden, kamen zu dem gewaltigen Baum, der das Adlernest trug. Sie waren bewaffnet mit einer Schwertkeule und mit einer Lanze, deren Spitze ein starker Jaguarknochen war. Mit diesen Waffen töteten sie den Riesenadler. So rächten sie den Tod ihrer Tante und befreiten die Indianer von der lähmenden Furcht, in der sie bisher gelebt hatten. – Hoch oben auf dem riesigen Baum hatte der Vogel gewohnt. Dort erblickten ihn auch die Riesen, als sie sich dem Baume näherten. Der eine stellte sich dem Adler zum Kampf. Der Vogel stürzte sich sofort auf ihn herab, und der Indianer hielt ihn mit seiner schweren Keule auf. Nun kam auch der zweite Riese herbei und tötete ihn mit der Spitze seiner Jaguarlanze. In dem gewaltigen Ringen hatte der Riesenadler seine Flaumfedern verloren. Die beiden mächtigen Ahnherren der Indianer bliesen in den Berg von Federn, so daß diese nach allen Richtungen in die Luft stoben. Dabei verwandelten sich aber die Flaumfedern in kleine Vögel; und seither gibt es Vögel aller Art.

Wir Kayapó, die wir heute leben, wir haben den grauenhaften Riesenadler nie gesehen. Einer von den ganz alten Männern aber war es, der seinem Neffen – dem Kind seiner Schwester – die Geschichte von dem großen Vogel erzählte.

Von dem Kind erfuhren sie später wieder ein paar andere. Diese erzählten sie auch ihren Neffen weiter, bis schließlich alle die Geschichte kannten. Denn als die Neffen und Kinder groß geworden waren, erzählten sie die Geschichte selber weiter. Und so erzählen auch wir unseren Neffen und Kindern die Geschichte vom großen Vogel und von den Riesen, die unsere Ahnherren waren, damit die Geschichte in unserem Volke nie vergessen werde. Und somit ist auch meine Geschichte zu Ende.

2. DIE ZWEI GROSSEN AHNHERREN IN WELTANSCHAUUNG UND LEBEN

Die Geißel der Menschheit

Nach der Schilderung des hier vorliegenden Mythos war der Anfang der Menschheit, die Urzeit, keine glückliche Periode und nichts weniger als ein Paradies. Die Menschen der Urzeit sind klein und schwach, sie sind in dem von den Indianern so verachteten Zustand des Zahmseins *„mansidão"* (BANNER 1961: 17) unfähig, sich selbst zu behaupten, wehrlos und wirkungslos.

Die Indianer sind ohnmächtig der Schreckensherrschaft eines Ungeheuers ausgesetzt, des *og-ti*, des großen Vogels. Sie müssen tatenlos zuschauen, wenn er wie der Sturm durch die Lüfte daherbraust, sich auf seine Beute stürzt und diese in seinen Krallen durch die Wolken davonträgt. Das Ungeheuer nährt sich von Menschenfleisch, und unter dem riesigen Baum, in dem es nistet, türmt sich ein Berg von Menschenknochen und Haaren, von Ketten, Perlmutterschmuck und den Bastgegenständen, die Menschen zu tragen pflegen.

Die Indianer erzählten mir, daß die Heimat des großen Vogels die Gegend des Rio Vermelho sei und irgendwo in der Nähe des berühmten Felsenhauses liege. Bei einer Expedition in diese Gegend (1957) sah ich manche fantastische Felsengruppen, die es verständlich machen, daß man gerade hier die Heimat des grauenvollen Ungeheuers der Urzeit sucht.

Eine Gruppe von Suya-Indianern griff im Jahre 1954 durch Pfeilschüsse ein Flugzeug des Kapitäns Leal Neto an. Diese Aktion direkt mit dem Glauben an das Ungeheuer der Urzeit in Verbindung zu bringen, kann wohl nur als eine vage Vermutung gewertet werden (BANNER 1957: 51, 53). Sicherlich schossen die Indianer nur auf das Flugzeug, weil sie sich davon bedroht fühlten. Sie sahen das Flugzeug wohl auch als ein vogelähnliches Wesen an, denn darauf deutet schon der Name, mit dem sie es bezeichnen: *modn-ko* = Vogel mit der harten Schale.

Die Bezeichnung des Ungeheuers als Vater der Vögel, „pai dos passaros", habe ich nicht gehört (BANNER 1957: 51). BANNER dürfte diese Bezeichnung einer portugiesischen Nacherzählung des Mythos entnommen haben. Dieser Ausdruck würde darauf hindeuten, daß man es bei dem Ungeheuer mit einem Stammvater und zugleich Herrn der Vögel zu tun hat. Allerdings erscheint der Name doch irgendwie gerechtfertigt durch eine Begebenheit, die am Ende der Geschichte erzählt wird. Nach der Tötung des Vogels blasen die Helden in sein Gefieder, und die Federn, die in alle Richtungen fliegen, verwandeln sich in die verschiedenartigsten Vögel.

Das Heranwachsen der Helden

Das Ungeheuer tötet auch die Vaterschwester der beiden Knaben, die dann zu den bedeutungsvollsten Ahnherren und Stammesvätern der Kayapó-Gemeinschaft heranwachsen. Zwischen den männlichen Neffen und der Tante besteht bei den Kayapó eine ganz enge Bindung. Oft ist es die Tante, von der die Neffen großgezogen werden. So erscheint es begründet, daß hier die Neffen die berufenen Rächer sind. – Ganz eng ist bei den Kayapó auch die Beziehung von Bruder und Schwester. Der Bruder der getöteten Frau, der Vater der beiden Knaben, will den Tod seiner Schwester rächen. Werkzeug sollen ihm dabei die beiden Söhne sein. Aber sie sind noch Kinder, und die Kayapó, welche die Menschheit repräsentieren, sind schwach, ohnmächtig und zahm. Da gibt – ein immer wiederkehrendes Motiv bei den Kayapó – der Zorn, die Leidenschaft, der Rachedurst, dem Bruder der Getöteten die Kraft und den Geist, den weltgestaltenden Zustand herbeizuführen, die Knaben zu jenen Urzeithelden zu machen,

die das Ungeheuer töten und die Indianer zu einem starken
Volk machen. Der Vater zieht die Knaben unter dem Wasser
auf. Aus Stämmen baut er ihnen ein Haus, in dem sie unter
Wasser wohnen können. Dorthin bringt ihnen die Mutter
auch das Essen, so daß sie das Wasser nicht verlassen müssen.
Nach der Version von Horace BANNER ist das Haus aus Ja-
botá-Rinde zusammengefügt und sind seine Fugen mit Harz
verklebt. Die beiden Jungen erhalten einen Proviant von Ma-
niok-Fladen. Von Zeit zu Zeit wird dieser Proviant erneuert.
An einer Liane zieht der Vater das Haus immer wieder empor,
um nachzusehen, wie es mit dem Wachstum der beiden steht.
Und sie werden immer größer und stärker. Nach BANNER ist
die Wurzel dieser Vorstellung das scheinbare Größerwerden
der Gegenstände, wenn man sie durch das Wasser betrachtet.
Selber habe ich nie eine diesbezügliche Äußerung der Indianer gehört. Andererseits tritt eine Verbindung zwischen dem
Element Wasser und dem Volk der Kayapó, das für sie die
Menschheit bedeutet, in ihrer Weltvorstellung immer wieder
in den Vordergrund. Nach dem Mythos von den Frauen, die
den Jaguar malten, springt ein vom Feuer Verletzter ins Wasser, um sich Kühlung zu verschaffen und wird zu einem Krokodil. Beim Tanzen der Fische lernt er alle ihre Namen; er
kehrt dann wieder ans Land und in sein Dorf zurück und lehrt
die Indianer alle Fischnamen, die er in der Tiefe erfahren hat.
Nach dem Mythos, der die Tragödie des schönen Birá erzählt,
springen die Frauen ins Wasser, um sich an den Männern für
die Ermordung des Geliebten zu rächen. Sie werden dort zu
Fischen. Nachdem sie von ihren Gatten wieder herausge-
fischt worden sind und sich wieder zu Menschenfrauen verwandelt haben, werden sie die Stammütter der Kayapó. Die
Selbstbezeichnung Mebemokré = me-be-ngō-kre = Menschen aus der Tiefe des Wassers, läßt sich wie erwähnt von
dieser Geschichte ableiten (84). – So geht auch die Kraft der
beiden jungen Helden auf die Impulse zurück, die sie unter
dem Wasser erhalten haben.

Stark und riesenhaft herangewachsen, kehren die Jünglinge in ihr Dorf zurück. In der Wiedergabe dieses Mythos schmücken die Indianer oft die Kraft der beiden noch weiter aus, als Gegensatz zu der bisherigen Schwäche und Zahmheit. Sie wollen damit den Unterschied andeuten zwischen der einstigen Lethargie mit dem Fehlen von hervorragenden Männern und Vollbringern von Gewalttaten und der neuen Gegebenheit von Menschen, die sich rücksichtslos durchsetzen und behaupten. Nach einer Version des Mythos sind die beiden Urzeithelden und Zwillingsbrüder nicht nur kraftvoller als die anderen, sondern sie laufen auch schneller, wie die Strauße in der Steppe am Araguaia. Sie zerteilen nicht etwa die auf der Jagd erlegten Tiere, um dann Fleischstücke davon heimzutragen, sondern jeder schleppt gleich das ganze erbeutete Tier ins Dorf; und das ist ihnen nur wie ein Kinderspiel. Daheim angekommen, werfen sie die Beute hin und sagen den Frauen bloß, sie möchten diese „kleinen Ratten" ausweiden. Selber geben sie sich gar nicht damit ab (BANNER 1957: 52). Nach dem Originaltext, den ich gehört habe, baut ihnen der Vater ein richtiges Haus im Dorf, und nach einer anderen Version tun sie das selber. In diesem Haus fertigen die beiden Helden in eifriger Arbeit starke Waffen an: die ersten Keulen, die ersten Lanzen mit der Jaguarknochenspitze, die ersten Schwertkeulen und die großen Bogen der Kayapó. Das alles gleichfalls herzustellen, lehren sie dort ihre Stammesgenossen. Sie unterweisen sie auch im Gebrauch dieser Waffen und machen sie zu einem starken und wehrhaften Volk. Das große Haus, in dem sich das alles abspielt, ist das Urbild des Männerhauses der Kayapódörfer, *ngob,* und die zwei Helden sind die Urbilder der beiden Häuptlinge, von denen jeder eine Dorfhälfte anführt.

Gewalttätig sind die beiden Helden nicht bloß in ihren Taten, sondern auch in ihrem Schmerz. Die Indianer erzählten mir oft, daß ihr Volk in den alten Zeiten, als es noch zahm und kraftlos war, auch nur so kraftlos weinen konnte: „Wie heute die Christinnen weinen." Die gewaltigen Schmerzausbrüche der heutigen Indianer gehen auch auf die beiden Ahnherren zurück. BANNER (1957: 54) hörte auch, daß die beiden Helden, als ein menschenfressender Unhold, der Riese Nheti (spr. Nyeti), ihren Neffen auffraß, in ein heftiges Schluchzen ausbrachen und in schrillem Ton mit Kopfstimme klagten und weinten. Von ihnen erst erlernten die Indianer ihr heftiges und furchterregendes Weinen und Schluchzen, das zugleich mit dem Schmerz auch einen gefährlichen, verhaltenen Zorn und leidenschaftliche Rachegedanken ausdrückt.

Dadurch, daß die beiden Vorfahren Urbild der zwei Häuptlinge des Dorfes sind und Erbauer des Männerhauses, sind sie auch Urheber der sozialen Ordnung ihres Volkes der Gegenwart.

Die mythische Tat der beiden Urzeithelden

Die entscheidende Welttat der zwei Brüder ist aber ein mythischer Mord, die Tötung des Ungeheuers, des großen Vogels, der die Menschheit bedroht und dem sie wehrlos ausgeliefert ist. Sie befreien die Indianer von diesem Zustand der Ohnmacht und geben ihnen erst ihr ungeheures Selbstbewußtsein, das ein wesentlicher Faktor der Tugend, der Mannhaftigkeit, der „Wildheit", wie sie es selber nennen, im Sinne der indianischen Ethik ist. Deshalb ist diese Tat auch so entscheidend; sie geschieht im Affekt, wie alle großen Taten der Indianer. Ihr Motiv ist Rache. Der große Vogel verschlingt Dorfgenossen, er verschlingt auch die eigene Vaterschwester der beiden Helden. Sie rächen ihre Verwandte. Im letzten geht die Tat auf ihren Vater zurück, der den Tod der Schwester rächen will und aus diesem Grund seine beiden Söhne unter dem Wasser großzieht, um ihnen die notwendige Kraft zu verleihen.

Als die beiden Helden schließlich zu dem Baum kommen, wo der Vogel nistet, finden sie dort einen Berg von Knochenresten der Menschen, die er schon verschlungen hat. Die Helden sind bewaffnet mit der großen Kayapókeule, mit der Lanze, deren Spitze ein Jaguarknochen ist. Mit dieser tötet der eine Bruder auch dann das Ungeheuer. Die beiden wenden eine List an, um den Adler zu ermüden. Sie errichten sich unter dem Baum eine starke Hütte, getarnt durch Blätter und Zweige. Aus ihrem Versteck heraus blasen sie ins Horn. Als der Riesenvogel von oben niederstößt, verstummen die Töne; er forscht vergeblich nach der Herkunft der Töne und muß unverrichteter Dinge wieder in sein Nest zurückkehren. Da ertönt das Horn von neuem, und wieder stößt der Vogel nieder in der Richtung, aus der die Töne kommen; aber auch jetzt entdeckt er nichts. Solange wiederholen die beiden das Spiel, bis das Ungeheuer aus Enttäuschung und Wut ermattet geworden ist. Erst dann brechen sie aus ihrem Versteck hervor und töten den Feind. Nach einer Version des Mythos feiern die Indianer die Tat als ein Fest (BANNER 1957: 50). Sie feiern damit auch das Wehrhaftwerden und Erstarken des Volkes, nachdem die Furcht vor dem Untier von ihnen gewichen war. Die Kayapó-Selbstbezeichnung läßt sich vielleicht auch von *me be „okre, dyokre"* (= wild, gewalttätig) = „Volk der Starken" herleiten.

Nach der Tat blasen die Helden in das Gefieder des getöteten Riesenadlers; und die Federn, die in die Luft zerstieben, flattern als Vögel weiter. So entstehen Vögel aller Art, je nach Größe und Farbe der Federn; aus den Flaumfedern werden die kleinsten Vögel, die Colibri. Hier klingt das weltanschauliche Motiv des Werdens und Entstehens aus dem mythischen Mord an, dem Tod eines höheren Wesens, einer „Demagottheit", wie sie JENSEN (1960: 106) bezeichnen würde. Allerdings entstehen dabei nicht die Nutzpflanzen eines Pflanzervolkes, sondern entsprechend der jägerischen Kultur der Kayapó, wird aus dem Urzeitriesen, der ein Vogel war, die ganze Vogelwelt. Das Motiv der Welttat, des Todes und Werdens, ist verbunden mit dem für die Kayapó typischen Motiv der Verwandlung durch eine Tat im Affekt. Noch im Affekt des siegreichen Kampfes und der Überwältigung des Gegners, blasen die Helden in dessen Gefieder, und so bildet sich die ganze Vogelwelt.

VI. KAPITEL

Mensch und Tier

1. MENSCH UND TIER IM MYTHOS

Die redenden Tiere

In alten, alten Zeiten redeten die Tiere wahrhaftig. Sie redeten genauso wie die Indianer. Damals war die Jagd nicht
schwer. Es ging da zu wie bei einem Jagdabenteuer, das so
verlief: Die Männer zogen aus zu einer großen Jagd. Sie
durchstreiften den Wald auf der Suche nach Wild. Da entdeckte einer von ihnen am Boden die Spur eines Tapirs. „He,
kommt alle her und schaut! Hier ging ein Tapir", rief der
Mann seinen Gefährten zu. Der Tapir aber, der nicht weit davon im Dickicht versteckt lag, rief mit lauter, dumpfer Stimme: „*mo?*", das heißt: „Was gibt's denn?" Und er fuhr in der
Sprache der Indianer fort: „Schaut her, hier habe ich mich
hingelegt." Die Männer aber eilten von allen Seiten herbei
und töteten den Tapir.

In jener Zeit lebte ein alter Mann unter den Kayapó; er
war es, der alle Tiere belehrte, daß sie nicht mehr sprechen
sollten. Eines Tages rief er die Tiere des Waldes und der
Steppe zusammen. Als alle versammelt waren, nahm der
Alte das Wort und sprach: „Alle Tiere sollen in Zukunft
nicht mehr reden, damit sie von den Menschen nicht getötet
werden. Aus dem gleichen Grund sollt ihr auch bloß im
Wald herumlaufen; und wenn die Menschen dorthin kommen und euch anreden, dann antwortet ihnen nicht! Wahrhaftig, war es nicht so: Ihr habt geredet, und die Menschen
haben euch getötet? Wegen des Redens mußten viele von
euch ihr Leben lassen. Ich allein nur trachte euch nicht nach
dem Leben, ich allein nur will euch nichts Böses, und ich allein habe Mitleid mit euch. Alle Menschen wollten euch töten, und nur ich allein bin nicht euer Feind. Darum sage ich

euch: seit alten, alten Zeiten habt ihr zu den Menschen geredet, und sie haben schon so viele von euch deshalb töten können. Nun habe ich euch über alles belehrt, und ich sage euch noch einmal: Sprecht nicht zu den Menschen, damit sie euch nicht töten. Wenn ihr aber das Geräusch ihres Kommens hört, dann flieht rasch in das Dickicht des Waldes! Wenn ihr nicht rasch lauft, werden sie euch abermals umbringen. Immer nur laufen sollt ihr und niemals langsam gehen. Mächtig schnell sollt ihr im Wald laufen. Nun habe ich euch wirklich alles gelehrt, und meine Rede ist zu Ende."

Deshalb reden die Tiere nicht mehr; und so kommt es auch, daß heute der Tapir, das Reh und sogar das Wildschwein und viele, viele Tiere des Waldes so rasch laufen.

Der Mann, der nicht wußte, daß die Tiere reden

In alten Zeiten begaben sich die Kayapó einmal auf einen Kriegszug gegen die Urwaldsiedler. Sie überfielen die Siedlung und töteten viele der bösen Fremden. Aber diese waren mehr und stärker als die Indianer und setzten sich heftig zur Wehr. Das Kriegsglück wendete sich, und die Indianer mußten in den Wald fliehen. Von heißem Rachedurst erfüllt, verfolgten die Siedler die Indianer und richteten ein furchtbares Blutbad unter ihnen an. Sie töteten alle bis auf einen, Tčakamandapá. In der Hast der wilden Flucht war dieser bald von den Seinen getrennt worden; er rannte weiter und weiter, und immer leiser wurde der Kampflärm. Schließlich gaben seine Verfolger, die seine Spur völlig verloren hatten, ihre Absicht auf. Der Verirrte schritt nun völlig allein im Wald dahin. Da begegnete er Tieren, die zu seinem großen Erstaunen alle reden konnten. Und die Tiere redeten ihn sogar an.

Das ging so zu: Auf seiner einsamen Wanderung durch den Wald sah er ein Wild. Schon hob er seinen Bogen und zielte mit dem Pfeil, und nur zu sich selber sagte er: „Ich will das Tier töten, um essen zu können." Groß war sein Erstaunen, als das Tier sofort Antwort gab und ihn bat, es zu verschonen. Dies geschah zuerst mit einem Affen, dem er begegnete. Dieser sagte: „Töte mich nicht! Wenn du mir mein Leben läßt, werde ich mit dir gehen und dir zeigen, wie du heimfinden kannst. Denn ich weiß, daß dein Haus dort ist", er zeigte in die Richtung, „ich habe dein Dorf und deine Hütte schon gesehen." Sie brachen also gemeinsam auf, und der Affe machte den Führer. Unterwegs aber verweilte der Affe immer wieder, um zu fressen. Er sah da und dort Früchte, und es gelüstete ihn, sie zu genießen. Er hielt an und fraß. Sein Gefährte Tčakamandapá wurde dessen bald überdrüssig und wollte nicht so lange warten. Endlich sagte er darum zu dem Affen: „Ich gehe jetzt weiter, ich will nicht mehr bleiben." Und er ließ den Affen bei seiner Mahlzeit zurück und setzte den Weg allein fort. Da begegnete ihm ein Tapir. Tčakamandapá sagte zu sich selber: „Ich will den Tapir töten." Und er hob seinen Bogen, zielte und schoß. Zu seinem großen Erstaunen begann der Tapir zu reden: „Tčakamandapá, töte mich nicht! Schon hast du mich angeschossen." Da fragte der Indianer: „Wo habe ich dich denn getroffen?" „Schau her", versetzte der Tapir und zeigte ihm die Wunde. „Ich will mit dir gehen und dir den Weg zeigen", sprach er. Und er ging mit Tčakamandapá. Unterwegs fand aber auch der Tapir Früchte zum Fressen, und es gelüstete ihn danach. Er fraß und fraß und vergaß darüber sein Vorhaben. Da sagte Tčakamandapá: „Ich will nicht länger mehr verweilen, ich will weitergehen." So setzte er seinen Weg allein fort. Da bemerkte er ein Reh. Er sprach zu sich selber: „Ich will das Reh töten", hob den Bogen und schoß. Das Reh sagte. „Du darfst mich nicht töten, du hast mich ja schon getroffen." – „Warum soll ich dich denn nicht töten?" – „Schau her, da trafst du mich", sprach das Reh und zeigte ihm die Wunde. Da bekam Tčakamandapá Mitleid und fragte: „Wenn ich dich am Leben lasse, kannst du mir dafür den Weg nach Hause zeigen?" Das Reh antwortete: „Ich will mit dir gehen und dir den Heimweg zeigen." Und nun begleitete ihn das Reh. Aber bald ging auch das Reh nicht mehr weiter. Es hatte frisches Gras und köstliche Früchte entdeckt. Es blieb halten, begann zu fressen und kümmerte sich nicht mehr um den Gefährten. Endlich wurde es diesem zu dumm. „Ich will nicht mehr bleiben", sagte er und lief allein weiter. Da kam er zu dem Vogel Azulona. Es war inzwischen Abend geworden. Da sprach Tčakamandapá zu sich selber: „Ich will bei dem Vogel Azulona schlafen, um in der Nacht warm zu haben." Unter dem Gefieder des Vogels Azulona brennt nämlich ein heißes Feuer. Wieder zum großen Erstaunen Tčakamandapás gab auch dieser auf sein Selbstgespräch gleich eine Antwort. „Tčakamandapá, ich will gerne mit dir schlafen. Aber du darfst mich in der Nacht nicht stoßen und mich nicht im Schlaf stören. Wenn du mich störst, dann trage ich das Feuer fort, an dem du dich wärmen willst." – „Es ist gut so", stimmte der Verirrte zu. Die beiden schliefen also beieinander. Mitten in der Nacht aber drehte sich Tčakamandapá einmal um und störte den Genossen im Schlaf. Da flog der Vogel Azulona mitten in der Nacht davon. Aber bald kehrte er wieder zurück und legte sich zu Tčakamandapá. Er mahnte ihn: „Tčakamandapá, störe mich nicht mehr!" Der versprach es und lag nun ruhig bis zum Morgen, ohne den Vogel zu stören. Am Morgen brach Tčakamandapá wieder auf und setzte die Wanderung allein fort. Er kam zu einem großen Fluß. Da sprach er zu sich selber: „Ich will den Fluß überqueren." Aber der Fluß war breit, und Tčakamandapá konnte nicht gut schwimmen. Da rief ein Krokodil, das in der Nähe des Ufers schwamm: „Tčakamandapá!" Dieser spähte angestrengt über den Fluß hin, gewahrte aber niemand. Das Krokodil war im Wasser verborgen, nur seine Augen ragten über die Oberfläche hinaus. „Wer hat zu mir gesprochen?" rief der Indianer über das Wasser hin. Da nannte das Krokodil wieder seinen Namen: „Tčakamandapá!" Dieser fragte nochmals: „Wer hat mich gerufen?" – „Tčakamandapá!" rief das Krokodil zum drittenmal. Noch einmal schrie dieser, da er niemand entdecken konnte, über das Wasser hin: „Wer ruft mich?" – „Ich", sagte das Krokodil endlich und tauchte aus dem Wasser auf, so daß er es sehen konnte. „Was willst du von mir?" fragte Tčakamandapá. „Ich möchte weiter nichts, als den Fluß überqueren." Da schlug das Krokodil vor: „Ich will dich schwimmend hinübertragen." „Nimmermehr", sagte Tčakamandapá, „vor dir habe ich Angst!" Abermals beteuerte das Krokodil: „Ich trage dich schwimmend hinüber!" Tčakamandapá lehnte abermals ab: „Ich will nicht", rief er, „ich habe wahrhaftig gewaltige Angst vor dir." Das Krokodil, das ihn einlud, war ja auch riesig groß, es hieß: „Krokodil mit dem dicken Bauch". Aber es ließ nicht ab und forderte ihn abermals vom Wasser heraus auf: „Setze dich doch auf meinen Nacken!" Endlich setzte sich Tčakamandapá wirklich auf den Hals des Krokodils, und dieses begann mit ihm auf die andere Seite des Flusses zu schwimmen. Als sie in der Mitte des breiten Flusses waren, sprach das Krokodil zu ihm: „Wenn du willst, kannst du mich jetzt beschimpfen, Tčakamandapá." Der erwiderte: „Niemals! Ich habe ja solche Angst vor dir, ich werde mich hüten, dich zu beschimpfen." Aber das Krokodil wiederholte: „Wahrhaftig, du kannst ruhig auf mich schimpfen. Wahrhaftig, du kannst zu mir sagen: ‚Du häßliches Gesicht', du kannst zu mir sagen: ‚Du Dickwanst', du kannst zu mir sagen: ‚Du hast ja einen Schweif wie eine große Säge!'" Tčakamandapá sagte: „Nimmermehr will ich so etwas von dir behaupten. Dein Schweif hat gar keine Ähnlichkeit mit einer Säge." Als sie sich aber dem Ufer näherten und der Ast eines Baumes, der weit vorragte, in Reichweite gelangte, rief Tčakamandapá: „Ich gehe jetzt, ich habe genug davon, mich von einem Krokodil übers Wasser tragen zu lassen." Und er versetzte dem Retter einen Fußtritt auf den Kopf. Dabei hatte er auch schon den herabhängenden Ast gepackt, sich hinaufgeschwungen und floh, indem er bis zum Stamm kletterte und sich daran auf die Erde heruntergleiten ließ. Dabei beschimpfte er höhnisch das Krokodil: „Dickwanst, Dickwanst!" Wieder festen Boden unter den Füßen, lief er, was er laufen konnte. Unterwegs traf er auf einen Reihermenschen. Dieser stand am Ufer eines Igarapé, eines Seitenarmes des Flusses, und war gerade dabei, mit Pfeil und Bogen Fische zu erlegen. Er tötete viele Fische. „Was treibst du denn da?" fragte ihn Tčakamandapá. „Irgend etwas halt, was dich nichts angeht", war die Antwort. – „Und warum läufst du eigentlich so?" fragte der Reihermensch nach einer Weile. „Ich laufe aus Angst vor den bösen Siedlern und aus Angst vor dem Krokodil, das mich auffressen will", erwiderte Tčakamandapá. „Komm her!" knurrte der Reihermensch, „ich will dich in meinem Fischbehälter verbergen!" Und wirklich verbarg er ihn in dem Fischbehälter aus Baumrinde. Da kam auch schon sein Verfolger, das Krokodil: „Š, š, š", am Boden schleifend und schlürfend, schob es seinen riesigen Körper so rasch als möglich vorwärts. „Was suchst du denn da?" fragte der Reihermensch. „Ich suche den Tčakamandapá", sagte das Krokodil. „Warum denn?" fragte der Reihermensch. „Weil ich ihn auffressen will", war die Antwort. „Such nur weiter", höhnte der Reihermensch. „Deshalb bin ich ja so weit gerannt", meinte das Krokodil. „Ich habe deinen Tčakamandapá hier nicht gesehen", log der andere. „Ich will suchen, bis ich ihn finde", sagte das Krokodil, und indem es eifrig nach Fußspuren schnüffelte, schleppte es sich weiter fort. Nach geraumer Zeit kehrte es wieder zurück: „Nun, und wo ist dein Tčakamandapá?" fragte der Reihermensch. „Ich weiß nicht", antwortete das Krokodil, „ich suchte nach seinen Fußspuren, fand aber keine mehr." Da entdeckte es plötzlich diese Fußspuren in der Nähe des Fischbehälters. Es griff hinein, fand aber Tčakamandapá nicht, da dieser zuunterst lag, von den Fischen verdeckt. Da gab das Krokodil endlich auf. „Ich gehe jetzt", sagte es und trat seinen Rückweg an. Dabei schnüffelte es wohl noch immer nach den Fußspuren des Tčakamandapá, gab aber schließlich sein Spiel endgültig für verloren, glitt wieder in den großen Fluß und entfernte sich allmählich weiter und weiter. Auch Tčakamandapá blieb nach seiner Rettung nicht länger bei dem Reihermenschen. Er brach auf, um von neuem seine Heimat zu suchen. Da traf er auf einen Fuchs. „Ich will den Fuchs töten", sprach er zu sich selber. Und wieder verwunderte er sich, als auch der Fuchs eine Antwort gab: „Töte mich nicht, Tčakamandapá, und es wird dein Schaden nicht sein." – „Und warum?" fragte dieser. „So halt", erwiderte der Fuchs, „weil ich dein Dorf kenne und dir den Weg dorthin zeigen kann." Da ließ Tčakamandapá seinen Bogen sinken und schloß sich dem Fuchs an, der den Führer machte. Wirklich kamen sie bald zu einem richtigen Pfad. „Wenn du diesen Weg fortgehst, wirst du dein Dorf finden", sagte der Fuchs. „Fuchs, du kannst jetzt allein deiner Wege gehen, ich will nur mehr nach Hause", erwiderte Tčakamandapá. Die Gefährten trennten sich also, und Tčakamandapá erreichte nun tatsächlich sein Dorf. Als die Kayapófrauen ihn über den weiten Dorfplatz schreiten sahen, riefen sie: „Seht, da kommt ja unser Tčakamandapá!" Sie umringten ihn und bestürmten ihn mit Fragen, wo er gewesen und wie es ihm ergangen sei. Da sagte Tčakamandapá einfach: „Die bösen Siedler haben all eure Verwandten getötet. Ich allein bin übriggeblieben. Und ich bin nun gekommen, um euch diese traurige Kunde zu bringen."

Damit endet meine Geschichte.

Der Frosch und der Jaguar

Ein Frosch saß behaglich auf einem Stein. Da ging der Jaguar vorbei. Der Frosch redete ihn sogleich an: „Du bist ganz allein", meinte er, „und wir Frösche sind so viele. Vor dir fürchte ich mich gar nicht." – „Da irrst du dich aber stark, wir Jaguare sind viele, viele", erwiderte der Herausgeforderte höflich. „Viele der Meinigen sind jederzeit bereit, mir zu helfen." – „Das ist einfach nicht wahr", widersprach der Frosch höhnisch, „du bist ganz allein, so wie du jetzt an mir vorübergehst; und da ist niemand, der dir Beistand leisten würde. Laß doch einmal alle deine Jaguare schreien, damit man hört, daß du überhaupt Freunde hast!" Da brüllten alle

Jaguare und ihr Brüllen klang so: m m m . . . Aber der Lärm war nicht gerade sehr groß. Da forderte nun der Jaguar den Frosch heraus: „Jetzt sollst auch du mitsamt den Deinen schreien, damit man merkt, wessen Schreien mächtiger klingt." – „Ich und die Meinen werden dir gleich zeigen, wie unser Schreien klingt", sagte der Frosch. „So schreit denn endlich los", rief der Jaguar. Der Kröten und Frösche Quaken war gewaltig. Die Laute erklangen von allen Seiten und aus allen Winkeln hervor, bis der Lärm den ganzen Wald erfüllte. Tief erschrocken über diese Macht der Frösche, rannte der Jaguar in wilder Flucht davon. Er wollte nur fort und fort. Dabei übersah er im Laufen einen dürren Ast und stach sich damit das eine Auge aus. Vor Schmerz keuchend raste er weiter. Da begegnete ihm ein Ameisenbär und redete ihn an: „Wie ist denn das zugegangen, daß du ein Auge verloren hast?" – „Ich lief und lief aus Angst vor dem Geschrei der Frösche, und da hat mir ein dürrer Ast das Auge ausgestoßen", antwortete der Gefragte. Da sagte der Ameisenbär scheinbar ganz mitleidig: „Komm her, wende den Kopf mir zu, damit ich dein Auge heilen kann." Wirklich wandte der Jaguar ihm den Kopf hin und hielt still. Da riß ihm der falsche Freund auch noch das andere Auge aus der Höhle. Halb wahnsinnig vor Schmerz und Angst, stürzte der blinde Jaguar ins Ungewisse davon.

Nach vielen Tagen begegnete ihm einmal der Vogel Azulona: „Wie konnte denn das geschehen", rief dieser voll ehrlichen Mitleids, „daß du beide Augen verloren hast?" – „Ich lief aus Angst vor dem Geschrei der Kröten", sagte der Jaguar, „da stieß ich mir an einem dürren Ast ein Auge aus, das andere aber hat mir der böse Ameisenbär geraubt." – „Komm her, ich will dich heilen", versicherte der gute Vogel und setzte dem Jaguar wieder Augen ein. Die formte er aus dem Harz eines Baumes, setzte sie in die Augenhöhlen des armen Tieres und gab ihm so das Augenlicht wieder. Der wilde Jaguar war von der Güte des Vogels tief gerührt und gab ihm das feierliche Versprechen: „Weil du meine Augen geheilt hast, so will auch ich mitsamt den Meinen in Zukunft nicht mehr deine Eier fressen. Du und die Deinen, ihr könnt nun ruhig in den Wurzeln der Bäume nisten. Du hast mir meine Augen geheilt, darum wollen auch ich und die Meinen dir und den Deinen nichts mehr zuleide tun. Den Ameisenbären aber, der mich betrogen und mir das Auge ausgerissen hat, werde ich finden, und meine Rache wird ihn treffen: Auffressen werde ich ihn."

Der Ameisenbär war unterdessen schon lange davongelaufen und in den Wald geflohen. Erst nach vielen, vielen Tagen holte ihn der Jaguar ein. Der Ameisenbär aber hatte sich schnell in einem Felsenloch verborgen. Nur seine Beine ragten oben noch heraus. Der Jaguar wollte sich auf ihn stürzen, konnte ihn aber nicht erreichen. Nur die Beine erwischte er und bohrte seine furchtbaren Zähne hinein. Er biß ihm ein Stück von den Beinen ab. Und daher kommt es, daß die Ameisenbären heute nur so kurze Beine haben.

Damit endet meine Geschichte.

Die Menschen, die sich in Wildschweine verwandelten

In alten Zeiten schickte einmal ein Mann aus dem Dorf seinen jungen Sohn um Maniokmasse in das Haus seiner Schwester, die mit ihrer Familie im Wald wohnte. Die Schwester bereitete die Maniokmasse nämlich nach seinem Geschmack. Sooft der Bub kam, befahl sie ihm, für sie in den Wald jagen zu gehen. Erst nachdem er ihr eine Beute gebracht hatte, gab sie ihm die Maniokmasse und ließ ihn heimkehren. Jeden Tag schickte der Vater den Jungen, und jeden Tag mußte dieser für die Tante jagen. So kam er immer erst nach Sonnenuntergang heim. Eines Tages fragte ihn der Vater: „Warum kommst du denn immer so spät zurück? Was treibst du denn so lange?" – „Deine Schwester hält mich immer so lange auf", antwortete der Junge. „Warum denn das?" fragte der Vater. „So halt, weil deine Schwester eben böse ist", sagte der Bub und machte dabei ein finsteres Gesicht. „Wieso ist meine Schwester böse?" wollte der Vater wissen. Nun erzählte der Junge: „Jedesmal wenn ich zu deiner Schwester komme, schafft sie mir an, für sie jagen zu gehen. Deshalb wird es immer so spät." Da wurde der Vater zornig. „Das wird sie mir büßen. Ich will mir Gift verschaffen und noch heute zu ihr gehen, um mich zu rächen." Und so tat er auch. Im Wald holte er sich das Zaubermittel, und in derselben Nacht noch begab er sich zur Hütte der Schwester. Er fand das Haus verschlossen und die Bewohner in tiefem Schlaf. Da schlich er sich in die Hütte und schüttete die Kerne der Zauberfrucht über die Schlafenden. Dann schlich er ebenso leise hinaus und wälzte einen großen, schweren Stein vor den Eingang. Durch einen Spalt, den er sich in der Palmblätterwand öffnete, spähte er ins Innere und wartete, was geschehen würde. Zuerst erwachte das Töchterchen seiner Schwester. Weinend und schluchzend rief es: „Mutter, Mutter, ich muß meine Notdurft verrichten!" und weckte so die Frau. „So geh doch hinaus", sprach diese. Da sprang das Mädchen von der Bettstelle auf. „Wo ist denn das Loch, daß ich hinaus kann?" Und die Mutter zeigte mit der Hand in die Richtung: „Die Türöffnung ist dort!" Das Mädchen aber konnte sich in der Dunkelheit nicht zurechtfinden. Es kam wieder zurück und legte sich zur Mutter. Weinend sagte es: „Dort finde ich kein Loch." Es konnte sich nun nicht mehr zurückhalten, verrichtete die Notdurft und beschmutzte dabei sich und die Mutter. Dabei weinte und weinte es, schluchzte und schluchzte aha, aha, aha ... Aus dem Schluchzen und Weinen wurde ein Quieken, kwi, kwi, kwi ... Und das Mädchen verwandelte sich in ein Wildschweinferkel. Die Mutter aber verwandelte sich in ein großes Wildschwein. Sie redete jetzt nicht mehr mit menschlicher Stimme, sondern dumpf und brummend, ganz wie ein Wildschwein: m, m, m, m ... Auch der Vater des Mädchens und die anderen Schlafenden erwachten nun und verwandelten sich in Wildschweine. Alle grunzten jetzt m, m, m, m … Der Mann aber, der durch den Spalt in der Hüttenwand alles mitangesehen hatte, rief lachend: „Weil ich das Zaubermittel über euch ausstreute, habt ihr euch in Wildschweine verwandelt!" Dann rückte er den großen Stein noch besser vor den Eingang, so daß die Hütte fest verschlossen war und die Schweine nicht entweichen konnten – und ging nach Hause.

Er ließ einen Tag verstreichen und wieder einen. Am dritten Tag aber sagte er zu den Seinen: „Heute will ich einmal nachschauen, was meine Schwester treibt, die ich in ein Wildschwein verwandelt habe, und dann will ich sie umbringen." Danach ging er fort in den Wald und pflückte sich dort die Samenkörner der Tucumfrucht und die der Anajapalme (Maximiliana regia). Damit lief er zur Hütte seiner Schwester. Er wälzte den schweren Stein vom Eingang weg und warf eine Handvoll der Tucum- und Anaja-Samenkörner über die Wildschweine. Dann sprang er zur Seite und spannte seinen Bogen. Wirklich stürzten die Wildschweine aus der Hütte. Der Mann schoß mit seinen Pfeilen auf sie. Eines tötete er, die anderen liefen wieder in die Hütte zurück. Der Mann aber weidete seine Beute aus und zerteilte sie. Er briet sich ein Stück davon und aß. Danach wälzte er wieder den schweren Stein vor den Eingang und schleppte eine Menge Fleisch von dem erlegten Wildschwein nach Hause. Als der Bruder seiner Frau, der dort auf dem Palmenblätterlager in der Hütte schlief, ihn mit dem Fleisch ankommen sah, fragte er: „Wo hast du denn das Caititu getötet?" – „Das Fleisch ist von keinem Caititu, sondern ich habe ein richtiges großes Wildschwein getötet", erwiderte der andere. „Das kannst du mir nicht weismachen", widersprach der Schwager, „das Fleisch ist von einem Caititu." – „Und doch habe ich ein Wildschwein getötet", behauptete der andere. So stritten sie noch eine Weile hin und her. „Ich möchte die ganze Herde beisammen sehen, aus der du dieses eine getötet hast! Ich bin überzeugt, daß es keine richtigen großen Wildschweine sind, sondern nur die kleinen Caititu", sagte schließlich der

Schwager. „Steh auf, Schwager", rief der andere. „Warum
denn?" fragte dieser und streckte sich auf seinem Palmenblätterlager. „Du sollst jetzt sogleich mit mir kommen, und
ich will dir die Wildschweine zeigen", erklärte der Mann.
„Da wird nichts daraus", erwiderte der Schwager. „Ich kann
ja nicht laufen, ich habe eine Wunde am Fuß, und das ganze
Bein schmerzt mich sehr." – „So werde ich dich eben auf
meine Schultern nehmen und hintragen", sprach der Mann.
Wirklich trug er den Schwager so zurück zur Hütte seiner
Schwester. Etwas abseits davon setzte er ihn auf den Boden
nieder. „Jetzt werde ich gleich ein Wildschwein töten", sagte er zu ihm, „paß nur auf . . . Hallo!" rief er dann, lief zum
Eingang und wälzte den schweren Stein weg. Darauf schleuderte er wieder eine Handvoll von dem Zaubersamen über
die Schweine, diese liefen wie früher heraus. Der Mann erhob seinen Bogen und schoß auf sie. Aber er traf nicht, und
die Schweine flüchteten wieder in die Hütte zurück. Abermals streute er sein Zaubermittel über sie, und wieder stürzten sie heraus. Er schoß, aber auch diesmal vergeblich. Da
zwang er sie noch ein drittesmal durch seinen Zauber aus
dem Haus. Wieder spannte er den Bogen und schoß, und
diesmal hatte er Erfolg. Nun wollte er von der Beute essen
und wartete auf seinen Buben. Aber auch dieser hatte sich in
ein Wildschwein verwandelt. Der Mann tötete das Ferkel,
briet sich ein Stück davon und aß. Dann trug er einige Knochen des Ferkels zu seinem Schwager hin, der noch immer
abseits wartete. „Ich wollte meinen Buben suchen", sagte
der Mann. „Ich kam zur Behausung des großen Wildschwei-
nes; aber auch mein Bub hatte sich in ein Wildschwein verwandelt, und ich habe ihn erlegt. Jetzt siehst du, daß es ein
richtiges Wildschwein war, das ich tötete. Da schau her, sieh
seine Knochen!" Und er zeigte ihm die Knochen des Ferkels. Da verwandelte sich auch der Schwager in ein Wildschwein. Der Mann aber tötete auch ihn, schlachtete und
briet ihn und aß von dem Fleisch. Durch sein Zaubermittel
zwang er die Wildschweine immer wieder aus ihrer Behau-

sung heraus und erlegte sie mit seinen Pfeilen. Das große Wildschwein aber, in das sich seine Schwester verwandelt hatte, entwischte ihm. Es lief nicht in seine Behausung zurück, sondern es lief durch den Wald in die Steppe. Um es aufzuhalten, ließ der Mann ein riesiges Wasser entstehen. Das Wasser war der Xingu-Strom. Das Wildschwein aber sprang in das Wasser, schwamm über den breiten Fluß und lief weiter. Da ließ der Mann eine große Gebirgskette sich erheben und setzte sie vor das Wildschwein hin, um es in seinem Lauf aufzuhalten. Da rannte das Wildschwein auf der einen Seite den Berg bis zum Kamm hinauf und auf der anderen Seite wieder hinunter. Weiter und weiter lief es und entschwand. Da gab der Mann die Verfolgung endlich auf und ging nach Hause. Daheim fragte ihn seine Frau: „Wo hast du denn meinen Bruder gelassen?" – „Er wurde zu einem Wildschwein; dieses tötete ich und aß es auf." – „Wie kam denn das?" rief die Frau bestürzt. „Ich weiß es selbst nicht", erwiderte der Mann. „Dein Bruder wurde plötzlich zu einem Wildschwein. Es begann zu rennen und wollte entwischen. Da schoß ich meinen Pfeil ab und tötete es."

„Und wo ist jetzt die Mutter der Schweine, das große Wildschwein, in das sich deine Schwester verwandelt hat?" fragte die Frau. „Das große Wildschwein ist mir entkommen", erwiderte der Mann. Und er erzählte, wie er eines nach dem anderen von den Schweinen mit seinen Pfeilen erlegt habe, wie aber das große Wildschwein entkommen sei. Er schilderte auch, was er alles getan hätte, um das große Wildschwein aufzuhalten – daß er den Xingu geschaffen habe und eine riesige Gebirgskette, daß aber alles umsonst gewesen und es ihm nicht gelungen sei, das Tier zu erjagen. „Und wo ist das große Wildschwein jetzt?" fragte die Frau. „Es lief und lief", antwortete der Mann, „es lief irgendwohin in die weite Welt. Ich aber will jetzt hingehen", fuhr er fort, „und unseren Buben wieder lebendig machen." Er kehrte in den Wald zurück. Dort riß er die langen Blätter der Bacaba-Palme ab. Dann riß er noch Blätter vom Paranußbaum und

Lianen von den Palmen und Urwaldbäumen ab. Das alles schleppte er zu dem Haus, in dem seine Schwester mit ihren Kindern einst gelebt hatte. Er suchte die Knochen seines Söhnchens zusammen, die da herumlagen. Dann fügte er sie sorgfältig wieder zusammen und band sie aneinander. Aus Lianen bildete er auch die Eingeweide des Buben. Den Bauch machte er aus den großen runden Blättern des Paranußbaumes. Darauf umwickelte er wieder die Knochen mit den Bacaba-Palmenblättern und band sie aneinander fest und formte so den ganzen Körper des Knaben. Dieser war aber noch völlig leblos. Dann nahm er ihn auf den Rücken, um ihn nach Hause zu tragen. Das wurde ihm aber bald zu dumm, weil die Last so schwer war. Er legte sie ab und rief ungeduldig: „So steh doch auf!" Da wurde der Bub lebendig, sprang auf und lief nun neben dem Vater her. Und so brachte dieser den Sohn wieder heim in seine Hütte.

Noch einmal fragte ihn seine Frau: „Und wo ist mein Bruder geblieben? Was ist denn aus ihm geworden?" – „Ich habe dir schon gesagt, er wurde zu einem Wildschwein, das ich getötet und aufgegessen habe." Den Schwager machte der Mann nicht mehr lebendig. – So endet die Geschichte von den Leuten, die sich in Wildschweine verwandelten.

Es gibt aber ein paar Alte im Dorf, die zu erzählen wissen, daß der Mann auch den Schwager wieder lebendig machte. Ich aber weiß nichts davon.

Der Hundesee

In alten, alten Zeiten hatten die Kayapó noch nie den Hundesee gesehen. Nie noch waren sie in jene Gegend gekommen. In alten Zeiten besaßen die Indianer auch nur kleine Hunde. Zwei von den Kayapó gelangten auf einer Jagd an den Hundesee; sie waren auch die ersten, welche die riesigen Hunde erblickten, die in Wirklichkeit Jaguare waren. Es waren zwei Junge von diesen riesigen Hunden, die ihnen begegneten. Sie kämpften mit ihnen und wollten sie fassen und einfangen. Nur einem von ihnen gelang es, den jungen Riesenhund wirklich zu packen. Aber dieser war stärker als der Mann und fraß ihn auf. Der Jagdkamerad des Ärmsten lief voll Schrecken heim ins Dorf. Er erzählte den Leuten, wie sie beide den Hundesee gefunden hätten, wie sie versucht hätten, zwei junge Riesenhunde zu fangen, und was dabei Furchtbares geschehen sei.

Eilig brachen die Männer auf zum Hundesee. Es lockte sie Neugier und Abenteuerlust. Wirklich gelang es ihnen, im Wald einen der beiden jungen Riesenhunde zu fangen. Sie brachten ihn ins Dorf heim, zähmten ihn und zogen ihn auf. Im Hundesee selber aber blieben noch viele, viele riesige Hunde zurück.

Das Junge im Dorf wuchs heran und vermischte sich mit den kleinen Hunden, die schon vorher dort gewesen waren. Seither gibt es auch bei den Indianern große Hunde. In alten, alten Zeiten besaßen die Indianer nur kleine Hunde. Da fanden sie den Hundesee. Sie zogen einen jungen Riesenhund bei sich auf, und seither haben die Indianer auch große Hunde.

Damit ist meine Geschichte zu Ende.

2. MENSCH UND TIER IN WELTANSCHAUUNG UND LEBEN

Harmonie der Urzeit

Sprechen können – *kabén mari* – bedeutet für unsere Indianer, ihre eigene Sprache reden. Dies leitet sich aus ihrer extrem anthropozentrischen Haltung ab. Wer ihre Sprache spricht, der gehört zu ihnen, auch heute noch. Als im Jahre 1954 ein Militärflugzeug in der Nähe von Kubenkräkein auf der Steppe landete, und ein paar Fremde dann auf einige Stunden bei uns im Dorf weilten, sagten die Indianer zu uns: „Ihr seid unsere Brüder und Verwandten, aber diese Fremden da können ja nicht einmal reden."

In dem Mythos, den die Indianer selbst mit dem Titel „Die redenden Tiere" benennen, wird das harmonische Vertrauensverhältnis, die Brüderlichkeit zwischen Mensch und Tier, auf die gemeinsame Sprache zurückgeführt. Gerade dieses Reden, das eine gemeinsame Geistigkeit darstellt, mißbrauchen die Menschen. „Damals war die Jagd leicht", heißt es grausam und zynisch in der Geschichte. Den Menschen, die schon auf Tötung sannen, vertrauten die Tiere ohne Argwohn. So ruft der Tapir, der in einem sicheren Dickicht verborgen liegt, den mordgierigen Jägern freundlich entgegen, sobald er ihre Schritte hört: „Was gibt's denn?" (vgl. über den „Tapirpfad, der den menschlichen Pfaden gleicht", STEINEN 1886: 139). Der Tapir freut sich über den Besuch der Brüder und fährt vertrauensselig fort: „Schaut her, hier habe ich mich hingelegt." Die bösen Menschen aber töten ihn. – Nur einer von den Menschen, ein Mann aus der führenden Klasse der Alten, erbarmt sich der Tiere. Er ruft sie zusammen und gibt ihnen den Rat, die Sprache aufzugeben. Wie er selber sagt, bewegt ihn Mitleid dazu. Und die Tiere gehorchen ihm. Seine Ansprache in der Versammlung und seine Sorge um alle entspricht der Stellung und Handlungsweise des Häuptlings sowie seiner Haltung zu den Dorfgenossen. Sie entspricht auch der Art eines Zauberpriesters. Durch seinen Rat, der befolgt wird, rettet und beschützt er die Tiere. So erscheint er in mehrfacher Hinsicht als Herr der Tiere (vgl. ZERRIES 1954: 93 ff.). Nur daß sich seine Herrschaft nicht bloß auf eine bestimmte Art, sondern auf alle Tiere erstreckt. Er gehört der führenden Schicht der Kayapó an, aus der sich immer wieder einzelne zu besonderen Machtpositionen emporschwingen. – Nur einmal greift er durch seinen Rat in die Geschicke ein. Nicht die Tötung des Wildes straft er. Sein Motiv ist Mitleid mit den Opfern. Ihn schmerzt *kaprire,* die Zerstörung des harmonischen Verhältnisses zwischen Mensch und Tier. Er distanziert sich in seiner Rede von den Artgenossen: „Ich allein habe Mitleid mit euch. Ihr habt geredet, und die bösen Menschen haben euch getötet. Darum redet nicht mehr!" Mit dem Aufgeben der Sprache geht auch die Gemeinschaft mit den Menschen verloren. Auf seinen Rat hin sollen die Tiere die Menschen fliehen. „Lauft rasch, und langsam sollt ihr nicht gehen", ermahnt der Alte die Tiere.

Sobald in den Mythen die urtümliche Harmonie zwischen Tier und Mensch, das alte brüderliche Verhältnis anklingt, reden die Tiere. Die gemeinsame Geistigkeit wird durch die gemeinsame Sprache ausgedrückt. Als charakteristisch kann man es wohl ansehen, daß die längste mythische Erzählung mit dem Konzept der „Hilfstiere" den indianischen Titel trägt: „Der Mann, der nicht wußte, daß die Tiere reden können" (86). Der Held der Geschichte, Tčakamandapá, erfährt die ganze Güte und Brüderlichkeit der Tiere. Bei einem Überfall auf einen Weiler der Siedler – jener *kuben,* der Fremden, die als böse, ja nicht einmal als richtige Menschenwesen angesehen werden – hat er seine Gefährten verloren und irrt nun elend, hilflos und verlassen in der Wildnis umher. Er findet den Weg in sein Dorf und zu den Seinen nicht mehr. Der Reihe nach begegnen ihm Tiere, die er töten will, die ihn aber anreden, um ihr Leben flehen und ihm dafür versprechen, ihm zu seiner Rettung den Weg nach Hause zu zeigen. Er begegnet der Reihe nach einem Affen, einem Tapir, einem Reh, einem Reiher, einem Fuchs; jedesmal will er das Wild töten, um essen zu können. Er handelt also im Sinne der indianischen Ethik völlig einwandfrei, er jagt, um seinen Hunger zu stillen. Aus Mitleid aber verzichtet er auf diese Jagd. Die Tiere helfen ihm, sie begleiten ihn, um den Weg zu zeigen. Aber sie kümmern sich nicht mehr um ihn in dem Augenblick, da sich ihnen köstliche, begehrenswerte Nahrung bietet. Über dem Fressen vergessen sie den Schützling. Hier bricht wieder eine egoistische Grundhaltung durch, aber auch eine Einstellung, zu der ein harter Daseinskampf Mensch und Tier nötigt. Falsch ist nur die Hilfsbereitschaft des Krokodils (Caiman, port. jacaré). Auch dieses hilft, indem es den Mann über den Fluß trägt. Aber die gute Tat geschieht nur, um ihn aufzufressen. Die Sprache, deren es sich bedient, die ja einem gemeinsamen geistigen Inhalt, der Wahrheit, dienen soll, mißbraucht das Krokodil zur Lüge: „Du kannst zu mir ruhig sagen, du häßliches Gesicht, du Dickwanst; du kannst zu mir sagen, dein Schweif ist wie eine große Säge!" In Wirklichkeit will es Tčakamandapá nur zu einer Beschimpfung verleiten, die allgemein als Untat angesehen wird. Es will einen gerechten Grund, den Mann aufzufressen. Der aber erkennt die böse Absicht und läßt sich durch die Lüge nicht täuschen. Erst als er sich auf einen über das Wasser ragenden Ast in Sicherheit gebracht hat, beschimpft er das Krokodil; er tut es in Ausübung einer gerechten Sache, denn das Krokodil hat ihn ja belogen und wollte ihn verschlingen.

Der Reiher (garcia), der wie ein Mensch dargestellt wird und Fische fängt, genauso wie die Indianer fischen, rettet Tčakamandapá aus bloßem Mitleid und völlig uneigennützig. Dieser hat ihm sein Schicksal erzählt: „Ich laufe aus Angst vor den bösen Siedlern und aus Angst vor dem Krokodil, das mich auffressen will." Er versteckt Tčakamandapá zuunterst in seinem Fischbehälter, unter den Fischen. Auch er lügt, als das Krokodil wutschnaubend und hungrig herangeschlurft kommt, er erklärt, er habe Tčakamandapá nicht

gesehen. Seine Lüge ist nach Ansicht der Indianer keine
böse, denn er rettet damit Tčakamandapá.

Beim Vogel Azulona, der unter seinem Gefieder ein Feuer
brennen hat, schläft der Verirrte in der Nacht, um es warm zu
haben. Der Vogel verlangt dagegen nur, im Schlaf nicht gestört zu werden. Als er geweckt wird, weil der andere sich
umdreht, trägt er das Feuer fort. Aber der gute Vogel kehrt
doch wieder zurück, und sie schlafen gemeinsam die Nacht
durch. Der Fuchs schließlich zeigt Tčakamandapá den Weg
nach Hause.

Nach dem Mythos von der Frau, die sich einem Tapir als
Geliebte schenkte, ist auf der Höhe des gesteigerten urzeitli-
chen Lebens eine engste Gemeinschaft zwischen einer Menschenfrau und einem männlichen Tier durchaus möglich.
Dieser Mythos ist ebenfalls ein Zeugnis der Harmonie zwischen Tier und Mensch und einer Gleichwertung, da das
Tier sogar als Ehepartner auftritt. Und zwar gibt sich eine
Frau dem männlichen Tier hin, und nicht umgekehrt. D. RI-
BEIRO (1976: 116, 121, 126) hörte bei einer winzigen, ver-
sprengten Restgruppe der Shavante („Chavante, Selbstbezeichnung Ofaié"), die einmal Nachbarn der Kayapó im
südl. Mato Grosso waren, die Mythe von einer Indianerin,
die sich mit einem Jaguar vermählte, und ebenso von einer
treulosen Frau, die Geliebte eines Tapirs wurde; sie erzählten ihm auch von einem jungen Indianer, der sich mit einem
Tapirweibchen vermählte und mit diesem eine Tapirtochter
zeugte. Die Gleichwertigkeit kommt auch in der Fortsetzung
der Kayapóerzählung zum Ausdruck. Danach wird die Frau
von ihrem Söhnchen im Beischlaf mit dem Tapir ertappt.
Das Kind wirft dem Tapir eine Buritífrucht an den Kopf.
Darauf wird es von der Frau durch Schläge mit einem Bü-
schel Schneidegras übel zugerichtet; der eifersüchtige Gatte
erlegt dann den Tapir und tötet die treulose Gattin in Form
einer Spiegelstrafe grausam im Schlaf, indem er ihr das
Glied des Nebenbuhlers in die Scheide stößt. Die Verwandten der Frau töten aus Rache den Gatten. Auch dieser grausi-

ge Abschluß der Geschichte bestätigt die Haltung gegenüber
dem Tier als gleichwertigen Partner: Das Tier wird in den
Lebenskreis der Menschen mit seinen düsteren und überstei-
gerten Leidenschaften als Partner hereingenommen.

Tierverwandlung

Immer wieder berichtet der Kayapómythos von Verwandlungen, immer wieder werden Menschen zu Tieren. Wenn
ab und zu von der Verwandlung eines Tieres in einen Menschen berichtet wird, so handelt es sich immer um eine
Rückverwandlung des Tieres, das vorher schon einmal ein
Mensch war.

Die Verwandlung erfolgt meist nach ganz einfachen Analogien. So umwickeln nach der Geschichte vom „Mann, der
sich in einen Tapir verwandelte", die eifersüchtigen Männer
den Körper und die Gliedmaßen des schönen Birá mit Blättern und formen daraus die plumpe Gestalt, die Füße, den
dicken Kopf und die Schnauze des Tapirs, in den er sich
schließlich verwandelt. Ebenso liegt bis zu einem gewissen
Grad eine Analogie als Basis vor, wenn nach dem Mythos
Menschen, die auf die Bäume klettern, sich in Affen verwandeln, wenn nach dem Mythos von der Frau, die den Jaguar malte, das Mädchen, das mit der Großmutter im Wald
herumirren muß, zur Wildkatze wird. – Der Mann, der ins
Feuer gestürzt ist und zur Kühlung ins Wasser springt, wird
dort zum Krokodil. Die Frauen, die sich aus Rache ins Wasser stürzen, werden Fische, und der Knabe, den die erzürnte
Mutter in die Luft schleudert, fliegt als Vogel fort. Die letzteren Verwandlungen beruhen auf einer Analogie besonderer Art dadurch, daß der Mensch sein Element Erde verläßt
und sich in ein neues Element begibt, in dem er als Mensch
gar nicht existieren könnte, das vielmehr als Domäne bestimmter Tierarten anzusehen ist. – So entspricht dem Element Wasser, als Bereich der Fische, die Fischverwandlung,
dem Element Luft, als Vogelbereich, die Verwandlung des

fortgeschleuderten Knaben, die außerdem noch der vogelhaften Bewegung zu danken ist, wie bei dem zur Eule werdenden Mann. Der eigentliche Lebensraum des Menschen ist die Erdoberfläche, während manche Tiere ihren Bau unter der Erde haben und somit schon einem anderen Bereich angehören. Sobald der Jäger in dem Loch des zuerst verfolgten Gürteltieres bleibt und sich zu dessen Gefährten macht, tritt seine Verwandlung in ein Gürteltier ein.

Die Verwandlung ist entweder eine Selbstverwandlung, wie etwa bei den Frauen, die zu Fischen werden, oder sie geschieht durch einen anderen; so verwandelt ein Mann seine Schwester und deren Familie in Wildschweine. Oft aber tritt die Verwandlung schicksalhaft ein, ohne eigenen oder fremden Willensakt. Der Knabe, den seine Mutter in die Luft schleudert, wird zum Vogel, der Mann, der gegen die Geheimnisse der Nacht frevelt und in den Wald geworfen wird, flattert als Eule weiter.

Der Kayapóbegriff für verwandeln = *kubé* oder bloß *be* bedeutet: zu etwas machen, sich verwandeln, verwandelt werden. Er bedeutet aber auch: „sein" im Sinne von „geworden sein". Die Kayapó haben also einen ausgesprochen dynamischen Seinsbegriff. Dies tritt vor allem in den Titeln der Mythen zutage, die ja nichts anderes sind als die Geschichten einer Verwandlung, einer Verwandlung zur gegenwärtigen Seinsordnung hin. Im Sinne des jägerischen Lebensstils ist fast jedesmal die Tierverwandlung als das Bedeutsamste hervorgehoben.

Immer ist die Verwandlung mit einem Affekt verbunden. Es kann sich um Zorn über eine erlittene Kränkung oder um Rachedurst handeln, oder es ist beides miteinander verbunden. Sehr oft ist das Motiv Eifersucht. Bei dem Mann, der die Schwester und ihre Familie in Wildschweine verwandelt, geschieht es aus Entrüstung darüber, daß die Schwester seinen Sohn zur Jagd für sich selber ausgenützt hat. Die Frauen verwandeln sich in Fische aus leidenschaftlichem Schmerz, weil ihnen die Männer den Geliebten erschlagen und als

Braten vorgesetzt haben. Eifersucht ist der Antrieb für den betrogenen Gatten, sich in eine Riesenschlange zu verwandeln und so die Gattin zu behüten. Aus Gier nach dem Besitz des Feuers verwandeln sich die Dorfgenossen in Tiere, um möglichst schnell zur Behausung des Jaguars zu gelangen, wo es das Feuer gibt: die Männer in Rehe, die Jungmänner in Paca usw. Der Knabe, den die Mutter in leidenschaftlicher Wut in die Luft schleudert, weil er ihr gesagt hat, der eben verzehrte Braten sei ihr Geliebter gewesen, wird zu einem ruhelos umherflatternden Vogel. Der Mann, der aus Neugier den Geheimnisbereich der Nacht verletzt, wird zur Eule, die mit klagender Stimme in die Nacht weint und selber zu ihrem geheimnisvollen Besitz gehört. Selbst hier kann man aber nicht von einem ausgesprochenen Strafcharakter der Verwandlung sprechen, als Folge einer persönlichen Schuld oder Sünde im Sinne der Verletzung einer Tabunorm. Überhaupt tritt das ethische Element in der Weltanschauung der Kayapó stark in den Hintergrund.

Auf der Flucht, in dem leidenschaftlichen Suchen und Umherirren in der Wildnis, um sich vor den Verfolgern zu retten, verwandelt sich das Mädchen in eine Wildkatze.

Immer bietet die Verwandlung dem Verwandelten neue Möglichkeiten. Die genannten Leidenschaften – Zorn, Rache, Eifersucht, Neugierde, Besitzgier, Verzweiflung auf der Flucht – bedeuten für die Indianer eine Übersteigerung ihres Lebens. Die leidenschaftlichen Affekte vermehren das Lebensgefühl, sie verwirklichen ein umfangreicheres Leben, das in der Verwandlung oft und oft Gestalt annimmt, durch sie verkörpert wird. Bei der Tierverwandlung steht eine Eigenschaft im Vordergrund, durch die das Tier dem Menschen überlegen ist, wie das Fliegen der Vögel, das Laufen der Rehe, das Klettern der Affen, das Schwimmen der Fische: So bewirkt die Verwandlung eine Steigerung des Lebens. Es handelt sich vor allem um eine Veränderung, die für die Menschen im Augenblick ihres Vollzuges von höchster Aktualität ist, entweder für den, der verwandelt wird, oder für den Urheber der Verwandlung. So verwandelt der betrogene Gatte die treulose Frau in eine Landschildkröte und kann sie nun sicher nach Hause bringen und behüten. Als seine Leidenschaft nachläßt, gibt er ihr die menschliche Gestalt zurück.

Die Bedeutung des Verwandlungsaktes wird unterstrichen durch die Anwendung eines Zaubermittels. Der Mann, der die Schwester und ihre Familie zu Wildschweinen macht, streut giftige Samenkörner über sie aus, um die Verwandlung zu bewirken. Die Frauen, denen der Liebhaber ermordet und als Braten vorgesetzt wurde, stimmen am Flußufer einen Zaubergesang an; erst dann springen sie ins Wasser und werden Fische. – Gesang, der auch ein Bestandteil aller kultischen Feste ist, drückt einen Höhepunkt des indianischen Lebensgefühls aus. Nach dem Gesang erst vollzieht sich die Verwandlung in Fische, der Gewinn einer neuen Daseinsform, in dem den Menschen bisher verschlossenen Element Wasser.

Der Mann, der seine Schwester mit ihrer Familie in Wildschweine verzaubert, tut dies, um sie alle zu jagen und dadurch Speise zu haben. Die Jagd, um zu essen, ist eine einwandfreie Betätigung. Er verwandelt und ißt sogar seinen eigenen Sohn und ebenso seinen Schwager, mit dem er zuvor noch einen Wortwechsel gehabt, weil der nicht wahrhaben wollte, daß sich die Leute in Wildschweine der großen Art, angru = port. qeixada (Tayassu pecari) verwandelten und nicht bloß in kleine angrore = caititu (Tayassu tajacu). Die Jagd ist immer ein Kräftemessen zwischen Mensch und Tier, zu dem Geschicklichkeit, List, Kraft und Schnelligkeit gehören. Hier wird die Tierverwandlung aus dem Motiv, jagen zu können, sogar schöpferisch für die ganze Welt der Kayapó. Es gelingt dem Mann nicht, die Schwester, die er in ein großes Mutterschwein verwandelt hat, mit seinen Pfeilen zu töten. Sie entzieht sich ihm in einer leidenschaftlichen magischen Flucht. Der Mann in seiner Jagdleidenschaft läßt als Hindernis den großen lebenspendenden Strom der Kayapó, den Xingu, entstehen, aber das Wildschwein durchschwimmt den Fluß. Da läßt der Mann eine große Gebirgskette, die Berge der Kayapó (Serra Encontrada), mit dem Indianernamen *puru-(kam)-grãire* = Berge auf der Rodefläche, entstehen; aber das Wildschwein überquert das Gebirge und entschwindet geheimnisvoll dem Blick und Zugriff des Jägers. Der Strom und das Gebirge aber bleiben für immer in der Welt der Indianer.

Obwohl nach dem Mythos von den Wildschweinen Gift als Zaubermittel gebraucht wird, verwandeln sich die Leute nur langsam und nach einer Analogie. Der Mann, der das Gift gestreut hat, wälzt einen Stein vor die Hütte. Das kleine Töchterchen im Haus findet keinen Ausgang, um draußen seine Notdurft zu verrichten. Indem es sich selbst beschmutzt, wird das Quieken des Ferkels aus seinem jämmerlichen Weinen, während das Brummen der Mutter, die dem Kind das Loch in der Tür zeigen will, zum Grunzen des Mutterschweines wird; und so vollzieht sich langsam die Verwandlung von Tochter und Mutter und allen Angehörigen im Haus.

Die Rückverwandlung vom Tier zum Menschen, die im Mythos berichtet wird, vollzieht sich meist völlig unauffällig. Und nicht im Affekt, im Gegenteil: der die Verwandlung begründende Affekt ist weggefallen. Die Frauen, die sich aus Rache in Fische verwandelt haben, werden von ihren Männern wieder gefischt; an Land zurückgekehrt, werden sie wieder zu Menschen. Sie können auf der Erde gar nicht anders existieren als in ihrer menschlichen Daseinsform. Der eifersüchtige Gatte verwandelt die Frau, die ihn betrog, in eine Landschildkröte mit Hilfe eines Zaubermittels. Als sein Zorn verraucht ist und die alte Liebe wieder erwacht, wendet er abermals das Zaubermittel an, und seine Frau wird wieder zum Menschen.

Selbst wenn nach der Tierverwandlung das Tier gejagt und verspeist wird, ist auch dann noch im Sinne des Mythos die Rückverwandlung in den Menschen möglich. Auch das

Söhnchen des Mannes, der die Verwandlung zu Wildschweinen bewirkte, wird zum Ferkel und von ihm verspeist. Zum Beweise dafür, daß er wirklich ein Wildschwein von der großen Art getötet hat, zeigt er dem Schwager sogar die Knochen. Später fügt der Vater aber die Knochen des Ferkels wieder zusammen, und das Söhnchen wird in seiner menschlichen Gestalt wieder lebendig und läuft mit ihm nach Hause. Hier klingt auch das weltanschauliche Motiv des Einwohnens einer Geistesseele im Knochengerüst an, einer Geistseele, die man nicht töten kann, und durch das Zusammenfügen der Knochen kann der Mensch auch wieder lebendig werden.

Zusammenfassend kann gesagt werden, daß die Tierverwandlung im Mythos, aber auch die Rückverwandlung zum Menschen, ein beredtes Zeugnis ablegt für die Dynamik des indianischen Lebens und der indianischen Weltanschauung.

Geist und Kraft

Gewisse Eigenschaften der Tiere werden von den Indianern als den menschlichen überlegen, als Vorbilder angesehen: fliegen, schwimmen usw. Dies entspricht dem urtümlichen Kraft- und Machtideal der Kayapó. Dazu kommt noch der Glaube an eine völlige Harmonie zwischen Mensch und Tier in der Urzeit, an eine Harmonie, die sich in der gemeinsamen Sprache kundgab. Und nur deshalb haben sich die Tiere in immerwährendes Schweigen gehüllt, weil die Menschen ihr Vertrauen, das in der Mitteilung lag, zu Verfolgung und Mord mißbrauchten. Der Mythos beruht auf den vorbildhaften Eigenschaften der Tiere und dem anfänglich harmonischen Verhältnis in der Schicksalsgemeinschaft von Tier und Mensch. In dem Mythos brechen die Tiere ihr Schweigen in einem hochgeistigen Sinn, indem sie durch ihre Handlungen und Reden zu Vermittlern uralter Erkenntnisse und Weisheiten werden. Das Ideal der Stärke, der Macht wird deutlich, wenn nach einem Wortgefecht oder einer Wette ein Messen der Kräfte folgt. Der Sieg des unscheinbaren, äußerlich schwachen Tieres, der Sieg des Frosches etwa über den Jaguar, drückt die Erkenntnis aus, daß nicht die rohe Gewalt entscheidend ist, sondern die List, also letzten Endes der Geist. Der Geist triumphiert, der äußere Anschein trügt. Dies besagt auch die Mythe, die Horace BANNER (1957: 46) mit dem Titel „Die Landschildkröte und der Jaguar" nacherzählt: Bei einer Kraftprobe zwischen den beiden und nach vorangegangener Wette läßt sich die Landschildkröte in einem Erdloch lebendig begraben, ohne Wasser und ohne Luft. Sie hält tagelang durch. Mit kräftiger Stimme antwortet sie dem Jaguar aus dem Erdloch heraus und steigt ebenso kräftig daraus empor, während der Gegner bei der gleichen Probe ruhmlos verendet.

In das Mythosmotiv vom Sieg des Schwachen durch List über den Stärkeren, das auf der ganzen Welt verbreitet ist, mischt sich bei den Kayapó ein soziales Element. Der Sieg kommt meist durch ein Zusammenwirken der Artgenossen zustande, es ist ein Sieg der Gemeinschaft. Allerdings siegt diese Gemeinschaft durch zahlenmäßige Überlegenheit, es ist ein Sieg der Mehrheit. Im Mythos „Frosch und Jaguar reden miteinander" geht die Wette im Streitgespräch um die Macht und Größe der Gemeinschaft, die hinter jedem der beiden steht. „Du bist ganz allein", höhnt der Frosch, „vor dir fürchte ich mich nicht." Als die Stimmgewalt als Kraftprobe festgelegt wird, vermag das Brüllen der Jaguare trotz der starken Stimmen nicht übermächtig zu wirken. Aber das Quaken der vielen Frösche (wie eine Säge), das aus der Verborgenheit von Tümpeln, Büschen und Bäumen dringt, erfüllt den ganzen Wald, so daß der starke Jaguar voll Angst und Schrecken in wilder Flucht sein Heil sucht. Nach der Fassung des Mythos, die Horace BANNER (1957: 44 ff.) gehört hat, bleibt der Jaguar, der seine Stimme erhebt, überhaupt allein; so sehr er sich auch bemüht, seine Stimme klingt nur kraftlos im Verhältnis zu dem Froschgequake, dem sich sämtliche Kröten und Frösche des Waldes anschließen. Halb toll und blind vor Angst, stößt sich der fliehende Jaguar beim Laufen einen dürren Ast ins Auge. Der schwächere Ameisenbär gibt ihm den Rest, indem er unter dem Vorwand der Hilfeleistung dem gewaltigen Jaguar, der sich zum ihm neigt, auch noch das andere Auge aus der Höhle reißt. Auch der schrecklichen Rache des Verwundeten vermag er sich listig zu entziehen; es gelingt dem Jaguar nur, dem in einem Felsenloch verborgenen Feind ein Stück von den Beinen abzubeißen. Diese mythische Rachetat der Urzeit wirkt formend und schicksalsbestimmend für das ganze Geschlecht der Ameisenbären: Seither haben die Ameisenbären so kurze Beine. Die nicht voll befriedigte Rache bleibt lebendig in der Gier aller Jaguare, die Ameisenbären zu fressen. Das Vögelchen Azulona wird zum Wohltäter des starken Jaguars, indem es ihm neue Augen aus Harz formt, sie in die Höhlen einfügt und ihm so die Sehkraft wiederschenkt. Die barmherzige Großmut des Schwachen wandelt selbst die Härte und Grausamkeit des Starken in Freundschaft. Für sein ganzes Geschlecht verspricht der wilde Jaguar, daß er die Eier des Azulona nicht mehr fressen und dem Vögelchen und seiner Art nichts mehr zuleide tun werde.

Das Sichstarkfühlen in der Gemeinschaft konnte ich auch praktisch bei den Kayapó immer wieder erfahren. Sie machten es uns öfters deutlich, daß sie viele seien und wir nur ganz wenige und noch dazu keine Indianer. Eben nur wir paar Menschen im Dorf, während unsere eigentlichen Gefährten irgendwo in der Welt verstreut sein müßten. Auch die Flugzeuge, die sie regelmäßig über ihr Dorf fliegen sahen, konnten ihre Meinung nicht ändern. Sie erklärten, das seien auch die einzigen solchen Vögel, welche die *kuben*, die Stammesfremden, besäßen. Horace BANNER (1957: 44 ff.) bringt in seiner Wiedergabe der Fabel von dem Frosch und dem Jaguar ebenfalls alle wesentlichen Elemente der Geschichte. Nur höhnt der Jaguar zuerst den Frosch; darauf schlägt dieser eine Probe vor, wer wirklich *okre* (*dyokre*) = wer wirklich wild, gewalttätig, tapfer (portugies. valente) sei. Den Sieg verdankt der Frosch der Mitwirkung aller Artgenossen in den Ästen der Bäume. Die Abweichung in der Darstellung kommt zustande durch die Phantasie des indianischen Erzählers, denn jede Erzählung ist eine freie Nachdichtung. Dieser wollte betonen, daß das Selbstbewußtsein des physisch Stärkeren zuschanden wird durch den Sieg des Weiseren, äußerlich Schwachen, wenn seine große Gemeinschaft ihn unterstützt. In der Wiedergabe von Alfred METRAUX (1960: 12), wonach der Jaguar besiegt wird durch das Quaken des einzelnen Frosches, der aber einen Doppellaut hervorzubringen versteht, fehlt gerade das für die Kayapó wesentliche Element der Überlegenheit durch die Gemeinschaft. Dies dürfte auf eine Ungenauigkeit in der Wiedergabe zurückzuführen sein, da METRAUX auf einen Dolmetscher angewiesen war.

Die Jagd und das Tier als Helfer

Für die Jagd haben die Kayapó als allgemeinen Ausdruck *mrü kubín* = Wild töten, oder *mrü pa,* wobei das Wort *pa* das Niederschlagen mit der schweren Rund- oder Schwertkeule oder das Auftreffen des tödlichen Pfeiles brutal lautmalerisch wiedergibt. Fischen heißt *tep kubin* oder *tep bin* = Fische töten, daneben auch Heraufholen der Fische aus der Tiefe des Wassers = *tep uabi.* Daneben gibt es noch einige Ausdrücke, die sich auf die zeitliche Begrenzung der Jagd beziehen: *Arirein* bedeutet jagen in der Dauer bis zu einem Tag, *õ-tomoro* = der Jagdzug, der sich bis zu einem Monat erstrecken kann. Die Jagd, das Fischen und das Sammeln wilder Früchte bildet immer noch einen entscheidenden Faktor in der Lebensweise der heutigen Kayapó, die daneben noch den primitiven Hackbau pflegen. Das jägerische Element hat nach wie vor einen bestimmenden Einfluß auf die Mentalität und Weltanschauung der Kayapó. Die Jagd im Urwald mit seinem Gestrüpp und seinen Dornen, das Laufen auf endlosen Wegstrecken unter einer unbarmherzigen Sonne, der Gebrauch der primitiven Waffen ist härteste Männerarbeit. Die Frauen beschäftigen sich höchstens mit dem Fang kleiner Fische. Aber trotz aller Mühe und Härte, trotz der Gefahr im Kampf mit manchem Tier, vermittelt die Jagd, neben dem Tanz und der kultischen Festfeier, neben der Liebe, den Indianern das höchste Lebensgefühl. Sie bildet auch einen Bestandteil kultischen Rituals – wie der Reifezeremonien – ebenso wie der kultischen Feste, deren Höhepunkt jeweils eine gemeinsame große Jagd vorausgeht.

Was die Beziehung zwischen Mensch und Tier anlangt, so ist die Jagd für den Indianer ein Kampf bis zum letzten mit dem Ziel der Tötung. Dennoch bleibt das Tier nach wie vor Partner, auf den man angewiesen ist. Der Kampf ist ein Kräftemessen mit diesem Partner, der in vielem überlegen sein kann. Oft muß der Mensch all seine Kräfte aufbieten, Geschick, Kühnheit und Klugheit gebrauchen, um nicht zu unterliegen. Dieser Einsatz der ganzen Persönlichkeit und ihre schließliche Bewährung verleiht dem Indianer höchstes Lebens- und Lustgefühl. Und je stärker der Gegner, um so berauschender der Erfolg. Das Tier ist Feind bloß im Zusammenhang mit der Jagd, dem Kampf, der Tod bringt. Der Kampf wird mit allen Mitteln geführt, um zu siegen, um den Besiegten zu töten. Es gibt keine Regeln etwa im Sinne unserer jägerischen Waidgerechtigkeit. Ich stehe heute noch unter dem Eindruck eines solchen Kampfes außerhalb des Dorfes Kubenkrãkein. Die Indianer jagten ein großes Reh und hatten es mit ihren Pfeilen schlecht getroffen. Einer rannte mit dem Reh um die Wette, stürzte sich mit ihm in einen Wasserlauf, packte den Kopf des Tieres mit beiden Händen und drückte ihn so lange unter das Wasser, bis er das Tier ertränkt hatte. – Zum Kampf gehört auch das Verhöhnen des gefährlichen Gegners. Und da ist ein Wild, das an Kraft und Gefährlichkeit alle anderen in der Welt der Indianer weit überragt – der Jaguar (feliz onza). Er nimmt daher auch eine hervorragende Stellung in ihrer Mythologie ein, als ein Häuptling, ein König aller anderen Tiere. Im Sinne ihres anthropozentrischen Denkens stellen sich die Indianer das Tier immer menschenähnlich vor. Unter den Tiergeschichten steht im Vordergrund die Auseinandersetzung mit dem Jaguar. Mit großem Aufwand an Mimik wird die menschenhafte Rolle des Raubtieres gespielt. Seine Gedanken werden mit Kopfstimme gesprochen. Dasselbe „Reden", also dieselbe Verhöhnung, verwendet man auch bei Geistergeschichten. Vielleicht soll damit die dämonische Kraft der unheimlichen Gestalt ausgedrückt werden; es handelt sich weder um eigentliches Reden eines Tieres noch um eigentliche menschliche Sprache. Soweit es eine Verhöhnung bedeutet, hat dies den Beweggrund, das eigene Selbstbewußtsein zu stärken und den eigenen Mut zu wecken. Die Jagd – selbst die Jagd auf den Jaguar – ist auch nicht unbedingtes Zeugnis einer ewigen Feindschaft zwischen Tier und Mensch, sie beinhaltet nur die Kraftprobe und dient der Erhaltung und dem Schutz des menschlichen Lebens. Durch seinen Tod in der Jagd bietet das Tier dem Menschen die wertvollste Nahrung. Ein bedeutsames ethisches Tabu-Gesetz der Kayapó kommt in dem Satz zum Ausdruck: *Kwari kwai, mrü kubin kaigó ket, kren kadyu bit* = du sollst Tiere nicht umsonst töten, also nicht aus bloßer Mordlust, sondern nur, um zu essen, um selbst zu leben. Die Übertretung dieser Norm gilt als ein Verbrechen.

Im Mythos, der ein gesteigertes, vorbildhaftes Leben wiedergibt, tritt durch das Angewiesensein auf das Tier als Nahrung und als Partner das anthropomorphe Tierkonzept noch mehr zutage. Bei den Kayapó findet sich auch das Mythenmotiv des „Hilfstieres". Der umfangreichste indianische Mythos mit diesem Motiv als Hauptthema trägt den allein schon charakteristischen Titel: „Der Mann, der nicht wußte, daß die Tiere reden". Der Held lernt die Freundschaft der Tiere kennen. In der höchsten Not, als er allein und ratlos der Wildnis preisgegeben ist, bieten ihm die Tiere Rettung an, obwohl er jedes vorher gerade töten wollte. Sie halten ihr Versprechen auch so lange getreulich, bis der Selbsterhaltungstrieb ihrer Hilfsbereitschaft ein Ende setzt. Sobald sie zu fressen finden, kümmern sie sich nicht mehr um den Schützling. Nicht nur Ichsucht wird hier offenbar, sondern auch die unstete Lebensweise, die eine ungebändigte wilde Umgebung den Indianern aufzwingt. Sie müssen sich dem Rhythmus der Natur ihres Landes einfügen. So kennen die Kayapó auch keine regelmäßige Tageseinteilung für ihre Mahlzeiten. Sie essen, wenn sich Früchte zum Essen bieten oder wenn die Jagd geglückt ist. Dann essen sie auch oft im Übermaß, denn es folgen ja wieder Zeiten, in denen sie hungern müssen. Ich erinnere mich an die Folgen einer großen Wildschweinjagd der Kubenkrãkein; vor allem Kinder, aber auch Erwachsene verzehrten solche Mengen, daß sie davon arge Magenbeschwerden bekamen und dann höhere Mächte und böse Geister für ihren Zustand verantwortlich machen wollten.

Wie die Fähigkeit zu sprechen im Mythos von den „redenden Tieren" durch die Menschen mißbraucht wird, denen der freundliche Anruf den Mord ermöglicht, so können auch die Tiere die Sprache zur Täuschung und in böser Absicht verwenden. Dies tut das Krokodil, das den ihm völlig ausgelieferten Flüchtling auffordert, es zu beschimpfen, um ihn dann ohne Hemmungen verschlingen zu dürfen. Damit bietet es aber nur dem Menschen Grund zu einer solchen gerechten Rache: Er beschimpft den heuchlerischen Helfer wirklich, sobald er in Sicherheit ist.

Trotz derartiger übler Mißverständnisse, trotz Kampf und Jagd, bleibt das Tier doch Partner des Menschen, und zärtliche Liebe kann beide verbinden. Das zeigt sich im indianischen Alltag durch das Halten gezähmter Tiere, *nyõkrit*. Der Tod und die Krankheit solcher Tiere wird genauso beklagt wie der Tod eines nahen Verwandten oder Freundes. Nächster Gefährte des Menschen – auch Jagdgefährte – ist vor allem der Hund. Schon der mythische Gewinn der ersten Riesenhunde weist auf die hohe Bedeutung dieser Tiere und auf ihre nahe Beziehung zum Menschen hin. Wie die beiden Bezwinger des Adlers ihre übersteigerte Körperlichkeit dem Aufwachsen unter Wasser verdanken, so hausen auch die großen Hunde in einem See. Und auch von ihnen werden zuerst zwei gefangen – also jedenfalls ein Brüderpaar. Daß der Hund vom Jaguar abstammt, ist allgemeine Ansicht der Indianer und ergibt sich schon aus der Benennung *rop,* die sowohl Hund als auch Jaguar bedeutet. Gestalt und Jagdeignung mögen zu der Annahme geführt haben. – Besonders geachtet als Jäger werden auch die Raubtiere, an ihrer Spitze der gewaltigste Jäger, der Jaguar. Der Hohn, mit dem ihn die Männer bei der Erzählung der Jagdgeschichten behandeln, ist nicht Ausdruck einer wirklichen Verachtung wegen seiner Ohnmacht und Schwäche gegenüber den Menschen, sondern nur ein Mittel, sich Mut zu machen für den Kampf gegen ihn. Nach dem Mythos vom Feuer des Jaguars wird er sogar über Mensch und Tier hinausgehoben. Er nimmt den Kulturhelden als Sohn in seine Wohnung auf. Von diesem Vater erhält der Knabe – und damit die Menschheit – die klassischen Jagdwaffen der Indianer: Pfeil und Bogen. Der Jaguar gibt sie ihm, um den Liebling vor seinesgleichen – wie der Jaguarfrau – zu beschützen. Als erstes Tier erlegt der junge Indianer damit die Jaguarfrau. Vom Jaguar bekommen die Menschen durch Vermittlung des jungen Helden auch das Feuer. Das Feuer ist für sie in den weiten Räumen der Steppe ein Mittel für die große Treibjagd.

Seine beste Ausrüstung für die Jagd erhält der Mensch also vom Tier selbst, vom stärksten Jäger unter allen Tieren, vom Jaguar.

VII. KAPITEL

Mensch und Pflanzen

1. MENSCH UND PFLANZEN IM MYTHOS

Die Ratte im hohlen Baum

In alten, alten Zeiten waren die Kayapó einmal gerade dabei, eine Rodung anzulegen. Sie fällten die Bäume und schlugen von den Urwaldriesen, die sie nicht fällen konnten, die Äste herunter. Einer der Männer arbeitete etwas abseits von den anderen. Da erschien ihm ein Geist von menschlicher Gestalt und zeigte ihm einen riesigen Baum. „Diesen Baum mußt du fällen", gebot er ihm. Der Mann gehorchte den Worten des Geistes und machte sich sofort ans Werk. Er arbeitete und arbeitete den ganzen Tag aus Leibeskräften. Aber der Baum hatte einen mächtigen, dicken Stamm, und bei Sonnenuntergang war es dem Mann noch nicht gelungen, ihn zu Fall zu bringen. Da ließ er es denn sein und ging nach Hause. Den Rest der Arbeit wollte er am nächsten Tag vollenden. Schon beim Morgengrauen erhob er sich und kehrte zur Pflanzung zurück. Groß war sein Erstaunen, als er den riesigen Baum wieder völlig unverletzt antraf. Verschwunden war der Spalt, den er am Vortag mit so viel Mühe in den Stamm gehauen hatte. Da holte der Mann alle Gefährten herbei, die auf der Rodefläche arbeiteten. Er bat sie, ihm beim Fällen des großen Baumes zu helfen. Sie arbeiteten nun zusammen den ganzen Tag, aber auch gemeinsam konnten sie den Baum bis Sonnenuntergang nicht zu Fall bringen. Als sie am nächsten Morgen auf die Rodung kamen, fanden sie den Stamm wieder völlig unversehrt. Von ihrer harten Arbeit am Vortag war keine Spur mehr zu bemerken. Da lief der Mann ins Dorf und rief alle Kayapó-Männer herbei. Alle Männer arbeiteten nun mit ihrer ganzen Kraft. Und wirklich hatten sie jetzt Erfolg: Endlich fiel der gewaltige Baumriese. In seinem hohlen Stamme aber fanden die Indianer eine Ratte. Diese töteten und zerteilten sie. Im Magen der Ratte fanden sie Maiskörner und die Samen vieler Früchte des Feldes und der Bäume. Seit damals haben die Indianer den Mais und viele Feldfrüchte und Baumfrüchte. Der Besitz dieser Früchte ging ihnen seither nie mehr verloren.

Die Frau, die die Tochter des Regens war

In alten, alten Zeiten war eine Schar von Kayapó einmal auf einer Wanderung durch die Wälder und die weite Steppe. Die Jungmänner liefen voraus, um den Weg ausfindig zu machen. Einer dieser Jungen hatte seine Gefährten verlassen und ging etwas abseits, um seine kleine Notdurft zu verrichten. Da sah er bei den Wurzeln eines riesigen Baumes, fast völlig durch niederes Buschwerk verborgen, ein Mädchen sitzen. Es war die Tochter des Regens, deren Name Nyobogti ist: „Das große Licht". Der Junge lief rasch zu den anderen zurück, um seine Brüder zu holen. Sie eilten gemeinsam zu dem Baum am Rande der Steppe und fanden die Tochter des Regens. Sie hatten eine große Kürbisschale mitgebracht, in diese setzten sie das Mädchen. Dann verschlossen sie die Fruchtschale sorgfältig und banden den Deckel mit Stricken aus Baumwolle fest. Die Kalebasse trugen die Jungen nun heim, und es gelang ihnen wirklich, das Mädchen so ins Dorf zu bringen, ohne daß jemand etwas davon merkte. In ihrer Hütte angekommen, versteckten die Brüder die Kürbisschale, denn sie wollten auch der Mutter verheimlichen, daß sie die Tochter des Regens gefunden hatten.

Viele Monde verstrichen, und die Mutter merkte nichts. Eines Tages nun waren die Alten und die Jungmänner in den Wald gegangen, und die Mutter war allein zu Hause. Da fand sie oben unter dem Dach der Hütte, mit Palmenblättern zugedeckt, die große Kürbisschale. Neugierig löste sie die Stricke und hob den Deckel auf. Groß war ihr Erstaunen, als sie ein Mädchen in der Kürbisschale sitzen sah. „Steh auf", bat sie, „damit ich dich besser sehen kann!" – „Ich mag nicht", erwiderte die Tochter des Regens, „ich schäme mich so", und blieb zusammengekauert sitzen. „Warum schämst du dich denn?" fragte die Frau. „So halt", erwiderte das Mädchen. „Ich möchte dich aber so gerne sehen", sagte die Mutter. „Und ich will nicht, ich will mich nicht anschauen lassen", gab die Tochter des Regens zur Antwort. Da griff die Frau einfach in die Schale hinein, packte das Mädchen beim Arm und zog es heraus. „Komm", sagte sie dann, „ich will dir jetzt das Haar scheren und dich schön malen." Die Tochter des Regens setzte sich auf das niedrige Plattform-bett, und die Frau begann, ihr das Haar zu schneiden. Sie schor ihr eine kahle Stelle von den Stirnwinkeln bis zum Scheitel. Dann bemalte sie das Mädchen zuerst mit der Far-be der Urucufrucht. Sie malte ihr sorgfältig einen breiten, leuchtendroten Streifen quer im Gesicht und um die Augen. Auch den Körper, die Arme und Beine färbte sie rot. In fei-nen Strichen zeichnete sie auch ein kunstvolles Muster mit der glänzenden schwarzen Farbe der Genipapo-Frucht. Sie bemalte sie so, wie sich die Kayapó-Frauen heute noch be-malen. Kaum war sie mit der Arbeit fertig, kam ihr Mann heim. Als er das Mädchen am Bette sitzen sah, fragte er: „Frau, warum hast du denn die Tochter des Regens aus der Kürbisschale freigelassen?" – „So halt", erwiderte die Frau, „weil ich sie gerne sehen wollte. Sie war aber so, wie sie vom Himmel gefallen ist, gar nicht hübsch, sie war häßlich; darum habe ich ihr das Haar geschoren und sie bemalt. Nun ist sie schön und wie eine der Unsrigen. Sie ist jetzt unsere Verwandte, und niemand darf sie schlagen und ihr etwas zu-leide tun." Da war es auch ihrem Manne recht so.

Und die Tochter des Regens blieb viele, viele Monde bei ihnen und lebte im Dorf wie die anderen Mädchen der Kaya-pó. Später nahm sie auch einen Indianer zum Gatten und be-kam Kinder.

Einmal hatten die Männer lange kein Jagdglück, und die

Frauen fanden wenig Früchte. Nyobog-ti, ihr Mann und die Kinder litten Hunger. Da sagte die Tochter des Regens zu ihrem Gatten: „Droben im Himmel, wo mein Vater und meine Schwestern sind, da gibt es die köstlichsten Dinge. Dort wachsen Süßkartoffeln, Maniok, Yams und Macaxeira, in den Wäldern tummelt sich Wild, und Landschildkröten gibt es in Menge. Auch Bananen und die herrlichsten Früchte reifen dort, und es gibt überhaupt alles zu essen, was du dir nur denken kannst." – „Gut", antwortete der Mann, „dann geh doch hinauf und hole uns etwas von den schönen Dingen, damit wir zu essen haben."

Gleich am nächsten Tage brach er schon in aller Frühe mit Nyobog-ti auf. Sie verließen das Dorf und gingen in die Steppe hinaus. Dort bog der Indianer eine hohe Burití-Palme (Mauritia) zur Erde. Mit seinen starken Armen hielt er sie nieder. Seine Frau aber setzte sich in den Wipfel des Baumes. Dann ließ der Indianer den Stamm los. Die Palme schnellte rauschend empor und schleuderte die Frau in die Luft. Und die Tochter des Regens flog hoch und immer höher empor, sie flog bis in den Himmel hinauf. Der Mann aber legte sich in den Schatten der Palme nieder und wartete auf sie. So lag er, bis es Mittag wurde und die Sonne senkrecht am Himmel stand. Da sprach er ganz traurig bei sich selbst: „Meine Frau hat mich verlassen." Er wollte schon aufstehen und nach Hause gehen, da hörte er hinter sich eine Stimme: „Da bin ich ja wieder!" Der Indianer drehte sich um und erblickte Nyobog-ti. Glücklich rief er aus: „Schau einmal an, da ist ja meine liebe Frau wieder! Und was sie alles mitgebracht hat: Süßkartoffeln (Ipomoea batatas), Yams (inhane, Dioscorea), Macaxeira (= süßer Maniok, Manihot utilissima), (bitterer) Maniok (= manisé . . ., Manihot utilissima), Maniokfladen und Bananen!" Die Frau aber sprach: „Dort oben im Himmel, von wo ich herkomme, wo mein Vater, meine Mutter und meine Schwestern wohnen, dort gibt es Maniok und noch viel, viel Gutes zum Essen. Warte noch ein wenig, sie werden uns selbst besuchen und uns davon bringen." Da erschienen auch schon ihr Vater, der Regen, der auch Bebgororotí heißt, ihre Mutter und ihre Schwestern. Sie trugen viele köstliche Dinge für sie vom Himmel hierher.

Bebgororotí wandte sich an den Indianer und mahnte ihn: „Niemals darfst du meine Tochter schlagen. Ich kehre jetzt in den Himmel zurück. Von dort sehe ich immer meine Tochter und beschütze sie." Der Vater von Nyobog-ti, der Regen, der auch Bebgororotí heißt, ihre Mutter und ihre Schwestern stiegen darauf wieder zum Himmel empor.

Die Tochter des Regens und ihr Gatte gingen miteinander heim aus der Steppe. Sie brachten Süßkartoffeln, Yams, Macaxeira, Bananen, Maniokfladen und noch viele gute Dinge in das Dorf der Kayapó.

2. MENSCH UND PFLANZEN IN
WELTANSCHAUUNG UND LEBEN

Pflanzen als verwandte Lebewesen

Alles Lebende, alles, was sich regt, wird von den Kayapó als beseelt angesehen. Auf meine Frage wurde mir geantwortet, daß auch der Baum eine Seele, *karon,* habe. Dies ist schon in der so stark anthropomorphen Betrachtungsweise des Universums begründet. Aber alle animistischen Vorstellungen in dieser Richtung sind nur sehr wenig prägnant ausgesprochen und nur sehr vage, so daß der Animismus nicht als das indianische Weltbild bestimmend angesehen werden kann. Auch totemistische Tendenzen im Sinne einer Verwandtschaft mit bestimmten Pflanzen sind gegeben. So trägt die eine der beiden großen Stammeshälften von Kubenkrãkein den Namen nach dem *atoro-o-ngro* = trockenes Inbaúba(Enbaúba)blatt und die andere Hälfte *me-krã-grãgrã* = Männer mit den grünen Köpfen, was auch auf eine Identifikation mit der Pflanzenwelt hinweist. Man hat aber auch da den Eindruck, daß dieser Totemismus keine entscheidende Ausstrahlung auf die gesamte Weltauffassung hat; vielleicht sind diese Vorstellungen von anderen Stämmen entlehnt, jedenfalls sind sie für die heutigen Kayapó nur sehr blaß und sinnentleert.

Aber sie empfinden einen lebendigen Zusammenhang mit allem, was in der Natur lebt, und Pflanzen sind ihnen Symbol für das menschliche Leben überhaupt.

In der großartigen Schlußphase des Festes „Beb" werden zwei hohe Baumstämme von den Männern im Triumph ins Dorf geschleppt und auf dem großen runden Platz aufgestellt. Die Indianer nennen diese Bäume *wari.* Ich erkundigte mich nach der Bedeutung der Zeremonie. Der Mann, an den ich mich wandte, war von überdurchschnittlicher Intelligenz, sprach auch etwas portugiesisch und war durch Vermittlung des brasilianischen Indianerschutzes schon einmal in der Hauptstadt gewesen; er besaß also einige Kenntnis unserer Zivilisation. Er gab zur Antwort: „Was für euch eure Fahne ist, das ist für uns Kayapó dieser Baum *wari*." Sicherlich ist anzunehmen, daß bei der urtümlichen Erlebniskraft der Indianer unserer symbolische Wertung einer Fahne weit überschätzt ist, aber ursprünglich mag sie wohl Ähnliches bedeutet haben wie der gewaltige Baum *wari*.

Die Frau als Bringerin der Feldfrüchte

Alle Varianten des Mythos stimmen mit unserem Originaltext darin überein, daß diese Frau aus der Welt über dem Himmelsdach stammt und eine Tochter des Regens ist. Sie stimmen weiter darin überein, daß sie von ihrem Entdecker in einer Kürbisschale vor der Mutter verborgen wird, daß ihr die Mutter das Haar schneidet und sie nach Art der Indianer bemalt und daß sie sich zuletzt mit einem Indianer vermählt. Als diese hungern, begibt sie sich mit Hilfe ihres Mannes in die Welt über dem Himmelsdach. Von dort bringt sie ihrer Familie und damit der ganzen Welt die Knollenfrüchte, Kartoffeln, Yams, Maniokfladen und Bananen. Sie lehrt ihren Mann das Anlegen der ersten Rodefläche, auf der sie zu pflanzen beginnt (vgl. dazu auch die Varianten bei BANNER 1957: 40 f. und METRAUX 1960: 17 f.). Für die Kayapó besteht auch eine mystische Identifizierung der Frau als Trägerin der Fruchtbarkeit mit einer anderen kosmischen Quelle der Fruchtbarkeit: Als Tochter des Regens bzw. nach der von METRAUX gebrachten Variante, des Mannes, der sich „mit dem Regen vermählte", hat sie auch die engste Beziehung zu einer kosmischen Kraft, zum Regen, der befruchtend auf die Erde fällt. Gleich ihm fällt auch die Frau aus der Welt von oben auf die Erde. Damit ist schon ihre Verbindung mit den Pflanzen gegeben. Die ganze Lebensweise der Kayapó, nach der die Aufgabe des Mannes ausschließlich die Jagd ist, legt den Gedanken nahe, daß die Landwirtschaft in der

Urzeit durch die Frau erfunden wurde (vgl. ELIADE 1953: 225).

Als die Frau aus der Welt über dem Himmelsdach von der Indianermutter in der Kalebasse entdeckt wird, schämt sie sich. Aber die Mutter bemalt sie mit Genipapo und Urucu, wie sich die Indianerinnen bemalen (KRAUSE 1911: 386), und schneidet ihr das Haar. „Nun ist sie schön und eine der Unsrigen", sagt sie. Durch die Kulturleistung der kunstvollen Körperbemalung, eine Arbeit der Frau, wird sie zur Stammesangehörigen und damit zum Menschen. Die Frau, die von der Welt über dem Himmelsgewölbe kommt, wird zur Menschenfrau. Sie vermählt sich auch noch mit einem Indianer. Auf diese Weise völlig aufgenommen in die Gemeinschaft der Menschen, wird sie erst zur Heilbringerin, zur Kulturheldin. Sie sagt zu ihrem Mann und zu den Ihren, als diese Hunger leiden: „Droben im Himmel, wo mein Vater und meine Schwestern sind, gibt es köstliche Dinge. Dort wachsen Süßkartoffeln, Maniok, Yams und Macaxeira, und in den Wäldern gibt es Landschildkröten und Wild in Menge." Der Himmel wird als ein Ort der Nahrungsfülle geschildert, wie dies schon in dem Mythos vom „Loch im Himmel" geschehen ist. Die Vorstellung von einem Glück im Himmel hat eine gewisse Ähnlichkeit mit der christlichen Himmelsvorstellung. Da es in dem Mythos heißt „bei meinem Vater im Himmel . . . sind alle diese schönen Dinge", ist auch die Idee von einem Himmelsvater vorhanden, von dem alles Gute kommt.

Die Himmelsfrau, die Mensch geworden ist, holt als Kulturbringerin die wertvollen Nutzpflanzen vom Himmel herunter. Wie sie sich auf Erden mit einem Menschen vermählt hat, so senkt sie auch die Pflanzen des Himmels, den sie repräsentiert, in die Erde, nachdem sie ihren Mann veranlaßt hat, die erste Brandrodefläche anzulegen. Dieses Anlegen der Rodefläche heißt *puru diri* = die Rodefläche zeugen. Die Frau öffnet mit einem Grabstock die Erde und versenkt darin die bedeutsamsten Knollenpflanzen vom Himmel. Und die Erde gebiert, sie trägt viele Früchte. Nach dem mythischen Vorbild ist auch bei den heutigen Kayapó das Anlegen der Rodeflächen Arbeit der Männer: das Fällen von Bäumen und Niederschlagen des Unterholzes sowie das Abhauen der Äste von Baumriesen, die man nicht zu Fall bringen kann. Arbeit der Männer ist auch das Verbrennen der Stämme und Äste und die Reinigung der Rodeflächen am Ende der Trockenzeit. Das Setzen und das Hegen der Pflanzen ist vornehmlich Aufgabe der Frau. Ihr obliegt auch die Ernte; nur bei den härtesten Abschnitten hilft der Mann mit.

Der Erwerb des Maises

Der Mais, der für unser Naturvolk seit eh und je von ganz besonderer Bedeutung ist, wurde nach dem Mythos auch auf ganz besondere Weise gewonnen. Beim Anlegen einer Rodefläche in der Urzeit finden die Männer nach langem Mühen die wertvolle Frucht im Magen der Ratte, die erste Kornfrucht, den Mais (zea mays). Schon vor der Entdeckung der Kornfrucht verstanden also danach die Indianer das Anlegen von Rodeflächen und kannten den Pflanzenbau. Die Ansicht insbesondere der kulturmorphologischen Ethnologie von der Priorität des Knollenpflanzenbaus vor der Kornfrucht findet hier eine Bestätigung. Ein bestimmter Baum spielt in dem Mythos eine Rolle. Nach unserem Originaltext stoßen die Indianer auf diesen gewaltigen Baum, der sich so schwer fällen läßt, beim Anlegen einer Rodefläche. Nach einer anderen Version des Mythos, die METRAUX allerdings nur französisch aufgeschrieben hat, zeigt eine Ratte, sie sich auf die Schulter einer alten Frau gesetzt hat, dieser den Weg zu einem großen Baum, an dessen Ästen und Zweigen Maiskolben hängen und unter dem viele Maiskörner liegen; ebenso schwimmen in dem von den Ästen überschatteten Fluß unzählige Maiskörner. Hier ist eine Verbindung vorhanden von zwei Quellen mythischer Fruchtbarkeit: dem lebenspendenden Baum und dem Fluß, dem Element Wasser, aus dem nach einem anderen Mythos überhaupt das menschliche Leben stammt. Nach der Version von METRAUX heißt der Baum *bau-pari* = Maisstamm, Maisbaum. Nach unserer Version ist nur von einem mächtigen Stamm die Rede. Es handelt sich bei dem Baum, obwohl er von den Kayapó nie so genannt wird, um einen Lebensbaum im Sinne eines Baumes als Ursprung einer Fruchtbarkeit, die unerschöpflich weiterwirkt (vgl. ELIADE 1954: 301 ff.). Interessant ist in diesem Zusammenhang auch, daß selbst Nyobog-ti, die Tochter des Regens, die den Menschen die wertvollen Knollenpflanzen gebracht und sie überhaupt erst den Ackerbau gelehrt hat, von den Indianern bei den Wurzeln eines mächtigen Baumes gefunden wird. Hier scheint also ein – wenigstens symbolhafter – Zusammenhang mit dem lebenspendenden Baum gegeben. Ebenso findet man in dem Mythos „das Loch im Himmel" eine solche Verbindung mit dem Lebensbaum. Das Seil wird von dem Entdecker der Erde an einem gewaltigen Baum festgebunden, so daß die Indianer herunterklettern können. Daß menschliches Leben in die Welt kommt, vermittelt hier wiederum der Baum.

Was den Erwerb des Maises anlangt, so muß der Baum nach dem Originaltext unseres Mythos gefällt werden. Dann erst finden die Indianer in seiner Höhle die Ratte mit den Maiskörnern im Magen. Nach der anderen Version des Mythos müssen die Indianer den Baum fällen, damit sie sich aller Maiskolben bemächtigen können, die an seinen Zweigen hängen. Durch die Tötung des Baumes können die Menschen die für ihr Fortleben so wertvolle Frucht erlangen. Der Baum aber setzt seinem Tod den Widerstand seiner ganzen Lebenskraft entgegen. Mit unendlicher Mühe schlagen die Männer während eines ganzen Tages eine Kerbe in den mächtigen Stamm; aber in der Nacht schließt sich der Spalt, und bei Sonnenaufgang muß die schwere Arbeit von vorne begonnen werden. Erst der ganzen Gemeinschaft gelingt es, den Baum zu fällen. Der Daseinskampf in seiner ganzen Härte, bei dem jeder einzelne die gewaltigste Anstrengung leisten muß, um der Natur ihre Früchte abzuringen, der Erfolg aber nur der Gemeinschaft zuteil wird, tritt in diesem mythischen Modellfall der Urzeit zutage. Nach der Darstellung, die METRAUX bringt, gelingt es auch nur mit äußerster Kraftaufwendung, den Baum mit den Maiskolben im Geäst zu fällen. Nachdem die Indianer die wertvolle Frucht endlich gewonnen haben, tanzen sie. Sie feiern den kostbaren Erwerb, aber auch den Sieg über den getöteten und beraubten Baum. Etwas von der Spannweite und Dynamik der indianischen Weltanschauung wird hier offenbar, wenn man zum Vergleich an den Mythos vom Himmelsstamm mit dem nagenden Tapir denkt (34). Der Tapir frißt sich täglich in den Stamm hinein. In der Nacht aber schließt die Lebenskraft des Baumes den Spalt wieder. Und jeden Morgen beginnt der Tapir von neuem zu nagen. Immer müssen also die Menschen fürchten, daß der Baum einmal fällt und das Himmelsdach sie unter sich begräbt. Sie zittern um das Leben des Baumes, der ihr eigenes Leben bewahrt.

Der Übergang von der jägerischen Kulturform des Menschen zum Bau der Nutzpflanzen in seiner höheren Form, zum Bau der Kornfrucht, findet in dem Mythos von der Ratte und dem großen Baum vorbildlichen Ausdruck. Nach METRAUX' Fassung dieses Berichtes führte in der Urzeit eine Ratte eine alte Frau und somit alle Indianer zu dem großen Baum, an dem die Maiskolben wachsen. Die Ratte wird dadurch zur Bringerin einer neuen Kulturform, zur Kulturheldin. Nach unserem Originaltext des Mythos finden die Indianer in der Höhle des großen gefällten Baumes die Ratte, die das erste Maiskorn im Magen trägt. Sie müssen die Ratte töten, um das Maiskorn zu bekommen. Die Tötung eines Urzeitwesens führt letzten Endes den Menschen zu dem lebenswichtigen Besitz. Das „Stirb-und-Werde"-Motiv, das bei jedem Pflanzervolk eine so große Rolle spielt, ist hier genauso deutlich erkennbar, wie vorher bei der Fällung des Baumes. Man könnte an das Motiv von Dema-Wesen im Sinne von A. E. JENSEN (1960) denken. Und zwar wäre die

Dema-Gottheit ein Tier, die Ratte. Es wird zwar getötet und vermittelt dadurch Leben, nur entsteht die neue Nutzpflanze nicht aus dem toten Dema-Wesen selbst, sie sprießt nicht aus dessen vergrabenen Leichenteilen auf, ist nicht mit ihm identisch. Die Ratte hat ja offenkundig das unschätzbare neue Samenkorn nur verschluckt.

VIII. KAPITEL

Mann und Frau

1. MANN UND FRAU IM MYTHOS

Der Mann, der ein Tapir wurde

In der alten Zeit lebte im Dorfe Kayapó ein Mann namens Birá. Er war ebenmäßig von Gestalt und hatte ein hübsches Gesicht; und alle Frauen liebten den schönen Birá. Eines Nachts ging ein Mann hinter seine Hütte hinaus, da entdeckte er Birá, der gerade mit der Frau eines anderen ein heimliches Stelldichein hatte. Der Mann eilte ins Männerhaus, in dem die Gefährten am Feuer beisammensaßen. Er berichtete ihnen, was er gesehen hatte: „Draußen, gleich hinter den Hütten", schloß er, „dort ist es, wo Birá alle unsere Frauen verführt." – „Das müssen wir mit eigenen Augen sehen", riefen die Männer. Sie sprangen alle auf und folgten dem Erzähler bis zu seinem Haus; in dessen schwarzem Schatten versteckt, spähten sie hinaus auf den im nächtlichen Dunkel liegenden einsamen Platz, der sich hinter den Hütten des Dorfes bis zu den ersten Waldbäumen ausdehnte. Nun konnten sie sich überzeugen, daß der Mann wahr gesprochen hatte. Niedergeschlagen und traurig kehrten sie wieder ins Männerhaus zurück. Sie redeten über die schlimmen Dinge, die sich in den letzten Tagen im Dorf ereignet hatten und von denen sie sich jetzt mit eigenen Augen überzeugt hatten. „Was sollen wir nur tun?" fragten sie. „Alle unsere Frauen sind in den schönen Birá verliebt. Sie haben nur mehr ihn im Kopf, nichts sonst kümmert sie, und sie haben alle ihre Pflichten vergessen. Unsere Kinder sind verlassen, leiden Hunger und weinen." – „Laßt uns den schönen Birá töten", schlugen die einen vor. „Schon gut", gaben die anderen zu bedenken, „wie aber wollen wir das anstellen, daß die Frauen nichts argwöhnen, nicht mit Haß und Rachsucht gegen uns erfüllt werden und die Sache für uns selbst ein noch schlimmeres Ende nimmt?" Einer der alten erfahrenen Männer aus der Klasse der Mebenget, auf dessen Wort sie alle etwas gaben, erklärte endlich: „Wir wollen eine große Jagd veranstalten, die Frauen aber auf die Pflanzungen hinausschicken. Dann wollen wir Birá in einen Tapir verwandeln. Auf ihn werden wir Jagd machen. Er soll diesmal unsere Beute sein." Den Männern gefiel der Vorschlag gut. Sie beschlossen, danach zu handeln, und besprachen noch lange die Ausführung ihres Planes.

Am folgenden Abend hielt der Mann aus der Klasse der Mebenget eine große Rede auf dem Dorfplatz und verkündete das Vorhaben der Dorfgemeinschaft für den nächsten Tag: Im Morgengrauen sollten die Männer zu einer großen Jagd für den ganzen Tag ausziehen, alle Frauen mit den Kindern aber auf den Pflanzungen draußen arbeiten. – Wie er befohlen hatte, so geschah es auch. Am nächsten Morgen – es war noch fast völlig dunkel – liefen die Frauen schon den schmalen Pfad aus dem Dorf hinaus zu ihren Pflanzungen. Auch die Kinder begleiteten sie. In ihren Traggürteln trugen die Frauen die Kleinkinder auf dem Rücken. Die größeren Kinder, Buben und Mädchen, liefen hinter ihnen her. Einige Frauen trugen qualmende Holzscheite in den Händen, die sie von Zeit zu Zeit durch die Luft schwangen, daß sie hell aufglühten; das Feuer sollte untertags nicht ausgehen.

Die Männer aber brachen auf wie zu einer großen Jagd. Sie holten auch den schönen Birá aus seiner Hütte und nahmen ihn mit. Ihre starken Jagdrufe klangen wie ein Jauchzen, das schwächer und schwächer werdend im Wald verhallte. Unterwegs schickten sie die Jungmänner voraus und befahlen ihnen, die großen Blätter der Jabotápalme abzuschneiden und rasch herbeizubringen. Als die Jungen mit den Palmenblättern zurückgekommen waren, fielen alle Männer plötzlich über Birá her. Sie packten ihn, hielten ihn fest und hüllten ihn ganz in die Palmenblätter ein. Mit Lianen und Rindenbändern schnürten sie die Blätter fest um seinen Leib, seine Glieder und seinen Kopf. Einer der alten Männer aber, ein Medizinmann, kam nun herbei und machte mit den Zweigen der Jabotápalme aus den Armen und Beinen des schönen Birá Tapirpfoten. Aus einem Blätterbündel machte er ihm den dicken Tapirkopf, und sein hübsches Gesicht formte er zu einer Tapirschnauze. Aus dem Wust von Zweigen und Blättern, die um den schönen schlanken Körper von Birá gebunden waren, formte er den plumpen, schwerfälligen Tapirleib. So verwandelte der Medizinmann den schönen Birá in einen Tapir. Der Tapir versuchte angstvoll zu fliehen. Aber schon hatten ihn die Männer umstellt; sie hetzten die Hunde auf ihn und jagten ihn gegen das Dorf zurück. Endlich töteten sie ihn mit einem Hagel von Pfeilen auf einer noch weit von ihrem Dorf entfernten Waldlichtung. Der Medizinmann hieß die Männer sogleich eine Herdstelle errichten. Sie schleppten Holz aus dem Wald zusammen und legten Steine auf die übereinandergetürmten Äste und Zweige. Dann entzündeten sie ein großes Feuer. Als die Steine glühend heiß geworden waren, löschten sie das Feuer, legten den Tapir, in Blätter gehüllt, auf die Steine und warfen Erde darüber. So brieten sie den Tapir auf den glühenden Steinen. Als das geschehen war, sprach der Medizinmann zu den Männern: „Ihr selbst dürft nicht von dem Braten essen, der ist nur für die Frauen bestimmt. Und sie sollen ihn auch allein verzehren. Sagt ihnen aber nichts davon, daß sie in Wirklichkeit den schönen Birá verzehren."

Die Männer zerteilten nun den gebratenen Tapir, und jeder schickte seiner Frau ein Stück davon ins Dorf.

Einer der Männer aber wickelte das Fleisch sorgfältig in eine Hülle von Bananenblättern, daß es schön frisch und warm bliebe. Dann rief er seinen Buben herbei. Er übergab ihm das Paket und trug ihm auf: „Damit läufst du zu deiner Mutter heim. Du erzählst ihr aber kein Wort davon, was du über diesen Braten weißt! Erst wenn sie ihn ganz aufgegessen hat, dann sagst du ihr: ‚Deinen Geliebten hast du gegessen‘." Der Bub tat, wie ihm geheißen. Er brachte der Mutter das Stück Fleisch. Es mundete ihr köstlich, und sie verzehrte es ganz. Nachdem sie gegessen, rief sie gut gelaunt den Buben: „Komm her, du bist gar nicht mehr schön gemalt. Komm, ich will dich neu malen." Sie breitete eine Strohmatte aus und setzte sich darauf. Der Knabe streckte sich am Boden hin und bettete seinen Kopf in den Schoß der Mutter, damit sie ihm gut das Gesicht malen könne. Als er so dalag und sie gerade den Pinsel mit Urucu behutsam sorgfältig um die Augen und den unteren Teil der Stirne strich und ihm schöne grellrote Streifen über das Gesicht malte, sagte der Bub plötzlich: „Mutter, weißt du auch, was du früher gegessen hast? – Deinen Geliebten hast du gegessen." Da erschrak die Frau tief, und der Knabe mußte alles erzählen, was er wußte. Da erfaßte die Frau ein wilder Zorn. Sie packte den Sohn und schleuderte ihn von sich weg in die Luft. Er verwandelte sich sogleich in den Vogel João de Barro und flatterte davon. Die Frau aber lief eilends ins Dorf. Dort erzählte sie den anderen Frauen, was geschehen war und wie grausam die Männer sie alle betrogen hatten. Groß war der Schmerz, aber auch die Wut der Frauen.

Die Frauen weinten und heulten in unbändigen Lauten. Der ganze Schmerz lag darin, die Sehnsucht nach dem verlorenen Geliebten, aber auch Zorn über die ihnen zugefügte Schmach und das Verlangen nach Rache. Gellende Schreie stießen sie aus, die langsam abebbten zu einem heftigen, krampfhaften Schluchzen.

Am nächsten Morgen zogen wieder alle Männer auf die Jagd, bis auf ein paar Alte, die nicht mehr recht gehen konnten. Nach ihrem Abzug versammelten sich die Frauen auf dem Dorfplatz. Ein einziger alter Mann, der vor seiner Hütte saß und Pfeile schnitzte, beobachtete sie dabei. Die Frauen klagten und weinten und rieten hin und her, wie sie sich für das Leid, das man ihnen angetan hatte, an den Männern rächen sollten. Endlich fanden sie eine Lösung. „Wir wollen alle fortgehen, uns ins Wasser stürzen und in Fische verwandeln!" Und diesen Entschluß führten sie auch aus. Sie liefen zum Fluß und stimmten einen Zaubergesang an. Dann stürzten sie sich in die Fluten. Der Alte aber, der den Frauen bei ihrem Treiben zugeschaut hatte und ihnen heimlich gefolgt war, packte eine von ihnen und wollte sie daran hindern, in den Fluß zu springen. Da klatschten die Frauen mit den Händen auf ihre Körper, und der Alte verwandelte sich in einen Baum. Ein anderer alter Mann, der auch daheim geblieben war und nun herbeigelaufen kam, verwandelte sich in einen Araia (Rochen) und ein dritter in einen Puraqué (elektrischer Fisch).

Eine Frau mit ihrem kleinen Kind auf dem Arm stürzte sich ins Wasser und rief: „Ich will ein Surubim sein", und schon verwandelte sie sich in einen Surubim. Eine andere rief bei dem Sprung: „Ich werde ein Trairão." Und wieder eine: „Ich will ein Matrinchão sein!" Auch alle anderen stürzten sich ins Wasser, indem sie den Namen des Fisches riefen, der sie werden wollten: Schwarzer Piranha, Pacu de Seringa, Pacu branco (weißer Pacu), Momara, Sabão, Piau cabeça gorda (Piau mit dem dicken Kopf), Cachora (Hundefisch) und Bicara und wie sie alle heißen. Und im Wasser wurde jede sogleich zu dem Fisch, der zu sein sie sich gewünscht hatte.

Die Kinder blieben allein am Ufer zurück. Weinend warteten sie auf die Heimkehr ihrer Väter. Als die Männer schließlich von der Jagd zurückkehrten, fanden sie ihre verlassenen Kinder am Flußufer und nahmen sich zuallererst dieser an.

Nur ein einziger Mann konnte seine Gattin wieder aus dem Wasser fischen. Es war einer von jenen, die an dem Tag nicht auf die Jagd gezogen waren und das Vorhaben der Frauen bemerkt hatten. Als die Männer mit ihren Kindern ins Dorf zurückgekehrt waren und sie zu trösten versuchten, schlich er heimlich in den Wald und pflückte die Frucht Ingarame, die seine Frau immer so gern gegessen hatte. Dann ging er ebenso unbemerkt zum Flußufer und köderte seine Frau mit dem Samen der Frucht, den er an ein langes Seil

gebunden hatte. Wirklich biß die Frau, die als Fisch umher-
schwamm, in den Köder. Mit einem gewaltigen Ruck riß ihr
Mann an der Angelschnur, daß sie hoch im Bogen durch die
Luft schnellte und weit hinter ihm in den Sand fiel. Sobald
sie die Erde berührte, gewann sie ihre frühere menschliche
Gestalt wieder. Der Mann aber ging mit ihr nach Hause.
Dort angekommen, versteckte er sie. Er trug ihr auf, das Versteck nur zu verlassen, wenn alle Dorfgenossen fort seien.
Niemand, nicht einmal ihr eigener Bruder, sollte erfahren,
daß er seine Gattin wiederbekommen hatte und wie das ge-
schehen war.

Einmal, als er gegangen war, kam die Frau wie gewöhnlich
aus ihrem Versteck hervor und bereitete die Maniokfladen
mit Bananenfüllung (Bananen-Beixu). Sie machte viel davon, weil sie wußte, daß es die Lieblingsspeise ihres Bruders
war, und sie wollte ihm auch davon geben. Während sie noch
mit der Zubereitung beschäftigt war, kam ihr Gatte mit dem
Sohn heim. Er erklärte: „Die Speise, die du eben bereitet hast,
ist für mich und meinen Knaben. Wenn du fertig bist, ver-
stecke ich dich wieder. Dein Bruder soll nicht merken, daß du
nach Hause zurückgekehrt bist." Und wirklich verbarg er die
Gattin wieder, nachdem das Beixu fertig war. Dann setzte er
sich mit seinem Sohn zum Essen. Gerade da kam auch sein
Schwager nach Hause. Dieser sagte sogleich: „Das Beixu,
das ihr da eßt, hat meine Schwester gebacken." – „Keine
Spur", erwiderte der Mann, „ich selbst habe es für mich und
den Buben gebacken." – „Das laß ich mir nicht einreden, ich
rieche ja, daß es das Beixu meiner Schwester ist", entgegnete
der andere. „Und wo ist denn meine Schwester überhaupt
jetzt?" fuhr er fort. „Hier nicht", antwortete der Mann. Obwohl ihn der Bruder der Frau noch weiter mit Fragen bestürmte, blieb er hartnäckig dabei, daß die Frau nicht da sei
und daß er, seit sie ins Wasser gesprungen sei, nichts mehr
von ihr wisse. Da rief der Bruder aus: „Ich will eine *mrumre*
(große Ameise) sein!" Und schon war er in eine Ameise verwandelt. Nun suchte er die Schwester im ganzen Haus, aber

er fand sie nicht. Da verwandelte er sich in eine andere Ameisenart, *mrumore,* und suchte, aber wieder ohne Erfolg. Schließlich wurde er zu der ganz kleinen Ameise *mrumkrore* und kroch bis zum Dach der Hütte hinauf. Und diesmal fand er die Schwester wirklich, die unter dem Dach verborgen war. Sie sprang von ihrem Versteck herunter, und der Bruder nahm wieder seine Menschengestalt an. Er ließ jetzt ihr und ihrem Gatten keine Ruhe mit seinen Fragen, wie es denn mit ihrer Rückkehr zugegangen sei. So lange drang er in die beiden, bis sie ihm alles erzählt hatten.

Da wollte auch er sich seine Frau zurückfischen. Eilends machte er sich auf in den Wald, um die Lieblingsfrüchte seiner Frau zu sammeln. Als er einen Baum mit der Frucht gefunden hatte, brach er gleich dessen ganzen Wipfel ab. Mit diesem auf den Schultern lief er zum Flußufer und warf den Wipfel ins Wasser. Seine Frau, die als Fisch in den Fluten schwamm, hörte, wie der Baumwipfel klatschend ins Wasser fiel. Es kam ihr nicht recht geheuer vor, und sie aß daher nicht von den lockenden Früchten. So mußte ihr Gatte unverrichteter Dinge wieder in die Hütte zu seiner Schwester und deren Mann zurückkehren. Er berichtete von seinem Mißgeschick. „So wirst du sie nie fischen", meinte der Schwager, „du mußt bloß den Samen der Frucht nehmen und ihn an eine lange Schnur festbinden; dann wirst du deine Frau fangen." Sogleich eilte der andere wieder hinunter zum Ufer und folgte genau der Weisung des Schwagers. Er warf die Angel aus. Und diesmal biß die Frau wirklich an. Er aber riß die Angelschnur nicht mit einem gewaltigen Ruck an sich, wie es sein Schwager gemacht hatte, so daß die Frau weit ins Festland hineingeschleudert worden wäre, sondern er zog nur langsam und kraftlos an der Schnur. Wohl kam seine Frau auch so an Land; aber ohne ihre menschliche Gestalt wiederzugewinnen, sprang sie abermals ins Wasser und tauchte für immer in den Fluten unter. Der Mann aber sprach traurig zu sich selbst: „Was ich fing, war gar nicht meine Frau, sondern nur ein Fisch, und der fiel wieder ins Wasser."

Und traurig ging er heim. „Nun, wo hast du denn deine Frau?" fragte ihn der Schwager, als er in die Hütte trat. „Ach", erwiderte er, „ich fing nur einen Fisch, und der sprang ins Wasser zurück; da ging ich eben wieder heim." Später wollte auch der Bub seines Schwagers wissen, ob die Frau nun gefangen worden sei. „Ich habe gefischt und nichts gefangen, da war es mir zu dumm und ich ging wieder heim", antwortete der Onkel bloß mürrisch.

Der Mann, der ein Tapir wurde, anders erzählt

In alten Zeiten lebte unter den Kayapó ein Mann namens Birá, der sehr schön war. Alle Frauen waren in ihn verliebt. Alle Männer aber waren eifersüchtig auf ihn. Und eines Tages versammelten sie sich im Männerhaus und berieten darüber, was sie tun könnten, um sich zu rächen. Schon am nächsten Morgen schickten sie alle Frauen des Dorfes auf die Pflanzungen hinaus. Das taten sie, weil sie den Birá töten wollten. Als die Frauen fort waren, erhoben sich die Männer gegen Birá und jagten ihn zum Dorf hinaus. Den Buben befahlen sie, im Wald Palmenblätter zu brechen und sogleich herbeizubringen. Als die Buben mit den Blättern kamen, begannen die Männer die Verfolgung des Birá. Sie ergriffen ihn und wickelten ihn sorgfältig in die Palmenblätter, die sie fest um seinen Körper banden. Dann ließen sie ihn wieder los und hießen ihn, so rasch zu laufen, als er könne. Birá rannte um sein Leben, und dabei verwandelte er sich in einen Tapir. Die Männer jagten ihm nach, hetzten die Hunde auf ihn und sandten ihm einen Hagel von Pfeilen nach. Sie töteten ihn und warfen ihn in den Fluß. Dann warteten sie auf ihre Frauen, die noch in den Pflanzungen waren. Als diese bei ihrer Heimkehr erfuhren, was geschehen war, wurden sie sehr traurig. Sie sprachen nicht mehr zu den Männern. Sie weinten und schluchzten heftig. Klagend riefen sie: „Unseren lieben Mann haben sie getötet; sie haben ihn getötet und ins Wasser geworfen!" Aus Verzweiflung über den Tod des Birá stürzten sich auch die Frauen in den Fluß.

Nun waren aber die Männer traurig, weil sie keine Frauen mehr hatten. Wieder versammelten sie sich im Männerhaus. Einer der beiden Häuptlinge nahm das Wort und sprach: „Was werden wir jetzt tun, da wir keine Frauen mehr haben?" Da sagte einer der Alten, der ein Medizinmann war: „Gehen wir fischen! Unsere Frauen wollen wir uns wieder fischen."

Unterdessen aber hatten sich die Frauen im Wasser alle in Fische verwandelt. Drunten im Wasser erzählte ihnen auch einer von den Fischen, denen sie begegneten, daß sie alle schon einmal Fische gewesen seien, *me-be-ngo-kre* = Menschen aus der Tiefe des Wassers. Der Fisch nannte ihnen auch alle ihre Namen.

Der erste Mann, der auf den Rat des Alten sofort zum Ufer des Flusses lief, fing da keinen Fisch, sondern seine Frau. Der Name der Frau war Nyo-og, das ist der Name des Fisches Avoadora. Am nächsten Morgen aber gingen alle Männer zum Fluß, um ihre Frauen zu fischen. Beim Morgengrauen zogen sie aus und am Abend brachten sie alle ihre Frauen heim ins Dorf.

Die Namen der Frauen waren: Nyo-og, Ngreri, Tokok, Bemb und noch viele, viele andere Namen, die ihnen der Fisch drunten im Fluß genannt hatte. Die Namen der Fische aber blieben den Kayapó; und noch heute finden wir in ihren Dörfern viele, die wie die Fische heißen.

Die Frau, die eines Tapirs Geliebte war

In alten, alten Zeiten verliebte sich die Gattin eines Indianers in einen Tapir. Sie war genauso seine Geliebte, als wäre er ein Mensch. Eines Tages ging sie wieder zu ihm hinaus in die Steppe, während ihr Mann gerade auf der Jagd war. Sie gab vor, Burití-Früchte pflücken zu wollen. Ihr Sohn, der noch ein Kind war, schlich ihr heimlich nach. Er folgte den

Spuren und fand die Mutter schließlich, wie sie, versteckt durch das hohe Steppengras, bei dem Tapir lag und sich gerade mit ihm verging. Da griff der Knabe nach einer der Burití-Früchte im Gras und schleuderte sie mit aller Wucht dem Tapir an den Kopf. Vor Schmerz bäumte sich das hart getroffene Tier auf und gab dabei der Frau, ohne es zu wollen, mit dem Hinterbein einen Tritt in den Unterleib. Sie verlor augenblicklich die Besinnung und war wie tot. Als sie wieder zum Leben erwachte, sprang sie wutentbrannt auf; mit einem Bündel von dem fürchterlichen Schneidegras schlug sie auf ihren Buben ein. Sie packte ihn dann und warf ihn in ein Dickicht von Schneidegras und Dornengestrüpp. Als der Knabe endlich wieder die Kraft aufbrachte, aus dem Dickicht zu kriechen, war sein Gesicht und sein ganzer Körper verschwollen. Der Kopf brannte ihn und schien ihm viel schwerer geworden zu sein; er meinte, ihn gar nicht mehr tragen zu können. Stöhnend und gebückt schleppte er sich dahin. Seine Mutter aber war noch immer voll Zorn und sann weiter auf Rache. Sie bemalte sich das Gesicht schwarz mit Kohle, wie die Männer sie bemalen, wenn sie einen Kriegszug unternehmen oder ein Wild töten wollen. Rachebrütend saß sie in der Hütte, der Knabe aber schleppte sich heimlich aus dem Dorf hinaus, dem Vater entgegen. Als dieser den Sohn erblickte, rief er entsetzt: „Was treibst du denn da? Wie siehst du denn aus?" – „Meine Mutter hat mich geschlagen und so zugerichtet", stieß das Kind hervor, „sie tat es, weil ich sie dabei erwischte, wie sie sich draußen in der Steppe mit einem Tapir verging." Noch immer stöhnend vor Schmerz, schüttete der Knabe dem Vater sein Herz aus. „Es sei denn", sagte dieser. Und zu dem Kleinen sagte er: „Jetzt wollen wir einmal heimgehen!"

Am nächsten Morgen machte sich der Vater fieberhaft an die Arbeit, Pfeile zu schnitzen. Einen ganzen Tag verwandte er darauf, die todbringenden Spitzen anzufertigen und die Pfeile mit dem richtigen Gefieder zu versehen, damit sie unfehlbar träfen. Am nächsten Morgen aber zogen alle Männer des Dorfes zu einer großen Tapirjagd aus. Der Gatte der Frau, deren Geliebter ein Tapir war, war unter ihnen. Er hatte auch den kleinen Sohn mitgenommen, damit dieser für ihn den Rivalen fände. Eine große Jagd stellten an diesem Tag die Männer an, und viele Tapire töteten sie. Und die Tiere, deren sie nicht habhaft werden konnten, stoben in wilder Flucht davon und wurden verfolgt. Als die Sonne hoch am Himmel stand, hielten sie inne mit der Jagd. Sie trugen das erlegte Wild auf einer Waldlichtung zusammen, die sie zum Lagerplatz gewählt hatten. Auch der Tapir, der jenes Indianers Nebenbuhler gewesen war, befand sich unter der Beute. Der Mann selber hatte ihn getötet. Sein Sohn hatte ihm den Geliebten der Mutter gezeigt.

Auf dem Lagerplatz versammelten sich alle Männer; sie weideten das Wildbret aus und zerteilten es. Sie machten ein Feuer und brieten das Fleisch auf den heißen Steinen. Der Mann aber, dessen Gattin die Geliebte des Tapirs war, schnitt dem getöteten Rivalen, der nun auch gebraten war, das Glied ab und wickelte es in Bananenblätter. So trug er es heim und so verbarg er es auch vor den Augen seiner Frau, denn das Päckchen sah so aus wie die Päckchen von Bananenblättern, mit denen die Indianer das Bienenwachs zum Anfertigen ihres Festschmuckes aus dem Wald heimbringen. So ahnte also die Gattin nichts Böses. Um Mitternacht aber, als seine Frau längst schlief, vollführte der Mann seinen grausamen Racheplan: Er wickelte das Glied des Tapirs aus dem Päckchen. Mit seiner ganzen Kraft stieß er es in die Scheide der Gattin und tötete sie auf die gleiche Art, wie sie ihn hintergangen hatte. Sein Bub schlief ruhig fort, er ahnte nichts von der Übeltat des Vaters. Am Abend zuvor hatte ihm dieser noch aufgetragen, die Mutter beim Morgengrauen zu wecken. Er selber aber entfloh nach der Tat. Am Morgen wollte der Knabe die Mutter tatsächlich wecken. Sie rührte sich nicht. „Mutter, Mutter es ist Tag", rief er und schüttelte sie. Aber sie gab keine Antwort und lag regungslos. „Meine Mutter ist gestorben", rief das Kind außer sich. Es weinte und weinte und lief weinend ins Dorf, um alle Bewohner herbeizuholen. Schrill hallten die Klagerufe der weiblichen Angehörigen durch das Dorf. Alle Verwandten hockten und standen um die Tote herum, und niemand konnte sich den plötzlichen Tod der Frau erklären, denn sie waren alle ahnungslos. Die Männer gingen zum Begräbnisplatz und gruben ein kreisrundes Loch für die Beerdigung. Einige Frauen schmückten die Tote, die übrigen hockten um sie herum. Und immer wieder wurden Klagerufe laut. Da plötzlich quoll und strömte das Blut lebendig aus der Wunde der Toten und machte die grausame Mordtat offenbar. Der Vater und die Brüder der Frau riefen: „Nimmermehr ist sie eines natürlichen Todes gestorben! Der Gatte hat sie ermordet! Auf, ihm nach! Wir müssen ihn töten!" Friedlos irrte unterdessen der Gatte umher. Er lief und lief und gönnte sich keine Rast. Nur am Tag streckte er sich für eine kurze Zeit hin, des Nachts zu schlafen wagte er nicht. Endlich übermannte ihn aber die Müdigkeit in einer Nacht, und er schlief ein. Da erreichten ihn seine wütenden Verfolger. Und mit der starken Sehne eines Bogens erwürgten sie ihn im Schlaf.

So endet meine Geschichte.

Der Mann, der sich in eine Schlange verwandelte

In alten, alten Zeiten lebte ein Mann mit seinem Weibe im Dorf der Kayapó. Er ging Tag für Tag zur Jagd und sie mit den anderen Frauen auf die Pflanzungen.

Die Frau war von Männern umschwärmt. In seiner Wut nahm sie der eifersüchtige Gatte mit sich, fort aus dem Dorf, bis tief hinein in den Wald. Auf einer Waldlichtung legte er die Rodefläche für eine Pflanzung an. In der Rodung verwandelte er sich plötzlich in eine riesige Schlange. Sein Kopf blieb ein Menschenkopf, aber sein Körper war nun der Leib einer gewaltigen Schlange. Auf dem verkohlten Boden der Brandrodung pflanzte die Frau Mais und Bananen.

Bei dieser Pflanzung im Urwald wohnten nun die beiden, die Frau und ihr Mann, der jetzt eine riesige Schlange war.

Einer der Männer ihres Dorfes aber folgte den beiden in den Wald. Er folgte ihnen wegen der Frau des Schlangenmenschen, die ihm schon immer gut gefallen hatte. Nachdem er weit, weit gegangen war, gelangte er schließlich zu einer Hütte tief im Urwald. Die Frau der Schlange war allein daheim. „Wo ist denn dein Mann?" fragte der Indianer. „Er ist auf die Jagd gegangen", erwiderte die Frau, „aber was willst denn du hier?" – „Ich bin dir nachgegangen", sagte der Indianer und schaute sie mit verliebten Augen an. Darauf antwortete die Frau: „Weißt du auch, daß mein Mann sich in eine große Schlange verwandelt hat?" – „Wirklich?" fragte der Mann ungläubig. „Ja, wirklich! Und wenn er dich hier findet, dann frißt er dich auf." – „Zuerst muß ich ihn gesehen haben, wenn ich glauben soll, daß dein Mann jetzt wirklich eine Schlange ist", sagte der Indianer. „Gut", entgegnete sie, „du sollst deinen Willen haben. Ich will dich so verstecken, daß du ihn sehen kannst und er dich dennoch nicht findet und dir etwas zuleide tut."

Und so geschah es auch. Die Frau versteckte den Gast in der Palmstrohwand der Rundhütte. Damit er nicht Hunger leide, bereitete sie ihm auch ein Essen. Darüber wurde es Abend, und da kam auch schon die Schlange nach Hause. „Für wen hast du denn diese Mahlzeit bereitet?" fragte der Mann, der jetzt eine Schlange war. „Für mich selbst", erwiderte die Frau. „Ich möchte auch etwas essen", begehrte die Schlange. Da wurde auch ihr eine Mahlzeit gerichtet. Sie aß und legte sich danach schlafen. In der Nacht aber redete der Mann, der jetzt eine Schlange war, nach seiner Gewohnheit im Schlaf. Sein Kopf war ja ein Menschenkopf und sein Mund ein Menschenmund; nur sein Körper war ein Schlangenleib.

Der Indianer hatte von seinem Versteck aus den Schlangenmenschen gesehen und alles mit angehört. Am anderen Morgen, nachdem die Schlange sich entfernt hatte, schlüpfte er aus seinem Versteck hervor und lief ins Dorf zurück. Dort angekommen, erzählte er den Seinen alles, was er im Urwald gesehen und erlebt hatte. Da wurde einer von den Dorfgenossen so neugierig, daß auch er sofort aufbrach, um sich mit eigenen Augen zu überzeugen. Auch er erreichte nach langem Wandern im Wald das Haus des Schlangenmenschen. Er fand es leer, setzte sich hinein und wartete. Schließlich kam die Schlange und hatte eine Menge erlegten Wildbrets aufgeladen. Sie war auf der Jagd im Urwald gewesen. Als sie den Indianer in der Hütte fand, fraß sie ihn auf. – Im Dorf der Kayapó aber wartete man vergebens auf seine Heimkehr. Viele, viele Tage verstrichen, und der Erwartete kam nicht wieder. Da machten sich alle Männer auf, ihn zu suchen. Sie durchstreiften lange den Urwald und endlich gelangten auch sie zum Hause des Schlangenmenschen. Er selber war nicht daheim, wohl aber seine Gattin. Diese fragten sie, ob sie etwas von dem Indianer wisse, der schon vor langer Zeit das Dorf verlassen habe, um den Schlangenmenschen zu suchen. Da mußten sie von der Frau erfahren, daß ihr Mann – die Schlange – den Unglücklichen aufgefressen habe. Die Männer waren aber nun selber neugierig und wollten die Schlange sehen. So versteckte denn die Frau auch sie im Haus. Sie riet ihnen noch, sich ja nicht zu rühren und in ihrem Versteck kein Geräusch zu machen. „Und wenn mein Mann, die Schlange, im Schlaf redet", fuhr sie fort, „dann antwortet ihm nicht, damit es euch nicht so geht wie dem Indianer, den er auffraß." – „Gut, wir wollen ganz still sein", versicherten die Männer und krochen in ihr Versteck. Bald darauf kam die Schlange heim und aß die Mahlzeit, die ihr Weib für sie bereitet hatte. Dann legte sie sich schlafen. Mitten in der Nacht aber begann sie, im Schlaf zu reden: „Wu, wu, wu." Die Indianer in ihrem Versteck erschraken so heftig, daß sie alles vergaßen, was die Frau ihnen geraten hatte. „Was gibt's denn? Was hast du denn?" riefen sie. Als die Schlange die Menschenstimmen vernahm, schnellte sie von ihrem Lager empor. Und bald hatte sie auch die Eindringlinge entdeckt. Diese begannen, aus

Leibeskräften zu laufen. Die Schlange jagte ihnen nach. Einen von ihnen erwischte sie und fraß ihn auf. Die anderen entkamen und liefen in ihr Dorf zurück. Dort beschlossen die Männer alle, den Tod ihres Stammesgenossen zu rächen. Wieder brachen sie auf und zogen in den Urwald. Und sie kamen zum Haus der Schlange.

Auch diesmal war die Frau allein daheim. Die Indianer fragten sie, wo denn ihr Mann sei. Sie wollte zuerst keine Auskunft geben. Doch wurde sie so lange mit Fragen bedrängt, bis sie endlich mit der Hand in die Richtung deutete und sagte: „Er ging fort, da draußen hat er sich hingelegt. Aber warum wollt ihr denn das überhaupt wissen?" – „So halt, weil wir ihn töten wollen", riefen die Männer und stürzten auch schon nach der angegebenen Richtung davon. Wirklich fanden sie dort die Schlange zusammengerollt auf dem Boden liegen und schlafen. Sie töteten die Schlange. Dann gingen sie wieder heimwärts nach ihrem Dorf.

Die Frau des Schlangenmenschen aber blieb auf ihrer Pflanzung im Urwald zurück. Bald kam sie nieder und gebar viele Kinder des Schlangenmenschen. Die Kinder aber waren alle Schlangen. Die Mutter verbarg sie im Buschwerk der Maispflanzung. Vorher erzählte sie ihnen noch, was die Indianer mit ihrem Vater getan hatten, und belehrte sie, wie sie sich dafür rächen könnten: „Die Indianer haben euren Vater getötet. Wenn ihr aber die Menschen beißt, dann wird euer Biß sie so schmerzen, daß sie sterben müssen."

Im Dorf der Kayapó erfuhr man auch von der Geburt der Schlangenkinder. Und die Indianer beschlossen, die Nachkommen der Schlange zu töten. Also zogen die Männer wieder hinaus in den Wald bis zur Pflanzung der Frau. Sie schlugen das ganze Buschwerk und die Stauden der Maispflanzung nieder und töteten die Schlangenkinder, die darin verborgen waren. Einige davon waren in ein Loch gekrochen. Diese wurden nicht gefunden und blieben am Leben. Seither gibt es Schlangen in den Pflanzungen, im Wald und in der Steppe, und diese beißen die Menschen.

Die Frau des Schlangenmenschen aber kehrte wieder ins Kayapó-Dorf zu den Ihren zurück.

In alten, alten Zeiten gab es keine Schlagen; da verwandelte sich einer der Kayapó-Indianer in eine riesige Schlange. Er zeugte Kinder, und seither gibt es viele Schlangen.

Das Weib des Indianers, das sich in einen Vogel verwandelte

Es war einmal eine Frau im Kayapó-Dorf, die immer Angst hatte. Eines Tages nahm der Mann sie mit in den Wald. Sie wanderten den ganzen Tag; unterwegs fanden sie keinen Bach und keine Quelle und konnten also nicht trinken. Als der Abend zu dämmern begann, suchten sie nach einer Stelle zum Lagern. Sie schleppten Holz zusammen und machten ein Feuer und bereiteten aus Blättern ihre Liegestatt. Auch in der Nähe des Lagerplatzes gab es kein Wasser, und brennender Durst quälte die beiden. Da sagte die Frau zu ihrem Mann: „Suche doch Wasser und bring mir davon, damit ich zu trinken habe." Da machte sich der Mann auf die Suche; nach einer Weile fand er wirklich Wasser und trank und trank, bis sein Durst gelöscht war. Aber er nahm kein Wasser in der Kürbisschale mit. „Wo ist denn die Wasserstelle?" fragte die Frau. „Ich habe ja schon die Frösche und Kröten quaken gehört, die darin wohnen." Da stellte sich der Mann ganz dumm. „Ich weiß nichts", sagte er, „ich habe kein Wasser gefunden, das ich hätte trinken und von dem ich dir hätte bringen können." Schließlich legten sich die beiden Gatten zum Schlafen nieder. Der grausame Ehemann kehrte seiner Frau den Rücken und kümmerte sich nicht um ihre Qualen. Ihre Lippen, ihr Mund, ihre Kehle waren trocken und brannten. Schrecklicher Durst plagte sie, und ihre Gedanken kreisten nur um Wasser und wieder um Wasser. Sie konnte nicht einschlafen. In der Nacht, während ihr Mann schon fest schlief, machte sich ihr Kopf los vom Körper. Der Körper aber blieb liegen, so daß ihr Gatte nichts von dem Vorgang merkte. Der Kopf der Frau entfernte sich, hüpfte und rollte davon, um Wasser zu suchen. Er fand auch wirklich die Wasserstelle und trank und trank, bis sein Durst gelöscht war. Dann kehrte er zum Lagerplatz zurück, wo der Mann und der Frauenleib lagen; er fügte sich wieder genau an seinen Körper, von dem er sich losgemacht hatte. Als es Tag wurde, sagte die Frau zu ihrem Gatten: „Du hast mich angelogen, dort drüben" – und sie zeigte in die Richtung – „gibt es Wasser genug." Der Gatte verstellte sich weiter und log wiederum: „Ich weiß nichts davon, ich habe kein Wasser gefunden." – „Aber ich habe ja selber davon getrunken", erklärte die Frau. Der Mann brachte sie ins Dorf zurück; sie kamen wieder in ihr Haus und zu ihren Verwandten. Seither fürchtete sich die Frau nicht mehr, hatte aber Respekt vor ihrem Mann.

Eines Tages fragte ihn einer von den Dorfgenossen, der auch eine furchtsame Frau hatte: „Wie hast du denn das angestellt, daß sich deine Frau gar nicht mehr fürchtet?" Der Gefragte antwortete: „Ich und meine Frau, wir haben uns im Wald schlafen gelegt, und ich habe sie dürsten lassen . . ." Und er erzählte, was sich damals zugetragen hatte, und brüstete sich damit, daß nur er selber trinken gegangen sei, während seine Frau Durst gelitten habe. „Ich will das gleiche tun", beschloß der andere. Schon am nächsten Tag ging auch er in den Wald und nahm seine Frau mit. Die beiden wanderten ebenso den ganzen Tag, ohne auch nur einmal trinken zu können. Als die Sonne schon tief stand, suchten sie einen kleinen Platz zum Lagern. Es war ein schöner Platz mitten im Wald, auf dem sie die Nacht verbringen wollten, nur gab es auch dort kein Wasser. Sie bereiteten gleichfalls ein Lager aus Blättern, schleppten Holz zusammen und machten ein Feuer. Von Durst gequält, sagte die Frau zum Gatten: „Geh doch Wasser suchen und bring mir davon, damit ich endlich trinken kann!" Der machte sich auf, fand auch wirklich Wasser, trank und löschte seinen Durst; aber er nahm kein Wasser für seine Gattin mit. Als er zurückkam, fragte diese be-

gierig: „Wo ist denn das Wasser?" Der Mann antwortete:
„Ich habe alles abgesucht, da gibt es aber weit und breit kein
Wasser." – „Und was soll ich trinken?" jammerte die Frau
verzweifelt. „Was weiß ich?" war die grobe Antwort. Da
hörte die Frau von ferne das Quaken von Kröten und Fröschen. „Da – sei einmal ganz still –, man hört ja das Quaken
von Fröschen und Kröten", sagte sie. „Unsinn", erwiderte er,
„da gibt es einfach kein Wasser." – „Du lügst mich an", erei-
ferte sich die Frau. „Und ich werde auch heute noch trinken
gehen." – „Du kannst sagen und machen was du willst, Wasser gibt es hier keines." Nach diesem fruchtlosen Streit legten sich die beiden zum Schlafen nieder. Vorher schürten sie
noch einmal das Feuer an. Der rohe Mann kehrte der Frau
den Rücken; und sie ruhte hinter ihm. Der entsetzliche Durst
ließ sie kein Auge schließen. Mund und Kehle waren
trocken und brannten wie Feuer. Im Verschmachten löste
sich ihr Kopf vom Körper; der Körper aber blieb neben dem
Gatten liegen, so daß dieser nichts merkte. Der Kopf rollte
und hüpfte, er suchte Wasser und fand es. Er rollte hinunter
zum Rand und trank und trank, bis sein brennender Durst
gelöscht war. Dann kehrte er zurück. Als er sich dem Lager
näherte, raschelte es bei seinem Hüpfen und Rollen in den
dürren Blättern, die den Boden bedeckten. Da erwachte der
Mann erschreckt. Er meinte, daß ein böses Tier, ein Geist
oder ein feindliches Wesen sich nähere und ihn überfallen
wolle. In seiner Angst blies er ins Feuer, daß es hell aufloderte und rauchte. Dies erschreckte aber wiederum den Kopf
der Frau. Aus Angst hüpfte und rollte er davon, während ihr
Körper weiter leblos neben dem Gatten lag. Aber der Kopf
der Frau wollte doch zu seinem Körper zurück und kehrte
bald um. Als er näher und näher kam, wurde dem Gatten das
Rascheln im Laub abermals unheimlich. Noch einmal blies
er ins Feuer und fachte es an, daß es hell aufloderte und
rauchte. Zutiefst erschrocken und voller Angst, floh der
Kopf der Frau; er hüpfte, sprang und rollte davon. Und diesmal kehrte er nicht mehr zurück. Und als der Morgen graute,

und es Tag werden wollte, verwandelte sich der Kopf der Frau in den Vogel Sabiá. Er schrie: „Bu, bu, bu." Dieser Vogel fliegt gerne in der Nacht, sein Flug ist unruhig und rastlos, er läßt sich immer wieder nieder und flattert wieder auf, er schwärmt umher, als suche er etwas, so wie der Kopf der Frau in seinem fürchterlichen Durst zuerst das Wasser gesucht und dann voll Sehnsucht nach seinem Körper zurückverlangt hatte. Manchmal flattert der Vogel auf, als sei er tödlich erschreckt und verscheucht worden, wie einst der Kopf der Frau erschrak, als ihr Gatte in das Feuer blies und es hell auflodern und rauchen machte. Klagend und unheimlich ist sein Schrei: „Bu, bu, bu." Es klingt traurig, wie es das Schicksal der Unglückseligen war, die in dem Vogel weiterlebt.

Der Mann aber, der am Morgen den toten, kopflosen Körper seiner Frau neben sich entdeckte, machte aus Steinen einen Herd. Er zündete ein Feuer darin an. Obenauf hatte er seine Gattin gelegt und dörrte und trocknete ihren Körper auf den glühenden Steinen. Er hatte den Leib in Blätter gewickelt, und so trug er ihn dann auch nach Hause ins Dorf. Aus ihrer Hütte kam ihm die Mutter der Frau entgegen. „Was hast du denn da?" fragte sie. „Und woher kommst du?" Da sagte der Mann: „Wegen der Furcht, die sie immer beherrschte, nahm ich deine Tochter mit und schlief mitten im Wald mit ihr, um ihr die Furcht abzugewöhnen. In der Nacht sprang ihr Kopf davon, weil er durstig war. Als er vom Trinken zurückkam und sich mir in der Dunkelheit näherte, wurde mir Angst, und ich blies ins Feuer und fachte es an, daß es aufloderte. Da verwandelte sich meine Frau, deine Tochter, in den Vogel Sabiá. Ich aber wollte den Leib meiner Gattin nicht im Wald zurücklassen, wo die Aasgeier über ihn kommen würden. So habe ich ihn jetzt gebracht." Da sprach die Mutter: „Ich will den Leib meiner Tochter in eine schöne Matte von Palmenstroh hüllen." Und sie hüllte den Körper ihrer Tochter in eine Strohmatte. Darin wurde die Tote auch auf dem Begräbnisplatz bestattet.

So endet die Geschichte von der Frau, die sich in einen Vogel verwandelte.

Wie die Frau den Jaguar bemalte

Zwei Schwestern saßen am Boden vor ihrer Hütte und fingen einander die Läuse. Die eine Schwester suchte den Kopf und das dichte Haar der anderen ab. Sie faßte die Läuse mit den Nägeln von Zeigefinger und Daumen, zerbiß sie mit den Zähnen und spuckte sie weit im Bogen aus. Darauf tat die andere ihr den gleichen Liebesdienst.

Da ging ein Mann an ihnen vorbei. „Wo gehst du hin?" riefen ihm die Frauen freundlich zu. „Ich geh halt irgendwohin, und das geht euch gar nichts an", erwiderte er schroff. „Komm her und setz dich zu uns, dann will ich auch dir deine Läuse suchen", forderte die eine Frau ihn auf. Da setzte er sich wirklich zu ihnen. Die Frau hielt ihm mit der einen Hand den Kopf und mit der anderen suchte sie die Läuse in seinem Haar. Der Mann aber hatte Hörner am Kopf, die von der Frau wegen des dichten, starken Haares zuerst nicht bemerkt wurden. Als sie nun seinen Kopf nach Läusen absuchte, verletzte sie sich die Hand an den scharfen, spitzen Hörnern: „I, i, i, i, i . . .", schrie der Mann. „Was ist dir denn?" fragte die Frau, die sich weh getan hatte. „Nichts", erwiderte er, schrie aber weiter: „I, i, i, i, i!" – „Was hast du denn nun?" fragte die Frau abermals. Da wurde der Mann zornig und rief: „Ich gehe jetzt! Mit euch will ich nichts mehr zu tun haben, für immer gehe ich fort!" Er sprang auf und lief rasch in den Wald.

Nun kam die Mutter der beiden Frauen herbei, die nicht weit von ihnen gesessen war und alles mitangesehen hatte. „Laßt uns rasch aufbrechen und in den Wald laufen, um uns zu verbergen, denn es war der Mann mit den Hörnern", sagte sie zu den Töchtern. „Warum denn?" fragten die Frauen. „So halt, laßt uns laufen!" erwiderte die Mutter. „Wir wollen aber nicht, wir bleiben da", widersetzten sich die Schwestern.

„Wenn wir bleiben, fürchte ich, wird der Mann mit den Hörnern zurückkommen und uns alle töten", erklärte die Mutter. „Laßt uns schnell in den Wald laufen und uns verstecken."

Die Mutter floh also mit den beiden Töchtern in den Wald. Dort gab es viele Bäume mit den schönsten Genipapo-Früchten. Die eine Tochter kletterte auf einen Genipapo-Baum, um die Früchte zu pflücken. Ihre Schwester stand unterdessen unter dem Baum. Da fiel eine Frucht herunter und ihr gerade auf den Kopf. Da verwandelte sich diese Frau in ein Nagetier. Die andere kletterte vom Baum herunter und lief mit der Mutter tiefer in den Wald. Unterwegs verwandelte sich die Tochter in einen Affen. Die Mutter kehrte traurig ins Dorf zurück. Sie wollte ihre Enkelin holen, das Kind ihrer Tochter, die jetzt ein Paca (Nagetier) war. Mit ihrer kleinen Enkelin an der Hand floh sie wieder in den Wald. Unterwegs begegnete ihnen ein großer Krebs, der im Bett eines ausgetrockneten Igarapé, eines Urwaldbaches, lag. „Mein Mündel, wohin läufst du denn so schnell?" rief der Krebs dem Kinde zu. „Weil wir Angst haben vor dem Mann mit den Hörnern, deshalb laufen wir tief in den Wald hinein", erwiderte die Mutter. „Was ist denn dein Enkelkind: Bub oder Mädchen?" fragte der Krebs die alte Frau. „Es ist ein Mädchen", erwiderte die Frau. Da sprach der Krebs: „Gib mir das Mädchen! Ich will es großziehen, und wenn es erwachsen ist, gebe ich es dir wieder zurück." – „Da wird nichts daraus", sagte die Alte, „ich habe ja nur die eine Enkelin." Aber der Krebs ließ nicht so schnell locker. „Gib sie mir doch!" sagte er. „Sie soll es gut bei mir haben, ich ziehe sie auf und wenn sie groß ist, bekommst du sie ohnehin wieder." – „Und ich gebe und gebe sie dir nicht!" antwortete die Alte. „Dann schau, daß du weiterkommst und laß mich in Frieden!" brummte der Krebs, nun ärgerlich geworden. Da lief die Frau mit ihrer Enkelin noch tiefer in den Wald. Sie fanden aber nirgends Wasser. So kehrten sie denn wieder um und wanderten zurück. Dabei kamen sie abermals zu dem Krebs.

Die Alte forderte ihn nun auf: „Verschaffe mir Wasser, damit ich deine Frau baden kann!" – „Wirklich, meine Frau soll sie sein?" fragte der Krebs ungläubig. „Ja, wirklich", sagte die Frau. „Gut, es gilt!" rief der Krebs und machte, daß Wasser aus der Erde kam. Das Wasser füllte den Urwaldbach von neuem, und ein kleiner See entstand. Nun badete die Frau ihre Enkelin; dann brach sie wieder auf, um mit dem Kind weiter in den Wald hineinzugehen. „Was gehst du jetzt fort? Willst du mich betrügen und dein Versprechen nicht halten?" fragte der Krebs argwöhnisch. „Keineswegs", sagte die Frau, „du kannst ganz ruhig sein. Ich gehe ja nur in den Wald, um zu jagen und etwas zu essen für mich und die Kleine zu besorgen. Wir sind gleich wieder da." In Wirklichkeit aber betrog die Frau den Krebs. Sie entfernte sich mit ihrer Enkelin und kehrte niemals zurück.

Tief im Walde trafen die beiden einen Jaguar. Als dieser sah, wie schön das Enkelkind der Frau bemalt war, sprach er zu der Alten: „Wie hast du es denn fertiggebracht, deine Enkelin so schön zu malen?" – „Ich habe sie mit Feuer bemalt", erwiderte die Frau. „Wie macht man denn das?" erkundigte sich der Jaguar. „Ich zündete zwischen den Steinen in unserem Herd ein Feuer an und darauf habe ich sie dann bemalt." Da bat der Jaguar: „Zünde doch jetzt einen Steinherd an und male mich auch so schön!" Die Frau schickte sich an, ihm den Willen zu tun: Sie trug Holzscheite und Äste aus dem Wald zusammen und schlichtete sie in eine flache Grube, die sie in den Boden gegraben hatte. Darauf legte sie etwa kopfgroße Steine. Dann zündete sie das Holz an. Sie hatte auch zwei starke gegabelte Äste abgeschnitten und neben der Herdstelle bereitgelegt. Als die Steine glühend heiß geworden waren, und die Flammen bereits langsam niederbrannten, breitete die Frau das Feuer auseinander. Sie hieß den Jaguar, sich auf die Steine zu legen. „Das mußt du tun", sagte sie, „damit ich dich auch so schön malen kann." Vorsichtig tastend und mit großer Selbstüberwindung bemühte sich der Jaguar, sich auf die heißen Steine hinzustrecken. Er glitt aus und fiel schließlich seiner ganzen Länge nach ins Feuer. Da faßte die Frau rasch nach der einen Astgabel und stieß sie mit einem kräftigen Ruck so in den Boden, daß der Hals des Jaguars zwischen die beiden Zacken kam, deren Enden sich noch tief ins Erdreich bohrten. Mit der anderen Astgabel heftete sie den Leib des Jaguars ebenso auf dem Boden fest. So war der Jaguar im Feuer festgenagelt, und sosehr er sich auch wand, er konnte nicht mehr aufspringen. „Ich verbrenne ja!" schrie er der Frau zu. „Keine Spur", antwortete sie, „bleibe nur ruhig im Feuer liegen, bis du schön bemalt bist." Da verbrannte der Jaguar im Feuer und blieb gebraten auf den heißen Steinen liegen. Die Frau aber und ihre Enkelin rannten weiter in den Wald hinein. Als sie schon ein gutes Stück zurückgelegt hatten, tat das Mädchen plötzlich so, als ob es erschrecken würde, und rief: „Ach Großmutter, dort bei der Behausung des Jaguars habe ich etwas liegengelassen; kann ich nicht zurücklaufen und es mir holen?" In Wirklichkeit aber log das Kind die Großmutter an. „Lauf halt schnell, ich warte hier auf dich", sagte diese. Das Mädchen eilte nun zu der Stelle im Wald zurück, wo der Jaguar lag. Sie schnitt sich ein Stück von dem Fleisch herunter, das jetzt schön gebraten war, und aß es auf. Dann kehrte sie rasch zur Großmutter zurück. „Hast du vielleicht von dem Jaguar gegessen?" fragte diese. „Was fällt dir ein! Natürlich habe ich nicht von dem Jaguar gegessen", log das Kind. Die beiden machten sich nun auf, um ihre Wanderung fortzusetzen. Das Mädchen aber, das jetzt wieder an der Seite der Großmutter herlief, wurde plötzlich wahnsinnig und verwandelte sich in eine Wildkatze.

Heute noch schweift die alte Frau im Wald umher, begleitet von ihrer Enkelin, die jetzt eine Wildkatze ist.

Die Frau, die in eine Landschildkröte verwandelt wurde

In alten Zeiten gab es keine Landschildkröten. Plötzlich aber kam die Landschildkröte hervor. Es war eine Kayapó-Indianerin, die sich in eine Landschildkröte verwandelt hatte. Das kam so: Ein von Eifersucht verzehrter Mann verschaffte sich eine Frucht, die ein Gift enthielt. Damit verwandelte er aus Rache seine Frau in eine Landschildkröte. Die Frau gehörte nämlich zwei Männern an: Der eine war ihr Ehemann, der andere ihr Liebhaber. Die Treulose entfloh mit dem Liebhaber. Voll Zorn und tödlichem Haß suchte der Betrogene nach ihr. Er entdeckte die Fußspuren auf dem Boden und verfolgte die beiden, die in den Wald geflohen waren. Unterwegs fand er die schlimme Zauberfrucht. Nach mühevollem Umherirren gelangte er endlich zu der Hütte, in der die Gattin mit ihrem Geliebten jetzt hauste. Der Mann verwandelte sie mit seinem Zaubermittel in eine Schildkröte und trug sie wieder ins Dorf und in sein Haus zurück. Nach langer, langer Zeit machte er sich auf die Suche nach einer neuen Zauberfrucht. Mit deren Hilfe gab er seiner Frau ihre menschliche Gestalt wieder zurück. Von nun an blieb sie bei ihrem Gatten.

2. MANN UND FRAU IN WELTANSCHAUUNG UND LEBEN

Menschentum in den beiden Geschlechtern

Die allgemeine Bezeichnung der Kayapó für Menschen ist *meõ* = *me-õ* = Menschenwesen, oder bloß *me*. Das männliche Geschlecht wird ausgedrückt durch *mu*, der Ausdruck für Mann ist *memu* oder bloß *mu*. Das weibliche Geschlecht für Mensch oder Tier wird durch *nire* ausgedrückt; Frau heißt *meõ-nire* = Menschenfrau oder *menire, meni* oder *ni* bzw. *nire*. Das allgemeine Wort für Mensch *meõ* oder *me*, ohne Geschlechtsbezeichnung, wird häufig einfach für Mann verwendet und nur sehr selten auch für Frau. Dies ist wohl Zeichen einer Weltauffassung, die dem männlichen Element einen Führungsanspruch einräumt. Im Sinne der anthropozentrischen Einstellung ist Mensch im eigentlichen Sinn für beide Geschlechter nur der Mensch der eigenen Dorfgemeinde, *mebemokré, me-be-ngõ-kre, me-be-dyókre* (siehe oben). Der Dualismus, der sich in der Gesellschaftsform der Indianer zeigt – etwa in den beiden Hälften ihrer jeweiligen Dorfgemeinde –, der aber auch ihre ganze Weltanschauung durchzieht, hat in allen Polaritäten, wie etwa Sonne und Mond, Welt auf Erden und Welt über dem Himmelsdach, vor allem aber in der Polarität Mann und Frau seinen mythischen Hintergrund und sein Urbild.

Gatte und Liebhaber, Gattin und Geliebte

In der Mythologie der Kayapó nimmt die Beziehung der beiden Geschlechter, die zur vollen Hingabe und Vereinigung drängt, einen ganz großen Raum ein. Dazu gehört Leidenschaft und Liebe, die sich über jedes Gesetz, ja über das Menschentum hinwegsetzt, die Eifersucht, die Rivalität der

153

Geschlechter, ihr Kampf und ihre unaufhörliche Abhängigkeit voneinander.

Es handelt sich bei den vielen Darstellungen kaum jemals um derben Spaß oder Vergnügen an obszönen Geschichten, sondern die Phänomene der Polarität in Außen- und Innenwelt werden symbolhaft übersteigert und glutvoll verlebendigt. Die Vielfalt der mythologischen Schilderungen von der Wechselwirkung der Geschlechter resultiert aus der Dynamik von Leben und Weltauffassung.

Wohl herrscht nach der Meinung aller Forscher bei den Kayapó die Monogamie, getragen von Gesetz und Sitte. Schon allein darin findet die Frau als gleichberechtigte Partnerin ihre beste Anerkennung (vgl. LUKESCH 1965: 125). Die Ehe kommt durch eine feierliche Zeremonie zustande, *me-kamrō* = Menschenblut = Zeremonie des Blutes (vgl. BANNER 1961: 11; 33), oder durch das bloße Zusammenleben in geschlechtlicher Gemeinschaft. Danach ist die Ehe eine gesetzliche Verpflichtung zu immerwährender Lebensgemeinschaft. Als solche wird sie auch in der Mythologie einfach als naturgegeben vorausgesetzt. Andererseits ist es charakteristisch, daß die Kayapó-Sprache keinen Unterschied kennt in der Bezeichnung für den legitimen Gatten und für den Liebhaber = *miein*. Ebenso wird dasselbe Wort für Gattin und Geliebte gebraucht = *pron*. Der Eros wird in der Beziehung von Mann und Frau als das Entscheidende angesehen. Dem Lieben an sich wird von der Gemeinschaft Eigengesetzlichkeit und Souveränität zugebilligt. Im Mythos von dem Mann, der sich in einen Tapir verwandelte, werden die Affären des Frauenlieblings Birá zum Anfang von Ereignissen, welche die neue Seinsordnung begründen. Sein Liebesleben mit den Frauen führt er im Verborgenen; außerhalb des Dorfes und der Gemeinschaft trifft er seine jeweilige Geliebte. Auch die Frau, die sich nach einem anderen Mythos einem Tapir hingibt, hat ihre Zusammenkünfte mit dem Geliebten im geheimen und weit draußen auf der Steppe. Nach dem Mythos „Wie sie die Nacht suchen gin-

gen" schickt die Tochter des Mannes in der Steppe die Indianer zu ihrem Vater – zumindest nach der einen Version des
Mythos – nur aus dem einzigen Grund, weil sie den Schutz
des Dunkels begehrt, um sich ihren Liebhabern hingeben zu
können, frei von den Hemmungen der Scham und frei von
Furcht vor Eifersucht und Verwirrung. Auch den Männern,
die ihr die Nacht holen sollen, beschreibt sie diese Vorzüge
der Dunkelheit; die Paare müßten sich dann bei ihrem Stelldichein nicht mehr im Wald verbergen. In der Nacht könnten
sie lieben, ohne dabei gesehen und entdeckt zu werden (ME-
TRAUX 1960: 19). Die Verbannung des Liebeslebens und aller sexueller Handlungen in die Verborgenheit und das Dunkel der Nacht, im Sinne des mythischen Modellfalls, ist ein
Gebot des indianischen Schamgefühls, wie im täglichen Leben ihrer Dorfgemeinschaft deutlich erkennbar ist (vgl.
STEINEN 1894: 63 ff.). Obwohl die Indianer zur Zeit unseres
Aufenthaltes in Kubenkrãkein noch fast alle nackt gingen,
konnten wir kaum einmal auch nur den Austausch von Zärtlichkeiten und Berührungen bemerken, genauso wie man
keinen Erwachsenen seine Notdurft verrichten sieht, wenn
auch nach der Art des indianischen Hausbaues alle sanitären
Einrichtungen fehlen. Von solchen Handlungen ist in den
mythischen Erzählungen öfter die Rede. Das hat aber keineswegs etwas mit einer Freude am Unanständigen zu tun.
Es entspricht ihrer Natürlichkeit und einem Freimut, über
Dinge zu reden, die absolut zum Leben des Alltags gehören;
einem Freimut, den in unserer Gesellschaft höchstens noch
der Arzt und die Krankenschwester für sich in Anspruch
nehmen. In derartigen mythischen Berichten wird gerade
immer das Schamgefühl deutlich. Es wird nicht einfach die
Handlung erwähnt, sondern es heißt z. B.: Er ging abseits, er
entfernte sich von den anderen, um seine Notdurft zu verrichten. Die Gemeinschaft ist bei den Indianern zu universell
und alles beherrschend, als daß der einzelne sich ohne hin-
reichenden Grund von ihr absondern könnte. Das Schamgefühl ist ein solcher Grund. So kann es nicht wunder nehmen,

daß dergleichen Einleitungen der Ausgangspunkt für wichtige mythische Begebenheiten werden, bei denen dem einzelnen allein eine besondere Rolle zufällt. Der Jüngling, der sich auf der Wanderung durch die Steppe allein von den anderen entfernt, um zu urinieren, findet die Tochter des Regens am Fuße eines riesigen Baumes. Damit beginnt das irdische Schicksal der Frau vom Himmel, die später von dort den Ackerbau bringt. Nach einer Version des Mythos vom Erwerb der Nacht, in dem von einem ersten Besuch der Indianer beim Herrn der Nacht die Rede ist, entfernt sich dieser einen Augenblick, um seine Notdurft zu verrichten. Die Indianer nehmen die Gelegenheit wahr und rauben ihm seine schöne Tochter. Damit beginnt ihr Leben unter den Indianern, die sie später gewinnt, für sie und die Menschheit die Nacht zu holen und so eine neue Daseinsweise zu begründen (METRAUX 1960: 18 f.).

Das Schamgefühl ist also bei unserem Naturvolk besonders ausgeprägt. Es erstreckt sich über das Körperliche hinaus auch auf das geistige Gebiet, bis in die Weltanschauung hinein. Der Begriff *„pyam"* bezeichnet auch die Scheu davor, zu Fremden und Außenstehenden über das zu sprechen, was einem heilig ist, über das, was die Mythen beschreiben.

Aber der sexuellen Handlung selbst stellt sich die Scham kaum hindernd in den Weg. Wohl ist die Monogamie das Gesetz, aber die Liebe, welche sich über die Schranken hinwegsetzt, die freie Liebe und geschlechtliche Hingabe, tritt diesem Gesetz nahezu gleichwertig an die Seite. Dies gilt aber durchaus nicht im Sinne eines vollen geschlechtlichen Sichauslebens oder einer geschlechtlichen Promiskuität. Derartige Berichte huldigen bewußt oder unbewußt einer gewissen Tendenz, wie etwa die Meinung, die man unter den Urwaldsiedlern immer wieder hören kann: O indio é safado = der Indianer ist schamlos, sexuell völlig haltlos. Die fast völlige Gleichwertung der monogamen Ehe mit dem ungesetzmäßigen Liebesverhältnis gilt nur im Hinblick auf eine von Scham geschützte, ganz persönliche Einzelbeziehung.

Dies bringt vor allem der für die geschlechtliche Beziehung nahezu als klassisch zu bezeichnende Mythos vom Mann, der sich in einen Tapir verwandelte, zum Ausdruck. Leidenschaft beherrscht die ganze lange Erzählung. Nicht so sehr die Leidenschaft Birás; der läßt sich als Casanova nur gehen, genießt und spielt. Aber gerade dadurch stört er die Gemeinschaft und entfesselt die Flut der Leidenschaften. Zuerst die Rachetat der Männer. Die Verwandlung und die gemeinsame Jagd auf das Tier nimmt dieser Tat den Charakter des Verbrechens und genügt andererseits am besten der leidenschaftlichen Eifersucht. Mit Grausamkeit verschaffen sie sich Genugtuung, indem sie ihren Frauen den Geliebten als Speise vorsetzen. Das ist gleichzeitig auch eine Art von Spiegelstrafe; den Mann, mit dem sie sich vereinigt haben, sollen sie jetzt verschlingen.

Und genauso leidenschaftlich ist auch die Reaktion der Frauen, die sich schon vorher in ihrer Leidenschaft zu Birá über alle Pflichten hinweggesetzt haben, selbst über die heiligen Pflichten ihrer Mutterschaft. Die Erste, der die grausige Wahrheit offenbar wird, stößt den Überbringer, ihr eigenes Kind, nicht nur von sich, daß es niederstürzt – sie schleudert den Knaben in die Luft mit solcher Gewalt, daß er als Vogel weiterfliegt.

Schrille Klagelaute hallen durch das Dorf, wie wir sie in Gorotire und Kubenkräkein so oft und vor allem nachts hören konnten, wenn die Frauen den Tod oder die Krankheit eines geliebten Wesens beklagten. Es ertönt das Schluchzen, in das sich Fluchen und Racheschwüre gegen den vermeintlichen Urheber des Unheils mengen.

Und so geschieht es auch bei der Klage über Birás Tod, denn nach ihrer Meinung ist den Frauen ein Unrecht widerfahren. Nirgends wird in dem Mythos auf eine Eifersucht zwischen den vielen Geliebten hingewiesen. Etwas muß Birá ihnen gegeben haben, was die eigenen Männer ihnen schuldig geblieben sind. Und das war jedenfalls Zärtlichkeit und Huldigung. Er hat um sie geworben; nie hat es sich um Gunst gehandelt, die nur als Recht gefordert und als Pflicht gewährt wird. Mit Birá wurde ihnen etwas genommen, das ihnen offenbar nach ihrer eigenen Auffassung, ja selbst nach Auffassung der Gemeinschaft, zugestanden ist. Sie sind zutiefst beleidigt, ihr Stolz ist verletzt, und ihre Empörung erscheint im indianischen Sinne als gerecht. – Und als die Männer auf einer großen Jagd das Dorf verlassen haben – bis auf ein paar Alte, die beim Männerhaus Waffen herstellen – versammeln sich die Frauen und beschließen, sich zur Rache in Fische zu verwandeln. Sie begeben sich zum Flußufer und stimmen gemeinsam einen Zaubergesang an. Im Affekt und in der Ekstase des brennenden Schmerzes und der Wut ereignet sich die Verwandlung. Wie aber die Liebe jeder einzelnen etwas ganz Persönliches war und bleiben wird, so ist es auch die Rache. Bevor sie sich ins Wasser stürzt, ruft jede Frau den Namen des Fisches, in den sie sich verwandeln will. Das Wasser verleiht nach indianischem Glauben Größe und Kraft. Das Wasser reinigt auch. In ihm leben die Frauen als Fische, unerreichbar und ungreifbar. Und wie sie einst ihre Liebe zu Birá alles andere vergessen ließ, so stirbt in ihnen jetzt alles Fühlen. Sie haben alles vergessen, sogar das Liebste, was sie haben, ihre Kinder, die allein am Ufer blieben und weinen. Aber sie machen auch eine Läuterung durch. Nach einer Überlieferung fischen später die Männer ihre Frauen wieder aus dem Fluß. Auf Erden zurückgekehrt und zu Menschen zurückverwandelt, werden sie die Urmütter des starken, stolzen Volkes der Kayapó, Urmütter der *me-be-ngō-kre,* der Menschen aus der Tiefe des Wassers.

Nach dem Mythos im Originaltext, den ich wiedergegeben habe, wird die Tat der Rückverwandlung durch einen einzelnen geleistet. Er will die Gattin aus der Wassertiefe wieder herausholen und erfindet dazu die Angel für die ganze Menschheit. Die Angel mit der Schnur aus einer langen Liane, ohne Haken, an die er die Frucht der Inajá bindet, die auch Ingarame genannt wird. Diese Frucht hat seine Frau früher so gerne gegessen. Durch einen gewaltigen Ruck gelingt es ihm, die Frau der Flut zu entreißen. Er verbirgt sie dann sogar vor ihrem Bruder, was wiederum auf das ganz persönliche Verhältnis und die intime Sphäre der Ehe hindeutet. Als der Bruder dann doch hinter das Geheimnis kommt und auch seine Gattin fischen will, stellt er sich ungeschickt an, und es fehlt ihm die Kraft. Endlich befestigt er den Köder richtig an der Schnur, die Frau hat auch richtig angebissen, er aber zieht so kraftlos an der Schnur, daß die Fischfrau wohl ans Land kommt, aber wieder zurück ins Wasser springt, um niemals mehr aufzutauchen. Traurig sagt er: „Was ich fing, war nur ein Fisch, und er fiel wieder ins Wasser." So zwingt ihre Umwelt die Indianer immer wieder, aufzugeben und zu resignieren gegenüber einer übermächtigen Natur und übermächtigen Verhältnissen. Aber sie wollen es nicht wahrhaben, weil sie sich als Angehörige eines starken Volkes fühlen. Dem stärkeren Mann war es nach dem Mythos gelungen, die Frau und Stammutter zurückzugewinnen. Und es ist ihm gelungen, weil er in der neuerwachten Liebe auf die Eigenart seiner Frau eingegangen ist; hat er ihr doch die Frucht angeboten, die ihr schon früher lieb war. Fortschritt und Wandel der bestehenden Ordnung geht auf die Tat einzelner und mächtiger Persönlichkeiten zurück, die dabei aus der alles beherrschenden Gemeinschaft hervortreten, von der ihre Kraft stammt.

Aber nicht nach diesem Mann ist der Mythos benannt, sondern nach Birá, der zum Tapir wurde. Dieser war Anlaß zur Begründung der neuen Gesellschaft, in der Mann und Frau einander liebende Gefährten sind. Im indianischen Sinne war auch Birá Initiator der neuen Gesellschaftsordnung und insofern ein Urzeitheld.

Noch ein anderes Verhalten der Ehegatten fand ich in der Fassung des Mythos und auch im indianischen Alltag von heute bestätigt: wenn die Frau den Mann verläßt, dann kehrt sie nie wieder zu ihm zurück. Wohl kommt es immer wieder vor, daß umgekehrt der Mann, der die Frau verlassen hat, wieder in ihr Haus zurückkommt. Bei der Fischverwandlung klatschen die Frauen mit ihren Händen auf ihre Körper, dieselben Körper, die sie dem schönen Birá so freudig hingeschenkt haben und nun ihren eigenen Männern für immer entziehen. Da verwandelt sich einer der alten Männer, die das Vorhaben der Frauen vereiteln wollten, aber nicht stark genug sind und ihrer nicht Herr werden, in einen Baum. Wenn auch der Baum lebt, so ist er doch angewurzelt. Der Mann kann seine Frau nicht mehr verfolgen; sein Fühlen ist erhärtet wie der harte Stamm des Baumes. Ein anderer alter Mann verwandelt sich in einen Rochen (Araia), der im seichten Sand des Flusses vergraben liegt und mit seinem Stachel den Menschen die schmerzhaftesten Wunden zufügen kann. Ein dritter Mann wiederum, dem der Körper seiner Frau entgleitet und für immer entzogen wird, wird zu dem gefährlichen elektrischen Fisch (port. puraqué; Gymnotus electricus), der verborgen in der Tiefe lebt und dessen Berührung einen folgenschweren Schlag versetzt. Die beiden letzteren macht ihr Zorn zu Feinden des Menschengeschlechtes, weil sie zu schwächlich waren, ihr Ziel zu erreichen.

Kampf der Geschlechter und das Werden in der Welt

Die physische Überlegenheit des Mannes über die Frau wird in der Art und Weise deutlich, wie er seine Eifersucht realisieren kann. Die mythischen Urbilder von Verhaltensweisen lassen hier eine gewisse Doppelmoral erkennen, welche dem stärkeren Mann mehr Rechte einräumt. Nach dem Mythos von dem Mann, der zu einer Riesenschlange wurde, verwandelt sich ein eifersüchtiger Mann, um seine Frau besser bewachen zu können, in eine Schlange. Auch in der neuen Gestalt erscheint er noch anthropomorph mit einem Schlangenleib und einem Menschenkopf. Er spricht nicht nur mit seiner Frau, sondern auch im Schlaf auf menschliche Weise. Der leidenschaftliche Affekt der Eifersucht als Motiv seiner Selbstverwandlung und alles, was ihn so weit brachte, wird in der Version des Mythos bei METRAUX vom indianischen

160

Erzähler noch besonders ausgeschmückt. Danach hätte sich
der Mann mit seinem Rivalen nach indianischem Gesetz im
Duell schlagen müssen. Er wirft der Gattin auch vor, im
Männerhaus gäbe es Leute, die von Verlangen nach ihr ver-
zehrt seien. Die Frau bestreitet es energisch. Nach dieser
Version des Mythos vollzieht sich seine Verwandlung im
Schlaf; er träumt aufgeregt, daß die Frau mit anderen ge-
schlafen hat, und er wird zur Schlange, um besser über sie
wachen zu können (METRAUX 1960: 14). Die gewaltige Eifersucht des Mannes wirkt auch kulturschöpferisch. Um
endlich seinen Frieden zu haben und im ungestörten Besitz
seines Weibes zu bleiben, zieht er mit ihr weit weg von der
Gemeinschaft. Und dort in der Wildnis legt er nur für sie
beide eine Pflanzung an. Mit seiner Frau „zeugt er", wie es
wörtlich heißt, „die erste Maispflanzung in der Welt". In der
Version von METRAUX wird vom indianischen Erzähler ausdrücklich darauf hingewiesen, daß die Menschheit bis dahin
noch keinen Mais kannte. Daß es in den Maispflanzungen
viele Schlangen gibt, dürfte den Anlaß zu solchen Vorstellungen gegeben haben.

Der zur Schlange gewordene Mann ist auch ein gewaltiger Jäger. Am Abend bringt er keuchend gleich eine ganze
Menge Wildbret auf einmal nach Hause.

In seiner Eifersucht verschlingt er die Indianer, die seiner
Frau in den Wald nachgegangen sind, und die er alle für
Liebhaber seiner Gattin und für seine Rivalen hält. Diese Tat
macht ihn aber – wenn auch Vergeltung des an ihm verübten
Betruges – nach Auffassung der Indianer schwer schuldig.
Sie ist ein Verbrechen, das wieder Rache fordert und durch
die ganze Gemeinschaft gesühnt werden soll. Alle Männer
ziehen schließlich aus, um den Schlangenmenschen zu töten. Nach der Version, die METRAUX erzählt, umzingeln sie
ihn und überschütten ihn mit einem Pfeilhagel; und weil er
danach immer noch lebt, erschlagen sie ihn mit ihren gewaltigen Keulen, und jeder will an der Rachetat seinen Anteil
haben (METRAUX 1960: 16).

Und wie verhält sich die Gattin zu ihrem Mann? Nach der einen Version der Mythe hat sie ihn tatsächlich mit anderen betrogen und betrügt ihn auch nach seiner Verwandlung mit dem Liebhaber, der ihr in die Wildnis nachgefolgt ist. Diesen versteckt sie vor dem Gatten, wie auch später die neugierigen Besucher. Als aber dann die ganze Gemeinschaft Rache nehmen will, als alle Männer des Dorfes kommen, um über ihren Gatten herzufallen, da steht sie trotz allem zu ihm. Sie will den Männern durchaus nicht verraten, wo er sich befindet, obwohl sie noch gar nicht recht weiß, warum sie ihn suchen. Als sie endlich nachgibt und ihnen die Richtung weist, wo er sich ausruht, fragt sie auch gleich nach dem Grund des eifrigen Forschens. Ihre Frage kommt zu spät. Die Antwortet lautet brutal: „So halt, weil wir ihn töten wollen." Nach unserem Originaltext des Mythos kehren die Rächer ins Dorf zurück, die Frau aber bleibt draußen und kommt auf den Maispflanzungen nieder. Ihre Kinder sind Schlangen; sie ist den Nachkommen ihres eifersüchtigen Mannes eine gute Mutter, sie verbirgt die kleinen Schlangen im Buschwerk der Maispflanzung, da sie fürchtet, die Wut, die Mordgier der Indianer möchte noch nicht befriedigt sein. Jetzt, nach seinem Tode hält sie dem Schlangenmann die Treue und tritt ganz als seine Gattin auf. Sie wird zu seiner Rächerin, indem sie ihren Kindern den Mord an dem Vater, den sie nie vergessen sollen, schildert und sie zur Vergeltung an den Menschen auffordert. Ihre Rache richtet sich gegen die ganze Menschheit und ist in allen Generationen der Schlange verewigt. Die Grausamkeit wird noch dadurch gesteigert, daß die Menschen allein vom Schmerz, den der Biß verursacht, sterben sollen. Die Menschen sind auch nicht fähig, der Schlangen Herr zu werden und sie auszurotten. Solange es Schlangen gibt, wird es auch tödliche Bisse geben; ihre Rache wird nie aufhören. Die Verwandlung des Eifersüchtigen und das Verhalten des leidenschaftlichen Paares in der Urzeit waren so gewaltig, daß sie zusammenhängen mit dem Werden in der ganzen Welt. Es entstand eine neue Tierart. Der Schluß unseres Originaltextes lautet: „In alten, alten Zeiten gab es keine Schlangen. Da verwandelte sich ein Kayapó-Indianer in eine riesige Schlange. Er zeugte Kinder mit seiner Frau, und seither gibt es viele Schlangen im Urwald." Eine Menschenfrau ist Stammutter aller Schlangen. Ihr Rat, den Menschen nachzustellen, sie zu beißen und zu töten, wirkt in allen Geschlechtern der Schlangen weiter. Durch die so verewigte Feindseligkeit und Rachsucht bleibt auch ihre geistige Mutterschaft immer lebendig. Durch den Schutz, den die Frau den Schlangen und deren Nachkommen angedeihen läßt, indem sie die Kinder im Buschwerk der Maispflanzung verbirgt, und durch ihren Befehl, die Menschen zu beißen, ist auch das Motiv einer Herrin der Tiere gestreift. Sie wird damit Herrin einer bestimmten Tierart, die Herrin der Schlangen.

Das starke Urzeitpaar hat auch, wie bereits erwähnt, eine Beziehung zum Werden der Pflanzen in der Welt. Auch hier wirken die beiden zusammen: Obwohl die Frau den Gatten nach der einen Version des Mythos tatsächlich betrog, und trotz seiner Eifersucht, legen sie doch gemeinsam die erste Maispflanzung im Urwald an. Wie im Mythos von der Ratte im hohlen Baum wird über den Erwerb der wertvollen Kornfrucht des Maises durch die Menschheit berichtet. Trotz der völlig andersartigen Erzählung ist der gleiche weltanschauliche Grundgehalt klar erkennbar. Wieder ist der Übergang von der jägerischen zur Pflanzerkultur dadurch gekennzeichnet, daß ein Tier zum Heilbringer wird. Und diesmal ist es die Schlange, die allerdings früher ein Mensch war. Gerade dieser Umstand stimmt aber mit der anthropomorphen Betrachtungsweise hinsichtlich der ganzen Schöpfung und im besonderen der Tiere völlig überein. Dazu kommt die Mitwirkung der Gattin des Schlangenmenschen, also die Mitwirkung einer Frau. Wie im Mythos von der Tochter des Regens, ist die Frau auch hier wieder Sinnbild der Fruchtbarkeit. Das Tier legt also gemeinsam mit der Frau die erste Maispflanzung an. Auch das Motiv des „Stirb und Werde", das deutlich erkennbar ist, zeigt das Heraufdämmern einer neuen, der pflanzerischen Epoche an. Erst nachdem die Indianer die Schlange getötet haben, gelangen sie in den Besitz der Maispflanzung in der Wildnis, und damit in den Besitz der wertvollen Kornfrucht für die ganze Menschheit. Der Mythos ist insofern bedeutsam, als er den Übergang vom jägerischen zum pflanzerischen Weltbild durch zwei Mittler erfolgen läßt: durch ein tierisches Wesen und die heilbringende Frau, die den Ackerbau lehrt.

Das Werden neuer Wesen in der Weltordnung wird auch nach einem anderen Mythos mit der Eifersucht und dem brutalen Herrentum des Mannes in Zusammenhang gebracht. Dies ist der Inhalt des Mythos von der Frau, die sich in eine Landschildkröte verwandelte. Hier verwandelt sich nicht der Mann selbst in ein gefährliches, starkes Ungeheuer, um die untreue Gattin zu bewachen, sondern er verwandelt diese in ein wehrloses Tier, das er leicht der Freiheit berauben und beherrschen kann. – Nachdem der rachsüchtige Mann sein treulose, entflohene Frau tief im Wald gefunden hat, verwandelt er sie mit einer Zauberfrucht in eine Landschildkröte (port. jabuti; Testudo tabulata Spix) und trägt sie nach Hause. Die Landschildkröte kann nur am Boden dahinkriechen, sie ist schon allein in ihrer harten Schale wie gefangen. Wenn man sie auf den Rücken legt, kann sie nur mehr hilflos zappeln. – Insbesondere vor den großen Schlußphasen der glänzenden, stets mit einem Gelage verbundenen Stammesfeste brachten die Indianer Landschildkröten in Massen, an Stangen gehängt, nach Hause. Man kann die Tiere lebendig heimbringen und hat dann reichlich frisches Fleisch für den Festschmaus. Zu solch einem ohnmächtig ausgelieferten Dasein will der leidenschaftliche Gatte seine Frau erniedrigen, um ihrer sicher zu sein. So aber entsteht auch eine neue Tierart, denn es heißt in dem Mythos ausdrücklich, daß es vorher keine Landschildkröten gegeben habe und daß so die Landschildkröte „hervorgekommen" sei. Die Erfindungskraft der Eifersucht des Mannes, der sich dazu noch einer giftigen Waldfrucht als Zaubermittel bedient, formt die Frau zu diesem Tier. Der Urzeitheld hat egozentrisch nur sein eigenes Schicksal im Sinn, ist einmal von seiner Liebe und dann wieder von der Rachsucht ganz gefangen. Als seine Wut verraucht ist, als er glaubt, sein Erziehungsziel erreicht zu haben, macht er die Schildkröte wieder zum Menschen. Es heißt am Schluß des Mythos: „Und seine Frau bleibt jetzt wieder bei ihm." – Den künftigen Geschlechtern zum Beweis des siegreichen Mannestums bleibt aber auch die neue Tierart der Welt erhalten in den Nachfahren der Kinder, die von der Frau geboren wurden, während sie eine Landschildkröte war.

Die starken Gatten

Herrentum des Mannes, der seine Gattin das Fürchten vor allen Schrecknissen abgewöhnen und ihr Furcht und Ehrfurcht allein vor ihm beibringen will, zeigt sich in dem Mythos von der Frau, die sich in einen Vogel verwandelt. Es führt zum Erfolg und zu einer Ordnung in der Welt durch den starken Urzeithelden und seine Gattin. Das Urzeitpaar unter Führung des Mannes entspricht der heutigen Seinsordnung nach dem Glauben der Indianer. Das Herrentum schlägt dem Epigonen des Urzeithelden fehl. Aber auch bei diesem schwächeren Mann ist Härte und Grausamkeit und selbst sein Versagen verbunden mit dem Werden in der Welt. Aus dem umherirrenden Kopf der Gattin entsteht eine neue Tierart, der Nachtvogel Sabiá bzw. „Bacurau".

Als Mut- und Kraftprobe zur Überwindung der Furcht wählt schon der erste Held das Übernachten tief im Urwald. Er geht von der Gemeinschaft weg, um allein im Wald mit der Gattin zu schlafen. Nachdem sie endlich einen Lagerplatz gefunden haben, verläßt er sie unter dem Vorwand, Wasser zu suchen. Er findet auch Wasser und trinkt, leugnet aber vor der Frau, etwas gefunden zu haben, und läßt sie in unsäglichem Durst schmachten. Die Darstellung ist überaus lebensnahe.

Ich konnte selber ähnliches mitmachen, als wir im Jahre 1957 nach wochenlanger anstrengender Fahrt im Kanu, den Rio Vermehlo aufwärts, in die Wildnis eindrangen, um die Stammesgruppe der Kubenkrãkein zu suchen, die Gerüchten zufolge hierhergezogen sein sollte. Nach einem beschwerlichen Tagesmarsch durch den Wald lagerten wir auf einem hohen bemoosten Felsen, weil die Aussicht bestand, von hier aus vielleicht in der Nacht den Feuerschein eines Indianerlagers zu entdecken. In unserem Eifer hatten wir verabsäumt, Wasser mitzunehmen. Der quälende Durst, die Trockenheit in der Kehle, dazu der durch maßlose Müdigkeit bleischwer gewordenen Körper läßt ohne weiteres in dem unruhigen Erschöpfungsschlaf einen Traum entstehen, ähnlich dem Geschehen, wie es der Mythos berichtet. Als Traum ist auch die Vorstellung naheliegend, daß sich der Kopf vom Körper trennt, wie bei der dürstenden Frau des Herrenmenschen, und dorthin rollt, wo das Unken und Froschgequak das heißbegehrte Wasser anzeigt. Nach dem ersten Teil unseres Mythos im Originaltext kehrt der Kopf der Frau auch wieder zurück und vereinigt sich heimlich wieder mit dem Körper, ohne daß sich der starke Gatte darum kümmert; es gehört ja zu seinem Plan. Auch am nächsten Morgen geht er auf die Vorhaltungen der Frau nicht ein. Er hat den Beweis für den Wert der Erziehung erbracht, als Beispiel den späteren Geschlechtern. Er hat der Frau das Fürchten selbst vor dem Schrecken der Nacht abgewöhnt, er hat jetzt die mutige Gattin, die nur ihn fürchtet. Nun fügt er sich wieder in die Gemeinschaft: Er kehrt mit der Gattin in das Dorf zurück, in die gemeinsame Wohnung, in das Haus ihrer Mutter.

Nach dem zweiten Teil des Mythos will ein anderer Mann der Urzeit das Erziehungswerk an seiner Gattin nachahmen. Alles geschieht so wie beim ersten Paar. Als aber der Kopf der Frau zurückrollt, raschelt unheimlich das Laub. – Das Treten des Laubes, verbunden mit dem unheimlichen Rascheln, wird in dem Mythos vom Mann, der sich in eine Eule verwandelte, als ein Aufscheuchen der bösen Nachtwesen dargestellt. Andererseits heißt es in diesem Mythos auch, daß nur böse Menschen in der Nacht umhergehen. – Jedenfalls erschrickt der Mann, der den Stärkeren nachahmen will, als sich der Kopf seiner Gattin nähert; er hat Angst. Und wie kann einer Furchtlosigkeit lehren, der sich selber fürchtet? Nach unserem Originaltext bläst der Erschrockene ins Feuer, daß es hell auflodert und raucht. Dadurch erschreckt und verscheucht er wiederum den Kopf der furchtsamen Gattin. Zweimal versucht der Kopf noch, zu seinem Körper zurückzukehren, wird aber immer wieder vom hell auflodernden Feuer vertrieben. Aus seiner Furcht, aus dem ängstlichen Rollen und Springen, wird das Flattern eines Vogels, der im Fliegen am Boden dahinstreift, und aus seinem klagenden Schrei der Vogelschrei Bu, bu, bu. Der Kopf verwandelt sich in den Vogel Sabiá. Der Sabiá schwärmt umher, als suchte er etwas leidenschaftlich, wie der Kopf der Frau zuerst das Wasser und dann seinen Körper suchte. Wie aufgescheucht durch ein Feuer, schießt er dann wieder in die Höhe und fliegt davon.

Die Mythenfassung von Horace BANNER (1957: 59 ff.) bringt lediglich den zweiten Teil als Fragment. Danach löst sich der Kopf los, um zu trinken, und läßt den Körper zurück, weil die Frau Angst hat, der Mann könnte sonst ihre Abwesenheit bemerken. Der Kopf fliegt, das lange Haar als Flügel benützend, zum Wasser. Als der Mann dennoch die Abwesenheit seiner Frau bemerkt, wirft er die glimmenden Scheite des Lagerfeuers weit auseinander. Verzweifelt und flüchtend, flattert der Kopf dahin und dorthin, um seinen Leib wiederzufinden. Vergeblich; da werden seine langen Haare zu weitausgespannten Flügeln, und sein Klagen wird zum Vogelschrei. Der Kopf verwandelte sich in den Vogel Bacurau, den Vogel, der den Schnabel immer weit offen hat, der keine Nester baut, der seine Eier in den Staub legt und ruhelos suchend am Boden dahinfliegt. Obwohl nur ein Fragment, erhärtet auch diese Version des Mythos die Weltanschauung der Kayapó. Der blinde Wutausbruch des Gatten gilt als häßlich, als Schwäche. Aus der Schwäche und

Grausamkeit des Mannes entsteht eine neue Vogelart. Der Schwächling kann die Frau, die ihn achten soll, nicht halten, sie entflieht ihm in der Gestalt des Vogels.

Sowohl im Originaltext als auch in der eben erwähnten Version des Mythos hält der Gatte dem toten Körper seiner Frau die Treue. Er fügt sich damit wieder in die Gemeinschaft und deren Gesetze der Pietät. Der Gatte läßt den Körper nicht einfach im Urwald zurück, den Aasgeiern zum Fraß, sondern er baut einen Steinherd und trocknet darauf den Leichnam. Er wickelt ihn dann in große Blätter und an einem Rindenband trägt er das Bündel ins Dorf zurück, zum Haus, in dem die Frau gewohnt hat. Ihre Mutter tritt ihm entgegen. Nach unserem Originaltext legt er Rechenschaft über sein Unternehmen ab und erzählt den Hergang des Geschehens im Walde. Dann übergibt er der Mutter und den weiblichen Verwandten den Leichnam zur Bestattung. Damit ist das Recht des Gatten und das Recht der Mutter der Frau wieder in das richtige Lot gebracht, auch für künftige Geschlechter. Daher ist hier auch von keinen Racherufen der Mutter die Rede. Sie kommt nur ihrer Pflicht nach und hüllt die Tochter in eine schöne Strohmatte; darin wird diese dann auch von Verwandten am Begräbnisplatz draußen in sitzender Stellung bestattet. In Kubenkräkein habe ich einmal erlebt, wie eine alte Mutter, während alle Dorfgenossen auf einer Wanderung unterwegs waren, ihre tote Tochter, in eine schöne Strohmatte gehüllt, ganz allein zum Begräbnisplatz trug und dort bestattete.

Mann, Frau und Kind in Familie und Verwandtschaft

Verhaltensweisen, die mit dieser Problematik in Zusammenhang stehen, sind in der gesamten Mythologie immer wieder erkennbar, aber sie werden nur andeutungsweise, nur am Rande des Geschehens offenbar. Manche Zusammenhänge erscheinen zu wenig affektgeladen, zu wenig eindrucksvoll, um als Gegenstand für eine Dramatisierung geeignet zu sein.

Aber auch das ist vielleicht schon wieder ein Merkmal der indianischen Weltanschauung, die nur das furchtbare Geschehen, den Kampf, die Bedrohtheit des Daseins in den Mittelpunkt der Betrachtung stellt.

Eine solche Schilderung am Rande des Geschehens bietet der Mythos von der Frau, die den Jaguar bemalte. Die Geschichte wird durch eine Szene von zwei Schwestern eingeleitet, die geruhsam im Schatten vor der Hütte sitzen und einander die Haare nach Läusen absuchen. Diese idyllische Szene kann man auch heute in Kubenkrãkein immer wieder erleben. Die Frau hält die Laus zwischen den Nägeln von Daumen und Zeigefinger, führt sie zum Mund, zerbeißt sie mit den Zähnen und speit sie aus, indem sie sich weit zur Seite neigt. Dabei haben selbst wir Europäer kaum das Unbehagen, das wir bei einem so unhygienischen und groben Vorgang erwarten möchten. Im Gegenteil, wir empfinden deutlich, daß hier einem Nahestehenden ein Liebesdienst erwiesen wird und sogar mit einer gewissen Anmut und Grazie. Die gleiche Behutsamkeit und Fürsorge, mit der die Frau einen geliebten Menschen von lästigen Parasiten befreit, können auch Männer anwenden, wenn sie dem kleinen Söhnchen oder einem Verwandten einen Dorn oder Span ausziehen. Sie entwickeln eine unglaubliche Geschicklichkeit und Sorgfalt bei der Entfernung des Sandflohs, der mit dem freien Auge kaum erkennbar ist und sich insbesondere in den Ecken der Finger- oder Zehennägel einbohrt und dort böse Eiterungen erzeugen kann. Ich bekam dieses Geschick, diese Fürsorge und Behutsamkeit am eigenen Leibe zu spüren, wenn die Indianer dem Fremden, der ihr Freund geworden war, den sie auch für einen Verwandten hielten, weil er ihre Sprache sprach, von einem schmerzenden Dorn oder dem bösen Sandfloh befreiten. Die höchste Zartheit kann man aber bei Indianern beiderlei Geschlechts in ihrem Verhalten zum eigenen Kind finden. Allerdings wechselt schon in den mythischen Modellen höchste Zärtlichkeit mit schroffer Härte ab, im Sinne der Dynamik der indianischen Weltanschauung und des indianischen Lebens. Die Mutter, *nã*, heißt, wenn sie als Gebärerin auftritt *nirúa* = *ni-rúa* = die Frau, die geboren hat, wörtlich die Frau, die das Kind fallengelassen hat. *Kra-rúa,* das Kind fallen lassen, heißt gebären. Nach dem Training, das der weibliche Körper in dem bewegten Leben ständig erhält, geht die Geburt meist sehr einfach vor sich, es ist eine Geburt der starken Frau. Sie gebiert meist stehend, daher der Name „das Kind fallen lassen". Der Mann wird bei der Geburt durch seine Mutter vertreten; sie ist die legitime Geburtshelferin, die das Kind auffängt und in Empfang nimmt. Schon vor der Geburt beginnt das Umsorgen und Umhegen des Kindes durch Vater und Mutter; beide legen sich zum Wohl des Kindes Fastenopfer auf. Und bei der Couvade, dem Männerkindbett, verharrt der Vater, wie ich selbst beobachten konnte, vor und nach der Geburt durch Wochen in Ruhe und Meditation. Er nimmt innigsten Anteil an dem Werden seines Kindes. Das Kind, das sie so lange in ihrem Leib getragen hat, indem sie sich des gemeinsamen Lebens voll bewußt war, trägt die Frau dann bei allen ihren Handlungen und Verrichtungen mit sich. Das Kind wächst in das Leben der Mutter hinein. Bis zum dritten, vierten Lebensjahr stillt sie das Kind, und wird es einmal krank, unterstützt sie sein Säugen mit einem Eifer, der für das Kind oft lebensgefährlich wird, wie ich es mitansehen mußte.

Auch der Mythos vom Mann, der sich in ein Krokodil verwandelte (251), schildert eingangs eine idyllische Szene: Die Frau bereitet an ihrem Herd Maniokfladen, und ihr Söhnchen spielt daneben. Es wird genau beschrieben, wie sie den Erdherd, bei den Kayapó besser Steinherd *ki* = *ken-kam-küü* (Feuer in den Steinen), errichtet und zu backen beginnt. Wie wir im Dorf immer wieder beobachten konnten, schleppt die Frau das mit einem Stirnband festgehaltene Brennholz auf dem Rücken. Nur hie und da hilft der Gatte mit und trägt lässig einen großen Ast zum Zerkleinern herbei. Mit den Händen macht die Frau eine seichte Grube, in der sie das Brennholz scheiterhaufenartig schlichtet. Darauf legt sie etwa kopfgroße Steine und entzündet das Feuer. Sobald die Steine glühend heiß geworden sind, breitet sie mit einem Scheit das Feuer auseinander, so daß die Flammen erlöschen. Dann legt sie sorgsam die Maniokmasse *(dyō)* oder das Stück Fleisch *(mrü)*, in Bananenblätter gewickelt, auf die glühenden Steine und wirft mit den Händen oder einem Scheit die heiße Erde vom Rand der flachen Grube darüber. So wird Maniokmasse und Fleisch zubereitet, das, wenn man es in den verkohlten Blättern aufbewahrt, lange frisch erhalten werden kann. Obwohl auch der Mann bei dem oft tage- oder wochenlangen Jagdaufenthalt im Wald dort den Steinherd bereitet und Backen und Braten besorgt, so gehört doch der Herd und die Zubereitung des Essens zum Aufgabenbereich der Frau. Auch das Braten von Fleisch und Fisch, die oft, auf Stäbchen gespießt, an den Rand des Feuers gesteckt werden, besorgt vor allem die Frau. Mit dem Herd, um den die engere Familie herumsitzt, ist auch das Haus wesentlich der Frau eigen. Bezeichnenderweise heißt bei den Kayapó das Haus *ki-kré* = wörtlich „für das Herdfeuer Höhle, Behausung". Das Rundhaus aus Palmenblättern, die durch ein Gerüst von Astgabeln und Stangen gestützt sind, wird nach uralter Tradition immer von der Frau gebaut. Das Haus ist das Haus der Frau. Die Frau und Mutter und das matrilokale Wohnen ist entscheidend für die Familie und das ganze Verwandtschaftssystem der Kayapó. Die Ehe kommt dadurch zustande, daß der Bräutigam einen Jüngling *(okre)* in das Haus der Mutter schickt, damit er mit dieser rede und ihr Jawort erlange. Nur so kommt es zu einer legitimen Ehe. Der Gatte aber zieht in das Haus seiner Schwiegermutter. Ein neues Herdfeuer wird von der Gattin entzündet. Damit gründet sie eine neue Familie, die im Rahmen der ursprünglichen Familie ihrer Mutter bleibt, sie aber erweitert. Das weltanschaulich begründete Herrentum des Mannes wird gemildert durch den Schutz, den die Frau inmitten ihrer Sippe mit Eltern, Großeltern und Geschwistern genießt. Das Recht des Gatten findet eine Schranke in dem Recht, das von der Mutter der Frau oder deren Mutter ausgeht. Erschütternd ist als mythisches Modell die Schlußszene im Mythos von der Frau, die sich in einen Vogel verwandelte. Dort ist zuerst nur vom Herrentum des Mannes die Rede und was er unternehmen kann, um die Frau stark und mutig zu machen. Als aber die Frau dabei zugrunde geht, folgt der Gatte wieder dem Recht der Mutter und bringt den Leib der infolge seiner Grausamkeit verstorbenen Gattin heim zu ihrer Mutter, damit sie ihn bestatte.

Die Erziehung des Kleinkindes – Knabe oder Mädchen – liegt ganz in der Hand der Mutter. Dies geht auch aus vielen idyllischen Szenen am Rande mythischer Erzählungen hervor. Im Mythos vom Manne, der sich in ein Krokodil verwandelte, spielt das Söhnchen, wie gesagt, neben dem Steinherd, an dem die Mutter arbeitet. Bei allen Arbeiten der Mutter ist das Kind dabei; sie trägt es zuerst im Traggürtel mit sich, und später läuft es neben ihr her. Sie nimmt ihre Kinder auch mit auf den weiten Weg in die Pflanzungen. Die Tochter bleibt immerwährend aufs engste mit der Mutter verbunden. Diese weltanschaulich begründete Verbindung von Mutter und Tochter kommt in dem Mythos von der Frau, die den Jaguar bemalte, dramatisch zum Ausdruck: Nach der unheimlichen Begegnung mit dem bösen Hörnermenschen flieht die Frau zuerst mit beiden Töchtern in den Wald und dann wiederum mit der Enkelin.

Die Erziehung des Knaben hingegen beeinflußt schon sehr früh entscheidend der Mann, und zwar in erster Linie der leibliche Vater, *bam,* oder jener Mann, der zwar nicht der leibliche Vater ist, aber den Ehrennamen *dyuná* = ebenfalls Vater, erhält. Die Beziehung des Mannes bzw. des Vaters zum Kind kann gleichfalls von einer großen Zärtlichkeit getragen sein. *Angmere* = Liebling, ist die Bezeichnung, die das Kind immer wieder erhält. Auch der Mann kann mit dem Kind in rührender Weise spielen. Das Spiel ist stets eine Nachahmung des bewegten Lebens der Indianer. Das Spielzeug, das der Vater dem Knaben macht, ist vor allem der kleine Bogen mit den Pfeilen, wie im Mythos vom Feuer des Jaguars. Der Jaguar,

der für den Indianerknaben die Vaterrolle übernimmt,
schnitzt diesem Bogen und Pfeil (190). So lieb und zärtlich
die Indianer auch ihre Kinder behandeln können, so ist es
doch nicht richtig, daß sie nie strafen und schlagen würden.
Ein Schwanken zwischen Zärtlichkeit und Härte gehört zur
Dynamik ihrer Welt. Bedeutsam und charakteristisch ist jene
Überzeugung, die oft in dramatischer Weise in den Mythen
dargestellt wird, wonach schon das Kind als Persönlichkeit in
allen Äußerungen vollkommen ernst zu nehmen ist. Nur so ist
oft die grausame Reaktion auf seine Handlungen verständlich. Das Kind tritt im Mythos mitunter ganz selbständig auf
und vollbringt Taten, die für alle Zukunft Geltung haben sollen; es ist sich der Weltwirkung auch bewußt. Der fremde
Knabe im Mythos vom Loch im Himmel schneidet das Seil
ab, das zwei Welten verbindet und an dem die Kayapó herunterklettern. Dann erklärt er höhnisch: „Ich schneide das Seil
ab, damit sie ewig oben bleiben und nie herunterkommen."
Und damit teilt er die Menschheit. Nach dem Mythos von der
Frau, die sich einem Tapir hingab, greift der Sohn ihres
menschlichen Gatten selbständig in das Geschehen ein. Er
schleudert dem Tapir, den er draußen auf der Steppe im Beischlaf mit der Mutter antrifft, empört eine Burití-Frucht an
den Kopf. Die Mutter nimmt die Tat völlig ernst. Sie schlägt
mit einem Bündel Schneidegras auf den Knaben ein, bis er am
Boden liegt. Nur mühsam taumelnd und mit verschwollenem
Gesicht kann er sich wieder erheben und zum Vater laufen.
Mit unvergleichlicher Mimik stellte der Indianer, der die Geschichte erzählte, diese Szene dar. Im Mythos vom Mann, der
sich in einen Tapir verwandelte, bringt der Knabe seiner Mutter den gräßlichen Braten; erst nachdem sie gegessen, ruft er
höhnisch lachend: „Deinen Geliebten hast du gegessen!"
Wutentbrannt packt sie ihn und schleudert ihn in die Luft.

Dieselbe enge Bindung wie zwischen Mutter und Tochter
besteht auch zwischen Vater und Sohn, vielleicht noch stärker betont. Sie wirkt sich oft auch verstärkend auf die Polarität der beiden Gatten aus; Vater und Sohn verbünden sich

gegen Gattin und Mutter. In der Geschichte vom Mann, der sich in einen Tapir verwandelte, macht der Vater den Sohn zum Werkzeug seiner Rache. Durch ihn schickt er seiner Frau den Tapirbraten, der von ihrem ermordeten Geliebten stammt. Mit seinem Hohn geht der Knabe noch über den Auftrag des Vaters hinaus. Bei der Frau, die eines Tapirs Geliebte war, übernimmt der kleine Sohn den Zorn des Vaters.

Sehr eng ist die Beziehung zwischen Brüdern, besonders Zwillingsbrüdern. Dieser Dualismus ist charakterisiert durch höchste Gemeinsamkeit der Interessen und des Wirkens einerseits und durch eine starke Polarität und Rivalität andererseits. Die Polarität hat eine gewisse Ähnlichkeit mit jener zwischen den Ehegatten, nur daß hier die sexuelle Spannung fehlt. Im Mythos vom großen Adler gewinnt dieser Dualismus höchste weltanschauliche Bedeutung. Die beiden großen Brüder der Urzeit, die unter dem Wasser heranwuchsen, werden zu Rächern der Menschheit an dem Ungeheuer. Gemeinsam töten sie es und machen die Kayapó, die bisher schwächlich und hilflos waren, zu einem starken Volk. Sie bauen das Männerhaus, das zum Zentrum des männlichen Lebens wird und von dem gewaltige Männerstärke ihren Ausgang nimmt. Auf sie geht die Zweiteilung des Dorfes zurück, das die menschliche Gesellschaft, die Welt bedeutet. Sie sind das Urbild der beiden Kayapó-Häuptlinge, die je eine Dorfhälfte führen.

Ein enge Bindung innerhalb der Verwandtschaft besteht auch zwischen Bruder, *i-kamú,* und Schwester, *i-kwanikwoi.* Das vorausgestellte *i,* mein, *a,* dein, sein, ihr, oder das allgemein besitzanzeigende *nyõ* vor Verwandtschaftsnamen verdeutlicht die Intensität der Zusammengehörigkeit. Auch bei Bruder und Schwester handelt es sich um eine enge, im Unterbewußtsein tief verwurzelte geistige Gemeinschaft. Bei meinen Beobachtungen im Kayapó-Dorf sind mir oft Geschwisterpaare durch ihr ruhiges und ausgeglichenes Verhalten zueinander aufgefallen. Man sieht sie oft lange stumm mitsammen einhergehen, oder man kann sie bei ernsten Gesprächen beobachten. Im Mythos vom Mann, der sich in einen Tapir verwandelte, wird geschildert, wie der Bruder in das Haus kommt, in dem der Gatte die Schwester verborgen hält, nachdem er sie aus dem Fluß gefischt hat. Der Bruder spürt die Anwesenheit der Schwester. Als er den Gatten und dessen Sohn Maniokfladen essen sieht, sagt er: „Ich rieche ja, daß es die Maniokfladen meiner Schwester sind." Und wirklich hat die Schwester eine solche Menge gebacken, weil sie weiß, daß es das Lieblingsgericht ihres Bruders ist; nach ihm hat sie Sehnsucht. Und der Bruder sucht leidenschaftlich die Schwester, die der Schwager so gut versteckt hat. Der Bruder verwandelt sich immer wieder in eine neue Ameisenart, immer kleiner und kleiner wird er, um in alle Ritzen spähen zu können, bis er die Schwester endlich unter dem Dach versteckt findet.

Ein Indianer erzählte uns ein Detail aus dem Mythos vom Mann, der nicht wußte, daß die Tiere reden können: Als der Held nach langer, langer Irrfahrt endlich seines Dorfes ansichtig wird, wagt er sich zuerst gar nicht hinein. Er schämt sich und fürchtet sich zugleich. Er versteckt sich am Waldrand. Von dort aus hält er durch Zurufe die Schwester an, als sie zum Fluß geht, um Wasser zu holen. Sofort erkennt die Schwester den Bruder wieder. Mit ihr zusammen kehrt er ins Haus zurück. Eine geheimnisvolle Verbindung von Schwester, Heimat und Haus wird hier offenbar.

Daß eine so enge Verbundenheit aber von einer anderen noch übertroffen werden kann – von der zwischen Vater und Sohn – zeigt der Mythos von den Menschen, die sich in Wildschweine verwandelten (93). Eingangs wird erzählt, daß der Bruder seinen Sohn immer zum Haus der Schwester schicke, um Maniokfladen zu holen, weil charakteristischerweise nur sie die Speise nach seinem Geschmack bereite. Auf die Vorhaltungen des Vaters, warum der Knabe von diesen Gängen immer so spät heimkehre, erfolgt die mürrische Antwort: „Weil deine Schwester böse ist! Jedesmal, wenn ich zu ihr komme, schafft sie mir noch an, für sie jagen zu gehen." Jagd und Aufteilung der Beute ist Männersache. Der Sohn hat die

Kunst vom Vater gelernt, und der Vater ist, so lange er mithalten kann, sein Führer und engster Kamerad auf der Jagd. Einmischung von der Weiberseite her, handle es sich auch um die Schwester, wird als Eingriff in das Männer- und Vaterrecht nicht geduldet. Ergrimmt verschafft sich nach unserem Mythos der Vater Rache und verwandelt die Schwester und ihre ganze Sippe in Jagdwild, und zwar in Wildschweine.

Es gibt auch Zusammengehörigkeiten, die den Blutsbanden gleichkommen und eine Verwandtschaft begründen, die an geistigem, vor allem aber gefühlsmäßigen Inhalt keineswegs geringer ist als die natürliche. Der Ausdruck für künstlich, fiktiv, portugiesisch a toa, ist *kaigó;* dazu kommt der natürliche Verwandtschaftsbegriff von Vater, Mutter oder Kind, also Adoptivvater = *i-bam kaigó.* Das besitzanzeigende Fürwort *i* = mein, *a* = dein, sein, ihr oder *nyō* (allgemeinbesitzanzeigend) verdeutlicht die Intensität des Dualismus. Im Mythos von der Frau, die den Jaguar bemalte, bietet sich der Krebs als Adoptivvater an für das Enkelkind der Frau; dabei verbürgt er das, was nach indianischer Auffassung das Wesentliche des Adoptivaktes ausmacht, das Aufziehen = *nyō-krit,* die Erziehung des Kindes. Wie bei der Ehe gibt es auch hier, wo es sich ebenso um das Schicksal der Tochter handelt, das Mutterrecht. Der Krebs muß sich das Kind, das keine Waise ist, von der Mutter bzw. von der Großmutter erbitten. Deutlich zeigt sich eine Parallele zur Brautwerbung: Der Mann, der um die Tochter anhält, schickt einen Knaben in das Haus der Mutter um ihr Jawort. Im vorliegenden Fall bittet der Krebs nur darum, das Kind aufziehen zu dürfen und will es dann wieder zurückgeben; die Großmutter verspricht es ihm gleich zur Ehe. Freilich geschieht das nur zum Schein, sie will nur, daß er ihnen Wasser verschaffe, und sie flieht dann mit der Enkelin.

Eine enge Beziehung, ähnlich der von Brüdern, bei aller Gemeinsamkeit der Interessen mit einer großen Rivalität verbunden, besteht auch zwischen den männlichen Schwägern. Nach dem Mythos vom Feuer des Jaguars ziehen die

176

beiden Schwäger aus, um Vogeleier auszunehmen. Der ältere hält dem jüngeren den Stamm, der als Leiter dient. Als er dabei aus Ungeschick des Knaben einen Stein an den Kopf bekommt, ist er so ergrimmt, daß er den anderen auf dem Felsen droben im Stich läßt, den Leiterstamm wegwirft und allein nach Hause geht.

Das feste Band, das von Haus aus Mutterbruder mit Neffen und Vaterschwester mit Nichte verbindet, wird durch eine feierliche Namensübertragung eigens bestätigt und verstärkt. Der Name *i-nidyí* ist für die Indianer ein Abbild, ein Zeichen der Persönlichkeit. Aus einem Detail der Geschichte von dem Mann, der sich in ein Krokodil verwandelte, geht hervor, daß durch die Übertragung des Namens eine tiefere Beziehung als Blutsverwandtschaft entsteht, nämlich eine direkte Schicksalsgemeinschaft. Das neben der Mutter spielende Söhnchen fällt auf die heißen Herdsteine und verbrennt sich: Als der Onkel des Knaben den kleinen weinenden Neffen erblickt und den Hergang der Verwandlung erfährt, sagt er: „Wenn ich der Onkel wäre, der dem Knaben seinen Namen übertragen hat, hätte auch ich mich jetzt an der Feuerstelle verbrannt." Und dies geschieht dann auch wirklich jenem anderen Onkel, als Voraussetzung seiner Verwandlung. Als Krokodil befragt er einen Fisch nach den Namen aller anderen. Die Namen bringt er der Menschheit als wertvolles Geschenk mit, denn durch sie werden sie für alle Zukunft den schnellen, schwer greifbaren und starken Wassertieren verwandt und wesensgleich. Welch tiefe Bedeutung als Abbild, als Teil der Persönlichkeit die Indianer dem Namen beimessen, merkt man, wenn man einen von ihnen nach seinem Namen fragt. Er macht sogleich ein finsteres Gesicht und sagte höchstens: „*kone* = ich weiß es nicht = ich will es nicht wissen", das heißt, er verweigert die Auskunft. Man fürchtet offenbar, durch das Aussprechen des eigenen Namens das eigene Ich preiszugeben. Wenn man hingegen die Frage: „*Moina idyí kuté* = wie heißt er!" an einen Dritten richtet, erhält man ohne weiteres freundlichen Bescheid. Das macht den Glaubensinhalt aus dem Mythos um Sinn und Wert des Namens vielleicht noch deutlicher: Die feierliche Übertragung des eigenen Namens führt zu einer Verdoppelung des eigenen Ich.

Die beiden Geschlechter im öffentlichen Leben

Schon im V. Kapitel von den zwei großen Ahnherrn haben wir darzustellen versucht, wie die Einteilung in zwei Dorf- hälften oder Menschheitshälften im Sinne des Mythos vom großen Vogel auf ein Brüderpaar zurückgeht. Geteilt ist die Welt der Männer mit ihren Frauen und Kindern. Die beiden Häuptlinge haben ihr Urbild in den Zwillingshelden, die das Volk zu einem wehrhaften machten. Sie sind die unmittelba- ren Anführer der *Mebenget* = *me-be-nget* = Männer, die sind alt. Dies ist die führende Schichte der Gesellschaft, wobei „alt" im Sinne von „reif, zur Vollkraft gelangt", gebraucht wird. Auch die beiden Urzeithelden mußten erst in strenger Zucht, sogar unter Wasser heranreifen, bis sie dann, zur Voll- kraft gelangt, die mythische Befreiungstat vollbringen konn- ten. Immer wieder spielen in den Mythen Männer aus dieser Schicht eine Rolle, bei der Erfahrung, Weisheit und Kraft sich in weltgestaltenden Handlungen kundtut. Sie sind die urzeit- lichen Verwirklichungen des Ideals vom Mannestum, das auch die Ethik der Indianer bestimmt. Zu den Mebenget wer- den im heutigen Alltag der Kayapó alle Männer im Alter von ca. 35 Jahren gerechnet, aber auch jene, deren Frauen mindes- tens zwei Kinder haben, Männer, deren Frauen Kinder ha- ben = *me krare*. Ich habe selbst erlebt, daß diese Mebenget auch im Krieg die führenden Positionen einnehmen: Im Jah- re 1956 näherte sich einmal eine große Gruppe fremder In- dianer unserem Dorf. Frauen, die in wilder Flucht von ihren weit außerhalb gelegenen Pflanzungen heimkehrten, brach- ten die Kunde. Ein Überfall war zu befürchten. Da waren es diese Mebenget, die das ganze Volk in Verteidigungszustand setzten. Sie stellten die Kampfgruppen zusammen, die unter

178

ihrer Führung und nach dem Aufmarschplan, den sie gemeinsam entworfen hatten, „dem Feind" entgegenrückten. Glücklicherweise ging alles gut aus. Die Fremden kamen in friedlicher Absicht. Verwandte der Leute vom Dorf waren darunter, und es kam zu der üblichen „weinenden Begrüßung", zu ausführlichem gegenseitigen Erzählen der Schicksale und zu einer endlosen Verbrüderungsfeier.

Die Klasse der Mebenget, als der Männer in der Vollkraft ihrer Jahre bis ins hohe Alter, ist das Kernstück einer Gesellschaftsgliederung nach Klassen, die man herkömmlich „Altersklassen" nennt (vgl. DREYFUS 1963: 72). Besser würde man sie als Reifeklassen bezeichnen. Das Kriterium für die Zugehörigkeit zur Klasse ist ja nicht allein das Lebensalter; dieses zu bestimmen ist bei einem Volk, das die Zeit nur in Tagen = *akatí,* Monden = *mut-ürüre,* Sommern = *met* (die schöne Zeit) oder Regenzeiten = *na* (= Regen) rechnet, gar nicht so einfach. Hier gilt als maßgebend auch der Besitz von Frau und Kindern, die Erfahrung, die Tüchtigkeit und das bewährte Mannestum. Die Einteilung beginnt mit der Klasse der Kinder, die noch keinen Namen bekommen haben. Bezeichnenderweise werden sie *karon* = Geist, Seele genannt. Dann folgt die Klasse der Kinder, die *Meprire* oder *me-ngrire* = kleine Menschen. *Meprire* ist offenbar eine Zusammenziehung von *me-be-ngrire* = Menschen, die sind klein, zu *me-prire.* Bis zu diesem Lebensalter ist die Bezeichnung für Mädchen und Buben die gleiche. Dann folgt für die Buben die Klasse der *Me-bogtire* von 7 bis 13 und dann die der Jünglinge, *Me-ókre* bis zum etwa 17. Jahr. Auf der Mädchenseite entspricht diesen beiden Altersstufen die Klasse der Jungfrauen = *Me-printire.* Eine eigene Bezeichnung „*me-mu-dye-nure*" haben die Jünglinge, die bereits einen Penisschutz tragen (ab dem 15. Lebensjahr), ohne dadurch aber in eine andere Klasse aufzurücken. Die Mädchen, die nicht Jungfrauen sind, heißen *Me-kurerere.* Auf der Männerseite folgt nach Absolvierung der Reiferiten, die mit einer feierlichen Reifezeremonie abschließen *(Me-ĩ-*

tükre), die Aufnahme in die Klasse der Jungmänner, *Menoronure (= me-noro-dyure)* im Alter von 17 bis 18 Jahren. Die Reifezeremonie für Jünglinge findet nur in großen Abständen statt, so daß sehr oft die bloße Aufnahme (ohne Ritual) in die Klasse genügt. Erst von diesem Zeitpunkt an kann der junge Mann heiraten. Bei den Mädchen gibt es keine Reifezeremonie. Das Mädchen kann ab dem 11. oder 12. Lebensjahr heiraten. Solange sie keine Kinder hat, heißt sie weiter *me-kurerere.* Ebenso heißt die unverheiratete Frau *me-kurerere* oder auch *me-kuprö.*

Ab dem 25. Lebensjahr gilt der Mann jedenfalls als erwachsen = *me-mu.* Ebenso die Frau, *me-ni(re).* Diese Altersstufe überschneidet sich mit der führenden Klasse. Wie bereits oben erwähnt, ist dies die Klasse der reifen, vollwertigen Männer, *Me-be-nget.* Sie gehören dieser Klasse bis zum Lebensende an. Ihr entspricht unter dem gleichen Namen „*Me-be-nget"*, die führende Klasse der Frauen. Auch ihr gehören die Frauen in der Vollkraft ihrer Jahre an, das ist etwa vom 35. Lebensjahr angefangen, aber darüber hinaus überhaupt alle tüchtigen und erfahrenen Frauen sowie die Mütter mehrerer Kinder *(me-kra-puire).* Sie bleiben in dieser Klasse bis zum Lebensende.

Es gibt daneben noch verschiedene Bezeichnungen, welche eine Reife ausdrücken, wie z. B. *me-krare,* Männer, deren Frauen ein Kind haben, *me-tuyaró* für die schwangere Frau bzw. deren Mann. Aber diese Benennungen bedeuten nicht eine für die Gesellschaftsordnung wichtige Klasse. Die Klasseneinteilung nach DREYFUS (1963: 72) dürfte überspezialisiert sein. Die obige Klasseneinteilung wurde mir z. B. bei der Verteilung von Geschenken immer wieder klar erkennbar. Ich mußte sie genau berücksichtigen, um nicht den heftigsten Protest aller zu erfahren. Aus der Führerklasse der männlichen Mebenget, und zwar aus je einer Hälfte, werden die beiden Häuptlinge = *Benyadyori* gewählt, die das ganze Gemeinwesen führen. *Be* = sein – *nya(m)* = da – *dyo(ri)* = Mittel, „Werkzeug für", also etwa „Der, der für alle da ist". In Kubenkrãkein war es der Häuptling Ngroi (Papagei) für die Hälfte der Atóro-o-ngro, die ihre Hütten im Westen hin zum kreisrunden Dorfplatz hatten, und der Häuptling Oket für die Hälfte der Me-krãgrãgrã, mit ihren Hütten auf der gegenüberliegenden Seite des Dorfplatzes. Oket war, obwohl ihn Funktionäre des staatl. Indianerschutzdienstes schon einmal in die Hauptstädte Rio und São Paulo mitgenommen hatten, noch ganz in der Stammestradition verwurzelt. Ngroi war eher ein Mann des Fortschrittes; seine mächtige Lippenscheibe trug er nicht mehr – von ihr zeugten nur mehr die breite Durchbohrung seiner Unterlippe und große Hautfalten im Gesicht. In Gorotire, das schon viel länger in Kontakt mit den „Zivilisierten" stand, waren es die Häuptlinge Tut (Taube), ein sehr diplomatischer und wendiger Mann, der immer wieder seinen eigenen Vorteil suchte, und der mehr traditionsgebundene Kanyok, ein Mann von aufrechtem Charakter, mit dem mich eine echte Freundschaft verband. Das Dorf Gorotire war nicht mehr kreisförmig, und die Dorfhälften – von denen ich keine besonderen Namen hörte – hatten keinen getrennten Wohnbezirk.

Wichtige Beschlüsse, wie nach dem mythischen Vorbild von der Welt über dem Himmelsdach auf die irdische Welt herunterzusteigen, fassen die Häuptlinge gemeinsam. Eine gewisse Rivalität zwischen ihnen wirkt sich eher günstig auf ihre Leistung zum Wohl der Gemeinschaft aus.

Sicherlich spielt bei der Wahl der Häuptlinge auch die Familie – eben eine Häuptlingsfamilie – eine gewisse Rolle; der Häuptlingssohn bzw. der Häuptlingsneffe (der gewesene Häuptling war sein mütterlicher Onkel) haben einen natürlichen Vorrang. Entscheidend ist aber die Persönlichkeit der Kandidaten im Sinne der indianischen Ideale. Nachfolger von Oket wurde nach dessen Tod der Sohn seiner Schwester, unser Freund Ngopre (die Muschel), den wir schon immer als eine ausgesprochene Führerpersönlichkeit eingeschätzt hatten. Neben den Häuptlingen und den Medizinmännern, die ebenfalls aus der führenden Klasse stammen müssen, kann sich aber auch noch die eine oder andere kraftvolle

Persönlichkeit aus dieser Klasse ebenfalls zum Anführer einer Gruppe aufschwingen. Besondere Fähigkeiten können dafür maßgebend sein, wie etwa die Kenntnis einer fremden Sprache (portugiesisch). Ein solcher Führer war in Kubenkräkein zu unserer Zeit neben den Häuptlingen Ngroi und Oket ein Mann namens Tekrere. Die Sondergruppe heißt dann auch nach dem betreffenden Mann z. B. *Tekrere-meõ* = die Leute des Tekrere. Jede einzelne Klasse – selbstverständlich abgesehen von den Kleinstkindern – bringt solche Führerpersönlichkeiten hervor, die dann praktisch im gesellschaftlichen Leben eine Rolle spielen.

Aber nur die Männer aus der führenden Klasse der Mebenget, eben die Häuptlinge, die männlichen Medizinmänner oder die eine oder andere Führerpersönlichkeit, haben – zumindest nach außen hin – einen bestimmenden Einfluß im öffentlichen Leben. Nur sie können z. B. zur ganzen Gemeinschaft sprechen. Die Rede hat bei dem schriftlosen Volk eine ungeheure Bedeutung. Vor allem die Häuptlinge halten immer wieder ihre Reden, indem sie auf dem kreisrunden Dorfplatz die Runde machen. Sie tun das am Abend, wenn alles schon still geworden ist und nur noch aus den Hütten der Feuerschein leuchtet. Reden heißt *kabén-ma* = reden, um zu wissen, um zu belehren. Die Häuptlinge wiederholen sich dabei immer wieder, um von allen gehört zu werden. Sie reden z. B. von einem Kriegszug, den sie beschlossen haben. Und manchmal werden sie ganz geschichtlich, wenn sie von einem Feind sprechen, der das Gemeinwesen bedroht, und zur Bewahrung der Wehrkraft mahnen. Immer wieder konnten wir *Mekrãngotí-moia* hören = die Geschichten von den Taten und Fehden mit dem noch immer gefährlichen Feind der Mekrãngotí (vgl. 25 f.). Die Häuptlinge belehren, sie halten oft ganze Predigten zur Belebung der indianischen Moral. Sie verkünden auch eine Jagd oder das Arbeitsprogramm für die nächsten Tage. Manchmal wenden sie sich ausdrücklich an die Männer, dann wieder an die Frauen. „*Aibiri me-nire kabén* = jetzt spreche ich zu den

Frauen", sagt der Häuptling dann etwa einleitend. Manchmal spricht er auch ausdrücklich zu den Kindern.

In dem stark maskulin betonten öffentlichen Leben der Kayapó spielt die Frau zumindest nach außen hin eine untergeordnete Rolle (vgl. LUKESCH 1965: 128). Auch in der ganzen Mythologie werden die Grundlagen der heutigen Seinsordnung vorwiegend von Männern in der Vollkraft ihrer Jahre oder männlichen Wesen erschaffen. Sie sind meist die Heilbringer. Dies läßt einen weltanschaulichen Hintergrund erkennen.

Die beiden Dorfhälften im entscheidenden Dualismus der Gesellschaft sind ursprünglich Hälften der Männerwelt, in die auch die Welt der Frau hineingezogen wird. Die Frau gehört der Dorfhälfte durch ihren Mann oder durch ihre Abstammung an. Zumindest gibt es heute aber keine Exogamie als bestimmende Norm der Dorfhälften mehr im Sinne eines Gebotes, den Ehepartner in der anderen Hälfte zu suchen.

Auch die Klasseneinteilung der Männer findet in der Frauenwelt ihr Abbild. Reifeklassen der Frauen laufen mit jenen der Männer weitgehend parallel. Auch bei ihnen – angefangen von den Kindern – gibt es führende Persönlichkeiten, wie bei den Männern. In der Führerschicht der Frauen nimmt die Häuptlingsfrau, d. h. die Gattin des regierenden Häuptlings oder die Witwe eines Häuptlings, eine führende Stellung ein, nicht nur für ihre Klasse, sondern für die Frauenwelt im ganzen Gemeinwesen. Eine führende Rolle spielen auch die Frauen mit hervorragenden Fähigkeiten; es gibt weibliche Medizinmänner = *Wayangari-ni,* die für die ganze Gemeinschaft von Bedeutung sind. Auch die Gattinnen der Medizinmänner haben eine Sonderstellung. Ich konnte beobachten, daß eine Frau, die sich durch ihre Begabung zur Tanzführerin bei Frauenfesten aufschwang, damit überhaupt einen Einfluß auf das Gemeinwesen errang (vgl. LUKESCH 1964: 196).

Neben dem Dualismus der beiden Dorfhälften und der Einteilung in Reifeklassen ist aber von noch größerer Bedeutung für die Gestaltung des öffentlichen Lebens der Dualismus von Männerwelt und Frauenwelt. Die Männer und Knaben einerseits und die Frauen und Mädchen andererseits, bilden je eine verschworene und geschlossene Gemeinschaft und stehen einander nicht selten auch feindlich gegenüber. Der Mythos vom Mann, der sich in einen Tapir verwandelte, bietet dafür das weltanschauliche Urbild. Im Männerhaus beschließen die Männer gemeinsam ihre Rache an dem Don Juan und ihren ungetreuen und pflichtvergessenen Frauen. Gemeinsam verwandeln sie den Rivalen in den plumpen Tapir, machen dann gemeinsam Jagd auf ihn und töten ihn. Gemeinsam ist auch ihr Racheakt gegen die Frauen, denen sie den toten Geliebten als Speise schicken. Ebenso treten die Frauen als verschworene Gemeinschaft auf. Gemeinsam ist die Totenklage, das wilde, unbändige Schluchzen, die gellenden Schreie, die Flüche und Racheschwüre. Gemeinsam versammeln sie sich in Abwesenheit der Männer und beschließen ihre Rache. Gemeinsam stimmen sie den Zaubergesang an, mit dem sie die Verwandlung einleiten.

Das Männerhaus, *Ngob,* ist das Zentrum männlichen Lebens und der Männergemeinschaft. Hier werden die Knaben schon ab dem siebenten Lebensjahr erzogen, und hier wohnen auch noch die jungen Männer, solange sie nicht verehelicht sind. Hier beschließen die Häuptlinge an der Spitze ihrer Ratgeber die Geschicke der Gemeinschaft, hier beraten die Mebenget, hier glätten die Männer über dem Feuer ihre Pfeilrohre und fertigen die Alten ihre großen Bogen an. Sein Name *Ngob(e)* von *ngō* = Wasser und *be* = sein deutet auf einen Zusammenhang mit dem Element Wasser als mythischem Quell des Lebens und der Kraft hin. Unter Wasser baut der Vater den beiden Ahnherren und Urzeithelden ein Haus, in dem sie groß und stark heranwachsen. Und nach ihrer befreienden Welttat baut er ihnen oder bauen sie selber das erste Männerhaus im Dorf (vgl. 82 ff.). Vom Männerhaus kommt die Kraft, mit der die Kayapógemeinschaft geführt wird.

Was für die Männer das Männerhaus ist, das sind für die Frauen die Familien- oder Sippenhäuser (vgl. für die Mundurucu MURPHY 1960: 110). Sie wurden ursprünglich stets von der Frau gebaut. Hier fließen durch das matrilokale Wohnen die Quellen des direkten Einflusses der Frau auf das Leben der ganzen Gemeinschaft. Aber die Frauen versammeln sich auch nicht selten, nicht nur zu gemeinsamem Singen, zur Vorbereitung und Ausführung von Frauenfesten, sondern auch zu Beratungen und zu Beschlüssen. Solche Versammlungen finden meist vor einem der Familienhäuser statt und meist dann, wenn die Männer gerade außerhalb des Dorfes sind. Falls sie aber im Dorf sind, ziehen sie sich möglichst weit von dem Versammlungsplatz der Frauen zurück. Den Einfluß dieser Frauenversammlungen auf die ganze Gemeinschaft kann man schon optisch daran erkennen, daß bald danach auch im Männerhaus ein emsiges Treiben herrscht. Dort erst fallen dann wichtige Entscheidungen für die ganze Gemeinschaft, aber nicht ohne Einfluß der Frauen.

Die Arbeit ist zum vorwiegenden Teil Gemeinschaftsarbeit, die der Allgemeinheit zugute kommt, und wird danach zum öffentlichen Dienst. Sie ist geteilt in Männerarbeit und Frauenarbeit, jedoch ist es gerade für die Kayapó charakteristisch, daß diese Teilung nicht so streng wie bei den meisten anderen Naturvölkern durchgeführt worden ist. Vor allem Jagd und Fischfang ist Männerarbeit und geschieht fast immer gemeinsam, wie im Mythos die Männer gemeinsam den zum Tapir umgewandelten Rivalen jagen. Jägerisch betätigen sich die Frauen nur durch das Fangen kleiner Fische. Dagegen ist das Sammeln wilder Früchte vornehmlich Aufgabe der Frau. Zum Früchtesammeln schickten die Männer alle ihre Frauen in den Wald, als sie ihren Racheplan ausführen wollten. – Das Brennholz schleppen die Frauen herbei, sie wickeln die Maniokmasse und Fleischstücke in Blätter, sie bereiten den Steinherd und backen Maniokfladen und braten Fleischstücke. Die Bereitung der Mahlzeiten obliegt vornehmlich der Frau. Aber auch der Mann ist, zumindest auf den Jagdzügen, sehr oft mit dem Bereiten der Speisen beschäftigt.

In gemeinsamer Arbeit legen die Männer die Rodeflächen an. Sie lassen die gefällten Bäume und abgeschnittenen Äste liegen bis zum Ende der Trockenzeit; dann verbrennen sie alles. Das Bearbeiten des Bodens und das Pflanzen selbst ist wieder Sache der Frau. Im Mythos ist es auch eine Frauengestalt, die Tochter des Regens, die den Menschen die wichtigsten Früchte vom Himmel bringt und sie den Ackerbau lehrt. Aber schon in dem Urbild der ersten Pflanzung hat auch der Mann mitgewirkt, der Gatte der Tochter des Regens (123 f.). Beinahe täglich sieht man die Frauen des Dorfes noch in der Dunkelheit und beim frühesten Morgengrauen mit den Kindern im Laufschritt hinauseilen zu ihrer Arbeit in den Pflanzungen. Auch die mühevollen Arbeiten zur Entgiftung der Wurzeln des bitteren Maniok und Bereitung des für die Ernährung so bedeutsamen Maniokmehles obliegen überwiegend der Frau.

Der entscheidende Einfluß der Frau auf das öffentliche Leben hängt eng mit ihrem Muttertum zusammen. Die Frau ist vor allem Gebärerin = *ni-rúa*. Gleich nach der Geburt ist es die Großmutter, oder die Mutterschwester beim Knaben bzw. die Vaterschwester beim Mädchen, die den neuen Dorfgenossen der Gemeinschaft zeigt. Von der Mutter erhält das Kind auch den ersten Namen. Durch Frauenarbeit – das kunstvolle Bemalen des Körpers durch die Mutter in Urucurot als Grundfarbe – wird das Kind zum Stammesgenossen, ja zum Menschen. So sagt die Mutter im Mythos von der Tochter des Regens, nachdem sie das aus der oberen Welt stammende Mädchen bemalt hat: „Jetzt bist du schön, im Himmel warst du häßlich; jetzt bist du unsere Verwandte. Jetzt dürft ihr sie nicht mehr schlagen." Beim Tod beklagen die Frauen als Vertreterinnen der ganzen Gemeinschaft mit ihrem unnachahmlich heftigen Schluchzen und ihren gellenden Schreien in Kopfstimme den verstorbenen Dorfgenossen. Immer enthalten diese Rufe auch eine Anklage gegen die vermeintlichen Urheber des Todes. Dies hat auch in der Totenklage der Frauen um den schönen Birá ein mythisches Vorbild.

IX. KAPITEL

Mensch und Feuer

1. MENSCH UND FEUER IM MYTHOS

Das Feuer des Jaguars

In alten, alten Zeiten gab es kein Feuer. In alten Zeiten gab es auch kein Maniok, keine Bananen, keine Macaxeira und keine Süßkartoffeln.

Da ging einmal ein Mann mit seinem jungen Schwager in den Wald. Die beiden kamen zu einem großen Felsen, der steil in die Lüfte ragte und auf dem hoch oben in einer Höhle Ara-Papageien nisteten. Der Mann legte einen Baumstamm als Leiter an den Felsen, und der Junge kletterte hinauf. Als er auf der Spitze war und in das Ara-Nest griff, um die jungen Vögel herauszunehmen, fiel dabei ein Stein herunter. Der Stein traf den Schwager, der unten stand, an der Hand und brach ihm einen Finger. Da wurde der Mann zornig. Er packte den Baumstamm, der an die senkrechte Wand des Felsens gelehnt war und als Leiter gedient hatte, und warf ihn in den Wald. Dann ging er heim und ließ seinen jungen Schwager mitten im Urwald allein zurück. Dieser hockte oben auf dem senkrecht in die Tiefe abfallenden Felsen und konnte nicht herunter. Da kam ein großer Jaguar vorüber. Er war auf der Jagd gewesen und befand sich jetzt auf dem Heimweg. Er trug eine Menge erbeuteten Wildbrets auf dem Rücken, so daß er unter der schweren Last heftig keuchte: He, he, he. Der junge Mann auf dem steilen Felsen vernahm das Keuchen des Jaguars. Er neigte seinen Oberkörper vor, um zu sehen, wer gekommen sei. Es war um die Mittagszeit, und die Sonne stand hoch am Himmel. So fiel der Schatten des Knaben auf den Boden und gerade vor den Jaguar hin. Als dieser den Schatten gewahrte, stutzte er und blieb stehen. Der junge Mann aber oben auf dem Felsen hatte voll Schrecken den großen Jaguar erblickt und neigte sich rasch wieder zurück. So verschwand auch wieder der Schatten auf dem Boden. Der Jaguar schaute nach allen Seiten, konnte aber nichts Verdächtiges entdecken; trotzdem verharrte er noch regungslos. Nach einiger Zeit neigte sich der Indianer wieder über die Felskante hinaus, um zu sehen, ob der Jaguar noch hier sei. Wieder fiel sein Schatten auf den Boden und verschwand, sobald der Knabe sich zurückzog. Der Jaguar hatte auch diesmal den Schatten bemerkt, aber sosehr er sich auch hin und her drehte, er konnte niemand erspähen. Noch ein drittes Mal beugte sich der Knabe vor und blickte in die Tiefe. Als jetzt der Jaguar den schwankenden Schatten wieder sah, hob er seinen Kopf und gewahrte nun auch den Indianer. „Was treibst du denn da oben?" rief er ihm zu. „Mein Schwager hat mich hier im Stich gelassen und ich kann nicht mehr herunter", antwortete der Indianer. Da schleppte der Jaguar einen abgehauenen Baumstamm herbei und legte ihn als Leiter an. „Steig herunter, los!" schrie er zu dem Knaben hinauf und stellte sich zu dem Baumstamm, um ihn aufzufangen, falls er beim Klettern stürzen sollte. „Gut, es ist recht", rief dieser zurück und begann herunterzusteigen. Während des Klettern blickte er einmal in die Tiefe. Da erblickte er den großen Jaguar, der seinen mächtigen Kopf erhoben hatte, um auf ihn zu warten. Er sah auch den gähnenden Rachen mit den furchtbaren, scharfen Zähnen und die blitzenden Augen des Tieres. Da packte ihn die Angst und er kletterte rasch wieder zurück. „Wirst du mich auch nicht auffressen?" schrie er zum Jaguar hinunter. „Kein Spur, ich tue dir nichts zuleide. Komm nur!" antwortete dieser. Da faßte sich der Knabe ein Herz und begann, den Baum von neuem herunterzuklettern. Aber wieder kehrte er unterwegs um, von Angst ergriffen. Auch bei einem dritten Versuch reichte sein Mut nicht, und er kletterte wieder zurück. Da versicherte der Jaguar: „Bei mir wirst du es gut haben, bei mir bekommst du Fleisch zu essen, soviel zu willst. In meinem Hause gibt es Wildbret und Maniokfladen und alles, was du dir nur denken kannst und soviel du magst. – Komm herunter, los!" – „Gut", sagte der Knabe, „ich komme." Und diesmal stieg er wirklich ganz herab. Dann setzte er sich auf den Nacken des Jaguars, und dieser trug ihn in den Wald bis zu seiner Behausung. Dort saß das Jaguarweibchen und wartete auf die Heimkehr des Gatten. Als sie die beiden kommen sah, fragte sie ihren Mann: „Was bringst du denn da für ein Menschenkind heim?" – „Er ist ein *Mebemokré*" (so nennen sich die Kayapó selber), „ich fand ihn hoch oben auf einem Felsen, mitten im Wald; er soll jetzt unser Kind sein", antwortete der Jaguar. Der Jaguarfrau gefiel der Indianer nicht, aber sie mußte sich zufriedengeben. „So komm denn herein und bleib von nun an bei uns", lud sie ihn ein.

Der Indianer blieb also bei der Jaguarfamilie. Im Haus des Jaguars brannte ein Feuer, und im Steinherd gab es gebratenes Fleisch in Hülle und Fülle: Tapirbraten, Wildschweinbraten und alle erdenklichen Arten von gebratenem Wildbret. Die Jaguarfamilie hatte auch Maniokfladen, Süßkartoffeln und Macaxeira. Der Jaguarmann erlaubte dem Indianer, alles zu essen, was immer sein Herz begehrte. Seiner Frau aber trug er streng auf: „Auch wenn ich fort bin im Wald, darfst du unseren Indianersohn nie erschrecken oder bedrohen."

Eines Tages begab sich der Jaguar auf die Jagd in den Wald. Bevor er wegging, erklärte er noch dem Indianer, er solle, sobald er Hunger habe, von dem Tapirbraten essen, soviel er wolle. – Auch die Jaguarfrau blieb daheim. Sie saß und spann mit der Handspindel die flaumigweichen Baumwollfasern zu einem weißen Faden. Als der junge Indianer Lust zu essen spürte, ging er hin zum *ki,* der Feuerstelle des Steinherdes. Dort lagen auf den heißen Steinen, in Bananenblätter gehüllt, große Stücke vom Tapirbraten und daneben auch gebratenes Wildschweinfleisch. Der Indianer hob die Blätterhülle auf und wollte von dem Tapirfleisch essen. Da sagte die Jaguarfrau, die ihn beobachtete: „Mein Mann hat gesagt, du sollst vom Wildschweinbraten essen." – „Dein Mann sprach vom Tapirfleisch", behauptete der Indianer. „Keine Spur!" knurrte die Jaguarfrau. So stritten sie eine Weile hin und her. Endlich nahm sich der Indianer einfach ein Stück vom Tapirbraten und biß hinein. Da geriet die Jaguarfrau vollends in Wut; sie funkelte ihn mit ihren wilden Augen drohend an, zeigte ihre Krallen und fletschte die starken, scharfen Zähne. Schon duckte sie sich zum Sprung und fauchte drohend: „Ha, ha, ha!" Der Indianer erschrak gewaltig und lief in seiner Angst in den Wald, dem Jaguarmann nach. Er lief und lief, bis er ihn fand. Dann erzählte er ihm alles, was geschehen war und wie ihn die Jaguarfrau bedroht hatte. Gemeinsam mit dem Jaguar kehrte er in das Haus zurück. Abermals befahl der Jaguar seiner Frau, dem Indianer nie etwas zuleide zu tun, wenn er selber fort sei. Aber als ihr Mann eines Tages auf der Jagd war, begann sie wieder einen Streit mit dem jungen Indianer, als dieser von den Fleischvorräten in der Hütte essen wollte. Wieder jagte sie ihm einen tödlichen Schreck ein, als sie ihre furchtbaren Zähne und Klauen zeigte, und er glauben mußte, daß sie sich jetzt und jetzt auf ihn stürzen würde, um ihn in Stücke zu reißen. Wieder fauchte sie dabei: „Ha, ha, ha!" Auch diesmal floh der Junge zu seinem Ziehvater in den Wald und beklagte sich über den Vorfall. Trotz aller Vorhaltungen und Drohungen ihres Mannes bedrohte und erschreckte die Frau den Knaben aber auch ein drittes Mal. Zum drittenmal lief dieser hilfesuchend dem Jaguar nach. Jetzt machte der Jaguar dem jungen Indianer einen starken, mächtigen Bogen und schnitzte ihm Pfeile. Er sagte zu ihm, als er ihm die Waffen überreichte: „Hier hast du Bogen und Pfeil. Wenn ich im Wald bin und meine Frau erschreckt und bedroht dich wieder, dann schießt du sie einfach tot." Er lehrte ihn auch, wie er den Bogen handhaben und mit den Pfeilen zielen mußte. An seiner eigenen Brust zeigte er ihm, wie er die Frau auf der linken Seite unter der Brustwarze treffen sollte. „Wenn meine Frau tot ist, dann gehen wir beide fort", fügte er noch hinzu. „Du kehrst in dein Dorf zurück, und ich laufe in den weiten Wald." Bald darauf ging der Jaguarmann wieder auf die Jagd. Seine Frau und der junge Indianer blieben allein daheim. Diesmal ließ der Junge einige Zeit verstreichen, dann ging er zu den Steinen der Herdstelle, wo wie gewöhnlich, verhüllt von Bananenblättern, die fetten Bratenstücke von Tapir und Wildschwein lagen, und machte sich dort zu schaffen. Die Jaguarfrau, die in der anderen Ecke der Hütte saß und spann, begann sogleich wieder zu schelten und darüber zu hadern, von welchem Fleisch er essen dürfe und von welchem nicht. Der Indianer stellte sich aber nur so, als ob er essen wolle. Er verbarg sich hinter den über den Steinen aufgetürmten Fleischvorräten, so daß die Jaguarfrau nicht sehen konnte, was er eigentlich machte. Seinen Bogen hielt er mit festem Griff in der linken Hand, zwischen deren Finger er bereits den Schaft eines Pfeiles gelegt hatte. Mit der rechten hielt er das Ende des Pfeiles und begann langsam die starke Sehne des Bogens zu spannen. Neben sich hatte er ein ganzes Bündel von Pfeilen liegen. Vorsichtig lugte er aus einem Spalt zwischen den Bananenblättern und Fleischstücken hervor. Er verlor die Jaguarfrau, die weitermaulte und knurrte, nicht aus den Augen. Langsam und genau begann er zu zielen. Als die Jaguarfrau plötzlich wieder die Zähne fletschte, ihre Klauen zeigte und wütend fauchte: „Ha, ha, ha" und sich auch schon zum Sprunge duckte, zielte der Indianer noch einmal, wie es ihn der Jaguar gelehrt hatte; dann schoß er auf sie. Der Pfeil bohrte sich der Jaguarfrau auf der linken Seite, gerade unter der Brustwarze tief in den Leib, so daß sie leblos zu Boden stürzte. So tötete der Indianer die Frau des Jaguars.

Er wartete nun, bis der Jaguarmann nach Hause kam. Dann erzählte er ihm, wie sich alles zugetragen hatte: wie ihn die Jaguarfrau wieder bedroht und erschreckt habe und wie er sie daraufhin mit seinem Pfeil getötet habe. Danach machte er sich für die Heimreise fertig. Er nahm von der Feuerstelle in der Hütte ein dickes, glimmendes Scheit mit und außerdem eine Baumwollschnur samt der Spindel, um die sie gewickelt war; auch ein Stück gebratenes Fleisch und Maniokfladen, in Bananenblätter gewickelt, nahm er mit. Der Jaguar zeigte ihm noch den Weg: „Dort, weit, weit von hier, liegt dein Dorf", sagte er, indem er ihm die Richtung wies. Der Indianer machte sich also auf seinen Heimweg. Auch der Jaguar verließ seine Behausung und lief in einer anderen Richtung tief in den Wald hinein.

Der Indianer ging immer weiter in der Richtung, die ihm der Jaguar gewiesen hatte. Die Sonne stand schon ganz tief, als er einen Flußlauf und in der Ferne die Hütten seines Dorfes sah. Er war nun so lange bei dem Jaguar gewesen, daß er nicht wußte, ob ihn die Leute im Dorf wohl noch kennen würden. So versteckte er sich denn im Buschwerk am Ufer des Flusses, ein gutes Stück hinter der Hütte, in der die Seinen wohnten. Eben trat seine Schwester aus dem Haus. Sie trug eine Kalebasse und ging zum Fluß, wo sie diese wusch und mit Wasser füllte. Der junge Indianer rief sie an. Die Schwester erkannte ihn sofort an seiner Stimme und antwortete. Sie blickte sich nach allen Richtungen um, konnte ihn aber nirgends entdecken. Da lief sie ins Haus zurück. Dort erzählte sie den Verwandten, daß ihr Bruder wieder da sein müsse, daß er ihr zugerufen habe, daß sie ihn aber nirgends habe finden können. All die Verwandten verließen nun das Haus und riefen und suchten nach dem jungen Indianer. Sein Vater hielt sich die Hand schirmend über die Augen, damit ihn die Sonne nicht blende, und spähte in alle Richtungen. Aber auch er konnte den Sohn nirgends entdecken. Unterdessen war der junge Indianer, der sich ein wenig schämte und ein wenig fürchtete, wieder in den Wald zurückgelaufen. Dort verbrachte er auch die Nacht. Erst am nächsten Morgen faßte er sich ein Herz und ging in das Haus seiner Verwandten. Er erzählte den Seinen, wo er so lange gewesen war, und zeigte ihnen, was er alles mitgebracht hatte. Die Verwandten führten ihn auch gleich zum Männerhaus, das in der Mitte des Dorfplatzes stand. Dort versammelten sich alle

Männer. Der junge Indianer mußte wieder Wort für Wort berichten, was er während seiner Abwesenheit vom Dorf alles erlebt hatte. Er erzählte vom Jaguar und seiner Frau, vom Haus des Jaguars, von dem Feuer, das dort ständig brenne, und all den schönen und guten Dingen, die es dort gebe. Da waren die Männer sofort eines Sinnes und beschlossen, sogleich aufzubrechen, um sich das Feuer zu holen und etwas von all den schönen Dingen, die der Junge geschildert hatte. Um keine Zeit zu verlieren und rasch dort zu sein, verwandelten sich die Männer in Tapire und Wildschweine, die Jünglinge in Rehe und die Buben in *Jão-de-barro*-Vögel (Webervögel). Alle wollten sie zum Feuer des Jaguars. Der junge Indianer aber, der so lange beim Jaguar gelebt hatte, zeigte ihnen den Weg. Als sie im Wald zur Jaguarwohnung gelangt waren, umschlichen sie diese zuerst und umzingelten sie vorsichtig. Aus dem Haus aber drang kein Laut. Die Frau war ja tot, und der Jaguar selbst hatte das Haus verlassen und ging jetzt irgendwo weit weg im Wald umher. Die Indianer warteten noch ein wenig, um ganz sicher zu sein, daß ihnen keine Gefahr drohe. Dann betraten sie die Hütte. Sie fanden dort bei den Steinen ein Feuer brennen. Sie fanden auch all die erwarteten guten Dinge: gebratenes Fleisch, gebackene Maniokfladen, Bananen, Macaxeira, Kartoffeln und die Spindel mit einem langen Baumwollfaden. Sie nahmen sich von den neuen schönen Dingen, soviel sie nur tragen konnten. Jeder von ihnen hatte auf dem Heimweg auch ein glühendes und glimmendes Holzscheit in der Hand, das er von Zeit zu Zeit durch die Luft schwang, damit das Feuer nicht ausgehe. So kehrten sie wieder in ihr Dorf zurück, und dort verwandelten sie sich auch wieder in Indianer.

In alten, alten Zeiten hatten die Menschen kein Feuer, sie hatten kein gebratenes Fleisch, keine Bananen und keine Maniokfladen, keine Süßkartoffeln und kein Macaxeira. Sie aßen damals nur die Früchte, die sie fanden, und faules Holz und Fleisch, auf Steinen von der Sonne gebraten. Sie verstanden es auch nicht, aus der Baumwolle den Faden zu spinnen.

Seit die Indianer aber das Feuer vom Jaguar ins Dorf getragen haben, essen auch sie Fleisch, im Steinherd gebraten, und backen Maniokfladen. Das Feuer aber blieb den Indianern bis zum heutigen Tag. Sie essen jetzt auch Bananen, Süßkartoffeln und Macaxeira, und sie verstehen es, mit ihren Handspindeln den Baumwollfaden zu spinnen.

Bebgororotí bringt den Menschen das Feuer

In alten, alten Zeiten kannten die Menschen das Feuer nicht. Sie brieten das Fleisch in der heißen Mittagssonne. Auch ihre Maniokfladen buken sie damals auf den heißen Steinen, sobald die Sonne am stärksten herniederbrannte. Da kam Bebgororotí vom Himmel auf die Erde herab. Er ging zu seinen Verwandten ins Dorf. Diese lebten unter den Kayapó. Lange schon hatten sie mit Sehnsucht auf sein Kommen gewartet. Bebgororotí brachte den Seinen vom Himmel das Feuer mit und viele Fruchtsamen von Früchten, die sie nie gesehen hatten. Zwei Hölzer brachte er mit und zeigte ihnen, wie man damit das Feuer entflammen kann. In eines der beiden Hölzer waren Höhlungen gebohrt, und das andere war zugespitzt. Das Holz mit den Löchern hielt er mit dem Fuß am Boden fest, senkte die Spitze des zweiten in eines der Löcher und begann es mit den Händen wie einen Quirl zu drehen. Die Stelle, in der sich das spitze Holz drehte, wurde heißer und heißer. Er hatte trockene Blätter um diese Stelle angesammelt und drehte seinen Quirl so lange, bis ein Funke übersprang. So lehrte er die Kayapó, das Feuer zu machen.

Sie begannen dann auch das Fleisch, ihre Süßkartoffeln und die Maniokfladen über dem Feuer zu braten, anstatt an der heißen Sonne. Als die Männer zum erstenmal ein Stück des am Feuer gebratenen Wildbrets versuchten, schmeckte es ihnen gar nicht. Sie spuckten die Bissen aus und warfen den ganzen Braten weg. Auch bei einem zweiten Versuch warfen sie das Fleisch, das sie am Feuer gebraten hatten, wieder weg. Sie versuchten es noch ein drittesmal, und diesmal schmeckte den Männern der Braten schon, und sie aßen mit Lust. Viel, viel später erst begann auch den Frauen das auf die neue Art zubereitete Fleisch zu schmecken.

In alten, alten Zeiten kannten die Menschen auf Erden das Feuer nicht. Da kam Bebgororotí auf die Erde herunter und brachte das Feuer. Seither braten die Kayapó das Fleisch und die Süßkartoffeln am offenen Feuer und im Steinherd. Ebenso backen sie ihre Maniokfladen im Steinherd.

Bebgororotí aber stieg wieder in den Himmel empor.

2. MENSCH UND FEUER IN WELTANSCHAU-
UNG UND LEBEN

Die graue Vorzeit

Immer wieder hat man als Zeichen dafür, daß in vorge-
schichtlichen Zeiten irgendwo Menschen am Werk waren,
den Nachweis der Tatsache angesehen, daß jene Wesen bereits im Besitz des Feuers waren. Als Beweis für die Betätigung menschlichen Verstandes wird die Kenntnis des Feuers
angesehen und mit der Kenntnis auch die Fähigkeit, sich des
Feuers zu bedienen, es für eine Kulturtätigkeit zu eigenen
Zwecken sinnvoll zu nutzen. Dieser Meinung ist der Glaube
der Kayapó direkt entgegengesetzt. Die evolutionistische
Tendenz in ihrem Mythos zeigt sich als dramatische Darstellung des Wandels vom Niederen zum Höheren, vom Einfa-
cheren zum volleren Leben in der heutigen Seinsordnung, in
der das Leben die Erfüllung (die Fülle) findet. Das Bemühen, diesen Fortschritt zu verdeutlichen, führt im Drama
des Mythos dazu, die Vorzeit als möglichst rauh und schwierig, möglichst einfach, im Sinne von roh und niedrig, zu
zeichnen. Das Feuer steht an erster Stelle in der Reihe jener
wertvollsten und lebenwichtigsten Dinge, die am Anfang
der Vorzeit fehlten. Neben bedeutungsvollen Nahrungsmit-
teln, die es damals nicht gegeben haben soll, werden auch
stets kulturelle Tätigkeiten und Mittel zu ihrer Ausführung
genannt. In unserem Mythos vom Feuer des Jaguars heißt es
ausdrücklich: „In alten, alten Zeiten gab es kein Feuer." Um
die Einfachheit des damaligen Lebens noch zu verdeutlichen, heißt es weiter, es habe auch keine Maniokfladen, die
man auf dem Feuer bäckt, keine Süßkartoffeln und keine
Macaxeira gegeben, also Speisen, zu deren Bereitung Feuer
gehört. Es gab Menschen mit kultureller Tätigkeit, aber ihr
Leben war denkbar arm. Wie auch in verschiedenen anderen
Mythen berichtet wird, aßen sie nur die wilden Früchte und

faules, modriges Holz. Das Fleisch brieten sie an der heißen Mittagssonne auf Steinen, ebenso die Maniokfladen. Unser Mythos erklärt auch, daß sie noch nicht verstanden hätten, aus der Baumwolle den Faden zu spinnen. Der Baumwollfaden dient ihnen jetzt – obwohl sie sich weder Kleidungsstücke anfertigen, noch Decken oder Hängematten – doch zu vielen praktischen Zwecken. Der schmiegsame Faden dient – einfach oder mehrfach – als Schnur, er gewährt bessere Möglichkeiten als die Pflanzenfasern oder Baumrinden, etwas zu binden, zu befestigen oder zu umwickeln. Vor allem aber werden mit Baumwollfäden die geliebten Ketten und kunstvolle Gewebe aller Art für den Festschmuck angefertigt und die Kämme und Ritualwaffen überzogen. Diese Kulturtätigkeit, die das Leben verschönert, gab es also in der Vorzeit noch nicht. Es gab nicht den Ackerbau nach dem Mythos von der Tochter des Regens. Es gab nicht die Keule, deren erste sich der Mann, der sich in den Regen verwandelte, anfertigte. Es gab nicht die Axt, die ein Held dem Affenmenschen entriß (nach dem Mythos vom Affenmenschen) oder die der geheimnisvolle Mann in der Steppe herstellte (nach dem Mythos „Wie sie die Nacht suchen gingen"). Es gab nicht den Bogen, den, nach unserem Mythos vom Feuer des Jaguars, nur dieser besaß. Die Menschen hatten ja auch damals das Feuer nicht, über dem sie heute ihre Pfeile glätten können. Auch der Tag der Vorzeit, der im Anfang unaufhörlich strahlte, war nicht bloß eine Quelle des Lebens und der eitlen Freude und Lust. Der ewige Tag ließ sie nicht ruhen, und raubte ihnen auch die persönlichste Sphäre ihres Liebeslebens. Sie holten sich unter tausend Gefahren die Nacht, um endlich in ihr ruhen, schlafen und lieben zu können (vgl. „Wie sie die Nacht suchen gingen"). Freilich gibt es im Sinne der Dynamik da und dort Schilderungen der Vorzeit, die an Paradiesvorstellungen erinnern. Da ist vor allem an die ursprüngliche Harmonie zwischen Mensch und Tier zu denken, die aus dem Mythos von den redenden Tieren deutlich wird. Auch das ewige Licht der

Anfangszeit stellt, ohne das Vorhergesagte in Zweifel ziehen zu wollen, doch einen gewissen Anklang an solche Vorstellungen dar, zumal auch die Nacht nicht nur als Wohltat, sondern andererseits als gefahrvoll und drohend hingestellt wird. Im großen und ganzen ergibt sich aber ein düsteres Bild der Anfangszeit, der Zeit ohne Feuer, das den Menschen in ganz besonderer Weise zum Herrn innerhalb der Schöpfung macht.

Die Besitzer des Feuers

Nach unseren Kayapó-Mythen ist vor allem der Jaguar der erste Herr und Besitzer des Feuers. Die Kayapó-Mythe vom Feuer des Jaguars (Feliz Onza) hat eine verblüffend ähnliche Parallele bei dem Ge-Volk der Apinaye (NIMUENDAJU 1939: 154 ff.). Es entspricht der jägerischen Mentalität und Weltauffassung, daß ein Tier (und gerade der Jaguar) als erster Besitzer des Feuers angesehen wird. Er spricht im Mythos die menschliche Sprache. Was die Gestalt anbelangt, so wechseln die indianischen Vorstellungen von diesem Jaguar zwischen einer tierischen und der menschlichen. Als Mann gehört er zu der führenden Männerklasse. Schon nach dem Wortlaut des Mythos ergibt sich ein Wechsel von tierischer und menschlicher Gestalt. Er muß ein Tier sein, wenn er den Jungen zuerst einlädt, sich auf seinen Rücken zu setzen, damit er ihn nach Hause tragen könne. Wenn er dann dem Jungen den ersten Bogen und die Pfeile schnitzt und ihn die Handhabung dieser Waffen lehrt, braucht er dazu sicherlich wieder menschliche Gestalt. Die Vorstellungen sind verschwommen und gehen ineinander über. Wenn man den Erzähler plötzlich unterbricht, wie wir es getan haben und fragt, wie denn dieser Jaguar damals ausgehen habe, so kann es sein, daß der Indianer mit der Antwort zögert, irgendwie überfragt erscheint, oder erklärt, er habe einen Leib wie ein starker Mann und einen Kopf wie ein Jaguar gehabt. – Die Verbindung des Jaguars der Urzeit mit dem Feuer liegt in

seiner Kraft, die ins Übermenschliche und Überirdische ge-
steigert wird. Ein Zusammenhang des alles verzehrenden
Feuers mit dem Raubtier, das gierig Beute verschlingt, ist
naheliegend. Eine andere Verbindung des Feuers mit dem
Jaguar ergibt sich nach der Erklärung der Indianer selbst im
Feuer seiner Augen, in dem sie den Reflex eines wirklichen
Feuers sehen (vgl. BANNER 1957: 44).

Den stärksten Hinweis auf Feuer bildet aber wohl die
Zeichnung des Felles (onça pintada), die lebhaft an verkohl-
te Flammenmale erinnert. Sie bot den Anlaß zu der letzten
Episode im Mythos von der Frau, die den Jaguar bemalte.
Dabei fällt auf, daß gerade diese Episode (eine unter mehreren) der Geschichte den Namen gibt, gewiß zum Großteil
des hohen Ansehens wegen, das der Jaguar bei den Indianern genießt.

Der Jaguar ist der stärkste Feind des Jägervolkes und
selbst der stärkste Jäger unter den Raubtieren. Bild höchster
Manneskraft bleiben für den Indianer die Jäger, die keuchend und schweißtriefend, mit dem Wildbret schwer beladen, am Abend ins Dorf einziehen. Nach dem Originaltext
unseres Mythos schleppt der Jaguar der Urzeit keuchend
gleich die ganze Beute (Wild aller Arten) auf einmal nach
Hause. Und in seiner Behausung hat er alles erdenkliche
Wildbret für seinen Steinherd in Hülle und Fülle. Die Indianer kennen auch eine Jagd, die sich des Feuers als Mittel bedient, eine Art Treibjagd der Dorfgemeinschaft, bei der
durch Entfachung von Steppenbränden alles Wild umzingelt
und in die Enge getrieben wird. Der durch seine Kraft und
besonders durch seinen Besitz überirdische Jaguar der Urzeit hat das Feuer in seiner Wohnstatt *nyurukwá,* im
Dickicht, in seiner Höhle aufbewahrt. Dort gebraucht er es
als Herdfeuer, was noch den heutigen Indianern als wertvollste Nutzung des Feuers erscheint. Es brennt in seinem Steinherd, den er dafür erfunden hat. Und bei dem Herdfeuer sitzt
die Jaguarfrau. Sie bereitet darauf die Mahlzeiten. Auf dem
riesigen Steinherd des Jaguars hat sie, in Blätter gehüllt, die

Maniokmasse liegen, aus der sie Fladen bäckt; auf dem Steinherd brät sie vielerlei Wildbret, darunter auch Wildschwein und den beliebtesten Braten der Indianer, den Tapir.

Der übermächtige Jaguar der Urzeit, der durch den Besitz des Feuers und der stärksten Waffen (Bogen und Pfeil) alles überragt und alles beherrscht, handelt wie eine gütige Gottheit, die der Menschheit Anteil gönnt an ihrem Reichtum und Glück. Wohl stürzt er sich als Raubtier gleich auf den Schatten des jungen Indianers, der vom Felsen her über seinen Weg fällt. Als er aber oben das arme Menschenkind ausgesetzt und völlig verlassen weinen sieht, ist er von Mitleid gerührt. Die beiden anderen Versionen des Mythos beschreiben den erbärmlichen Zustand des Knaben noch näher: Er ist völlig abgemagert, und in der Verzweiflung des Hungers ißt er seine eigenen Exkremente (vgl. BANNER 1957: 42 ff., METRAUX 1960: 8 ff.). Ein ernstes Problem des indianischen Volkes, eines Volkes von geringer Zahl und in Urwald und Steppe versprengt, ist damit aufgezeigt, das Problem essen oder hungern. Während der ersten drei Jahre meines Aufenthaltes bei den Indianern lernte ich dieses Problem sehr genau kennen. Immer wieder kehrten die Indianer ohne Beute von der Jagd heim. Wenn sie dann auch noch keine Süßkartoffeln, Wurzeln oder Palmfrüchte auftreiben konnten, hockten und saßen sie hungrig um uns herum.

In der sprunghaften Dynamik ihres Leben halten sie überhaupt keine festen Zeiten für ihre Mahlzeiten ein – etwa morgens, mittags und abends – sondern sie essen, wenn es etwas gibt. Wenn es nach einer solchen Hungerperiode endlich Nahrung in Fülle gibt, wenn die Männer beutebeladen heimkommen, kann es geschehen, daß weit mehr gegessen wird, als für alle gut ist. Die nachfolgenden Leibschmerzen bringen sie kaum mit dem übermäßigen Essen in Verbindung, sondern sie schöpfen gleich Verdacht, böse Menschen hätten die Speisen vergiftet, oder böse Geister mißgönnten ihnen das Glück eines vollen Magens. In den ersten Jahren unseres Aufenthaltes bei den Indianern schien es, als ob es überhaupt kein Wild in Urwald und Steppe gäbe, und in den folgenden Jahren gab es wiederum Unmengen von Wild. Die Indianer brachten uns soviel Fleisch von Wildschwein, Tapir, Reh, Paca und wilden Vögeln, daß wir es gar nicht aufessen konnten. Der Wildreichtum hängt, wie die Eingeborenen selber sagen, von klimatischen Verhältnissen, von den Quellen im Urwald und überhaupt vom Wasserreichtum des Jahres ab. Auch in dieser Beziehung sind die Indianer also abhängig von lauter Geschehnissen, die sie selber nicht beeinflussen können.

Der starke Jaguar der Urzeit erbarmt sich also des hungernden und leidenden jungen Menschen. Auf seinem Rücken trägt er ihn in seine Wohnstatt. Er nimmt ihn an Kindes Statt, gibt ihm einen Platz an seinem Herdfeuer und bietet ihm reichlich zu essen – Maniokfladen von seinem Steinherd und gebratenes Wildbret aller Art und Menge. Er schützt ihn gegen die eigene Jaguarfrau, die dem Jungen sein Glück neidet. Durch seinen menschlichen Sohn schenkt er der Menschheit das Feuer und die wertvollste Waffe, Bogen und Pfeil.

Noch von einem anderen ersten Besitzer und Herrn des Feuers ist in der Mythologie die Rede, obwohl diese Geschichte bedeutend weniger oft erzählt wird. Trotz des völlig verschiedenen Inhalts der beiden Mythen ist doch der weltanschauliche Grundgehalt der gleiche. Der Jaguar der Urzeit mit seiner übernatürlichen Kraft hat gewisse Beziehungen zum Feuer; die heutigen Jaguare sind ja nur seine schwachen Epigonen. Ihm entspricht in der zweiten Geschichte als Besitzer des Feuers Bebgororotí, die Personifikation einer anderen Naturerscheinung – des wilden tropischen Regens, des Unwetters, des Gewitters. Von ihm werden wir noch ausführlich hören. Als Personifikation des Gewitters mit seinen Blitzen steht er von vornherein in Verbindung mit dem Feuer. Wie der Jaguar den ersten Bogen anfertigt, so fertigt Bebgororotí die erste Schwertkeule an. Wenn er diese schwingt, so zucken die Blitze und rollt der Donner. Der Ja-

201

guar der Urzeit hat das Feuer auf seinem Steinherd in seiner Wohnstatt, tief im Wald, weit abseits von den Menschen. Ähnlich, aber bei weitem gesteigert, hat Bebgororotí nach seiner Verwandlung das Feuer in seiner Wohnung, welche die Welt über dem Himmelsdach ist. Der gewaltige Steinherd, in dem sein Feuer brennt und auf dem seine Frau Maniokfladen bäckt, ist nach einem mythischen Bericht, den ich von Horace BANNER erfahren konnte, als Regenbogen am Himmel sichtbar. Erhält die Menschheit das Feuer vom Jaguar durch seinen angenommenen indianischen Sohn, so erhält sie es von Bebgororotí durch seine menschliche Tochter, die mit einem Indianer vermählt ist.

Der Erwerb des Feuers

Nach der Weltanschauung der Kayapó erhalten diese trotz ihres Ideals der Kraft das Feuer nicht etwa durch einen Prometheus, der es in einer kühnen Tat den Göttern raubt: In beiden Mythen, die vom Erwerb des Feuers dramatisch berichten, ist es vielmehr der Besitzer des Feuers, der dieses neidlos verschenkt.

Schon aus der ersten Begegnung des menschlichen Heilbringers mit dem Jaguar wird deutlich, wie hilflos und ängstlich dieser dem Besitzer des Feuers gegenübersteht. Er ist ja nicht etwa ausgezogen, um dem Jaguar das Feuer zu entreißen, sondern hatte etwas weit Harmloseres vor. Er wagt es nicht einmal, richtig hinunterzublicken, als der Jaguar vorübergeht. Als der barmherzige Jaguar einen Baum entwurzelt und als Leiter hinhält, kehrt der Knabe beim Hinunterklettern ein paarmal wieder um, weil er sich vor den furchtbaren Zähnen des Helfers fürchtet. Als er vom Feuer, vom Braten und den schönen Dingen im Hause des Jaguars erfährt, läuft er nicht selber dorthin, sondern muß vom Jaguar fast gewaltsam getragen werden. Und als er von seinem neuen Vater so gütig und großzügig behandelt wird, denkt er gar nicht daran, das Feuer zu stehlen und damit zu fliehen, um es den Seinen zu bringen. Er freut ich vielmehr seines Glückes und nutzt es bis zum letzten. Beim Jaguar gibt es ja zu essen in Hülle und Fülle, und der Jaguar geht noch dazu immer wieder auf die Jagd und kommt schwer beladen mit neuem Wildbret wieder heim. Die Mentalität eines Naturvolkes ist in diesem Urbild treffend dargestellt, eines Volkes, das den härtesten Daseinskampf zu führen hat, einer ungebändigten Natur ausgeliefert, unter ständigen Entbehrungen leben mußte und nun plötzlich mit unserer Zivilisation in Berührung kommt, samt all ihren Möglichkeiten, die Natur zu beherrschen. Für die Überbringer der Zivilisation, gerade wenn sie mit den besten Absichten kommen und sofort ein leichteres Leben bieten wollen, wirkt es ernüchternd und bedrückend, mit welchem Gleichmut und welcher Selbstverständlichkeit die Stammesgruppe die neuen Annehmlichkeiten hinnimmt: Bald beginnt sie sogar fast brutal zu fordern, ohne sich um die Kulturtätigkeit zu kümmern, die hinter dem Gebotenen steckt, um die Mittel und Werkzeuge und die Arbeit, durch die all diese „guten Dinge" geschaffen sind, ohne sich auch nur im mindesten um die Folgen in der Zukunft zu kümmern. Für dieses Verhalten ist das Leben des jungen Indianers im Jaguarhaus der grauen Vorzeit der klassische mythische Modellfall. Auch im Streit des Jungen mit der Jaguarfrau, ob der Vater gesagt habe, er dürfe vom Tapir oder vom Wildschweinfleisch essen, und in seiner Entschlossenheit, selbst unter Einsatz seines Lebens nur vom Tapirbraten zu essen, ist die indianische Mentalität vorgebildet. Bei der Verteilung von Geschenken im Indianerdorf kann man die gleiche Haltung einer Stammesgruppe auch heute nur allzu deutlich merken. Auch ich habe dies öfter mitmachen müssen: Wenn sich ein Indianer einbildet, dies oder jenes sei wertvoller für ihn, scheint ihm jedes Gefühl dafür zu fehlen, daß ihm der Geber ja nichts schuldet. Er ist tödlich beleidigt, wenn er nicht gerade das bekommt, was ihm als das Beste erscheint, und ist auch gleich bereit, ganz handgreiflich darum zu kämpfen. Noch schwieriger ist die

Verteilung von Gegenständen als Lohn für geleistete Arbeit. Man wird sich natürlich bemühen, Gerechtigkeit walten zu lassen, während der Indianer nur die begehrenswerten Dinge sieht und davon das Beste haben will, ohne Rücksicht darauf, was er dafür geleistet oder nicht geleistet hat. Die Gewohnheit einer Gemeinschaftsarbeit und die Unkenntnis von Tauschgeschäften spielt hier allerdings auch eine Rolle.

Das Verhalten der Jaguarfrau, die neben ihrer Arbeit das Herdfeuer hütet, ist wiederum das Urbeispiel für die Art und Weise der indianischen Frau. Die erste Frage der Jaguarfrau, als der Mann das fremde Menschenkind nach Hause bringt, ist: „Was bringst du da für ein Menschenkind heim?" Sie ist dagegen, daß ihr Mann den Indianerknaben an Kindes Statt annimmt und ihn damit auch zu ihrem Kind macht, und fügt sich nur widerwillig darein. Sie gönnt dem Knaben den Tapirbraten nicht, sie bricht Streit mit ihm vom Zaun, bedroht ihn und zeigt ihm Zähne und Krallen. Das alles, obwohl der Jaguar ihr streng aufgetragen hat, gut zu dem Indianerkind zu sein. Ihr Benehmen zeigt urbildhaft das starre Festhalten am gewohnten Leben und die viel konservativere Haltung der indianischen Frau als die des Mannes, ihr tiefes Mißtrauen gegen alles Neue und gegen die Person des Fremden. Auch das Benehmen der heutigen Indianerin in ähnlichen Fällen hat manchmal etwas Raubtierartiges. Man kann dies besonders am Anfang eines Lebens unter den Indianern erfahren; und diese Grundhaltung flammt immer wieder dann auf, wenn Unglück und Schicksalsschläge über die indianische Gemeinschaft hereinbrechen. So ist vor allem die Krankenbehandlung wegen der Frauen im Anfang schwierig und auch nicht ohne Gefahr. Wir erlebten dies, als bei unserem Aufenthalt im Indianerdorf Kubenkräkein eine schreckliche Epidemie viele Kinder dahinraffte. Wie die Indianer, vor allem die Männer, von uns erwarteten, halfen wir nach besten Kräften mit den Medikamenten, die uns zur Verfügung standen, sonst wäre ja auch wieder gleich der Verdacht aufgestiegen, wir würden absichtlich nicht helfen. Einmal rief eine Frau, deren Kind schwächer und schwächer wurde, mit schriller Kopfstimme, daß es in der Nacht weithin über das Dorf hallte: „Die Fremden sind von weit hergekommen! Warum wohl? Um unsere Kinder zu töten, sind sie gekommen; deshalb nur!" Ein solcher Leidenschaftsausbruch kann eine Psychose hervorrufen, die für den Fremden todbringend ist. Am nächsten Tag kam der Häuptling zu uns und bat, wir sollten nur weiter helfen und uns um das Geschwätz der Weiber nicht kümmern. Übrigens hatte das Fieber das Kind in der Nacht verlassen, obwohl wir ihm nur einen süßen harmlosen Tee geben konnten, da alle unsere Mittel zu Ende gegangen waren.

Erschütternd und bezeichnend für die Gefühlstiefe, die Selbstlosigkeit und den Opfermut, deren die Indianer fähig sind, ist das Beispiel des Herrn des Feuers, des großen Jaguars der Urzeit. Er schützt das geliebte Menschenkind gegen die eigene Frau. Er macht ihm den ersten Bogen und schnitzt ihm die Pfeile, zeigt ihm, wie es die Waffen gebrauchen muß und selbst, wie es zielen muß, um die Jaguarfrau sicher zu töten, wenn sie es wieder bedroht. „Wenn meine Frau tot ist, gehe ich in den Wald fort, und du kehrst wieder zu den Deinen heim", sagt er. Er weiß also, daß er seine Frau und sein Heim verlieren wird; aber auch dazu ist er bereit um des Menschenkindes willen, das ihm so lieb ist.

Und wirklich muß der Indianer die Jaguarfrau töten, denn sie hat ihm wieder gedroht. Und nur so kommen die Menschen in den Besitz des Feuers, das sie bewacht. Im Sinne des weltanschaulichen Dualismus der Indianer wird aber auch eine so feindselige Gestalt wie die Jaguarfrau der Urzeit zu einer Wohltäterin und Heilbringerin der Menschen durch ihren Tod. Von ihr erhalten sie die Kunst des Spinnens von Baumwolle. Sie besaß ja die erste Spindel und spann den ersten Baumwollfaden, wenn sie beim Herdfeuer saß und wachte.

Der Jaguar aber in seiner väterlichen Güte zeigt dem Indianer, der seine Frau ermordet hat, den Weg ins Heimatdorf und überläßt ihm alles, was er besessen hat. Der Indianer nimmt ein glimmendes Scheit, ein Stück Braten und einen gebackenen Maniokfladen mit, damit ihm die Seinen seine Geschichte glauben möchten. Voller Eifer und Begeisterung, in den Besitz des Feuers zu gelangen, verwandelt sich die ganze indianische Männerwelt, als sie die Geschichte im Männerhaus erfährt. Die starken Männer in der Vollkraft ihrer Jahre verwandeln sich in kräftige Tapire und Wildschweine, um besser tragen zu können, die Jungmänner in Rehe und die Buben in Webervögel, um nur schnell hinzulaufen, um nur so zu fliegen. Im Wald umstellen sie das Haus des Jaguars; sie können es immer noch nicht glauben, daß ihnen der Jaguar das Feuer kampflos überläßt. Aber sie haben nichts zu fürchten: Mit einer überirdischen Großmut schenkt der gewaltige Jaguar der Urzeit alles hin und zieht sich göttlich einsam in den Wald zurück. Nach BANNERS Version wird ihm das Opfer doch zu groß; er schwört, von nun an nur mehr rohes Fleisch zu essen und wird zu einem Feind aller Lebewesen, besonders der Menschen (BANNER 1957: 44). Hier wird auch berichtet, daß sich das Vöglein Azulona ein Stück aus der Glut seines Feuers stiehlt und seither damit sein Nest wärmt.

In dem ganz kurzen Mythos von Bebgororotí und dem Feuer ist lediglich die göttliche Freigebigkeit des Feuerbesitzers dargestellt, der den Seinen ohne ihr Zutun das kostbare Gut verschafft. Er hat ja selbst – vor seiner Verwandlung in das Unwetter und seiner Erlangung göttlicher Macht – ein irdisches Los gehabt und kennt aus eigener Erfahrung die Nöte und die Armut der feuerlosen Menschen. Er bringt der Tochter, die ihm die Gattin noch auf Erden geboren hat, und die dann wieder dorthin zurückkehrt und sich mit einem Indianer vermählt, das Feuer. Er bringt ihr die zwei Holzstäbchen und zeigt ihr, wie man damit Feuer machen kann. Damit ist seine Familie – und mit ihr die ganze Menschheit – noch um ein Stück weitergekommen: Die Menschen brauchen nicht mehr ängstlich das Feuer brennend zu erhalten und zu bewachen, sie können selber Feuer machen.

X. KAPITEL

Leben und Tod

1. LEBEN UND TOD IM MYTHOS

Der Mann, der Menschen machte

In alten, alten Zeiten waren die Indianer sehr zahlreich. Aber sie hörten auf zu sein. Krankheiten kamen, und der Tod streckte sie alle hin. Nur einige blieben am Leben. Es waren ein paar Kinder, die Mutter der Kinder, ihr Gatte und ihr Vater. Es gab nicht mehr viele Menschen auf der Welt, weil alle gestorben waren. Die wenigen Übriggebliebenen waren traurig, so allein zu sein. Da sprachen die Kinder zum Vater: „Vater, du verstehst, viele geheimnisvolle Dinge und Zauber zu vollbringen. Schaffe doch wieder Indianer, daß sie mit uns auf der Erde leben!" Da sprach der Vater: „Wohlan, so sei es denn! Jetzt geht einmal hin und baut Häuser für die Menschen!" Die Kinder gingen auch sofort daran, Häuser für die neuen Menschen aufzustellen. Sie schlugen große Astgabeln ab und dünne Stämme. Sie rammten die Astgabeln in die Erde, flochten das Gerüst für die Häuser und deckten die Wände mit Bananenblättern. So schufen sie Rundhäuser, wie die Kayapó sie haben. Bloß auf den Befehl des Vaters hin bauten sie diese Häuser, obwohl noch keine Menschen da waren, die darin wohnten konnten. In der Nacht darauf, als alle schon schliefen, stimmte der Vater einen Zaubergesang an, um sein Vorhaben auszuführen. Er bereitete auch ein Zaubermittel, das die Kraft in sich hatte, Menschenleiber zu schaffen. Dabei sang er seinen mächtigen Zaubergesang. Bei Morgengrauen weckte er die Kinder und sprach zu ihnen: „Wacht auf und seht, was ich getan habe!" Sie erhoben sich eilig und liefen zu dem Platz, an dem sie tags zuvor die Hütten aufgestellt hatten. Und sie fanden Menschen. In der Stille des grauenden Morgens hörten sie durch die Wände der Hütten die Geräusche, die von Menschen stammen: das Weinen von Kindern, das Singen der Frauen, die ihre Kinder in Schlaf wiegten, und sie hörten das Schnarchen von Schlafenden. Die Kinder des Mannes, der dies alles vollbracht hatte, liefen zum Vater zurück und erzählten, was sie erlauscht hatten. „Vater", riefen sie, „wahrhaftig, die Indianer sind wieder lebendig geworden!" Der Vater hatte die wenigen Menschen, die am Leben waren, aufgeweckt, damit sie sehen konnten, was geschehen war. Die Kinder, die Frau und der Schwager – sie alle liefen hin zu den Hütten; tatsächlich waren wieder Menschen da. Und es waren sehr viele gekommen. Aber es waren ganz andere als früher, neue Menschen, die aus der Tiefe der Erde herausgekommen waren. Und die wenigen Menschen, die noch von früher her auf der Erdoberfläche zurückgeblieben waren, sprachen: „Laßt uns nun diese Menschen einmal genau ansehen!" Sie wollten auch die Namen der neuen Menschen wissen und fragten danach. Aber jeder, den sie fragten, machte eine finstere Miene und blickte zu Boden, keiner antwortete. Da fragte einmal einer der alten Menschen einen von den Neuen – nicht nach dessen eigenem Namen, sondern nach dem Namen eines anderen Neuen. Er fragte: „Wie heißt denn dieser da?" Da nannte der neue Mensch sofort und bereitwillig den Namen des anderen. In dieser Weise fragten sie nun weiter, und so erfuhren sie alle Namen der neuen Menschen.

Die Menschenfresser

In alten, alten Zeiten raubten die bösen Menschenfresser zwei Indianerknaben. Sie fingen sie, banden ihnen Füße und Hände und schleppten sie mit sich fort.

Die Menschenfresser wohnten in einem riesigen Erdloch in der Nähe der Stelle, wo der Himmel auf der Erde ruht, wo der mächtige Baum steht, der das Himmelsdach trägt. Die Menschenfresser waren aber sehr böse; sie wollten alle Indianer auffressen, sie waren hungrig nach ihnen. Sie zogen aus und wanderten viele, viele Tage, um Indianer zu fangen. Bis zu den Häusern des Dorfes drangen sie vor. Und einmal gelang es ihnen also, zwei Indianerkinder zu fangen. Es waren Buben, Brüder im Alter von etwa 9 und 10 Jahren. Sie banden sie, wie gesagt, und schleppten sie mit sich fort in ihr Dorf. Geraume Zeit danach gab es ein großes Fest im Dorf der Menschenfresser. Da packten sie die beiden Indianerkinder und trugen sie herbei, um sie am Feuer zu braten. Sie brieten zuerst den einen; der andere Bub aber gewann aus Furcht vor dem Feuer schier übermenschliche Kräfte, und es glückte ihm, zu entfliehen. Während nämlich die Menschenfresser den ersten über dem Feuer brieten und das grauenvolle Mahl genossen, zerriß der andere in namenloser Angst seine Fesseln; blitzschnell packte er eine Liane, die von einem Urwaldriesen herunterhing. An diesem Seil schwang er sich über das Feuer und über die Köpfe der herumstehenden Menschenfresser hinweg und ließ sich weit draußen in ein dorniges Gestrüpp fallen. Dort war er nämlich sicher, denn die Menschenfresser haben Angst vor den Dornen. Er blieb so lange in dem Dickicht, bis die Menschenfresser sich einmal auf einen Streifzug begaben. Als sie fort waren, verließ der Bub sein Versteck, aber sein ganzer Körper schmerzte ihn. Gesicht und Kopf waren verschwollen, und er meinte, sein Kopf sei zehnmal so schwer und so groß wie vorher. Er ging nun in das verlassene Dorf der Menschenfresser. Dort erblickte er einen alten Mann, der zurückgeblieben war und an einem Menschenschädel nagte. Es war der Kopf von des Knaben Bruder. Da fragte er: „Was ist denn das für ein Schädel, an dem du da nagst?" Der alte Mann antwortete: „Das ist doch kein Menschenschädel, das ist etwas ganz anderes." Darauf der Bub: „Nimmermehr, es ist der Kopf meines Bruders. Gib her und laß sehen, was du da ißt!" Da reichte ihm der Alte den Schädel. Der Bub erkannte den Kopf seines Bruders; schaudernd warf er ihn dem Alten zurück und lief davon.

Lange Zeit nachher begegneten die Kayapó einmal den Menschenfressern auf ihrer großen Wanderung. Sie vereinigten sich mit ihnen und lebten nun gemeinsam mit ihnen in einem neuen großen Dorf, das sie anlegten. Aber die Menschenfresser blieben weiter feindlich und auf die Kayapó hungrig. Heimlich dachten sie noch immer daran, die anderen bei Gelegenheit aufzufressen. Immer wieder verschwand einer der Kayapó, weil ihn die Menschenfresser heimlich aufgefressen hatten. Da versammelten sich alle Kayapó in einer geheimen Zusammenkunft und beschlossen, sich zu rächen. Und sie vollführten ihren Racheplan: Sie luden die Menschenfresser einmal zu einem gemeinsamen Fischzug ein, um so zuerst deren Vertrauen zu gewinnen. Es verlief auch alles glücklich und friedlich bei diesem Unternehmen. Zwei Tage danach zogen sie wieder zum Fischen aus. Wieder luden sie die Menschenfresser zur Teilnahme ein. Unter sich aber hatten sie beschlossen, die Begleiter unterwegs zu töten. Drei von den Menschenfressern zogen mit. Sie brachen also auf, und nach einem langen Weg kamen sie zu einer Höhle in den Felsen, der Behausung der Wasserschweine (Capivara). Sie näherten sich der Höhle von zwei Seiten. Die Höhle war nämlich nach beiden Seiten hin offen. Auf der einen Seite kamen die Indianer an die Höhle heran, auf der anderen Seite schlichen sich die Menschenfresser an. Einer von den Menschenfressern aber rief den Indianern zu: „Schaut her, da sind wir!" Als aber die Indianer durch das Loch schauten, zielten die Menschenfresser mit Bogen und Pfeil auf ihre Gesichter. Die Indianer duckten sich blitzschnell, und die Pfeile der Menschenfresser trafen sie nicht, sondern schlugen an die Felsen und fielen kraftlos herunter. „Jetzt sind wir dran", riefen nun die Indianer. „Da sind ja Wasserschweine, gleich wollen wir sie töten." Da liefen auch die Menschenfresser auf der anderen Seite gierig herbei und spähten in die Höhle. Als aber die Indianer die Menschenfresser auf der anderen Seite erblickten, schossen sie mit ihren Pfeilen nach ihnen und töteten sie alle. Sie zerteilten sie, indem sie die Leiber in der Mitte durchtrennten. Dann schnitten sie im Wald dünne Stämme ab und banden die Leiber der Getöteten an Händen und Füßen daran fest, um sie heimzutragen, wie man ein im Wald erlegtes Wildbret heimträgt. Die Indianer schwärzten ihre Gesichter mit Kohle zum Zeichen des Vollzuges ihrer grausamen Rache. Dann hoben sie die Stämme mit der grauenvollen Jagdbeute auf die Schultern und traten den Heimweg an. Als der düstere Zug das Dorf erreichte, eilten die Bewohner – Kayapó und Menschenfresser – von allen Seiten herbei. „Was ist geschehen?" riefen sie wirr durcheinander, und Schrecken und Entsetzen verbreiteten sich im ganzen Dorf. „Sie haben unsere Verwandten getötet", riefen die Menschenfresser. Und mit schrillen Schreien voll furchtbarer Beschuldigungen und mit heftigem Schluchzen weinten und weinten die Menschenfresser und beklagten ihre Toten. In der Nacht aber, als die Klagen der Menschenfresser endlich verstummt waren, versammelten sich alle Männer der Kayapó im geheimen. „Die Menschenfresser sind böse", sagten sie, „einmal werden sie plötzlich über uns herfallen und uns alle töten. Wir wollen nicht länger bei den Menschenfressern bleiben. Die Menschenfresser sind böse und häßlich, sie sind hungrig nach uns. Warum müssen sie denn gerade Indianer fressen? Die Indianer essen nur Wildbret. Die bösen Menschenfresser aber wollen nur Indianer verzehren. Bald werden sie uns alle auffressen. Es hätte nicht viel gefehlt, und sie hätten uns schon gefressen. Laß uns also fliehen von hier! Wahrhaftig, wir haben keine Wahl mehr." Und was sie in dieser Nacht beschlossen, führten sie auch aus. Sie brachen auf, verließen das Dorf und die Menschenfresser und wanderten wieder in ihre Heimat zurück.

Auch die Menschenfresser verließen das Dorf wieder, in dem ihnen so viel Schmach und Leid widerfahren war. Sie zogen in das Land, wo der Himmel auf der Erde ruht, wo der mächtige Stamm steht, der das Himmelsdach hält. Dort blieben sie auch, denn dort ist ihre Heimat.

Der Himmelsstamm

Dort, wo der Stamm steht, der den Himmel trägt, dort ist auch die Heimat aller bösen und häßlichen Wesen. Die Indianer hatten diese Wesen noch nie gesehen. Da verließ einer von ihnen sein Dorf und wanderte und wanderte so lange, bis er zum Fuß des Himmels kam. Das ist dort, wo der Himmel auf der Erde ruht, am Ende der Welt, wo der Baum steht, der das über der Erde ausgespannte Himmelsdach trägt. Auch gelang es dem Mann, unversehrt nach Hause zurückzukehren. Und nun erzählte er alles, was er erlebt und gesehen hatte. Da brachen viele Indianer auf, von Neugier getrieben, um mit eigenen Augen die seltsamen und schaurigen Dinge zu sehen, von denen der andere erzählt hatte, und um sich zu überzeugen, ob er auch wahr gesprochen habe. Sie fanden alles so, wie er es geschildert hatte, und nahmen auf dem Heimweg sogar ein Kind der häßlichen unheimlichen Wesen mit, denen sie begegnet waren. Das ganze Dorf staunte über das Kind, das die Männer mitbrachten: Es war das Junge eines Froschmenschen. Der Kopf war der Kopf eines Frosches, und seine Beine waren Froschbeine, nur der Leib war ein Indianerleib. Als die Männer mit diesem sonderbaren Kind anlangten, war die Sonne gerade im Untergehen. Das Kind schrie, und seine Schreie waren wie das Quaken eines Frosches. Es klang so: Ub, ub, ub . . . Das gab ein großes Aufsehen im Dorf, und alle wurden nun neugierig. Am nächsten Morgen brachen viele andere auf, um die Heimat dieses sonderbaren Wesens kennenzulernen. Bei Sonnenuntergang kamen sie dort an und hörten das vielstimmige, mächtige und schaurige Geschrei der verschiedenen bösen Wesen. Sie erblickten nun auch mit eigenen Augen alles, was der Mann beschrieben hatte. Dann kehrten sie wieder nach Hause zurück, ganz erschüttert von ihrem Erlebnis. Die vielen, vielen bösen Wesen aber blieben in ihrer Heimat. Dort, weit, weit im Osten, in dem fernen Land, wo sich der Stamm erhebt, der das Firmament trägt, dort leben neben den Froschmenschen und vielen anderen unheimlichen Gestalten auch die Põ-Põ-Menschen; das sind Vogelmenschen. Ihr Leib ist ein Indianerleib und ihr Kopf ein Indianerkopf. Sie sind überhaupt ganz so wie die Indianer. Nur ihr Schreien kling so: Põ, põ, põ; das ist der Schrei eines Vogels.

Die Indianer also, die damals ausgezogen waren, um die Krötenmenschen zu sehen, fanden diese auch und kehrten danach heim. Am Abend waren sie wieder zu Hause. Schon in der Trockenzeit des nächsten Jahres zogen sie nochmals aus. Die Neugier ließ ihnen keine Ruhe. Sie brachen auf und wanderten nach dem Land im fernen Osten, wo der Himmel auf der Erde ruht, und wo der Baum wurzelt, der das Weltdach trägt. Diesmal begegneten ihnen dort diese Põ-Põ-Menschen. Ihr Anblick war für die Indianer so schrecklich, daß sie alle Abenteuerlust verließ. Dahin war der Wunsch, bis zu den Grenzen der Erde vorzudringen und das fernste Land zu erforschen. Was sie einmal davon gesehen hatten, war ihnen schon zuviel, und sie wollten weiter nichts mehr wissen. In wilder Flucht rannten sie heim. Im Dorf aber erzählten sie den anderen ihr Erlebnis.

2. LEBEN UND TOD IN WELTANSCHAUUNG UND LEBEN

Bedrohtes Leben

Der Mythos vom Mann, der Menschen machte, sagt von der Anfangszeit, daß die Erde damals bevölkert gewesen sei, daß es viele Menschen gegeben habe. Dann aber setzt, wie weiter berichtet wird, noch in der Urzeit ein gewaltiges Sterben ein; Krankheiten kommen, und der Tod streckt viele hin. Wie ausgestorben ist das Dorf, und die wenigen Übriggebliebenen fühlen sich ohnmächtig und völlig verlassen.

In der ständigen Furcht vor einem solchen Schicksal leben die Indianer auch heute; denn nur in einer größeren Gemeinschaft sind sie fähig, den Daseinskampf zu bestehen. Von daher stammt ihre Angst vor jeder Krankheit. Wie ich selbst leider Zeuge sein mußte, ist die Kindersterblichkeit sehr groß. Wenn auch häufig gebadet wird (manchmal mehrmals täglich), fehlt es doch in ihrem Alltagszustand an der Hygiene. Auf den weiten Gängen der Mutter zu den Pflanzungen und auf den endlosen Wanderungen des Stammes sind die Kleinkinder oft allzusehr der glühenden Sonnenhitze ausgesetzt und dann wieder plötzlich heftigen Regenschauern. Unvernünftig eifrig wird gerade das kranke Kind von der Mutter gestillt. Bei Fieber, das die Indianer einfach Hitze = *kangró* nennen, oder bei Schüttelfrost, der trefflich lautmalerisch *teretetet,* heißt, badet man. Man handelt dann also wie in dem Mythos der Mann, der sich in ein Krokodil verwandelte und zur Kühlung seiner Verbrennungen in den Fluß sprang. Die Art, wie die Indianer ihre Wunden versorgen, birgt allein schon Lebensgefahr in sich. Sie legen sich Baumharz auf und verbinden mit Blättern. Mit all ihren schlimmen Erfahrungen vermuten sie hinter jeder Krankheit *(= kané)* ein geheimnisvolles, übelwollendes Wesen, von dem das Unheil ausgeht. Nach einem mythischen Bericht, den Horace BANNER mitteilt, brachte ein schlimmer und gewaltiger mythischer Vogel, „*A-krare*", die Krankheit als Geißel der Menschheit in die Welt. Vorher waren die Indianer nur im Kampf oder an Altersschwäche gestorben. Diesen Vogel hatten sie in uralten Zeiten im Nest eines Reihers gefunden. Sie hatten ihn ins Dorf gebracht und da aufgezogen. Sobald er groß geworden war, verließ er unter donnerartigem Getöse seines Flügelschlages das Dorf. Anläßlich eines großen Fischzugs durch Vergiften des Flußwassers mit Timbó = *akrore,* lagerten später einmal die Frauen am Strand des Ufers. Da entdeckten sie auf einem hohen Baum den geheimnisvollen Vogel wieder. Er saß hoch oben auf dem Baum am Flußufer und schaute sie mit großen Augen an. Da sanken sie alle hin, von Schwäche übermannt, und starben wie die Fische in dem mit Timbó vergifteten Wasser. Der erzürnte Vogel flog wieder auf mit einem Getöse wie das Donnern eines Erdrutsches an einer der steilen Böschungen im Gebiet des oberen Kapren. Seither gibt es Krankheiten auf der Welt (BANNER 1957: 81 f.). – Auch ich kann mich erinnern, daß die Indianer im Dorf immer zusammenliefen und durch Lärmen, durch Händeklatschen und Fächeln mit großen Palmenblättern um jeden Preis große Vögel zu verscheuchen suchten, die sich in der Nähe auf hohen Bäumen oder gar auf ihren Hütten niedergelassen hatten oder die auch nur das Dorf überflogen. Sie sahen darin eine Bedrohung der Gemeinschaft durch eine neue Heimsuchung. Ich hörte die Indianer wie erwähnt auch von einem geheimnisvollen, todbringenden Vogel namens *Bekrare* erzählen, der auch Totenvogel, *modn-tük, kuein-tük* genannt wird. Da ich dies in Kubenkräkein hörte, BANNER aber seine Informationen aus Gorotire bezog, könnte es sich, bei den Sprachverschiedenheiten der beiden Dorfgemeinschaften, immerhin in beiden Fällen um das gleiche mythische Wesen handeln.

Auch der Blick eines geheimnisvollen Fisches wird für Erkrankung und Tod verantwortlich gemacht. Als im Jahre 1954 in Gorotire Ngre-ngri plötzlich an einem heftigen Fieberanfall erkrankte und daran starb, behaupteten die Indianer mir gegenüber, der Frau sei auf einer einsamen Kanufahrt der große Fisch *Tep-tí* begegnet, der im Rio Fresco lebe: Wen der große Fisch ansehe, der werde krank und müsse sterben. Sie glauben auch an einen Wassergeist, *mruka-okre*. Sie sagen, man könne ihn zwar nicht sehen, aber sie wüßten, daß er sich im Strudel des großen Beckens des Xingu befinde. Vor ihm fürchten sie sich, weil er Krankheiten über die Menschen „schüttet" = *meõ kané men*. Bei Augenkrankheiten glauben sie, daß er ihnen einen seiner Knochen ins Auge gestoßen habe. Vor allem aber sind es bei dem ihnen unerklärlichen Phänomen der Krankheit Geister: Geister der Toten, Schatten, Totenseelen, die sie *Mekaron* nennen und die nach ihrem Glauben als Urheber des Übels zu betrachten sind. Immer wieder wird das Wirken dieser Geister mit der Nacht in Verbindung gebracht. Ihre schlimme Einwirkung wir mit *aé* = bedrohen, schrecken, bezeichnet, was aber gleichzeitig schon die Realisation dieser Bedrohung im Hervorrufen der Krankheit bedeutet.

Nicht die Bedrohung durch wilde Tiere, mit denen man kämpfen kann, aber schon die Wirkung des giftigen Bisses der Klapperschlange oder einer giftigen Pflanze, *bidyió-punure* = böse Frucht, böses Mittel (= böse Medizin), wird auf üblen Zauber zurückgeführt. Überhaupt gibt es nur einen gemeinsamen Ausdruck für bösen Zauber und für Gift, nämlich *dyu-dyu*.

Das tief verwurzelte Mißtrauen gegen den Fremden kann durch langes Zusammenleben mit diesem völlig in den Hintergrund treten und überhaupt nicht mehr erkennbar sein, aber es ist doch nur ins Unterbewußtsein verdrängt, und bei einer Häufung von Krankheitsfällen kann es plötzlich wieder aufflammen. Es ist so leicht, den Fremden als Urheber des faulen Zaubers anzusehen und zu beschuldigen, insbesondere wenn man seine überragenden Fähigkeiten kennengelernt hat, sei es bisher auch immer nur solche positiver Natur. Der Name, mit dem man ihn dann zuerst flüsternd und heimlich in den Hütten, dann aber laut und leidenschaftlich in der erregten Versammlung im Männerhaus bezeichnet, *meõ-dyudyu-ti* = schlimmer Zauberer, Mann des großen, bösen Zaubers, dieser Name kann für ihn lebensgefährlich werden. Immer wird die Krankheit selber als etwas Stoffliches angesehen, das in den Körper oder in das Blut des Menschen eindringt. Diese Vorstellung geht sehr weit. Während meines Aufenthaltes in Kubenkräkein brachten Funktionäre des staatlichen Indianerschutzes mit einem Militärflugzeug Aluminiumkochtöpfe, die dann an die Indianer verteilt wurden. Bald darauf brach im Dorf eine Krankheit aus. Die Indianer glaubten nun, der böse Katarrh = *yanrop,* sei in den Töpfen enthalten gewesen. Der materiellen Vorstellung von der Krankheit entspricht auch die Bekämpfung, von der sie sich Heil erwarten: Saugen und Herausziehen des Fremdkörpers, Reiben mit der speichelbenetzten Hand und Kneten der schmerzhaften Stelle. Das Rauchen und Beräuchern, insbesondere wenn ein böser Geist als Urheber angesehen wird, beschwört durch eine Analogie des gestaltlosen, qualmenden Rauches mit dem schattenhaft gedachten Wesen des Geistes. Der Medizinmann, der diese Heilpraktiken in der Regel vornimmt, zeigt dann einen Tierknochen zum Zeichen, daß seine Austreibung der Krankheit erfolgreich war. Es kann auch sein, daß er sagt: „Den Wassergeist habe ich durch Rauchen vertrieben: *Mrükaokre ba akó õ-kató.“*

In ihrer Ohnmacht, besonders beim Ausbruch einer Epidemie, bemächtigt sich der Indianer nur allzuleicht eine Panik. Immer stärker wächst und verbreitet sich die Meinung, das ganze Dorf, also der ganze zentrale Lebensraum der Gemeinschaft, sei durch faulen Zauber vergiftet. Zum Sprecher für diese Überzeugung wird vor allem wieder der Medizinmann = *Wayangari.* Er fordert die Indianer leidenschaftlich auf, in den Wald = *bo-kam* zu fliehen. Der Wald ist für sie überhaupt ein Symbol des Schutzes, der Geborgenheit, Bürge für ein urtümliches Leben, für die Abwehr aller Einflüsse von außen, eine Festung gegen alle fremden Mächte. Selbst nach einer langen Zeit friedlichen Kontakts mit unserer Zivilisation, etwa bei einem freundschaftlichen Zusammenleben mit benachbarten Siedlern, sind die Indianer sofort bereit, sich wieder in den Urwald zurückzuziehen *(bo-kam ten),* sobald auch nur die geringsten Schwierigkeiten in diesem Zusammenleben auftreten. Das bedeutet gleichzeitig einen vollständigen Bruch in den Beziehungen zu den fremden Menschen. Es bedeutet sogar Rückkehr zum alten Haß und zur Feindschaft gegen das Fremde, die sich in blutigen Fehden auswirken.

Bei einer Flucht vor der Krankheit in den Wald, einer Flucht aus dem Dorf, das man durch Zauber vergiftet glaubt, leben die Indianer dann, wie ich es leider einige Male sehen konnte, in einem ganz primitiven Lager. Sie schlafen auf dem Boden, auf ausgebreiteten Blättern, nur von einem ganz oberflächlich ausgeführten Blätterdach oder Windschirmen geschützt. Manchmal bauen sie auch rasch und mit wenig Sorgfalt ihre urtümlichen Rundhütten.

Oft ist die Wasserstelle weit entfernt oder nicht ausreichend. Allerdings stellt eine solche Flucht bei ansteckenden Krankheiten gegenüber den Sippenhäusern eine gewisse Separierung (Quarantäne) dar, die mitunter Erfolg hat. Andererseits sind alle Möglichkeiten, Hilfe von außen zu bringen, ausgeschlossen. Einmal erlebte ich in Gorotire, wie die Geflüchteten nach einigen Wochen völlig niedergeschlagen, hungernd und krank wieder ins Dorf heimkehrten. Die Krankheit hatte im Wald weitergewütet und noch mehrere Todesopfer gefordert, auch auf dem langen Heimmarsch in der Hitze war noch ein Kleinkind gestorben. Ganz entkräftet kamen die Überlebenden zurück.

Erst wenn die Krankheit und das Unheil unerträglich werden, beschließt man, das Dorf für immer zu verlassen und ein neues zu gründen. Ein mythisches Urbild hierfür bietet unsere Geschichte vom Mann, der Indianer schuf. Diese einzige Erzählung der Kayapó, die ein wenig an eine Schöpfungsmythe erinnert, drückt die ganze Hoffnung aus, die man in einen völligen Neubeginn setzt. Das Anlegen des neuen Dorfes, das Reinigen des Geländes, der Bau der neuen Hütten, das alles gibt die Sehnsucht nach neuem Werden wieder. – Der Vater fordert die wenigen nach Krankheit und Tod übriggebliebenen Menschen auf, Hütten zu bauen. Dann stimmt er in der Nacht, die gleichzeitig ein Bild der Verzweiflung und des Todesschlafes der Gemeinschaft ist, seinen Zaubergesang an. Am Morgen, es ist noch dunkel, schickt er die Kinder zu den Hütten. Ungemein treffend ist das langsame Erwecken des Lebens im Dorf geschildert: Das Weinen der Kinder, das beschwichtigende Singen der Frauen und alle anderen Geräusche, die Leben verraten und durch die dünnen Blätterwände kaum gedämpft werden können. Nach dem Mythos dämmert ein neuer Tag für die Menschheit herauf. Triumphierend kommen die Kinder zum Vater zurück: In den Hütten regt es sich, Menschen sind wieder da; sie sind aus der Erde heraufgekommen, die Indianer sind wieder zahlreich und ein starkes Volk, das mit seinen Aufgaben fertig wird. – Immer wieder zeigten sich die Indianer uns gegenüber stolz in ihrem Glauben, ein großes Volk zu sein. Sie legen besonderen Wert auf ihre Zahl, weil sie genau wissen, daß sie in der Härte des Kampfes gegen eine feindselige Natur nur als stattliche Gemeinschaft bestehen können. Die Hoffnung, die aus dem Mythos vom menschenschaffenden Mann aufklingt, verläßt die Indianer trotz aller Schwierigkeiten niemals; der Glaube, ein starkes und großes Volk zu sein oder werden zu können, hält sie aufrecht.

Der Entschluß, ihr Dorf zu wechseln, in der Erwartung, durch einen Neubeginn stark zu werden, fällt ihnen aber ungeheuer schwer, wie ich selbst beobachten konnte. Es kostet lange, erregte, leidenschaftliche Debatten im Männerhaus, bis der Entschluß der Häuptlinge zustande kommt, der aber dann meist wieder rückgängig gemacht wird. Es müssen schon viele schwerwiegende Gründe zusammentreffen, wie Krankheiten, Erschöpfung des Bodens in den Pflanzungen trotz häufigen Wechsels der Rodeflächen, Wildarmut der

Gegend, Annäherung der Siedler beim Gummisammeln in den Nachbargebieten. In Kubenkrākein war ich eigentlich durch zwei Jahre Zeuge einer solchen dramatischen Meinungsbildung. Dann war der Entschluß gefaßt. Der Platz für das neue Dorf war gefunden, und die Auswanderung für den Beginn der nächsten Trockenzeit vorgesehen. Ich fuhr zu der festgesetzten Zeit in einer schwierigen Expedition auf dem Rio Vermelho zu dem Platz, wohin die Indianer auf dem Landweg kommen sollten. Sie kamen aber nicht, und sind bis heute noch in Kubenkrākein. Ihr übermächtiges Heimatgefühl ist siegreich geblieben.

Die Feinde

Wie das Leben der Indianer durch verderbenbringende Krankheiten gefährdet ist, so ist es auch bedroht vom gewaltsamen Tod. Es gibt schwere Unwetter mit tödlichem Blitzschlag. Es gibt auch Naturkatastrophen in der Wildnis. Der Mythos von den Affenmenschen beschreibt eine Flutkatastrophe, hervorgerufen durch den Kampf mit bösen Wesen. Horace BANNER weiß einen Bericht wiederzugeben, wonach die Menschheit durch ein übelwollendes tiergestaltiges Wesen, ein Faultier, das sich das Feuer geraubt hatte, in einem Weltbrand vernichtet wurde bis auf die Familie eines Medizinmannes; dieser konnte sich und seine Familie durch Zauber retten und bewahrte damit die Menschheit vor dem völligen Untergang (BANNER 1957: 49).

Auf der Jagd, dieser daseinserhaltenden Arbeit, sind Gesundheit und Leben der Indianer von wilden Tieren bedroht. Die größte Gefährdung aber besteht in den tausend Fehden und Kriegshändeln, in die sie von altersher verwickelt sind. Besonders Indianer anderer Stämme halten sie für verhängnisvoll und noch viel mehr die Siedler an den Unterläufen ihrer Flüsse. In ihrem eingefleischten Mißtrauen gegen alle Fremden = *kuben,* fühlen sie sich selbst von den eigenen Stammesangehörigen eines anderen Dorfes bedroht. Wie oft hörten wir im Dorfe Gorotire die düstere Vorhersage über die Leute von Kubenkrãkein: „Einmal werden sie kommen und über uns herfallen, unsere Hütten niederbrennen und unsere Kinder erschlagen." Und das gleiche hörten wir, zumindest anfangs, bei unserem Aufenthalt in Kubenkrãkein über die Gorotire.

Als Vollmenschen gelten nur die Angehörigen der eigenen Dorfgemeinschaft. Aber auch innerhalb dieser gibt es Machtkämpfe, die immer wieder zu Trennung, Abspaltung und Gründung neuer, wiederum feindlicher Dörfer und Gruppen führen. Nach dem Geschichtsunterricht, den mir Häuptling Ngroi in Kubenkrãkein erteilte, lebten unsere Indianer einst glücklich in einem Riesendorf *Puká-to-ti* = Erde der großen Feste, beisammen, das sich westlich von Kubenkrãkein befand. In großen, heftigen Auseinandersetzungen erfolgte die Abspaltung und Gründung neuer Dörfer und damit auch neuer einander feindlich gesinnter Staatswesen. Es machten sich der Reihe nach selbständig: Gararao, Gorotire, Ira-amraire, Dyore, die mit den Shikrí identisch sein sollen, und Mekrãngoti (= me-krã-ngo-ti = Menschen mit den großen Wasserköpfen), von denen unsere Indianer als von ihren Erzfeinden die schlimmsten Schaudergeschichten erzählen. In der nächsten Nähe des ehemaligen riesigen Heimatortes blieben die Kubenkrãkein am großen Wasserfall (Fumaça) am Riocinho, mit dem Kayapó-Namen Krã-abore oder Ngo-amrai-tire (schäumendes Wasser). Von diesen spaltete sich nach einem erbitterten inneren Machtkampf unmittelbar vor unserem Kommen noch eine Gruppe ab, unter der Führung eines Mannes namens Kokraimore. Ihr Dorf am Xingu-Strom mit dem indianischen Namen *Pu-tire* = „die große Pflanzung", nennen die Urwaldsiedler nach jenem Führer Kokraimore, die Kayapó selber aber nennen es *kren-katí* = Nichtsesser = Urwaldbewohner (Dorf von „Hungerleidern").

Die ständige Angst vor gefährlichen Feinden ist in den umfangreichen mythischen Berichten über fremde böse Wesen = *Kuben-punure* vorgezeichnet. Es handelt sich um schreckhafte Gestalten, halb Tier, halb Mensch; halb Tier, halb Pflanze, oder wohl menschlich, aber von unheimlich häßlichem Aussehen. Im Mythos „Wie sie die Nacht suchen gingen" wird geschildert, wie die Indianer auf dem Weg zur ersehnten Nacht durch die Reiche all dieser schlimmen Feinde ziehen müssen (69). Auch im Mythos vom Tapir, der am Himmelsfuß nagt, werden *kuben-punure* aufgezählt.

Unter diesen *kuben-punure* werden jedesmal auch die *kuben-kuté-meõ-kren* oder *Kubenkókre,* die Menschenfresser, genannt. Der eigentliche Bericht von den übermenschlichen bösen Gegner aber, der im Eingang dieses Kapitels wiedergegeben wurde, gibt ein umfassendes Bild von der Bedrohung durch Übermächte, von den erbitterten Kämpfen mit ihnen und von ihrer unnachgiebigen Härte und Grausamkeit. Diese Grausamkeit behandelt die Erzählung, wie die Unholde ein Indianerkind am Feuer braten, um es dann aufzufressen, und wie der Bruder des Kindes auf dem Dorfplatz der *Kubenkókre* den einsamen Alten findet, der gerade noch an dem Schädel des Knaben nagt. Harten Kampf und Einsatz aller Kräfte erfordert die Abwehr der Feinde von den Menschen, damit sie sich behaupten können, genauso wie es in dem mythischen Modell prophezeit und vorgebildet ist. Oft werden sie in wilder Flucht ihr Heil suchen müssen, wie der Knabe, der sich an einer Liane über die Köpfe der Menschenfresser hinweg in die Freiheit schwang. Oft werden sie List und Verschlagenheit nötig haben, wie die Urzeitmenschen jene *kuben-kokre* zu einem Fischzug einluden, um ihren Verdacht zu beschwichtigen und dann über sie herzufallen. Oft werden sie, ihrer Überzeugung nach, durch eine grausame Tat dem Feind ihre Überlegenheit beweisen müssen, um ihn einzuschüchtern, wie ihre Vorfahren die *Kubenkókre* erst heimtückisch einluden und dann überwältigten; sie behandelten sie wie erlegtes Wild, banden die Erschlagenen mit Händen und Füßen an Stangen und zogen am Abend mit ihrer gräßlichen Beute vor den Augen der entsetzten Freunde jener ins Dorf ein.

Auch die manchmal völlig unerklärlichen Überfälle auf die Niederlassungen der Siedler, ohne daß dabei etwas geraubt oder sonst ein bestimmtes Ziel verfolgt würde, finden im Mythos ihr Modell. Ein solcher Schlag gegen die fremden Siedler, nur um die Kraft zu zeigen und Schrecken zu verbreiten, ist im Mythos von dem Mann, der ein Geist war, nur mit ein paar Worten umrissen: „Sie fielen über die Fremden her, töteten sie und kehrten heim."

Oft gelingt es, dem Feind Wertvolles abzugewinnen, wie es einem Vorfahren im Mythos von den Affenmenschen gelang, einem solchen die Stahlaxt zu entwinden; dies ist neben der Erzählung von dem gütigen Herrn der Nacht in der Steppe = Dyoibekro, der den Menschen die Stahlaxt zum Geschenk macht, ein anderer Bericht über den Urerwerb des so wertvollen Gerätes.

Oft unterliegen die Menschen und verlieren alles, wie der Mann im Kampf mit den Affenmenschen schließlich in wilder Flucht sein Heil suchen und seinen kostbaren Raub wieder aufgeben mußte.

Ein anderes Mal wieder werden sie, im Interesse der Erhaltung und Sicherung der Gemeinschaft, geschlossen einen geordneten Rückzug antreten müssen, wie ihre Vorfahren in der Urzeit sich von den *Kubenkókre* trennten. Wie sehr ihnen allein durch ihre Weltanschauung der Kampf aufgetragen ist, zeigt sich darin, daß sogar der Friede, besser die friedliche Vereinigung zweier Stammesgruppen, zumindest einen Scheinkampf zur Voraussetzung hat. Dies wurde von unseren Indianern das letztemal bei ihrer Aufnahme und Vereinigung mit einer Gruppe der Shikri im Dorf Gorotire in die Tat umgesetzt. In Waffen standen sich die beiden Gruppen auf dem Dorfplatz gegenüber, und in einer Art Tanzspiel wurde ein Gefecht ausgeführt.

All diese Verhaltensweisen werden nicht etwa nur in eine längst vergangene Zeit verlegt, sondern es besteht gerade in dieser Hinsicht eine ganz lebendige Verbindung mit dem Mythos. Wenn man die Indianer um geographische Daten und nach den benachbarten Stämmen fragt, werden sie sich zuerst besinnen und dann mit ihrer Aufzählung beginnen, in die sie auch mythische Gestalten und ihre Reiche hereinnehmen, in der vollen Überzeugung der Wahrheit ihres Berichtes. So zählen sie z. B. neben den bekannten Stämmen in ihrem weiteren Lebensraum – den Juruna mit dem Kayapó-Namen *ngoi-ren* (Ruderer), den Shipaya = *čipai,* Curuaya = gleich den Siedlern, *kuben,* Asurini und Araweté, die sie, ohne zwischen ihnen zu unterscheiden, wegen deren intensiver Körperbemalung *kuben-kamrik* (Rote) nennen, sowie den genannten Untergruppen der Kayapó selbst – mit der gleichen Selbstverständlichkeit auch mythische Stämme auf (vgl. auch DREYFUS 1963: 16, KRÄUTLER 1957).

In dem Dorf Mekrãngotí am Curua wurden uns als Nachbarn im Osten auch die *Kubenkókre* (= Menschenfresser) aus unserem Mythos genannt.

Die *Kubenkókre* kehren nach ihrer Trennung von den Kayapó wieder in ihre Heimat im Osten zurück, zu dem Erdloch in der Nähe des Riesenbaumes, der das Himmelsdach trägt. Von dort sind sie ursprünglich aufgebrochen. Überhaupt wird als Urheimat aller bösen Feindeswesen das Land um jene Himmelssäule genannt. Alle Bedrohung der Menschen leitet sich von dort ab. Das bedeutungsvollste Symbol dieser Bedrohung ist aber der Baum selbst. Ein Tapir frißt sich in seinen Stamm. Wehe der Menschheit, wenn sich der Spalt in der Nacht nicht wieder schließt, wie es bisher immer noch geschehen ist. Dann stürzt der Himmel herunter und begräbt alles. Und darum muß die Menschheit in ständiger Furcht leben.

Das Sterben und Begraben

Schon bei einer geringfügigen Krankheit fürchten die Indianer den Tod. Selbst bei einem leichten Fall kann man die schrillen, mit Kopfstimme hervorgebrachten Klageschreie der Mutter oder der weiblichen Verwandten hören. Diese werden heftiger und häufiger, wenn die wachsende Nähe des Todes vermutet wird. Der sterbende Mann heißt bei ihnen *metük-dyo,* was man am besten mit „der vom Tod Erfaßte, Ergriffene" übersetzt. Das Ergriffensein von der schrecklichen Majestät des Todes überträgt sich auch auf alle, die in der Hütte oder in dem Sippenhaus dort anwesend sind. Die Ohnmacht gegenüber dem gewaltigen Geschehen wird in erschütternder Weise deutlich. Alle sind wie erstarrt, sie sitzen und hocken um den Sterbenden und dann um den Toten herum. Wenn sie sich bewegen, geschieht es nur langsam, und wenn sie sprechen, dann nur im Flüsterton. Durch das Dahocken mit gesenktem Kopf, in Meditation versunken, soll der Sterbende vor den Todesgeistern bewahrt werden, die jetzt um ihn herum sind. Die Stille wird zerrissen beim Eintritt des Todes durch die Klageschreie und das heftige Schluchzen, das – nach der Mythenversion von einem Riesen und Menschenfresser – die beiden Zwillingshelden zuerst erfaßt hatte. So weinten sie, als der Unhold „*Nheti",* bevor sie ihn erschlugen und das Volk befreiten, ihren Lieblingsneffen raubte. Auch in ihrem Weinen, in Leid und Schmerz fühlen sich die Indianer bewußt als ein Volk der Starken. Den Toten, der auf einer Strohmatte auf dem Boden liegt, schmücken die weiblichen Angehörigen. Sie bemalen ihn mit Urucu und Genipapo. Nur der Wayangari, der Medizinmann, bewegt sich frei im Totenhaus, wie ich beobachten konnte. Er geht aus und ein und bringt den Frauen Farbstoff und Strohmatten und bereitet alles für das Begräbnis vor. Das Schmücken des Toten wie zu einem Fest und der Reichtum des Schmuckes hängen offenbar von der Zahl und Macht seiner Angehörigen und seinem einstigen persönlichen Ansehen ab. An dem Schmücken erscheint mir weltanschaulich bedeutungsvoll, daß es eben ein Festschmuck ist, den man dem Toten anlegt. Alles was er auf den Höhepunkten seines Lebens besaß und was ihn damals erfreute, will man mitgeben. Das Bekleben des Körpers mit Flaumfedern, *noine,* vom Ara-Papagei = *modn,* und das Schmücken seines Hauptes mit Adlerfedern = *og-kao,* gibt einen Zusammenhang des in eine Ferne Schweifenden, nicht mehr an den Raum Gebundenen, mit dem Vogelflug.

Mit rührender Sorgfalt schmückt vor allem die Mutter ihr totes Kind. Sie hat es auf ihrem Schoß liegen, schon während des Sterbens und dann oft noch Stunden und Stunden bis zum Begräbnis, das noch vor dem Abend stattfindet.

Die Beerdigung findet am Begräbnisplatz, *me-tük-ō-puká* statt. Angesehene Verstorbene werden auch beim Tod in der Wildnis zur Beerdigung ins Dorf gebracht, wie im Mythos von der Frau, die sich in einen Vogel verwandelte, wo der Mann den Leib der toten Gattin aus dem Wald ins Dorf trägt, um ihn den weiblichen Verwandten zur Beerdigung zu übergeben. So trug, als ich in Gorotire war, der Häuptling Aibi den alten sterbenden und weisen Tedyek, von dem ich viele meiner mythischen Berichte habe, aus dem Urwald ins Dorf, wo er buchstäblich in meinen Armen starb.

Die eigentliche Beerdigung geschieht bei der Frau durch die weibliche Sippe, beim Mann durch die Männer seiner Dorfhälfte. Der Tote, der hohes Ansehen besaß, wird in feierlichem Zug auf den Schultern der Männer zum Begräbnisplatz getragen, und zwar in eine große Strohmatte eingebettet, die an einer Stange hängt. Die Mutter trägt ihr totes Kind selbst. In Kubenkräkein war das Grab, das die Männer gruben, ein rundes, etwa eineinhalb Meter tiefes Loch, *puká-kre* = Erdloch. Der Tote wird in dem mit Strohmatten ausgekleideten Grab in hockender Stellung begraben, die Hände werden gefaltet und dann, mit Rinde gebunden, auf die Knie gelegt, und der Kopf an die Wand des Grabes gelehnt. Während des Begräbnisses stoßen die Frauen immer wieder ihre Klagen und ihr heftiges Schluchzen aus. Die Schreie mit Kopfstimme sind schwer zu verstehen. Sie enthalten immer wieder einen Ausbruch des Schmerzes, aber gleichzeitig auch eine haßerfüllte Anklage gegen die vermeintlichen Urheber des Todes und ein egoistisches Sichselbstbedauern. Charakteristisch erscheint jener Ruf einer Mutter beim Tod ihres Sohnes: „Mein lieber Sohn ist tot, die bösen Fremden

haben die Krankheit gebracht! Warum wohl? Um ihn zu töten! Die schlimme Krankheit hat meinen Sohn getötet. Er
konnte jagen und fischen, damit ich zu essen hatte. Jetzt ist
er tot, und ich bin ganz allein."

Schrecklich ist immer wieder die Szene, wenn die Frauen
während ihres maßlosen Weinens und Schluchzens Grab-
stöcke oder Keulen an sich reißen, die noch von der Bereitung des Grabes daliegen, und sich damit gegen die Brüste,
den Kopf, den Bauch und die Gliedmaßen schlagen und sich
arge Verwundungen zufügen. Mit Gewalt müssen die Männer sie daran hindern, sich schwer zu verletzen. Lange dach-
te ich, man folge eben einer alten Tradition, die nur die Frau-
en betreffe. Einmal erlebte ich aber, daß der Häuptling Tut
selbst in Gorotire sich dieser Handlung unterzog, als sein
Söhnchen starb. Er tat es nicht öffentlich, sondern in der Verborgenheit seiner Hütte. Nur ein paar Freunde und ich waren
anwesend. Am Boden kauernd, schlug der Häuptling mit einer schweren Keule, die er mit beiden Händen gefaßt hatte,
auf sich selber ein. Nur mit Mühe und unter Aufwendung aller Kräfte konnten ihn die Freunde hindern, sich schwer zu
verwunden; es kam zu einem wortlosen Ringen, bis es ihnen
gelang, dem starken Mann die Waffe zu entwinden. Die
Handlung der Selbstverwundung ist also tatsächlich echt
und affektgeladen, sie entspricht einem ganz realistischen
Mitleidenwollen: Das geliebte Wesen ist tot, und ich lebe,
also muß ich jetzt wenigstens leiden.

Die Öffnung des Grabes wird mit dünnen, aneinanderge-
reihten Stämmen und Strohmatten gedeckt. Aus der am
Rande aufgeworfenen Erde wird darüber als spitzer Kegel
ein kleiner Grabhügel geformt, so daß der Tote in seinem
„Haus" nicht von Erde bedeckt wird.

Schatten nach dem Tod

Das Ereignis des Todes im Indianerdorf, veranschaulicht
durch die Verhaltensweisen der Indianer und die Art, wie es

ihre Gemüter bewegt, zeigt am deutlichsten die starke Diesseitigkeit ihrer Weltanschauung. Dieses Leben ist für sie sozusagen alles. Nach einem Mythos, den Horace BANNER erzählen hörte, war nach ihrem Glauben der Tod ursprünglich nur vorübergehend. Da kam der Mond vom Himmel herunter und stampfte mit seinen Füßen die Erde über dem Grab eines jüngst verstorbenen Kindes. Seither ist der Tod ewig (BANNER 1957: 48 f.). Diese mythische Erzählung paßt sich völlig dem Weltbild ein, das dem Dualismus Sonne – Mond eine ganz hohe Bedeutung beimißt. Die Sonne, die sich die Indianer als kraftstrotzenden Urzeitjäger vorstellen, ist, wenn auch rücksichtslos und brutal gegenüber dem schwächlichen Mond, doch Sinnbild und Zeichen ihres Kraftideals. Mit ihrem Licht und ihrer Wärme ist sie auch Spenderin des Lebens; die Sonne ist *meitire* = gut, schön. Ihr gegenüber ist der Mond, der in der Urzeit als Kamerad des Sonnenmannes auf der Erde gelebt hat, ein Schwächling und daher schon deshalb im Sinne des Kraftideals *punure* = häßlich, böse. Im Dualismus der beiden wird er zum gegenteiligen, negativen Prinzip. So entspricht es im tiefsten der indianischen Weltanschauung, daß gerade der Mond auf die Erde niedersteigt und durch sein Stampfen des Kindesgrabes zum Urheber des immerwährenden Todes wird, während der Mann Sonne Spender des Lebens ist.

Wohl stellen sich die Indianer dennoch eine Fortdauer der Existenz auch nach dem Tode vor, aber sie ist nur ganz schattenhaft. Lebendige Menschen werden zum Schatten ihrer selbst, *meõ-karon* = *mekaron* = Menschenschatten = Totenseelen = Totengeister = Geister. Ihr Dasein ist schattenhaft und gar nicht zu vergleichen mit dem wirklichen Leben. Die so stark diesseitige Einstellung zeigt sich auch ganz deutlich darin, daß man in dem Sterben eines kleinen Kindes eine ganz besondere Tragik sieht. Dazu ein Erlebnis: Einmal während unserer Anwesenheit in Kubenkrãkein starb ein kleines neugeborenes Kind. Es war das Kind angesehener Eltern. Am Abend brannten Feuer um das Dorf zur Abwehr der Totengeister. Eine eigenartige Stimmung breitete sich aus. Spät machte uns noch Häuptling Ngroi einen Besuch. Er stand an unsere Tür gelehnt, und seine dunkle Gestalt hob sich ab von dem flackernden Feuerschein im Hintergrund. Er sprach auch nur mit gedämpfter Stimme. Im Dorf herrschte eine unheimliche Ruhe, und deutlich vernahm man nur das monotone Singen der alten Großmutter des Kindes. Sie sang, wie die Indianerinnen singen, wenn sie ein Kind in den Schlaf wiegen. Der Häuptling sagte ungefähr folgendes: „Armes Kind, jetzt ist es gestorben. Es hat nie getanzt, es hat nie gejagt und es hat nie geliebt; und jetzt ist es tot." Er gab damit seiner Überzeugung Ausdruck: Wahres, glutvolles Leben mit seinem Lieben und seiner Lust der Sinne, mit seinen Höhepunkten in den Festen voll Tanz und Gesang, mit all den Zeiten, die ein aufs höchste gesteigertes Leben bedeuten, wie etwa die Jagd, bietet nur das irdische, diesseitige Leben. Für die Indianer ist der Tod ein furchtbarer Schlag des Schicksals, der dem wahren Leben unwiederbringlich ein Ende setzt. Auch die Kayapó-Bezeichnung des Todes ist, wie es noch deutlicher wird, wenn sie den Tod im Vortrag einer Erzählung noch schauspielerisch darstellen, eine Onomatopöie für einen harten Schlag = *tük*. Sie glauben an eine Todesmacht, hinter der sie immer wieder das Wirken feindseliger Mächte und Wesen vermuten. Das Wort für Tod verbinden sie noch häufig mit dem noch stärker lautmalerischen Begriff: jemandem einen Schlag versetzen, jemanden treffen, hinstrecken = *pa*. So heißt es in unserem Mythos von dem Mann, der Indianer machte, von der Vorzeit, der Tod streckte viele nieder = *tük-pa* = der Tod schlug sie nieder. Der Tote heißt *me-tük-ō* = *meō-tük*. Der Begräbnisplatz heißt *me-tük-ō-puká* = Erde der Toten, Land der Toten. Der Mensch existiert nach dem Tode als *mekaron* weiter; *karon* bezeichnet die Seele, wenn man vom Leib absieht, ebenso wie den Schatten. Dem Schatten fehlen Fleisch und Blut, es fehlt ihm der Leib, aber er ist dennoch ganz der gewesene Mensch, man denkt sich ihn als eine ganz dünne, feine Substanz. Er führt sein eigenes Leben. Die Vorstellungen vom Tod und den Toten sind durchaus vage und oft auch einander widersprechend. Sicher ist, daß sie sich den Tod als furchtbarsten und unwiderruflichen Eingriff in das menschliche Schicksal denken, *tük-pa,* als ein Hingeschmettertwerden, als schlimmstes Leid, und das Leben danach nur mehr als armselig und traurig im Gegensatz zu Reichtum und Freude des irdischen Lebens. Ihre Reaktion ist Mitleid, wie es sich auch ausdrückte in den Worten des Häuptlings Ngroi zum tragischen Schicksal des neugeborenen Kindes, das nie leben durfte. Dieses Mitleid äußert sich vor allem unter dem unmittelbaren Eindruck des Ereignisses, verbunden mit dem frischen eigenen Schmerz über den Verlust des geliebten Menschen, in den durchdringenden Klagerufen der Frauen, in dem krampfhaften Schluchzen und in den schrecklichen Selbstverwundungen der Angehörigen. Es äußert sich in der Haltung: Du erfuhrst das größte Leid, du bist jetzt tot und lebst wie ein Schatten, und ich habe den Reichtum und die Freude des wirklichen Lebens. – Das neue Dasein mit seiner ganzen Armut muß die Schatten neidisch machen auf die Menschen, die noch das volle greifbare Leben genießen. Man fürchtet sie daher, erwartet Feindseligkeit von ihnen, man traut ihnen zu, daß sie die Ursache menschlichen Leidens werden und Menschen krank machen und gleichfalls töten können. Vor allem will man nichts gegen sie unternehmen, will sich von ihrem einstigen Eigentum nichts aneignen, um nicht ihren Neid noch zu verstärken und ihre Rache herauszufordern. Ihrem schattenhaften und übersinnlichen Wesen gegenüber, ihrer Macht, der man nicht begegnen kann, fühlt man sich ohnmächtig und wehrlos. Die Kasteiungen und Enthaltungen, die man sich beim Tod eines Angehörigen auferlegt, verwirklichen realistisches Mitleiden, weil der geliebte Freund und Verwandte so unendlich Schweres leiden mußte, und beweisen das Bemühen, nichts an sich zu reißen, ja nichts zu berühren, was dem Toten gehört hat. Wie der Verstorbene zum Schatten, zum Geist wurde, so ist auch alles, was sein war, einem Geist gehörig geworden, *mekaron* = unberührbar (wie man dieses Wort auch übersetzen kann). Eine Kasteiung ist es, wenn man sich für eine Trauerzeit die Haare kurz schneidet und sie dann ohne jede Pflege wild weiterwachsen läßt. Eine andere Kasteiung ist es, daß man sich kontemplativ zurückzieht und nicht vom Hause weggeht in die Gesellschaft der anderen. Wie der Tote alles verlassen mußte, selbst seine Freunde, so meidet man gleichfalls die Gemeinschaft. Solche Kasteiungen legen sich die Eltern beim Tod eines geliebten Kindes auf, wie ich in Kubenkräkein öfter beobachten konnte. So macht es auch die Witwe nach dem Tod des Gatten und der Gatte nach dem Tod seiner Frau. Auch der Witwer entfernt sich nicht von zu Hause, er geht nicht einmal ins Männerhaus. Es ist seine Schwester, die ihn dann wieder ins Leben zurückbringt, ihm nach der Trauerzeit das Haar schneidet und ihn wieder ins Männerhaus zurückführt.

Das Totenmahl bei einem Häuptling, der eine Pflanzung besaß, in der auch die anderen für ihn arbeiteten, oder bei einem anderen Mann aus der Führerklasse, der mit den Seinen ein Stück der allgemeinen Pflanzung für sich bebaute, besteht darin, daß man unmittelbar nach der Beerdigung alles aufißt, was es an Früchten in der Pflanzung gibt. Man glaubt, daß sich vielleicht auch der Totenschatten, der um diese Zeit noch in der Nähe weilt, an dem Mahl beteiligen kann. Das Aufessen der Früchte kommt auch einer totalen Vernichtung dessen gleich, was sich der Mann erarbeitet hat; und die ganze Gemeinschaft beteiligt sich daran. Man glaubt, so dem Neid der Totenseele eher entgehen zu können, als wenn die Dorfgenossen einzeln die Früchte seiner Pflanzung heimlich wegstehlen würden. Wie man mir in Kubenkräkein erzählte, bestand die gleiche Absicht, als man nach dem Tod des großen Häuptling Oket († 1956) dessen Haus anzündete.

Aus manchen Handlungen und Aussprüchen der Indianer geht hervor, daß man den Totenseelen ähnliche Bedürfnisse und ein ähnliches, wenn auch nebuloses Dasein wie den Lebendigen zuschreibt. Auch hier sind die Vorstellungen nur vage. So zündete z. B. eine Frau in Gorotire am Grab ihres Kindes ein Feuer an; sie tat es, wie sie mir sagte, damit ihr Kind nicht Kälte leide. Speisen als Grabbeigaben beobachtete ich nur bei verstorbenen Kindern. Die Mütter gaben in einer Kürbisschale Muttermilch mit ins Grab; und wenn sie einige Tage darauf wieder zum Grab kamen, so brachten sie wieder in einer Kürbisschale Muttermilch mit, die sie sich mit Gewalt aus den Brüsten gepreßt hatten. Es fragt sich allerdings, ob diese Handlung nicht mehr die Kasteiung der zärtlich liebenden Mutter darstellt als ihre Sorge, das tote Kind könne Hunger leiden. Wahrscheinlich laufen beide Vorstellungen parallel. Der Schmuck der Toten und die Grabbeigaben – wie Schmuck und Waffen, bei den Frauen auch die Spindel – werden, wie mich meine langjährigen Forschungen belehrten, nicht aus dem Grunde mitgegeben, weil der Tote sie in seinem schattenhaften Dasein noch brauchte, sondern weil niemand sie sich aneignen darf oder sich daran zu vergreifen wagte, da sie eben Eigentum des Verstorbenen sind. Die Bezeichnung aller dieser Gegenstände durch die Kayapó ist genau dieselbe wie der Ausdruck für den Totengeist selbst = *mekaron* – und hier in der Bedeutung: „Dem Toten gehörig, unberührbar". Dieser Auffassung entspricht auch der Auftrag, den der sterbende Häuptling Oket selbst seinen Verwandten vor seinem Tod gab, sie möchten seine wertvollste Waffe – das Gewehr, das er von den Neubrasilianern bekommen hatte – zerbrechen und ihm im Rundgrab auf seine Schultern hinter den Kopf legen. Die Gier der Verwandten nach dem Gewehr war dann allerdings stärker als die Tradition und die Furcht vor dem Bruch des Tabu-Gesetzes.

Wie ich erfuhr, liegt der Totenfeier in der Form eines Tanzes der Gemeinschaft der Männer bzw. der Frauen das Bestreben zugrunde, den Toten noch einmal an einem Fest der Lebendigen teilnehmen zu lassen. Durch den Kopfschmuck

aus trockenem Anaja-Stroh namens *riki-bo* werden die Totengeister dargestellt. KISSENBERTH berichtet von einer solchen Totenfeier für einen großen Häuptling der Pau-d'arco-
Kayapó, der er ein Jahr nach dem Tod des Häuptlings bei-
wohnen konnte (KISSENBERTH 1912: 55). Der Umfang des
Rituals in einer Totenfeier, deren Wiederholung zu einem
späteren Zeitpunkt ebenso wie die Grabbeigaben und der
Reichtum des Totenschmuckes richteten sich nach dem Ansehen und nach der Bedeutung des Verstorbenen für die Gemeinschaft bzw. nach dem Ansehen und der Bedeutung seiner Verwandten.

Das erschütternde und zugleich schreckliche Schauspiel
einer sekundären Bestattung erlebte ich in Kubenkrãkein sogar einige Male. Es handelte sich dabei immer um Kinder;
und ich mußte zu der Meinung gelangen, daß zumindest
heute bei den Kayapó der besondere Affekt zärtlicher Liebe
und inniger Verbundenheit, die es den Eltern einfach unerträglich machen, sich von ihrem lieben Kind zu trennen, hinter dieser Handlungsweise steht. Beim Tod des neugeborenen Mädchens, *karon*, z. B., schmückt die Mutter das Kind
mit aufmerksamster Liebe und Sorgfalt. Gemeinsam mit
ihrem Gatten Kotuk-ti (das große Dunkel) trug sie das Kind
auf den Begräbnisplatz. Sie brachten den ganzen Schmuck
des Kindes in einem hübsch geflochtenen Körbchen mit.
Die Selbstverwundungen und die Klageschreie der Mutter,
als man das Kind in das Rundgrab bettete, waren besonders
heftig. Nachts zündeten die Eltern am Grab ein Feuer an, die
Mutter preßte sich Milch aus den Brüsten und stellte sie in
einer Kürbisschale hin. Am nächsten Tag kamen die Eltern
wieder zum Grab, sie öffneten es und nahmen den Leichnam
heraus. Die Mutter hielt dann das tote Kind stundenlang auf
dem Schoß, sie liebkoste es immer wieder und reinigte es
mit den Händen von Erde und Staub. Erst ein heftiger Platz-
regen unterbrach ihre offenbar völlige Entrücktheit; die beiden legten das Kind wieder in das Grab, das sie gut verschlossen. Nach Wochen – die Indianer waren auf ihrer

großen sommerlichen Wanderung durch die Steppe – kehrten die beiden Eltern allein ins Dorf zurück. Sie öffneten das Grab abermals. Wiederum nahm die Mutter ihr Kind auf den Schoß, befreite dessen Knochen sorgfältig von den halbverwesten Fleischteilen und bemalte sie dann ebenso sorgfältig, Stück für Stück, mit Urucu in grellem Rot. Der Gatte assistierte ihr dabei. Es wurde kein Wort gesprochen. Er brachte Wasser, Farbstoff und Strohmatten herbei, alles, was die Mutter benötigte. Zuletzt verschlossen sie das leere Grab wieder. Sie hüllten die Knochen sorgfältig in eine schöne Strohmatte und trugen sie, den Dorfgenossen nachfolgend, mit sich in die Steppe. Später verwahrten sie die Knochen unter dem Dach ihres Sippenhauses, wie dies bei den Kayapó in der sekundären Bestattung üblich ist. Der Affekt rührender Liebe, der in diesem Beispiel wohl deutlich geworden ist, dürfte heute entscheidend sein für ein solches Unternehmen. Es ist aber immerhin möglich, daß dieses Ritual zusammenhängt mit der vagen Hoffnung auf ein Wiederlebendigwerden, eine Auferstehung des Kindes. Dafür gibt es ein Modell in dem Mythos von den Menschen, die sich in Wildschweine verwandelten. Dort fügt der Vater die Knochen seines toten Sohnes zusammen, nachdem der Bub als Wildschwein von ihm selbst erlegt worden war. Es gelingt ihm auch, sie wieder zu beseelen, der Sohn wird wieder lebendig. Es gibt eine Glaubensauffassung der Kayapó, wonach die Seele ihren Sitz in den Knochen hat. Deren Wiederbeseelung führt also zur Auferstehung.

Was ein Totenreich anlangt, eine Totenwelt, also eine Beziehung der Toten zum Raum, so fehlt bei den Kayapó der allgemeine Glaube an die Unterwelt als ein Reich der Toten. Den Schatten entspricht auch irgendwie das Fehlen einer festen Bindung an den Raum, sie haben eine umherschweifende Lebensweise. Sie halten sich vornehmlich weit draußen in der Steppe auf, im Sinne eines ewigen Abstandes, einer Lebensferne, die der Tod bewirkt. Verständlich ist auch das Heimweh, das sie doch wieder ab und zu in ihr altes Dorf treibt. Diese Besuche entsprechen gleichzeitig ihrer feindseligen Haltung und ihrem Neid gegen die Lebenden: Sie richten dann Unheil an durch Krankheit und Tod. Dem unheimlichen Wesen der Totenschatten entspricht der Glaube, daß sie sich von Zeit zu Zeit an unheimlichen Orten aufhalten. An erster Stelle steht da der Begräbnisplatz, aber auch unheimliche Baumgruppen fordern diese Annahme heraus. Eine große Rolle als ein Haus der Toten spielt das berühmte *ken-kikre* = Steinhaus, das nichts anderes ist als eine phantastische Felsengruppe mit Höhlen, weit draußen in der Steppe (vgl. BANNER 1952: 455–459). Man glaubt, daß sich die Schatten jedenfalls unmittelbar nach der Beerdigung noch auf dem Begräbnisplatz aufhalten. Nach einer solchen Beerdigung in Kubenkrãkein war einmal eine große Gruppe von Indianern bei unserem Haus versammelt, das etwas außerhalb des Dorfes, in der Nähe des Begräbnisplatzes lag. Sie wollten den *koit-ngrere,* den singenden Nagel, unser Grammophon hören. Mitten in der Vorstellung brachte ein leichter Wind den Leichengeruch vom Begräbnisplatz her zu uns. Urplötzlich – wir hörten nur ein paarmal das Wort *mekaron* flüstern – flohen sie ins Dorf, und wir waren allein. Sie hatten geglaubt, die Totenseele sei vom Grab gekommen.

Offenbar im Zusammenhang mit irdischen Gepflogenheiten, die man auch den Toten beimißt, existiert immerhin die Vorstellung einer Gesellschaft, eines Gemeinwesens, einer Welt der Toten oberhalb des Himmelsdaches = *me-tük-õ-krimét koikwa yukri.* Die Lage des Dorfes oberhalb des Erdendaches, das man mit *koikwa* bezeichnet, ebenso wie die ganze Welt über diesem Dach (ebenfalls *koikwa*), hat aber nichts mit einem Jenseits als Ort der Seligen im Sinne der christlichen Himmelsvorstellung zu tun. Eher noch findet sich darin ein Hinweis auf die Scheidung der Toten von den Lebendigen, auf die große Entfernung von ihnen in dem Glauben, daß das Dorf der Toten in einer ganz anderen Welt, eben im Himmel gelegen sei. Von diesem Dorf der Toten hörte ich aber nur ganz selten, so daß ich zur Annahme gekommen bin, daß der Glaube an eine absolut umherschweifende Daseinsform der Totenseelen und das Fehlen einer engeren Beziehung dieser Schatten zu einem bestimmten Raum die vorherrschende Überzeugung der Kayapó-Indianer sei.

XI. KAPITEL

Der Mensch und das Übersinnliche

1. DER MENSCH UND DAS ÜBERSINNLICHE IM MYTHOS

Der Mann, der sich in ein Gürteltier verwandelte

In alten, alten Zeiten lebte ein ganz böser Mensch unter den Indianern. Seine Gattin hatte einen Bruder. Dieser verfertigte eines Tages einen großen Tragkorb aus Palmenstroh. Darauf grub er außerhalb des Dorfes, am Waldrand, ein tiefes Loch. Dorthinein stellte er den Tragkorb. Dann verschloß er das Loch wieder bis auf eine kleine Öffnung und machte alles so, daß es aussah, als hätte hier ein Gürteltier ein Loch gegraben. Darauf ging er wieder heim. Zu Hause sagte er zum Mann seiner Schwester: „Dort, weit draußen im Wald" – und er deutete mit der Hand in die Richtung –, „habe ich das Loch eines Gürteltieres gesehen."
– „Ich will hingehen und das Gürteltier töten", sagte der Schwager. Der andere aber ging mit ihm in den Wald hinaus und zeigte ihm die Stelle, wo er den Tragkorb vergraben hatte. „Ich will das Loch aufgraben", rief der Schwager. Unterdessen hatte sich der Tragkorb unten wirklich in ein Gürteltier verwandelt. Es war aber ein Zaubergürteltier. Der Schwager begann nun, danach zu graben. Er grub mit großem Eifer, und schließlich hatte er das Loch völlig offen, und er erblickte darin das Zaubergürteltier. „Ich will dich töten", rief er. Er beugte sich tief in das Loch vor, packte das Gürteltier beim Schwanz und wollte es herausziehen. Das Gürteltier entwischte ihm aber und sprang wieder in sein Loch zurück. Auch als er es ein zweites Mal beim Schwanz packte, gelang es ihm nicht, diesen festzuhalten, und beim dritten Mal hatte er ebensowenig Glück. Zum vierten Mal faßte er das Gürteltier, und diesmal

schleuderte er es mit einem gewaltigen Ruck wirklich aus dem Loch heraus. Dennoch entwischte es aus seinen Händen. Es kam in seinen Rücken und gab dem Indianer von hinten einen so kräftigen Stoß, daß er in das tiefe Loch hineinstürzte. Das Gürteltier sprang eilends hinterdrein. Der Mann konnte nun nur mehr von unten herauf reden. Und drunten verwandelte er sich selber auch in ein Gürteltier. Gemeinsam mit dem Zaubergürteltier begann er zu singen.

Dann rief er aus der Erde heraus seinem Schwager zu: „He, was machst du denn?" Der andere aber, der sich die ganze Zeit über in der Nähe aufgehalten hatte, rief zurück: „Was gibt's? Bist du es?" – „Ja, ich bin es", antwortete der Schwager. „So kommt doch heraus aus dem Loch", schrie der andere. „Ich komme nie mehr heraus", versetzte der Schwager in der Grube. „Ich bin jetzt ein Gürteltier. Ich bleibe auch ein Gürteltier. Ich habe gar keine Lust mehr, wieder ein Mensch zu werden."

Da kehrte denn der Mann nach Hause zurück. Am nächsten Morgen aber machte er sich auf, um den Mann seiner Schwester zu suchen. Dieser war aber schon in der Nacht fortgelaufen, das Zaubergürteltier hatte ihn mit sich in den Wald genommen. Der Bruder seiner Frau suchte ihn lange vergeblich und kehrte schließlich unverrichteter Dinge heim. Und jeden Tag ging er jetzt vom Dorf weg, um den Schwager zu suchen. Er verfolgte die Spuren der beiden Gürteltiere und durchforschte den Wald nach allen Richtungen. Der andere aber, der jetzt ein Gürteltier war, streifte zusammen mit dem Zaubergürteltier weit, weit weg von ihm im Wald umher. Der Schwager suchte und suchte ihn täglich vergebens. Er fand seinen Verwandten nicht mehr. Der hatte sich in dem endlos weiten Wald verloren und blieb für immer verschwunden.

Da gab der Mann ihn denn endlich auch für verloren. Er ging nicht mehr fort in den Wald, um seinen Verwandten zu suchen. Er blieb daheim.

Die Hundemenschen

In alten, alten Zeiten gab es einen See, in dem Hundemenschen hausten. Die Indianer lebten in ständiger Angst vor ihnen. Immer wieder verschwand einer von ihren Männern. Die Hundemenschen fressen nämlich Kayapó.

Einmal begaben sich die Indianer auf einen großen Jagdzug, der viele Tage dauerte. Dabei gelangten sie auch auf eine weite Lichtung, und dort lag der Hundesee. Sie bauten sich Hütten, um die Nacht hier zu verbringen. Am folgenden Morgen gingen alle Männer zur Jagd in den Wald. Nur ein Knabe blieb allein auf dem Lagerplatz zurück. Da tauchte ein Hundemensch aus dem Wasser auf. Sein Haar war wie das Haar der Indianer, sein Gesicht ein Indianergesicht, sein ganzer Leib war ein Indianerleib. Nur seine Zähne waren Hundezähne und seine Füße Hundepfoten. Er kroch auf allen Vieren wie ein Hund. Allein kam er aus der Tiefe des Wassers heraus, aber auf dem Grunde des Sees waren viele, viele Hundemenschen. Er tauchte auf, um einmal nach den Menschen zu sehen, als Späher für die anderen in der Tiefe drunten. Als er die Oberfläche erreicht hatte, setzte er sich auf einen dicken Baumstamm, der in der Nähe des Ufers schwamm. Der Indianerknabe rief ihn an: „Was treibst du denn da?" fragte er. Der Hundemensch sagte: „Ich habe dein Spiegelbild im Wasser gesehen, und deshalb kam ich heraus." Und beim Reden verdeckte er sich den Mund mit der Pfote, damit das Kind seine furchtbaren Zähne nicht sehen sollte. „Und was treibst denn du hier beim See?" fragte er zurück. „Gar nichts", sagte der Bub, „alle Männer sind für einen Tag auf die Jagd gezogen, sie sind jetzt immer noch im Wald." Der Hundemensch, der auf dem Stamm dahinschwamm, sagte: „Und ich bin einfach kurz aufgetaucht, um mich ein wenig umzuschauen. Und dort tief drunten leben der Meinigen viele auf dem Seegrund." Und er deutete in die Tiefe. „Ich bin nur heraufgekommen, um einmal Menschen zu sehen. Jetzt habe ich erreicht, was ich wollte, und kann also wieder verschwinden." Und schon tauchte er auch wieder im Wasser unter.

Bald darauf kehrten die Indianer von der Jagd heim. Der Bub erzählte ihnen, was sich inzwischen zugetragen hatte. Er erzählte es seinen Verwandten: Dem Gatten seiner Schwester, dem Vater, dem Bruder, dem Onkel, der ein Bruder seiner Mutter war, dem Onkel, der ein Bruder seines Vaters war, und dem Großvater – allen Verwandten erzählte er sein Erlebnis. „Hier an der Stelle ist der Hundemensch aus dem Wasser aufgetaucht", wiederholte er, „ich habe ihn mit meinen eigenen Augen gesehen. Darum erzähle ich es euch. Wir müssen jetzt eilig aufbrechen und fortlaufen, weit weg von hier müssen wir heute nacht schlafen, denn sicherlich werden in der Nacht alle Hundemenschen auftauchen und über uns herfallen." Aber die Männer schenkten dem Buben keinen Glauben. „Neffe, du lügst", sagte der Großonkel zu ihm. Da beteuerte der Knabe abermals: „Wahrhaftig, ich habe einen Hundemenschen gesehen. Und in der Nacht werden sie sicher kommen und uns alle auffressen." Da endlich glaubten die Verwandten dem Knaben und zogen fort. Erst als sie weit, weit weg vom See waren, lagerten sie und legten sich zum Schlafen nieder. Die große Menge der Indianer aber blieb auf dem alten Lagerplatz in der Nähe des Seeufers und schlief dort. Nur der Knabe, der tags zuvor den Hundemenschen gesehen hatte, und seine Verwandten schliefen an einem sicheren Ort. Im Morgengrauen, als der Hahn krähte, erwachte der Onkel, der Bruder der Mutter des Knaben. Er erhob sich und lief in die Richtung des Sees, um zu sehen, ob die Hundemenschen die Indianer wirklich aufgefressen hatten. Schon als er in die Nähe des Lagerplatzes kam, roch er das Blut der armen Gefährten. Tatsächlich waren die Hundemenschen in der Nacht über die Indianer hergefallen und hatten sie alle aufgefressen. Der Onkel lief zurück zu den Verwandten und berichtete das schauerliche Ereignis. Sein Neffe sagte: „Seht ihr jetzt? Ich habe es euch ja vorausgesagt. Jetzt haben die Hundemenschen wirklich die Indianer aufgefressen, wie ich es erwartet habe." Der Onkel des Knaben aber forderte die Verwandten auf: „Laßt uns jetzt in unser Dorf heimkehren!" Als sie dort einzogen, eilten alle Dorfgenossen herbei, ihre Verwandten und die Verwandten der Getöteten. Da erzählten die Männer, die vom Jagdzug heil zurückgekehrt waren, was sich Schreckliches begeben hatte. „Die Hundemenschen haben alle Männer aufgefressen, nur wir sind davongekommen", sagten sie. „Wo war denn das?" riefen die Verwandten entsetzt. „Weit, weit von hier", sagten die Überlebenden des Jagdzuges und deuteten in die Richtung, wo der Hundesee liegt. „Laßt uns dorthin aufbrechen, um selber zu sehen, was geschehen ist", riefen die Verwandten der grausam Zugrundegegangenen. Am nächsten Morgen brach das ganze Dorf auf. Nach langer, langer Wanderung kamen sie zu einer Lichtung in der Nähe des Hundesees, wo die Jäger gelagert hatten. Als die Indianerinnen die leeren Hütten ihrer bedauernswerten Angehörigen erblickten, weinten und weinten sie, und ihr heftiges Schluchzen und ihre gellenden Klagerufe hallten durch den Wald. Der Knabe, der als einziger einen Hundemenschen gesehen hatte, führte sie dann weiter hin zum See. Die Männer aber gingen sofort ans Werk ihrer Rache. Sie zündeten rund um den See ihre Steinherde an. Sie hoben dazu flache Gruben aus, schlichteten Holz hinein und legten etwa kopfgroße Steine darauf. Dann zündeten sie die Feuer an, so daß der ganze See vom Feuer eingeschlossen war. Als die Steine glühend heiß geworden waren, rissen sie das Feuer auseinander und warfen die glühenden Steine in den See. Das Wasser wurde heißer und heißer, es begann aufzuwallen und zu sieden. In dem siedenden Wasser kamen alle Hundemenschen um. Das Wasser verdunstete in der Glut, und auf dem Grunde des Sees lagen die verbrannten Leichen der Hundemenschen.

So endet die Geschichte von den Hundemenschen.

Die Affenmenschen

In alten, alten Zeiten kannten die Kayapó die Axt nicht. Anstelle des Beiles verwendeten sie damals einen starken, scharfen Knochen aus der Hüfte des Tapirs. Der Knochen war an einem Holzstiel befestigt.

Einmal aber zogen die Indianer zu einem Kriegszug gegen die Siedler am Rande des Urwalds aus, um zu töten. Nachdem sie die Fremden getötet hatten, brachen sie wieder auf, um in ihr Dorf zurückzukehren. Auf dem Heimweg ging einer der Männer ganz allein auf dem Urwaldpfad dahin. Seine Gefährten waren ihm schon weit voraus. Plötzlich hörte der Indianer ein unheimliches Lärmen im Urwald, das rasch näher und näher kam. Es waren die Stimmen der Affenmenschen, die durch den Urwald zogen. Rasch versteckte sich der Mann im Dickicht. Da wanderte auch schon ein Trupp von Affenmenschen an ihm vorbei. Weit hinter den anderen kam noch ein riesiger, starker Affenmensch, der eine Axt auf den Schultern trug. Da trat der Indianer aus seinem Versteck hervor und redete den Affenmenschen an. Er bat ihn, ihm doch die Axt zu schenken. Der aber wollte sie nicht hergeben. Noch einmal bat der Indianer darum und wieder vergeblich. Da hob er seinen starken Bogen und legte einen großen Pfeil zwischen die Finger der linken Hand. Mit der rechten faßte er das untere Ende des Pfeiles und spannte die Bogensehne. Dann begann er auf die Brust des Affenmenschen zu zielen. Jetzt packte diesen die Angst vor dem tödlichen Pfeil, und er überließ ihm die Axt. Nachdem der Indianer seinen Willen durchgesetzt hatte, lief er mit seiner Axt davon. Auch der Affenmensch begann sofort zu laufen; er lief den Gefährten nach, den anderen Affenmenschen, um sie zu seiner Hilfe zurückzurufen. Und dabei schrie er laut nach ihnen, wie die Affenmenschen schreien: „Ua ha, ua ha, ü, ü, ü, ü, ü . . ." Die Affenmenschen machten kehrt und verfolgten nun den armen Indianer. Die einen von ihnen sprangen in den Wipfeln der Bäume dahin; andere eilten und sprangen auf halber Höhe der Bäume von Ast zu Ast weiter. Die übrigen rannten auf dem Boden den Urwaldpfad entlang. Dabei schrieen alle: „Ua ha, ua ha, ü, ü, ü, ü, . . ." Der Mann aber lief und lief, er lief um sein Leben. Seine Verfolger waren hart hinter ihm her. Da kam er zu einem Fluß. Im letzten Augenblick sprang er ins Wasser und schwamm davon. Die Affenmenschen sammelten sich enttäuscht am Ufer, denn sie konnten nicht schwimmen. Aber sie wollten ihm doch um jeden Preis nach. Einige sprangen plump ins Wasser, andere fielen in dem Gedränge unfreiwillig hinein. Alle diese versuchten freilich zu schwimmen, aber es gelang ihnen nicht. Um nicht zu ertrinken, kehrten sie sogleich um, sobald sie wieder hochkamen, und retteten sich in verzweifelter Anstrengung ans alte Ufer. Wieder andere sprangen ins Wasser. Entsetzt und keuchend und pustend tauchten sie wieder auf. Mit heftigem Umsichschlagen versuchten auch sie, sich schließlich irgendwo am Ufer anzuklammern und zu den Genossen zurückzukommen. Ob sie es wollten oder nicht, die Affenmenschen mußten die Verfolgung aufgeben. Der Indianer aber hatte glücklich das andere Ufer erreicht. Nun erst blickte er sich nach seinen Verfolgern um und sah, daß sie gar nicht imstande waren, ihn einzuholen. Ruhig und gemächlich wanderte er nun den schmalen Pfad weiter, seinem Dorf zu, und trug stolz seine Beute heim. Als ihn die Bewohner mit der Axt auf der Schulter über den Dorfplatz gehen sahen, kamen sie von allen Seiten herbeigelaufen. Alle wollten die Axt sehen und berühren; und einer nach dem andern probierte sie selber aus.

In alten, alten Zeiten hatten die Indianer keine stählerne Axt, sie kannten nur ein schlechtes Beil aus dem Knochen eines Tapirs. Da brachte einer von ihnen das Stahlbeil ins Dorf. Seit damals haben die Kayapó auch das Stahlbeil, und es blieb ihnen bis zum heutigen Tag.

Die Schneidegrasmenschen

Der Rumpf dieser Wesen ist der eines Menschen, alles übrige aber – Kopf, Hals und Gliedmaßen – besteht aus Schneidegras.

In alten Zeiten pflanzte einmal ein Mann einen Baumwollstrick in das seichte Wasser des Flußufers, und so entstand das Schneidegras. – Später einmal kam ein anderer Mann auf der Jagd an dieses Ufer und fand ein Schneidegraskind. Er nahm es auf den Rücken, um es heimzutragen, weil es ihm in seiner Verlassenheit leid tat. Das Kind umschlang den Retter mit seinen scharfen Armen, um sich festzuhalten, und schnitt ihm dabei den Hals durch, daß er tot hinstürzte. Da töteten die Jagdgefährten das Schneidegraskind. – Seither aber mieden die Indianer den Schauplatz dieses Geschehens, denn ihre Furcht war größer als ihre Neugier.

Die Schneidegrasmenschen wohnen beim Himmelsstamm.

Der Mann, der alle bösen Wesen sah

Nur ein alter Mann sah die bösen Wesen. Einmal begegneten ihm die Aasgeiermenschen. Sie sahen genauso aus wie die Indianer, und selbst ihre Sprache war indianisch. Aber gleich den Aasgeiern waren sie von schwarzer Farbe und nährten sich nur von faulem Fleisch. Und ihre Schreie glichen aufs Haar dem Gekrächze der Geier.

Ein anderes Mal traf der alte Mann die Bienenmenschen, die den Indianern noch unbekannt waren. Als er in die Nähe ihrer Wohnung kam, die ein großer Bienenbau war, schwärmten sie wild daraus hervor, um ihn zu überfallen und aufzufressen. Da verließ den Mann aller Mut, sich mit ihnen einzulassen. In großer Angst ergriff er die Flucht und hielt erst inne, als er daheim war. – „Was hast du erlebt? Was hast du gesehen?" bestürmten ihn die neugierigen Dorfgenossen. „Ich habe die Bienenmenschen gesehen", erwiderte der Erschöpfte, „und das hat mir genügt. Aus Angst vor ihnen bin ich eiligst davongelaufen. Und euch kann ich nur den Namen nennen, damit ihr für alle Zukunft von den Bösen wißt und gewarnt seid."

Der Mann, der ein Geist war

In alten, alten Zeiten waren die Kayapó-Indianer wieder einmal auf dem *me-ü*, ihrer großen Wanderung durch Urwald und Steppe während der Trockenzeit. Endlich dachten sie wieder an die Rückkehr in ihr Dorf. Auf dem Heimweg ging einer von ihnen ganz allein auf dem schmalen Pfad dahin; ein Teil seiner Stammesgenossen war ihm weit voraus, und die anderen waren ebensoweit hinter ihm geblieben. Sein Weg führte eine Weile am Ufer des Flusses dahin; da bemerkte er plötzlich, daß in der Ferne etwas mit der Strömung dahergetrieben kam. Als dieses Etwas sich immer mehr näherte, erkannte er, daß es ein Geist von menschlicher Gestalt war. Der Geist saß auf seinem langen Haar wie auf einem Kanu und glitt so auf den Wellen dahin. „Ich will ihn mit meinem Bogen töten", beschloß der Mann bei sich selbst. Er wartete also, bis der Geist nahe genug war, dann schoß er mit seinen Pfeilen auf ihn; aber die Pfeile verfehlten ihr Ziel. Wieder spannte der Mann seinen Bogen und schoß, aber die Pfeile fielen kraftlos neben dem Geist ins Wasser. Plötzlich aber tauchte der Geist unter. Da begann das Wasser zu steigen und zu steigen. Der Fluß trat aus seinen Ufern und überflutete die Erde. Alle Indianer liefen in ihr Dorf zurück, aber die Fluten überschwemmten auch dieses. In wilder Angst kletterten die Menschen auf die Bäume. Ein alter Mann verschüttete in der Hast und Eile seine Brühe, die er in einer Kalebasse trug. Die Flüssigkeit ergoß sich über seinen Neffen, der sich sogleich in eine Kröte verwandelte. Ein anderer Mann wieder hob seinen Buben auf die Schultern und kletterte auf einen Baum. Er und sein Sohn verwandelten sich in Affen. Ein anderer wurde zum Faultier. Wieder andere wurden zu Bienen und verbargen sich in einem hohlen Baum. Aus Angst vor den großen Wassern, der gewaltigen Flut, verwandelten sich alle Menschen in Tiere.

Nur ein einziger Mann, der zuerst auf den Geist geschossen hatte, blieb ein Mensch. Er kehrte in sein Dorf zurück und wurde der Stammvater der Kayapó-Indianer. Alle anderen Menschen aber waren nun Tiere.

Der Mann, der sich in den Regen verwandelte

In alten, alten Zeiten zogen die Männer des Dorfes einmal zur Jagd in den Urwald. Auch ein Mann namens Bebgororotí war dabei. Sie hatten Glück auf der Jagd. Gemeinsam erlegten sie einen Tapir. Mit einigen Helfern weidete Bebgororotí das Tier aus, während die übrigen Jagdgefährten im Kreis herumstanden und herumhockten und ihm bei der Arbeit zusahen. Nachdem er die Därme herausgenommen hatte, ging er kurze Zeit weg, um einen sonnigen Platz zum Trocknen dafür zu finden. Kaum war er weg, verteilten die Gefährten rasch das ganze Fleisch unter sich, so daß für ihn nichts mehr übrigblieb. Als er zurückkam und sich um seinen Anteil betrogen sah, ward er wütend. „Gebt mir meinen Teil von der Beute!" forderte er. „Weil ich bei der Teilung nicht dabei war, soll ich leer ausgehen?" – „Du hast ja die Därme, die magst du behalten", antworteten die Gefährten. Er aber schrie außer sich vor Zorn: „Wenn ihr mir meinen Teil an dem Fleisch verweigert, brauche ich auch nicht die Därme. Ich will nichts mehr mit euch zu tun haben, ich gehe."

Die Gefährten kümmerte sein Schelten wenig. Einige riefen ihm noch höhnend nach: „Geh nach Hause und laß uns in Frieden!" Und andere: „Deine Hände sind ja noch ganz schmutzig vom Blut des Tapirs. Wasch dir erst einmal deine Hände!" Aber Bebgororotí, dessen Gesicht sich immer mehr verfinsterte, rief von weitem zurück: „Meine Hände sollen blutig bleiben!" In wildem Zorn und mit düsteren Rachegedanken schritt er dahin. Daheim angekommen, rief er sein Weib und seine Kinder: „Komm her", gebot er seiner Frau, „ich will dir das Haupt scheren." – „Warum denn das?" fragte die Frau. „Darum", erwiderte er. Schließlich setzte sie sich auf den Boden, und er schnitt ihr die Haare, die lang und stark über ihre Schultern fielen; ein Dreieck auf dem Haupt schor er ihr völlig kahl, vom Scheitel bis zu den Schläfen. In gleicher Weise schor er seinen Kindern das Haar, und auch sich selber ließ er es von seiner Frau scheren. Seit damals schneiden sich die Indianer in dieser Weise das Haar.

Darauf sprach Bebgororotí zu seiner Frau: „Frau, jetzt steige ich zum Himmel empor." Da fragte sie: „Warum denn das?" – „Darum", antwortete er bloß. Da bestürmte ihn die Frau so lange mit Fragen, bis er schließlich alles erzählte: wie er auf der Jagd mit den anderen einen Tapir getötet und ihn selbst ausgeweidet habe und dann um seinen Anteil an der Beute betrogen worden sei. „Darum will ich auch von den Menschen nichts mehr wissen", schloß er, „und darum steige ich in den Himmel hinauf." – „Ach, jetzt verstehe ich", erwiderte sie. Bevor er ging, trug Bebgororotí seinem Weibe noch auf: „Wenn ich nun fort und im Himmel bin, geh du niemals vom Hause weg, und auch unsere Kinder sollen immer unter dem großen Baum bleiben, der neben dem Hause steht."

Noch immer voll Zorn auf seine Gefährten, lief der Mann nun in den Wald. Dort fand er die Genipapo-Frucht, die bis dahin den Indianern unbekannt war. Noch einmal kehrte er nach Hause zurück. Dort kaute er die Frucht; und mit dem Saft, den er so gewann, malte er sich selbst und seine Familie in glänzendem Schwarz. Seit damals malen sich die Kayapó so. „Ich gehe jetzt", sagte Bebgororotí zum Abschied, „du aber sollst niemals und zu niemand darüber sprechen." Dann ging er wieder in den Wald und schnitzte sich eine gewaltige Schwertkeule. Es war die erste Schwertkeule überhaupt. Ihren Schaft malte er ebenfalls mit Genipapo. Die Spitze aber rieb er mit seinen noch immer blutigen Händen und färbte sie so grellrot. – Daher kommt es, daß heute die Schwertkeule allen Kayapó als gewaltige Waffe dient. Vor dem Jagdzug schwärzen die Indianer den Schaft ihrer Keulen mit Genipapo; und wie ihr Ahne Bebgororotí es getan, färben sie die Spitze blutrot.

Bebgororotí stieg mit seiner Keule das Gebirge hinan. Dabei verfluchte er laut die Menschen, die ihn betrogen hatten. Seine Schreie waren wie die Rufe der Männer, die ausziehen zur Wildschweinjagd. Die mächtigen Rufe dröhnten und hallten und wurden zum rollenden Donner. Die Männer der Kayapó kamen von allen Seiten her zum Fuße des Berges gelaufen, den Bebgororotí hinanstieg. Da schleuderte dieser den ersten Blitz auf sie. In dem grellen Licht sahen sie ihn höher und höher steigen. „Wir wollen ihn töten", schrieen die einen. „Das ist ja Wahnsinn", widersprachen die anderen, „er wird uns alle vernichten." Von neuem schleuderte Bebgororotí einen Blitz, der die Krieger blendete. „Wir müssen ihn töten", schrieen die Mutigen wieder. „Eine Dummheit ist das, die euch das Leben kosten wird", die anderen. Und sie flohen voll Angst in den Wald. Die Zurückbleibenden aber schalten, schmähten und spotteten: „Wir wollen ihn töten. Er tut ja nur so wild, in Wahrheit ist er nur schwach und zahm." Sie spannten ihre starken Bogen und schossen ihre Pfeile auf Bebgororotí, aber die Pfeile fielen kraftlos zu seinen Füßen hin.

Nun aber schwang Bebgororotí seine Keule, und ein gewaltiger Blitz schlug in seine Verfolger. Der Donner krachte und dröhnte. Mit diesem Blitz tötete Bebgororotí seine frechen Widersacher, die sich in der Steppe am Fuß des Berges angesammelt hatten. Nur jene, die sich im Urwald versteckt hatten, kamen mit dem Leben davon. Bebgororotí stieg aber weiter den Berg hinan; bis zum Himmel stieg er empor. Er verwandelte sich in den Regen, in das Gewitter.

Seit damals schreitet er über das Himmelsgewölbe dahin. Regen stürzt in Strömen nieder, wo er geht; und wenn er seine gewaltige Schwertkeule schwingt, durchzucken grelle Blitze die Luft, und der Donner macht alles erzittern. Mit seiner Keule tötet er im Dorf, tötet er in der Steppe und verschont auch die nicht, die auf den Flüssen fahren.

Viele Monde ist es her, da nahm Bebgororotí auch seine Frau und seine Kinder zu sich in den Himmel empor.

Abb. 1: Sonnenuntergang am Rio Xingu

Abb. 2: Baumblüten im Xingugebiet (Sapucaia; Lecythis Pisonis Camb.);
vorwiegende Blütenfarbe des tropischen Regenwaldes

Abb. 3: Amazonischer Tapir (Tapirus Americanus),
heißbegehrte Jagdbeute der Kayapó und machtvolles Wesen ihres Mythos

Abb. 4: Xingu bei der Sierra Encontrada

Abb. 5: Herabholen eines Bienenschwarms, Mutprobe – im Sinne des indianischen Idealbildes des starken Mannes – bei den Reife-Riten in Gorotire

Abb. 6: Siedler, „Kuben", als Wildkatzenjäger den Rio Fresco stromaufwärts fahrend

Abb. 7: Begegnung mit der Anakonda (Eunnetes murimus Liné) am Xingu-Ufer.
In sie verwandelt sich im Kayapómythos der eifersüchtige Gatte.
Und seine Frau gebiert Schlangenkinder, wird „Mutter der Schlangen"

Abb. 8: Ameisenbär und Affenmasken im übermütigen Fest der Affen von Kubenkrakein 1957

Abb. 9: Brüllaffenmaske, Anführer beim Tanz und allem Schabernack der Affen
im Dorf Kokraimore 1967

Abb. 10: Feierlicher Marsch in der Schlußphase des Beb-Festes von Gorotire

Abb. 11: Kandidaten des Reiferituales Me-i-tükre in einer Pause der Festfeier

Abb. 12: Junger Bogenschütze der einstigen Kayapó-Todfeinde, der „kuben kamrik" (Rote), der Araweté

Abb. 13: Gorotire-Häuptling Tut (= die Taube) mit weißer Reiher-Federnkrone
im leidenschaftlichen Tanz

Abb. 14: Die ersten selbstgebrannten Lehmziegel im Dorf Kokraimore 1967.
Im Hintergrund „Makaron-nyurukwa", das „Haus des Geistes", wie sie die Kapelle
des Missionars nennen

Abb. 15: Kubenkrakein-Mädchen aus der Klasse der Me-printire, Jungfrauen

Abb. 16: Gorotire-Bub in Festbemalung. Als geeignetes Werkzeug der Überirdischen sind Kinder auch Herren der Feste

Abb. 17: Kubenkrakein-Kinder, Meprire, ahmen im Spiel die Reihen- und Reigentänze der Großen nach

Abb. 18: P. Karl Lukesch, Bruder, Begleiter und Mitarbeiter des Autors, bei einem Jagdaufenthalt auf der wochenlangen schwierigen Bootsfahrt in der Trockenzeit den Rio Cinho aufwärts bis zum Großen Wasserfall Fumaca unmittelbar vor Kubenkrakein

Abb. 19: Kreisrunder Tümpel im Urwaldbach, in dem nach dem Mythos die Fische tanzen. Von ihnen sollen die Kayapó ihre Tänze und Feste gelernt haben

Abb. 20: Der Autor im äußersten Süden des Indianerlandes unterwegs.
Vorwiegend Steppenlandschaft – die Urheimat der Kayapó

Abb. 21: Der lebenspendende Strom der Kayapó. Sie nennen den Xingu Pu-tire
(= die große Pflanzung) und Ngo-ti apatoit (= das große, mächtige Wasser)

Abb. 22: Ara und Papageien schenken den Kayapó ihre prächtigen Federn für den Festschmuck. In den Dörfern laufen und flattern sie mit gestutzten Flügeln umher

Abb. 23: Unzählige Landschildkröten, jeweils zwischen zwei langen Stangen gefesselt,
auf den Schultern der Männer lebend ins Dorf gebracht, als Frischfleisch für das große
Bankett am Schluß des Festes

Abb. 24: Abend im Dorf Kubenkrakein: Die Geschlechter singen und tanzen getrennt und doch wiederum gemeinsam

Abb. 25: Einzug einer Abordnung der Feinde Mekrangoti 1956 nach der Verbrüderung im Dorf Kubenkrakein

Abb. 26: Ngnoi-pa (= Wasser, das tötet) aus der führenden Klasse der „Alten". Mebenget mit Tätowierung, die zeigt, daß er getötet hat, und mit Lippenscheibe als Kraftsymbol

Abb. 27: Machtvoller Chorgesang bestimmt den Rhythmus des dumpf dröhnenden Tanz-
schrittes der Männer. – 2.v.r.: der junge Kubenkrakein-Häuptling Ngopre (= Muschel)

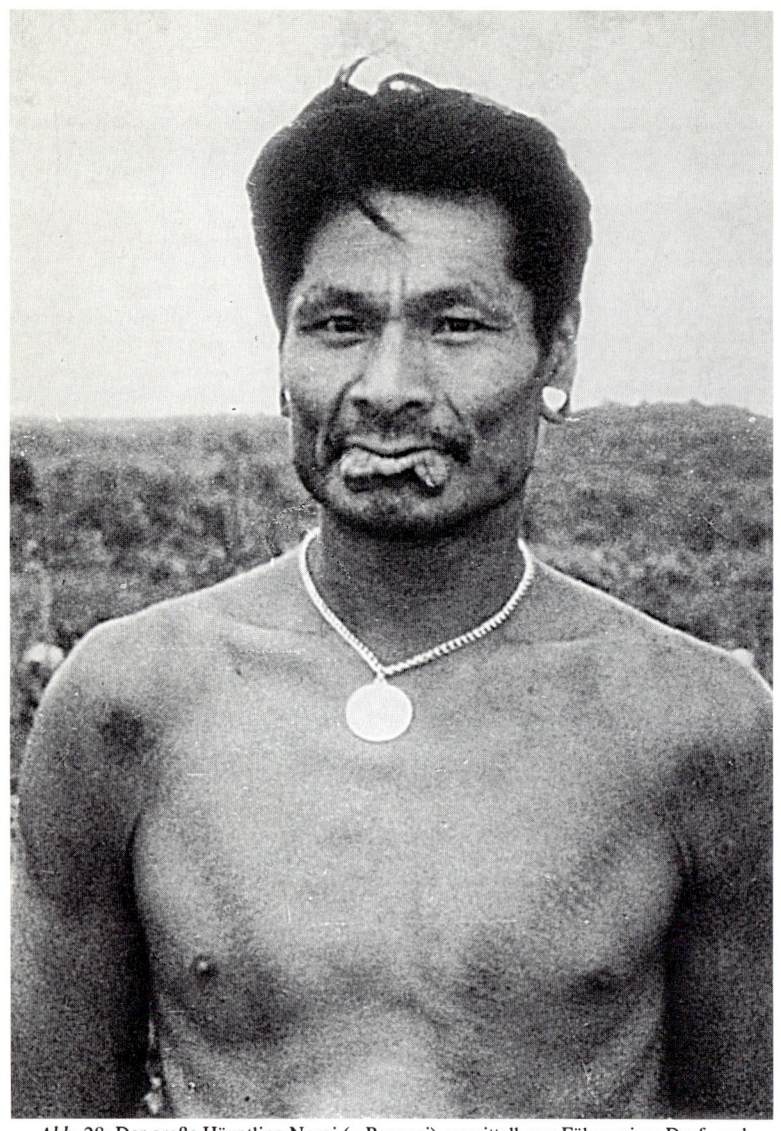

Abb. 28: Der große Häuptling Ngroi (= Papagei), unmittelbarer Führer einer Dorf- und Stammeshälfte der Kubenkrakein

Die Fledermausmenschen

Die Nase der Fledermausmenschen gleicht der Schnauze einer Fledermaus. Ihr Leib ist der eines Kayapó-Indianers, aber sie haben Flügel wie die Fledermaus.

Vor langer Zeit wagte sich einmal ein kleiner Fledermausmensch (es war ein Bub) ins Dorf der Indianer. Sie fingen ihn. Den ganzen Tag über blieb er immer in der Hütte, in die ihn die Indianer gebracht hatten, nur am Abend ging er aus. Eines Tages fragten ihn die Indianer: „Wie sind eigentlich die Feste und Tänze der Fledermausmenschen?" – „Ja, kennt ihr unsere Feste und Tänze nicht?" fragte der Junge. „Keine Spur", erwiderten die Indianer, „wir haben sie ja noch nie gesehen." Und der Fledermausjunge sagte: „Paßt gut auf, ich werde sie euch lehren." Nun zeigte und erklärte er ihnen jeden Abend die Tänze und Feste der Fledermausmenschen, und sie lernten von ihm. Eines Tages sprach der Fledermausjunge: „Jetzt muß ich wieder heim zu meinen Verwandten." Er machte sich auf, und die Indianer begleiteten ihn.

Die Fledermausmenschen wohnen in einem Felsenhaus, in einer großen Höhle der Felsen. Als der Fledermausjunge, der die Indianer anführte, in die Nähe dieses Hauses gelangte, hieß er seine Begleiter Halt machen. „Wartet hier auf mich, ich will zuerst allein hineingehen", sagte er. „Ich muß den Meinen alles erzählen und erklären. Ich muß sie auf euer Kommen vorbereiten, sie würden sonst vor euch erschrecken." Er betrat also das Haus allein. Seine Mutter weinte und überschüttete ihn mit Fragen. „Wo warst du denn? Wo hast du dich denn die ganze Zeit über herumgetrieben?" fragte sie immer wieder. Der Knabe erwiderte: „Die Indianer haben mich mit sich fortgeschleppt; bei ihnen war ich, und jetzt haben sie mich wieder hierher gebracht." – „Was hast du denn die ganze Zeit getan?" fragte die Mutter. „Ich habe die Indianer unsere Feste und Tänze gelehrt." „Und gehst du jetzt wieder mit ihnen zurück?" fragte die Mutter besorgt. „Freilich", sagte der Junge. „Und kommst du nie wieder zurück?" fragte die Mutter. „Nein, ich gehe für immer fort, ich habe keine Lust mehr, bei euch zu bleiben." Gleich meldete sich auch ein anderer Fledermausjunge: „Ich will mit dir gehen", erklärte er. Er wollte sich nur noch von seinem Onkel verabschieden. „Der ist nach Hause gegangen und nirgends zu finden", sagte man ihm. Da schloß er sich ohne Abschied dem anderen an. Die beiden Fledermausjungen kamen nun zu den Indianern, die noch immer draußen warteten. Die Indianer nahmen die beiden mit und brachten sie in ihr Dorf. Dort wiesen sie ihnen eine ihrer Hütten an. Die Fledermausjungen hatten aber weiterhin vor dem Tag und dem Sonnenlicht Angst und verließen die Hütte nur in der Nacht, in der sie umherschwärmten. Die Fledermausmenschen gehen nämlich nur in der Nacht aus, während des Tages schlafen sie. Die Indianer hingegen sind es gewohnt, sich bei Tag und im heißen Sonnenlicht im Freien zu bewegen, während die Fledermausmenschen daran sterben. Die Indianer verstellten sich nun und belogen die armen Fledermausjungen. Sie behaupteten: „Das warme, strahlende Sonnenlicht tötet niemand, es ist nur ganz schwach und harmlos." Die Fledermausjungen schenkten ihnen Glauben. Sie wagten sich am Tag heraus, und das mächtige Sonnenlicht überflutete sie; schutzlos waren sie ihm ausgeliefert. Die starken Sonnenstrahlen ließen den, der zuerst bei den Indianern gelebt hatte, einfach verdorren und töteten ihn. Der andere Bub, der gerade mit dem Leben davonkam, hatte nur den einen Gedanken an seinen Onkel. Ihm könnte er seine Not klagen und bei ihm Schutz finden. Der Onkel war aber weit weg, im Felsenhaus seiner Stammesgenossen. – Eilig raffte sich also der Fledermausjunge mit letzter Kraft auf und lief in die Indianerhütte zurück, damit ihn die Sonne nicht töte. Aufgeregt versicherte er den Menschen, daß die Sonne und das Tageslicht wirklich todbringende Kraft besäßen, denn sie hätten soeben seinen Gefährten getötet.

Später einmal kehrte der Fledermausjunge in seine Heimat zurück. Die Indianer begleiteten ihn und erblickten nun auch das Haus der Fledermausmenschen. Der Junge zeigte es ihnen. Es ist ein Haus, ähnlich wie die Häuser der Indianer, nur ist es von Stein. Es ist wahrhaftig ein schönes Haus, ohne Löcher und Spalten.

Der Mann, der ein Krokodil wurde

Eine Frau saß auf dem Dorfplatz in der Nähe des Männerhauses. Sie saß auf dem Boden und hatte neben sich ein großes Feuer angezündet. Über den brennenden Scheiten und Ästen lagen kopfgroße Steine, denn die Frau wollte wie üblich ihre Maniokfladen backen. Neben ihr spielte ihr Söhnchen im Sand. Als die Flammen fast völlig niedergebrannt und die Steine bereits glühend heiß waren, breitete die Frau das Feuer mit einem großen Holzscheit auseinander. Sie wollte nun die Maniokmasse, in Bananenblätter gewickelt, zum Backen auf die Steine legen. Nur einen Augenblick wandte sie sich von der Feuerstelle ab, um den großen runden und flachen, schon in die Blätter gehüllten Kuchen zu holen, der etwas abseits bereitlag. Da kam ihr Söhnchen beim Spielen der Feuerstelle zu nahe. Es stolperte, fiel hinein und verbrannte sich arg. Der Knabe weinte und schrie vor Schmerz. Er saß noch immer schluchzend auf dem Boden, als die Mutter die Maniokmasse auf die heißen Steine legte und die rauchende Erde darüberwarf, indem sie mit den Händen einen kleinen Hügel daraus formte. Da kam gerade der eine ihrer beiden Brüder über den Dorfplatz daher. Er war im Wald gewesen und kehrte jetzt nach Hause zurück. Als er den weinenden Neffen mit seinen bösen Wunden erblickte, fragte er: „Was ist denn mit dir geschehen?" Die Mutter aber gab für den Knaben zur Antwort: „Ich machte einen Steinherd, um Beixu zu backen, und zündete ihn an. Beim Spielen geriet dein Neffe zu nahe an das Feuer und verbrannte sich." Da sagte der Mann: „Wenn ich der Onkel wäre, der dem Knaben seinerzeit seinen Namen übertragen hat, dann hätte ich mich jetzt sicher auch an der Feuerstelle verbrannt."

Als die Zeit verstrichen war, die das Beixu zum Backen braucht, riß die Frau die Erde über dem Steinherd mit einem Aststück auseinander, um die fertigen Maniokfladen aus dem Feuer zu nehmen. Da kam gerade vom Männerhaus her ihr anderer Bruder des Wegs. Es war jener Onkel, der dem Knaben einst seinen Namen gegeben hatte. Knapp vor der Feuerstelle stolperte er und fiel seiner ganzen Länge nach in die noch glimmenden Äste, auf die brennendheißen Steine und in die rauchende und dampfende Erde. Er sprang wieder auf und lief, halb wahnsinnig vor Schmerz, zum Fluß. Um sich Kühlung und Linderung zu verschaffen, sprang er ins Wasser. Tief tauchte er unter in den Fluten. Da verwandelte sich der Mann in ein Krokodil. Von allen Seiten kamen nun die Fische im Wasser dahergeschwommen und betrachteten neugierig das fremde Krokodil. Dann tauchten sie auf und schwammen knapp an der Oberfläche des Flusses fröhlich dahin. Der zu einem Krokodil gewordene Mann folgte ihnen. Sie kamen zu einem großen kreisrunden Becken vor einem mächtigen Wasserfall. Da fragten die Fische das Krokodil: „Was sollen wir jetzt tun?" – „Tanzen sollt ihr", erwiderte das Krokodil, „alle Tänze, die ihr kennt!" – „Gut, es gilt", sagten die Fische. Sie bildeten einen großen Kreis und begannen zu tanzen. Und sie tanzten viele Tänze. Wie ein riesiges Rad bewegten sie sich dahin. Das Krokodil aber schwamm außerhalb des Kreises mit und sah ihnen zu. Neben dem Krokodil schwamm noch ein Fisch umher, der nicht zu den Tänzern gehörte, und leistete ihm Gesellschaft. Als gerade wieder ein Fisch tanzend vorbeikam, fragte das Krokodil seinen Gefährten: „Wer ist das, und wie heißt dieser Tänzer?" – „Dieser Fisch heißt *be-koi-apietí* und *tep-natire,* die Siedler nennen ihn Hundefisch." – „Und wie heißt dieser da?" fragte das Krokodil beim nächsten Tänzer. „Der heißt *be-ruti, tegrodü* und *bēb* (das ist unser Momara)", erwiderte der Begleiter. Das Krokodil fragte nun seinen Gefährten nach den Namen aller Fische, die nacheinander im Kreis an ihnen vorübertanzten. Viele davon hatten mehrere Namen. Ihre Namen waren unter anderem: *nyog-ti* oder *korã*, das ist unser Surubim, *koko* oder *tep ari-kundi*, den wir Avoadora nennen, und noch viele, viele andere Namen.

So nannte der Fisch dem Krokodil alle Fischnamen. Als die Tänze beendet waren, tauchte das Krokodil auf und schwamm an Land. Dort wurde es wieder zu dem Kayapó-Indianer, der es einst gewesen war. Dieser kehrte ins Dorf zurück, heim zu seinen Verwandten. Sie fragen ihn nun: „Was hast du denn unten im Wasser getan?" – „Ich habe den Fischen beim Tanzen zugesehen", erwiderte er. „Wie heißen denn die Fische?" fragte seine Schwester neugierig. „Die Fische haben viele, viele Namen", erwiderte der Mann. „Sie heißen *koko-o* und *koko-nyõ-og* (Avoadora), *bēb* (Momara), *tokok,* der sagenhafte Fisch, *nyog-ti* (Surubim), *ngreri, kaiti* (Pescado) und haben noch viele andere Namen. Was wollt ihr sonst noch von mir wissen?" – „Eigentlich nichts", sagte seine Schwester. Da fiel ihr aber plötzlich etwas ein. „Ach", rief sie, „zeig uns doch, wie die Fische tanzen!" – „Gut", sagte er, „dann laßt uns einmal den lustigen *Kukoi(re)-to(ro)*, den Affentanz tanzen." Zuerst lehrte er sie nun die Anfertigung der Masken, die es dafür unbedingt braucht: die Affenmaske, die Brüllaffenmaske und die Maske des Ameisenbären. Zu diesem Tanz braucht es nämlich Jungen und Männer, die dabei Affen, Brüllaffen und Ameisenbären darstellen. Als die Verkleidungen fertig waren, führte der Mann den anderen den Tanz vor, und dann tanzten sie alle den Affentanz. Danach zeigte er ihnen den großen kultischen Beb-(= Bēb-)Tanz und den Tokok. Dafür mußten sie verschiedene Fischmasken anfertigen und den Schmuck und die Ausrüstung mythischer Papageien und des mythischen Jaguars und seiner Jungen.

Und der Mann lehrte die Kayapó alle die Tänze, die er bei den Fischen gesehen hatte. So kommt es, daß die Kayapó so viele schöne Tänze können.

Der Krokodilmensch aber, der jetzt wieder seine frühere menschliche Gestalt hatte, besuchte alle seine Stammesgenossen, die in ihren Hütten aus Palmenblättern rund um den kreisrunden Dorfplatz wohnten. Er erzählte alles, was er als Krokodil erlebt hatte, und sagte ihnen auch die Namen der Fische, die er von diesen erfahren hatte. Diese Namen gefielen den Kayapó so gut, daß sie ihre Kinder so nannten.

Heute noch findet man bei den Kayapó-Indianern viele Namen der Fische, und immer noch geben sie ihren Kindern diese Namen.

2. DER MENSCH UND DAS ÜBERSINNLICHE IN WELTANSCHAUUNG UND LEBEN

Der religiöse Glaube

Es gibt in der Kayapó-Sprache eigentlich kein Wort für Glauben. Es gibt nur ein Wort *mari = ma,* welches die Grundbedeutung „hören" hat. Es bedeutet aber darüber hinaus auch das Wissen, das vom Hören kommt; auch unser Begriff für Glauben und Vertrauen kann mit diesem Wort übersetzt werden. Bei einem Volk, das keine Schrift kennt, geschieht ja die Glaubens- und Wissensvermittlung nur durch das Hören, soweit es beim Wissen nicht durch die Anschauung selbst kommt. Das Wissen aus der eigenen Anschauung wird bei den Kayapó einfach mit dem Wort für „sehen" = *pumu* bezeichnet.

Die Mythen der Kayapó, die man am besten als Geschichten von Urzeit und Wandel bezeichnet (25), sind weltanschauliche Erzählungen, die in dramatischer Darstellung von den Welttaten der Urzeit als von den Grundlagen der jetzigen Seinsordnung berichten. Als Handelnde treten in diesen Geschichten am Ende einer Vorzeit Wesen auf – mögen sie nun Ahnen und Vorfahren oder Tiere oder Geister sein –, die alle ganz anthropomorph dargestellt sind und übersinnliche Kraft besitzen, entweder von vornherein oder als Ergebnis großer Anstrengung. Und ihre Taten stehen auch immer wieder mit transzendentem Geschehen in Verbindung. Charakteristisch ist, daß die Grenzen zwischen Sinnlichem und Übersinnlichem, zwischen Profanem und Heiligem durchaus fließend sind und die entsprechenden Ereignisse ineinander übergehen. So geschieht es in den Mythen und so geschieht es auch im Alltag des Lebens im Dorf. Das Heilige, das Transzendente, das uralte Glaubensgut wird mit völliger Selbstverständlichkeit in diesem Alltag hereingenommen. Es gehört eben zu den „Dingen" der Indianer = *mebemokré-moia,* wie andere

Dinge auch. Nur so läßt es sich erklären, daß auch ganz ernsthafte Leute, die lange unter ihnen weilten, erklären, sie hätten bei ihnen keine richtige Religion, kein „Glaubenssystem" entdeckt (vgl. dazu BANNER 1961: 35; vgl. auch über Schwierigkeiten richtiger Einschätzung FROBENIUS 1898: 288). In den übersinnlichen Taten und übersinnlichen Wesen ihrer Mythologie aber, die ihnen von den Alten überliefert ist, finden die Indianer Antwort auf ihre Daseinsfragen, den Sinn der Weltordnung, der sie angehören, den Sinn ihres eigenen Wesens. Es ist nicht einfach, sich nach den so tief verwurzelten Überzeugungen zu erkundigen. Man wird einen geeigneten Augenblick dafür finden müssen, etwa am Abend, wenn die Feuer im Dorf schon erlöschen; man muß auch mit dem betreffenden Indianer schon befreundet und mit ihm allein sein. Denn so selbstverständlich ihnen Glaubensdinge sind, so sehr empfinden sie Scheu, davon zu sprechen. Man wird dann eine ganze Geschichte aus alten, alten Tagen, aus der Urzeit, eben eine Mythe zu hören bekommen, aus der sich eine Antwort auf die Frage ergibt. Auf die alte Zeit und die Überlieferung berufen sich die Indianer dabei ständig. Ihre Mythen, die Antwort geben auf die entscheidenden Lebensfragen, enthalten auch das Credo ihrer Religion. Dieses ist für sie beglaubigt, allein schon durch die Urzeit: *amre-be amrebe* = in alten, alten Zeiten, in der das Ereignis geschah, das den einzelnen Glaubenssatz begründet hat. Die alte Zeit ist den Nachkommen durchaus bindend und erzwingt Glauben. Dies stellte PREUSS (1964: 125 f.) für die Kagaba-Bodenbauern in der Sierra Nevada de Santa Marta in Kolumbien fest, und es gilt auch für unsere Indianer.

Vor allem aber wird die Glaubenswahrheit durch die mythische Welttat der im letzten (wenigstens zur Zeit des Handelns) mit transzendenter Macht ausgestatteten Urzeitwesen bezeugt. Bei Heilbringern, als welche hervorragende Ahnen auftreten mögen, kann alles ähnlich vor sich gehen, wie bei den Zwillingshelden nach dem Mythos vom großen Adler. Sie gewannen ihre übersinnliche Kraft aus dem Element

Wasser, befreiten die Welt von einem Ungeheuer, das die Menschheit in ohnmächtigen Schrecken versetzt hatte, und sie machten die menschheitsvertretenden Kayapó-Indianer zu einem Volk der Starken. Sie bauten das erste Männerhaus als bleibendes Zentrum männlicher Kraft, sie teilten das Volk in zwei Hälften und waren seine ersten Führer. Die Heilbringer treten nach ihren überweltlichen Taten wieder in ein irdisches Schicksal ein, aber die Taten selber leben als ein Stück der Seinsordnung für immer gültig weiter. Die Indianer kennen die von den Ahnen überlieferten Geschichten von den großen Helden, sie erleben die Seinsordnung, in der die Taten wundervoll bestätigt sind: Die Indianer glauben. Die Glaubenssätze können aber noch glutvoller bezeugt sein, wenn das Welttat-setzende Wesen, die Gottheit, immer noch machtvoll weiterwirkt, wie der Mann, der sich in den Regen verwandelte und der seine Gewalt in strömenden Regengüssen und großartigen, furchterregenden Gewittern stets von neuem zeigt.

Der Glaubensinhalt steht im ganzen Denken der Indianer auch nie im Gegensatz zu ihrer Einsicht. Nach dem Mythos von dem Mann, der alle bösen Wesen sah, geht einer der Alten vom Dorf fort bis zu den bösen Bienenmenschen, um sie mit eigenen Augen zu sehen. So erzählten uns auch die Mekrāngotí-Kayapó (siehe 222), daß einer ihrer Nachbarstämme die gefürchteten Kubenkókre seien, ein Stamm der vielen bösen Wesen, *Kuben-punure,* von denen die Mythologie so häufig berichtet.

Schon das bloße Erzählen und die Rezitation einer Mythe bedeutet ihnen ein Sicherinnern, eine Besinnung auf das Wesen des Seienden, auf das eigene Wesen und die transzendenten Sinngründe. Mit den Mythen trägt der Erzähler also wie gesagt auch das „Credo" seiner Religion vor (vgl. MALINOWSKI 1926: 23). Die Erzählung ergreift ihn selbst, er braucht dazu die nötige Einstimmung, er verlangt die richtige Umgebung und die Ehrfurcht des Auditoriums. Im Dialog mit den Mythenerzählern konnte ich auch immer wieder

257

eine weite Offenheit ihrer Weltanschauung bzw. ihres religiösen Weltbildes hin zum Transzendenten feststellen.

Der Wayangari

Der Mann, der im Dorf selbst mit übersinnlichen Kräften ausgestattet ist, ist der Wayangari, Wayanga. Er könnte sich in seinem Amt nicht durchsetzen, wenn man ihm nicht allgemein die Verbindung mit dem Überirdischen zuschriebe. *Wayangari* könnte man verschieden übersetzen. Man könnte den Mann bezeichnen als Geistesbegabten, als Zauberer, als Zauberpriester, als Medizinmann und – mit bestimmten Einschränkungen – als Schamanen. Die Bedeutung seines Amtes und seiner Position ist aber bei den Kayapó nicht so allumfassend, daß man ihre Weltanschauung einfach als Schamanismus bezeichnen dürfte. Sowohl seine Berufung als auch seine Tätigkeit vollzieht sich mehr oder weniger unscheinbar und in der Stille. Sein Ansehen im Dorf ist gar nicht zu vergleichen mit dem Ansehen der Häuptlinge. Sicherlich wird es stark darauf ankommen, ob der betreffende Wayangari eine profilierte Persönlichkeit ist oder nicht. In den Jahren meines Arbeitens unter den Kayapó lernte ich leider keine solche starke Persönlichkeit unter den Medizinmännern kennen. Es gibt auch weibliche Medizinmänner, *Wayangari-ni,* deren Bedeutung an und für sich schon viel geringer ist.

Jedenfalls hat die Stellung des Wayangari auch durch die Kayapó-Mythologie eine Verankerung in der Weltanschauung. Nach dem Mythos vom Mann, der sich in einen Tapir verwandelte, ist es ein Wayangari gewesen, der dem Liebling aller Frauen in einem Analogiezauber den schönen Leib mit Jabotá-Palmblättern fesselt und umwickelt und so, den plumpen Tapirleib darstellend, den Mann verwandelt, damit die übrigen ihn dann in einer großen Jagd gemeinsam hetzen und mit ihren Pfeilen töten können. Derselbe Wayangari gibt den Männern auch den Rat zu der eines starken Volkes würdigen Rache in Form einer Spiegelstrafe, die im Sinne der Indianer der Gerechtigkeit Genugtuung verschafft. Auch im heutigen Kayapó-Dorf hören die Männer nicht nur auf den Rat der Häuptlinge, sondern auch auf den des Wayangari, der viel von den „Dingen" der Indianer weiß.

Man konnte mir nichts über eine Erwählung des Wayangari durch die überirdischen Wesen oder Geister erzählen, und mir wurden auch keine Initiationsriten bekannt, noch eine besondere Art und Zeremonie der Berufung. Von einer Einsetzung von Felskristall, Pfeilen oder Dornen in den Körper des Kandidaten, die dann seine magische Kraft bewirken, wie bei anderen südamerikanischen Stämmen (vgl. ELIADE 1957: 61 f.), konnte ich auch nichts erfahren. Voraussetzung für das Amt ist auf jeden Fall eine gewisse Begabung; eine Lehrzeit geht ihm voraus, und es überträgt sich normalerweise durch Vererbung vom Vater auf den Sohn. Der Mythos vom Mann, der sich in ein Gürteltier verwandelte, zeigt die Kraft und Wandlungsfähigkeit, die der Wayangari besitzt, welchen Einfluß er auf die Menschen nimmt und wie er sie bestimmen kann, ihm zu folgen. Es handelt sich um einen tiergestaltigen Wayanga, ein Zaubergürteltier. Aus einem Tragkorb, den ein Urzeitheld, um seinem bösen Schwager eine Falle zu stellen, in die Erde vergraben hat, gleich dem Loch eines Gürteltieres, wird das Zaubergürteltier. Der Schwager, der dann nachgräbt, wird durch den Zauberer, der ein Gürteltier ist, ebenso in ein Gürteltier verwandelt. Das Zaubergürteltier führt ihn durch den gemeinsamen Zaubergesang in sein machtvolles Wirken ein, es leitet ihn unter der Erde weiter und zuletzt in endlose Fernen, in den Wald. Der Mann ist ergriffen von den Möglichkeiten seiner neuen Daseinsweise und will nicht mehr in das gewöhnliche Leben zurückkehren. Sein Schwager, der ihn sucht, kann ihm als gewöhnlicher Mensch nicht folgen und gibt die Suche nach ihm auf. Der Mythos zeigt, welch hohe Auffassung die Indianer von dem Amt und dem Leben des Wayangari haben. Wie das Zaubergürteltier den Mann leitet und mit ihm den Zaubergesang anstimmt, so führt auch der Wayangari heute im Kayapó-Dorf seinen Nachfolger langsam in sein Amt ein.

Bei seiner ärztlichen Tätigkeit arbeitet der Wayangari nicht ausschließlich mit seinen magischen Kräften. Die Massage und das Einreiben mit Kräutersäften z. B., wo ich oft Zeuge war, ist der sehr natürliche und oft erfolgreiche Versuch einer echten Therapie. Das gleiche gilt auch von verschiedenen Anordnungen, die er als Arzt trifft. Einmal hielt der Wayangari in Gorotire eine leidenschaftliche Ansprache an die Dorfgenossen mit der Aufforderung, das Dorf zu verlassen, wo sie in den Sippenhütten zusammengepfercht liegen, und vorübergehend in den Wald zu ziehen. Ein Grippeepidemie, durch den Besuch von Siedlern eingeschleppt, war im Dorf ausgebrochen und hatte bereits ihre Opfer gefordert. Die Anordnung war vielleicht der geeignetste Versuch, durch eine gewisse Quarantäne weitere Ansteckungen zu vermeiden. Als natürlicher Arzt tat er auch seine Pflicht, indem er die Fremden aufforderte: „Kommt, wenn ihr gesund seid! Wenn ihr krank seid, sollt ihr nicht kommen." Dagegen gehört beim Massieren der schmerzhaften Stellen die Verwendung von Speichel, der nach indianischem Glauben eine zwingende, innere Kraft enthält (KUNZ 1954: 80), schon wieder in das Gebiet der Magie. Ebenso das Beräuchern mit Tabakrauch, das Saugen und Ausspeien eines Tierknochens oder einer Fischgräte als Zeichen der Befreiung von einer bösen Substanz. Es handelt sich dabei aber keineswegs um Täuschungsmanöver zur Erhaltung seines Prestiges. Der Ernst und die Echtheit seiner Bemühungen wird dem Zuschauer zum Erlebnis. Sein Kampf richtet sich nach dem Glauben der Gemeinschaft nicht bloß gegen Fleisch und Blut. Es ist auch der faule Zauber, *dyu-dyu,* zu überwinden, mit dem durch einen bösen irdischen oder unirdischen Feind das beklagenswerte Opfer vergiftet worden ist, manchmal sogar das ganze Dorf, das dadurch in die Lethargie einer ohnmächtigen Angst oder in den Aufruhr und

Wahn einer Art Hexenverfolgung, bis zu Mord und Totschlag, geraten ist. Ein anderes Mal muß wieder der
„Schrecken" = *aé* vertrieben werden, der in der Nacht durch
einen Totengeist oder sonst ein böses Wesen verursacht wurde, vielleicht gar durch den gefürchteten bösen Geist *Mrükaókre*. In all diesen Fällen braucht der Wayangari die Zusammenballung all seiner Kräfte, höchste Konzentration und
die übersinnliche Macht, die er im Trancezustand zu gewinnen hofft. Auffallende und aufregende ekstatische Praktiken
durch Verwendung besonderer Narkotika – ausgenommen
qualmenden Tabakrauch – oder durch Betätigung von Trommeln, anderen Musikinstrumenten und Rasseln konnte ich
nie beobachten; er leitet auch nicht ein großes schamanistisches Ritual – mit ekstatischen Tänzen und Pantomimen –,
in das die ganze Gemeinschaft hineingezogen ist, wie der
„paié" der Asuriní (vgl. LUKESCH, 1990: 175 ff.). An Stelle
von dem allen tritt bei den Kayapó die Meditation. Es handelt sich dabei um stundenlanges, schweigsames Verharren
des Wayangari in hockender oder sitzender Stellung, allein
in seiner Hütte oder umgeben von den Seinen, die ihn in keiner Weise stören. Sie reden ihn nicht an, bewegen und beschäftigen sich in der Hütte nur lautlos. Zu der Meditation
gehört auch ein Sichzurückziehen in die Wildnis, wo der
Wayangari mit den Seinen oft wochenlang verbleibt. Die
Askese, die sich die ganze Familie damit auferlegt, ist
gleichfalls mit Betrachtungen verbunden. Diese Zeit in der
Wildnis ist irgendwie geistlichen Exerzitien des Wayangari
vergleichbar. Die Meditation geht in eine Art Trance über,
während derer der Wayangari übersinnliche Erlebnisse hat.
Ich habe in den Kayapó-Dörfern keine langen Geschichten
von ekstatischen Reisen gehört, etwa auf den Mond oder in
die Unterwelt, um eine geraubte Seele einzufangen, oder
von einer Reise hinauf in die Welt über dem Erdendach, in
den Himmel. Allerdings erfuhr ich in Kubenkrãkein über
den Wayangari Kangrare: *„Kangrare moia koikwa-kam
mari"*, d. h.: Kangrare kennt die Dinge des Himmels. Woher

er diese Erfahrung nahm, hat man mir nicht mitgeteilt. Mag sein, daß er sie von seinen Vorgängern übernommen hat, es ist aber immerhin auch die Möglichkeit offen, daß er die Dinge des Himmels im Traum oder in der Trance selbst gesehen und erlebt hat. Sie behaupten von ihren Wayangari Atangra und Kangrare auch, daß sie die Geister kennen = *mekaron mari.* Dieses Kennenlernen der Geister erfolgt eben in der Meditation, wo die Wayangari ihren Geist auf die Welt des Übersinnlichen konzentrieren, wo sie dafür aufgeschlossen sind und das suchen, was „drüben" ist (vgl. CLOSS 1960: 29–38). Es besteht beim Wayangari auch eine echte Beziehung zu einem wirklichen Priestertum, das im wesentlichen eine Mittlerschaft zwischen den Gottheiten und übersinnlichen Wesen einerseits und dem Menschen andererseits bedeutet, im Christentum die Mittlerschaft zwischen Gott und den Menschen (Heb. 5, 1). Auch der Wayangari steht nach dem Glauben der Kayapó immer in Verbindung mit den überirdischen Mächten und wirkt für alle seine Stammesgenossen auf jene „Übersinnlichen" ein (vgl. LUKESCH 1963: 19). Freilich wird im Sinne der Religion und der ganzen Weltanschauung der Kayapó diese Vertretung der Sterblichen gegenüber den jenseitigen Wesen und Kräften überwiegend in Abwehr, ja in hartem Kampf gegen die Überirdischen bestehen. Die Daseinsbedrohung, von der die Kayapó ständig in Atem gehalten werden, verleiht auch ihrer Weltanschauung und Religion und damit zugleich dem Mittler zum Übersinnlichen diesen kämpferischen Charakter auf seiten der Sterblichen. Es wird als eine große Tat gepriesen, wenn es dem Wayangari wieder einmal gelungen ist, den schlimmsten bösen Geist, *Mrükaókre,* zu vertreiben. Die Fähigkeiten des Wayangari sind aber damit noch nicht erschöpft. In Kubenkräkein z. B. gelingt es dem Wayangari Kangrare sogar, durch Vornahme seiner Riten und Beschwörungen und durch Anwendung von Tabakrauch das Unwetter abzuwenden = *na-kam akō.* Hinter dem Unwetter steht aber nach dem Glauben der Kayapó ihr machtvollster

Überirdischer, ja er ist mit dem Unwetter identisch – Bebgororotí, der Mann, der sich in den Regen verwandelte.

Die Kayapó nannten auch meinen Bruder und mich
Wayangari; wir konnten darüber froh sein, denn damit wa-
ren wir auch in ihre Gemeinschaft, Gesellschaft integriert.
Und die anderen Wayangari waren unsere guten Freunde.

Die bösen Fremden

„Kuben-punure", wie alle bösartigen Wesen in der Kayapó-
Mythologie genannt werden, könnte man auch mit „böse
Menschen" übersetzen. Diese Übersetzung wäre aber nur
dann gerechtfertigt, wenn man unter Menschen nur solche
verstände, die nicht aus der Dorfgemeinschaft stammen, in
der man sich gerade befindet. Man denkt sie sich als Doppelwesen, aber mit überwiegend menschlichen, den Kayapó
ähnlichen Gestalten. Unser obiger Mythos handelt z. B. von
den *Kuben-ropre,* den Hundemenschen. Der Hundemensch
wird von den Indianern so beschrieben: Sein Haar ist das
Haar eines *Mebemokré* – also eines Indianers aus der gleichen Dorfgemeinschaft und damit das Haar eines wahren
Menschen; sein Antlitz ist ein Menschenantlitz – also ein Indianergesicht – und sein ganzer Körper ist ein Indianerleib.
Nur seine Zähne sind Hundezähne, seine Füße Hundepfoten,
und er geht auf allen Vieren, wie ein Hund. Bei der Voranstellung des Genitivus possessivus in *Kuben-ropre* sollte
man eigentlich „Menschenhunde" übersetzen. Mit unserer
Übersetzung „Hundemenschen" bleiben wir aber im Rahmen des Herkömmlichen und treffen den Sinn des Wortes
besser. In unserem Mythos ist nur von einer Art der *Kuben-
punure* gesprochen, tatsächlich wimmelt es aber in der Mythologie der Kayapó nur so von diesen Unwesen. Wir mußten sie bereits eingehend schildern in dem Kapitel über Leben und Tod, als wir die Bedrohtheit des Daseins behandelten. Die bösen Wesen sind ja weltanschaulich Symbol der
Daseinsbedrohung und im Leben ein Stück von dieser Wirk-

lichkeit. Aber auch im vorliegenden Kapitel ist von ihnen zu reden, denn die letzten Endes doch übersinnlichen Wesen, stellen einen bedeutungsvollen und charakteristischen Faktor der indianischen Religion dar. Die *Kuben-punure* haben entweder eine Doppelnatur (Mensch und Tier, z. B. die Hundemenschen; Mensch und Pflanze, z. B. Schneidegrasmenschen), oder sie sind gleich Menschen, aber mit besonders abstoßendem Äußeren, das als verderbenbringend gilt und eine unmenschliche Natur kennzeichnet, wie der häßliche lange Bart = *Kuben-amaō toit*. Das unmenschliche Element kann auch aus einer grauenerregenden und verderbenbringenden Eigenschaft bestehen, wie das Menschenfressen bei den Menschenfressern = *Kubenkókre*.

Die *Kuben-punure* verkörpern an und für sich schon anschaulich und greifbar den Dualismus der Kayapó-Weltanschauung und damit auch ihrer Religion. Sie sind auch ein ganz rudimentäres Beispiel des fließenden Übergangs vom Sinnlichen zum Transzendenten in der Kayapó-Weltanschauung. Durch ihre Doppelnatur erlangen sie überirdische Kräfte und werden zu übersinnlichen Wesen, obwohl sie doch auch wieder Fleisch und Blut sind.

Von den Hundemenschen in unserem Mythos wird gesagt, daß sie in der Tiefe des Sees, eines Teiches mit seinem dunklen Wasser, im Urwald leben. Von den Bienenmenschen heißt es in einem anderen Mythos, daß sie einen Bau unter der Erde haben, und von den Schneidegrasmenschen, daß sie in einem tiefen Erdloch wohnen, in der Nähe der Stelle, wo das Weltdach aufruht. Würde man fragen, wo denn der Hundesee oder der Bau der Bienenmenschen liege, so bekäme man immer die gleiche Antwort. Der Gefragte würde nach Osten deuten und dazu *„onyīa"* sagen mit einem endlos langen Ton auf dem „I", um die unendliche Ferne anzudeuten. Er würde dann weiter erzählen, daß dort, weit im Osten, der gewaltige Stamm sich erhebe, der das Himmelsdach trägt. Um diesen Stamm herum stellen sich die Indianer das Heimatland aller Unholde vor. Von den

Schneidegrasmenschen heißt es, sie kämen dort aus der Tiefe der Erde, aus einem Erdloch = *kre*. Auch der Urwaldsee der Hundemenschen ist letzten Endes ein Loch in der Erde, und seine Tiefe heißt *kre*. Ebenso ist der Bau der Bienenmenschen eine Erdhöhle = *kre*. Diese Welt unter der Erde, die Unterwelt, aus der die Feindlichen kommen, hat aber nichts zu tun mit der Kosmologie unserer Indianer, wonach sie sich den Aufbau des Universums stufenförmig nach oben und unten vorstellen, so daß auch unter unserer und danach unter jeder weiteren Welt eine neue, ihr gleiche, folgt. Das Loch in der Erde aber ist dunkel wie die Nacht und birgt unheimliche Gestalten aller Art. Dunkelheit herrscht auch in dem Urwaldtümpel, im Hundesee. Das Wasser darin kann die Hundemenschen nicht stören, was allein schon ein Beweis ihres übersinnlichen Charakters ist; im Gegenteil, das Element Wasser wird ihnen zur Quelle von Kraft und Größe. Auch im Bau der Bienenmenschen herrscht Dunkel. Alle *Kuben-punure* haben also in einem solchen Erdloch, weit weg, ihr Zuhause. Von dort aus unternehmen sie ihre Streifzüge und ihre Überfälle auf die Menschen. Diese „Unterwelt" liegt in dem Land, wo der Stamm das Dach der Erde trägt und in ständiger Gefahr des Zusammenbrechens ist. Höchste Gefahr droht somit den Sterblichen von der Wohnstätte der *Kuben-punure* aus. Religiös gesehen kann man also mit Recht diese Wohnstätte mit einer Hölle vergleichen, einer Hölle, die zwar kein Ort der Verdammung, des Gerichtes und der Strafe nach diesem Leben ist, wohl aber eine Wohnung böser übersinnlicher Wesen und eine Brutstätte des Unheils und der Heimsuchung. Die Kuben-punure verfolgen die Sterblichen mit Heimtücke. So erklärt der Hundemensch, der aus dem Wasser aufgetaucht ist, dem Indianerknaben am Ufer, er sei nur gekommen, um einmal Menschen zu sehen. Er täuscht jene harmlose und glückliche Neugierde vor, mit der die Indianer etwa ein schönes Messer oder einen neuen glänzenden Gegenstand in die Hand nehmen und von allen Seiten betrachten oder die weiße Haut des Fremden berühren, weil sie ihnen gefällt, ohne dabei das geringste Böse im Schilde zu führen. Anders der wirklich böse Hundemensch: Er will den Knaben nur ausholen, um den günstigen Augenblick für einen Überfall auf die Kayapó-Männer zu erfahren. Dann wollen ja die Hundemenschen über diese herfallen und alle töten.

Die *Kuben-punure* sind böse und grausam und kennen kein Mitleid. Das mußte nach dem Mythos von den Schneidegrasmenschen der Indianervorfahre bitter erfahren. Mitleidig nahm er das Schneidegrasmenschenkind auf seinen Rücken, um es zu tragen. Das Kind schlang seine Schneidegrasarme immer fester und fester um seinen Hals und schnitt dem Unglückseligen die Kehle durch. Auch nach dem Mythos von dem Mann mit den Hörnern vergalt dieser der guten Indianerin, die seinen Kopf nach Läusen absuchte, ihren Liebesdienst schlimm. Als sie sich dabei an seinen Hörnern die Hand verletzte und blutete, da schrie er auf, als sei er der Verwundete, und entfernte sich wutentbrannt und unter Verwünschungen; und seitdem war die Indianerin von Leid und Unglück verfolgt.

Groß ist die Macht der *Kuben-punure,* weil ihre Zahl so groß ist. So sagt der Hundemensch, der aus dem Wasser aufgetaucht ist: „Drunten am Grund des Sees liegen der Meinigen viele." Nicht nur die einzelnen Völker der *Kuben-punure* sind groß, sondern es gibt auch unendlich viele solcher Völker. Ich habe durch die Mythenerzähler von vielen erzählen gehört. Andere Kayapó-Forscher – wie BANNER, METRAUX, DREYFUS, DINIZ – haben noch von vielen anderen erfahren, aber wiederum nicht von manchen aus meiner Reihe. Man hat das Gefühl, die Indianer erfänden solche Wesen noch wahllos zu ihren alten Geschichten dazu. In Wirklichkeit aber widersprechen diese Aufzählungen keineswegs der Tradition und dem religiösen Glauben. Die Überzeugung von der Existenz dieser Völker ist sogar so lebendig, daß man sie unter die benachbarten Stämme rechnet und sie auch zugleich mit ihnen nennt. So sprachen die Kayapó-Indianer Mekrãnotíam Curua, wie bereits erwähnt, auch von den *Kubenkokre* als ihren Nachbarn. Irgendwie gehören ja alle benachbarten Stämme, selbst die Bewohner anderer Kayapó-Dörfer und alle Fremden, zu den *Kuben-punure.* Es ist leicht einzusehen, wie schwer man es zuerst als Fremder im Zusammenleben mit den Kayapó-Indianern hat, bis man durch Erlernung der Sprache und durch sein ganzes Verhalten bewiesen hat, daß man zu ihnen gehört, daß man *ubikwa* = daß man Dorfgenosse, Verwandter ist.

Kennzeichnend für die *Kuben-punure* und ihre Beziehung zu den Irdischen ist, daß sie zum Unterschied von den anderen übersinnlichen Wesen, den Geistern und Gottheiten, Fleisch und Blut haben; sie sind sterblich, man kann sie töten. Nach dem mythischen Modell errichteten die Vorfahren in der Urzeit Steinherde am Hundesee in Ausübung einer großartigen und nach indianischer Auffassung eines starken Volkes würdigen Rache. Sie ließen die Feuer lodern, wie man es heute noch im Kayapó-Dorf tut, um böse Geister abzuwehren. Danach warfen sie die glühendheißen Steine in den See, so daß dieser zu sieden begann. So starben die Hundemenschen, ihr ganzes Volk wurde von den Indianern vernichtet. Die Tat der Vorfahren ermutigt die Lebenden. Der Mythos enthält aber auch eine dringende Mahnung, die *Kuben-punure* und ihre unerbittliche Vernichtungssucht nicht zu vergessen; die Warnung vor ihnen nicht in den Wind zu schlagen, wie jene Jagdgefährten von damals, die dem Knaben seine Begegnung mit dem ersten Hundemenschen nicht geglaubt hatten. – Und wieder wird in dem Mythos, diesmal als religiöses Glaubensgut, auf die Kraft der Gemeinschaft hingewiesen. Der einzelne ist zu schwach für den Kampf mit dem Feindlichen, er wird am besten sein Heil in der Flucht suchen. Gemeinsam aber können und sollen die Kayapó den Kampf gegen das Böse aufnehmen, und gemeinsam wird es ihnen gelingen, mit jedem Feindvolk fertigzuwerden, so wie ihre kühnen Vorfahren die Hundemenschen in einer großartigen gemeinsamen Tat vernichtet haben.

Seelen und Geister

Im Zusammenhang mit Unglück, Krankheit oder einem To-
desfall, sei dieser nun natürlich oder gewaltsam geschehen,
wird im Kayapó-Dorf viel von Totenseelen gesprochen. Wir
würden sagen: von Geistern der Verstorbenen. Dies hat zu
der irrigen Meinung geführt, die Kayapó würden nur Totengeister als übersinnliche Wesen kennen, was wieder eine extrem düstere Weltanschauung ergäbe und eine rein negative
Haltung der Indianer gegenüber der übersinnlichen Welt,
wie es der Wirklichkeit nicht entspricht. Der falsche Eindruck kann vor allem durch die Vieldeutigkeit des Begriffes
mekaron entstehen (vgl. den Begriff aroe bei den Bororo bei
COLBACCHINI et ALBISETTI 1942: 87 ff.). Es ist daher hier
noch einmal genauer auf ihn einzugehen: *me* = Mensch; *karon* hat die Grundbedeutung Seele, aber Seele in dem Sinn,
daß man dabei vom Leib absieht. Die Vorstellungen der Indianer sind da nicht immer ganz exakt voneinander zu trennen. Sie glauben an eine Seele des Menschen. Mit dem Leib
vereinigt, heißt diese *kadyoi,* eigentlich Inneres, wir würden
sagen „innerer Mensch". Sobald die Seele den Leib verläßt,
also beim Tod, heißt sie *karon.* Aber auch, wenn sie den
Menschen zu Lebzeiten verläßt, an welche Möglichkeit sie
glauben, und zwar nicht nur für die Zeit des Traumes, sondern auch dann, wenn der betreffende Mensch nicht schläft,
und auch bei hellem Tageslicht nennen sie die Seele *karon.*
Gleich bei unserem ersten Aufenthalt in Gorotire erfuhr ich
von letzterer Vorstellung: Indianer, die zur Türe hereinka-
men, blickten ganz erstaunt und wie erstarrt einen Mann an,
der bei uns in der Hütte weilte. Sie sagten: „Aber wir haben
dich doch gerade draußen am Flußufer gesehen." Als dieser
energisch bestritt, eben draußen gewesen zu sein, sagten sie
mit der größten Selbstverständlichkeit: „Dann haben wir
eben deine Seele, deinen Geist = *a-karon* gesehen." *Karon*
heißt auch Schatten. Dieser wird aber von den Indianern
sehr häufig mit der Seele direkt identifiziert. So glauben sie,

daß bei dem nach ihrer Meinung durchaus möglichen dauernden Verlust seines Schattens der betreffende Mensch stirbt. Ebenso ist *karon* das Wort für Bild und für Maske.

Mekaron heißt aber auch Geist, der immer spirituell gewesen ist. Er kann wohl menschengestaltig sein, aber damit ist nicht die Vorstellung verbunden, daß er einmal wirklich Mensch gewesen sei. Er kann auch die Gestalt eines Tieres und selbst die einer Pflanze annehmen: Auch in den beiden letzteren Fällen wird er weitgehend anthropomorph gesehen. *Mekaron* heißt aber auch alles, was übersinnlich, heilig, numinos oder auch nur unerklärbar ist. Obwohl sie selber kein „Geisterhaus" oder „Geisterhäuschen" als Kultstätten oder Wohnsitz der Geister im Dorf kennen – wie etwa ihre ehemaligen Feinde, die Asuriní (vgl. LUKESCH 1990: 169 ff.) –, nannten die Kayapó von allem Anfang an die ersten Kapellen der „Padres", der katholischen Missionare, am Araguaia *mekaron nyurukwá* = Haus des Geistes = Geisterhaus, Wohnstätte alles Unerklärlichen, Unberührbaren, Numinosen, Heiligen. Und die „Padres" nannten sie spontan Wayangari wie ihre Medizinmänner und Zauberpriester (vgl. oben 263). Ich hörte auch ihre Überlieferung: Die Wayangari sind gut zu den Indianern.

Mekaron, als für sie unerklärlich, in ihren Augen ein „Wunder", waren für sie auch unsere Fotoapparate und unser Fernglas. Das Wort bedeutet außerdem den äußeren Anschein, Schein, aber auch den Geist im Sinne von Sinngehalt, z. B. *kabén mekaron* = Sinn der Rede.

Im obigen Mythos vom Mann, der ein Geist war, wird das Erscheinen eines menschengestaltigen Geistes in der Urzeit geschildert. Wie schon der Name des Mythos sagt, sieht er aus wie ein Mann, ist aber doch ein Geist. Charakteristisch sind die Art der Erscheinung und die Umstände, unter denen sie erfolgt: Die Indianer sind auf dem Heimweg von dem *me-ü*. Auch der *me-ü* geht also auf die Urzeit zurück. Er ist jene große Wanderung, die das ganze Kayapó-Dorf, also die ganze Gemeinschaft, Jahr für Jahr in der Steppe und in den

Randwäldern unternimmt. Sie dauert etwa zwei Monate in der Trockenzeit, bis zum Reifen der Pflanzungen. Die Indianer leben währenddessen nur von der Jagd, von wilden Früchten und von wildem Honig. Sie schlafen auf dem bloßen Boden oder auf einem Lager von Palmenblättern, oft unter freiem Himmel oder nur geschützt von einem notdürftigen Blätterdach oder einem Windschirm. Trotz der Askese, die ihnen dieses Leben auferlegt – ich sah sie abgemagert heimkommen –, ist diese Zeit für sie eine glückliche. Abend für Abend wird im Lager in der Steppe getanzt und gefeiert nach altem Brauch, und der ganze Abschnitt hat einen festlichen Charakter. Dazu kommt das Wandern und die Jagd, das Sammeln der Früchte durch die Frauen; die ganze Lebensweise entspricht dem höchsten indianischen Ideal im Rhythmus und in der Dynamik ihres Daseins. Nach diesem weiten Rundgang auf dem Weg zurück ins Dorf – man geht im Gänsemarsch, aber oft mit sehr großen Abständen –, ist einer der Indianer ganz allein. Er steht noch völlig unter dem Eindruck von den Erlebnissen dieser so glücklichen Wanderung. Und da hat er die Erscheinung: der Geist in menschlicher Gestalt. Aber schon die Art der Erscheinung beweist die Möglichkeiten seiner übersinnlichen Natur. Er kommt, auf seinen eigenen langen Haaren wie in einem Kanu sitzend, den Fluß heruntergeschwommen, an dem der einsame Pfad des Indianers entlangführt. Der Mann fühlt sich bis in die Wurzeln seines Seins durch das übersinnliche Wesen bedroht. Aber er schüttelt den Bann ab, sein Gegenangriff ist eine kühne Tat. „Ich will den Geist töten", ist der spontane, leidenschaftliche Entschluß des Urzeitvorfahren unserer Indianer. Er legt seinen Bogen an und schießt ein-, zwei-, dreimal und immer wieder. Aber kraftlos fallen die Pfeile neben dem Geist nieder, ihr Ziel ist kein Sterblicher. Und der Geist zeigt nun auch seine Macht. Er taucht unter im Fluß, und der Fluß tritt aus den Ufern, die Wasser schwellen an, überfluten die Steppe und den Wald, überfluten das Kayapó-Dorf und die ganze Welt. In heilloser Angst fliehen die Indianer vor der Flut, die der Geist hervorgebracht hat. In ihrer Angst verwandeln sie sich in Tiere, denn nur so können sie sich retten. Die Verwandlung erfolgt in Analogie zu dem gewählten Fluchtweg und zu den Umständen, die sich ergeben. Ein Kind, über das der alte Onkel in der Hast und Aufregung aus dem dunklen Inneren seiner Kalebasse die Brühe gegossen hat, verwandelt sich in eine Kröte. Ein Mann, der mit seinem Buben auf den Schultern auf einen hohen Baum klettert, wird zu einem Affen, ebenso das Kind. Ein anderer, der vor Schreck ganz starr ist, wird zu einem Faultier, wieder andere verkriechen sich als Bienen in einen hohlen Baum. Alle, die auf der Wanderung waren, gehen zugrunde, nur der eine Mann, der starke, der indianische Prometheus, der seine Hand gegen den Überirdischen erhoben hat, der den Geist töten wollte, überlebt auch die Überschwemmung und kehrt nach dem Versickern des Wassers in das Indianerdorf zurück; er wird zum Stammvater der *Mebemokré*, der Kayapó.

In Kubenkräkein sagte man mir immer wieder über die Geister: *mekaron kubin ket* = Geister kannst du nicht töten. Sie meinten damit die Seelen der Toten, die Totengeister, wie auch jene wahren Geister, die sie sich als immer spirituell vorstellen. Eine Verbindung, ein Übergang zum Menschen ist ja auch bei diesen durch die anthropomorphen Vorstellungen gegeben. In den Geistererscheinungen, die sie erzählen, sagen sie: *mekaron kató* = der Geist kam hervor, kam heraus, d. h., der Übersinnliche wurde sichtbar, er zeigte sich. Wie in unserem Mythos begegnen die Geister nach Indianerglauben vor allem jemand, der allein ist. Der Geist erscheint ihm weit draußen in der Steppe, auf einem verlassenen Pfad oder auch im Dorf, aber dann mit Vorliebe in dunkelster Nacht, die den einzelnen von der Gemeinschaft trennt. Besonders die Erscheinung von Totengeistern, die immer wieder mit dem Dunkel der Nacht verbunden ist und eine besondere Rolle spielt, erfolgt *akamót koipókri* = um Mitternacht als dem tiefsten Dunkel, dem Höhepunkt des Nachtseins.

Der schlimmste Geist ist der *Mrükaókre* (= *mrü-ka-okre*;

mrü = Tier; *ka* = *ko* = Haut, Schale, Kleid; *okre* = wild; also
= Tier in dem wilden Kleid), der böse Wassergeist, von dem
man mir erzählte, er sei ein geheimnisvoller großer Fisch.
Seine Erscheinung ist wohl identisch mit einem riesigen
elektrischen Fisch (Gymnotus electricus). Sie sagen von
ihm: *Mrükaókre dyokére* = Er ist wild, gewalttätig. Sie sagen
weiter: *Me-ba Mrükaókre mirint ket* = Wir können den bösen Wassergeist nicht sehen. *Ngoi-kadyoibe kikrit ma* = „Wir
wissen, er lebt im Strudel", in den Untiefen des Flusses, wo
dieser einen kleinen See bildet und dort den Wasserwirbel
verursacht. Sie glauben, er könne einen Knochen oder eine
Gräte in den Menschen hineinschlagen und so eine Augenkrankheit erzeugen. Aber im allgemeinen stellt man sich seine Einwirkung noch geheimnisvoller vor: Er bemächtigt
sich der Seele, die im Schatten sichtbar wird. Der Geist beeinflußt also die Geistigkeit des Menschen und ruft so
Krankheit und Tod hervor. Man hat Angst vor dem Baden
und dem Tauchen in den kleinen tiefen Seen, die der Fluß
bildet; eine Indianerin in Kubenkrãkein erklärte uns: „Der
Mrükaókre wird im heißen Sonnenlicht, am Mittag, wenn
die Sonne senkrecht am Himmel steht, über meinen Schatten hinwegspringen." Wenn also der Fisch den Schatten des
Menschen beschattet – der Unirdische des Irdischen Seele
ergreift –, dann ist das Unheil geschehen. Wie lebendig diese Vorstellung auch im Alltag der Indianer ist, erkannte ich,
als wir zum Bau einer Hütte in Kubenkrãkein mit den Indianern in einem Tümpel des seichten Flußufers Lehm ausho-
ben, um daraus Ziegel für unser Haus zu machen. Es war
eine Gemeinschaftsarbeit, bei der sogar Frauen mitwirkten.
Einer von ihnen war der Ort nicht ganz geheuer. Sie fragte
einige Male unvermittelt: „Ist da bestimmt nicht die Wohnstatt des *Mrükaókre?*"
Als ein böser Wassergeist wird auch eine riesige Schlange, *Mrü-krã-õ* (*mrü* = Tier, *krã* = Kopf, *õ* = Wesen, = Wesen
mit dem Tier-[Schlangen-]Kopf) oder unter dem Namen
Kangã toit (mächtige Schlange), angesehen, die von Kuben-

kräkein aus jenseits der Serra Encontrada in der Tiefe des Flusses leben soll. Hier ist wohl das schreckhafte Bild der amazonischen Anaconda (Eunectes murinus) wiedererkennbar. Sie glauben auch, daß die Seelen der von ihr Getöteten ihr dort unten Gesellschaft leisten müssen. Auch hier ist eine Art Unterwelt als Wohnstatt des bösen Geistes angenommen, wo er die Seelen der von ihm Überwundenen gefangenhält. Dies kommt einer Höllenvorstellung schon sehr nahe.

Ein anderer tiergestaltiger böser Geist ist der erwähnte Geistervogel *Bekrare.* Man sagt, er habe einen furchtbaren Geisterschrei, *mekaron-dyokére toit.* Mit diesem Namen wird er auch oft als „Geist mit dem furchtbaren Schrei" bezeichnet. Mit seiner Stimme erschreckt er die Menschen und schlägt sie mit Krankheit und Tod.

Ein besonders gewaltiger Geist ist *Mekaronre,* der in der Windhose erscheint (vgl. EHRENREICH 1910: 139). Ich habe selbst ein paarmal dieses Schauspiel in Kubenkräkein erlebt. Turmhoch wirbelte eine Windhose, knapp vor der Regenzeit, den Staub und alles, was auf dem Dorfplatz herumlag, in die Luft. Ein anderes Mal riß sie auch die Dächer mit sich fort. Die Indianer glauben, daß der starke Geist mit seinen mächtigen Händen heftige Stürme aus allen Richtungen faßt, sie zusammenballt, herumwirbelt und mit ihnen davonbraust.

Es gibt aber nach der Religion der Kayapó auch gute Geister. Darunter sind es die Geister Verstorbener, die in tiefem Mitfühlen den Irdischen verbunden sind. Wenn die Indianer eine solche Erscheinung eines guten verstorbenen Verwandten schildern, dann lassen sie immer den Geist allein sprechen. Er stellt dem Lebendigen jedesmal nur eine ganz einfache Frage, wie etwa: „Was treibst du immer?" oder dergleichen. Er begnügt sich mit seinem Erscheinen und der Kundgabe seines bleibenden Interesses an dem Angehörigen. Und der Lebendige ist wiederum froh, wenn der Verwandte sich wieder in die Unsichtbarkeit seines spirituellen

Daseins auflöst. Es gibt auch gute Geister, die von der Urzeit her noch als solche weiterwirken. Sie sind in dieser verwurzelt und auch durch sie beglaubigt. So erscheint nach dem Mythos von der Ratte in dem hohlen Baum ein guter Geist dem Mann, der, abseits von allen anderen, beim Anlegen einer Pflanzung beschäftigt ist. Er zeigt ihm den wunderbaren mächtigen Baum, den er fällen soll. In dem hohlen Baum entdecken die Indianer die Ratte, die in ihrem Magen die neue Frucht, das erste Maiskorn trägt. Dieses bringt der Menschheit neue, wertvolle Nahrung und eine neue Art zu leben, nämlich als Bodenbauer.

Die Haltung des Sterblichen bei der Begegnung mit einem Geist ist immer dieselbe und wurzelt im Glaubensbewußtsein. Es ist ein Schreck = *aé,* der von der Erscheinung ausgeht und der beim bösen Geist verderbenbringende Wirkung hat. Auch beim guten Geist ist es jedesmal ein tiefes Erschrecken vor dem Übersinnlichen auf seiten des Menschen. Der Indianer fühlt sich bis ins Innerste seiner Existenz bedroht, seine Reaktion ist Angst und Abwehr wie bei seinem Vorfahren im Mythos von dem Mann, der ein Geist war. Der Indianer sucht sich um jeden Preis der Gegenwart und der Gewalt des Übersinnlichen zu entziehen; er will den Geist vertreiben, indem er ihm mit seiner ganzen Kraft auch geistig entgegenwirkt. Auch er will den Geist, wie sie sagen, „erschrecken" und in die Flucht schlagen. Dabei bedient er sich vor allem spirituell gedachter Mittel, die allerdings wieder irgendwie materialisiert sind: so des qualmenden Tabakrauches aus der zigarrenartigen Pfeife *wari-koko* oder seines Speichels, der die Sammlung all seiner innersten Kräfte verkörpert.

Typisch für diese Haltung der Indianer ist, was ein Indianer von Kubenkrãkein von einer nächtlichen Erscheinung des Geistervogels *Bekrare* erzählte: „Als ich den Geist mit dem furchtbaren Schrei erblickte, lief ich nicht davon. Mein Herz zitterte, und ich war zuerst wie gelähmt. Dann spuckte, spuckte und spuckte ich nach allen Richtungen, damit ich den Geist erschreckte und dadurch vertriebe. Erst als ich ganz weit weg war, begann ich zu laufen. Die Haare standen mir zu Berge vor Schreck, so ungeheure Angst hatte ich." Die Indianer schießen auch mit ihren Pfeilen auf den Geistervogel, um ihn zu vertreiben. Sie sind doch die Nachfahren ihres Vorzeithelden, der nach unserem Mythos die Hand gegen den Überirdischen erhob und ihn mit seinem Pfeil töten wollte, was doch kein Sterblicher vermag.

Weltgestalter, Heilbringer und Götter

Die Kayapó glauben an eine Vorzeit, an deren Ende sich das Werden der heutigen Weltordnung vollzog. Es treten gewaltige Persönlichkeiten und Wesen auf, die an dem neuen Werden beteiligt sind. Nach dem Glauben der Kayapó sind alle diese Persönlichkeiten ihre eigenen Vorfahren, oder es werden vorfahrenähnliche Urzeitwesen anthropomorph geschildert (vgl. „Kulturheroen" bei EHRENREICH 1910: 68; KUNZ 1954: 99; HAEKEL 1958: 55). Im Mythos wird ihr Beitrag zur Gestaltung des jetzigen Weltalters in Form einer dramatischen Handlung dargestellt, in der sie die Akteure sind. Insofern ihr Wirken und Leben, mit dem sie sich an der Seinsordnung beteiligen, als übermenschlich, unweltlich, übersinnlich anzusehen ist, stellt der Glaube daran einen Wesensbezug, einen Sinnbezug des eigenen Ich und der Gestalt der Welt zum Transzendenten dar. Die Größe der religiösen Bedeutung hängt aber davon ab, ob man an diese Begründer der Gegenwart als immer noch lebendige und machtvolle Personen glaubt oder nicht.

Der Glaube, daß in der Welt über dem Himmelsdach die gleichen Menschen *(Mebemokré)* wohnen wie auf der irdischen Welt, ist noch durchaus lebendig; ebenso der Glaube an eine Herabkunft der irdischen Menschen aus der oberen Welt in unvordenklicher Zeit, auch ohne daß die Indianer dabei besonders an den Mythos dächten. Die Herkunft des Menschen aus einer anderen Welt – so entfernt der unseren, daß dies ihr einen übersinnlichen Charakter verleiht –, er-

setzt irgendwie die Kunde von einer Erschaffung. Es ist ja
für die Kayapó bezeichnend, daß ihnen eine eigentliche
Schöpfungsmythe fehlt. – Nach ihrem Glauben kommen
also die Kayapó aus der Welt über dem Dach der Erde, dem
Himmel. Wenn man aber die Indianer nach dem Mann fragt,
der das Loch in den Himmel grub und todesmutig als erster
auf die Welt herunterkletterte, erfährt man, daß er gestorben
ist, genauso wie alle Menschen. Anders ist es bei Sonne und
Mond. Auch sie waren nach dem Mythos gewaltige Ahnen
der Vorzeit und lebten auf der Erde. Aber nachdem sie in
Gestaltung des Universums als Sonne und Mond an den
Himmel gingen, leben sie in der Kayapó-Religion weiter. Ihr
Wirken entspricht ihrer einstigen Seinsweise auf der Erde:
Wie der Mann Sonne stark war, wie *a-pa-toit* = sein Arm,
der Arm des gewaltigen Jägers, mächtig war, wie er lebens-
voll und kraftstrotzend war, und wie dagegen der Mond *uabore,* zahm im schlechten Sinne war, irgendwie Vertreter des
gegenteiligen Prinzips, verbunden mit den Schattenseiten
des Lebens, mit Unglück und Tod – so ist auch die Sonne für
die Indianer stark und lebenspendend, und der Mond bleibt
weiter mit dem Unheil verbunden. Das Singen der Indianer
am Morgen, das eine Weckung der Lebenskräfte für den
neuen Tag bedeutet, ist zugleich ein Gruß an die aufgehende
Sonne und bringt Kraft von ihrer Kraft. Für wie unheilbrin-
gend sie den Mond ansehen, zeigt, daß sie jeweils als jene
Nacht, die den Höhepunkt eines großen Festes bringen soll,
eine Neumondnacht wählen. Wichtig erscheint ihnen aber
das Leben beider für ihr eigenes Leben, was sich besonders
bei einer Mondesfinsternis zeigt, wo sie den Mond anrufen,
ihn durch ihren Gesang beschwören, er möge doch wieder
leuchten und leben. Brandpfeile schießen sie nach ihm, die
ihm neue Glut und Leben verleihen sollen, damit er nicht tot
herunterstürze und alles begrabe. – Allerdings ist die Per-
sonhaftigkeit der beiden Gestirne stark verblaßt und nimmt
nur bei außerordentlichen Ereignissen – wie eben einer Son-
nen- oder Mondesfinsternis – wieder festere Gestalt an.

Noch verschwommener ist das Weiterleben und die Persönlichkeit der Sterne, die ebenfalls nach dem Mythos Ahnen der Indianer sind. Sie sind ja jene Vorfahren, die nach der Trennung im Himmel, als die *Mebemokré* herabkletterten, droben blieben und als Sterne an das Firmament gingen. Man erinnert sich besonders an sie, wenn ein Stern, wie man glaubt, als Meteor tot herabstürzt. Ich habe den Sturm, den Auflauf, die Panik eines solchen Vorfalles miterlebt. Man fürchtet dann schlimmstes Unheil für die Sterblichen.

Lebendig geblieben ist der wunderbare Baum, der das Himmelsdach trägt und dessen Spalt durch überirdische Kraft sich Nacht für Nacht wieder schließt; dadurch bewahrt er die Menschheit vor dem Untergang als wahrhafter Lebensbaum. Lebendig geblieben ist aber auch das übersinnliche Tier, der Tapir, der sich Nacht für Nacht in den Stamm frißt und damit die Welt zu zerstören droht.

Einem irdischen Schicksal folgend, sind viele der großen Vorfahren gestorben, deren übersinnliche Fähigkeiten Tierverwandlungen bewirkten und die heutige Tierwelt mitgeschaffen haben. Gestorben ist auch der weise und mächtige Mann, auf dessen Befehl alle Tiere zusammenkamen, dem sie als ihrem Herrn gehorchten und der ihnen den Rat gab, nicht mehr menschlich zu sprechen und schnell zu laufen und zu fliehen, denn die Menschen wollten nur ihren Tod. – Die Hilfstiere, jene guten Tiere, die den Menschen in höchster Not beistanden, wie sie im Mythos dem Mann, der nicht wußte, daß die Tiere reden können, den Weg zeigten, auch die freundlichen Tiere sind nicht mehr. Nur eines ist geblieben: *nyep,* die Fledermaus. Wenn die Fledermaus ruhig fliegt und dabei eine bestimmte Richtung anzeigt, wenn sie dabei ihre Schreie, „Ti, ti, ti, ti", ausstößt, dann kündigt sie das Kommen von gutgesinnten Fremden an. Wenn sie aber heftig und wirr umherflattert und mit den Flügeln gewaltig schlägt, dann sagen die Indianer: „Die Fledermaus ist wild geworden, sie kündet uns den Überfall eines Feindes an."

Hinter einigen der großen Vorfahren, die in der Urzeit zu

Weltgestaltern und Heilbringern für die Menschheit wurden, steht aber ein anderer, von dem der Heilbringer einen Auftrag erhalten hat, von dem er seine Macht empfangen hat oder das Geschenk für die Menschheit. Die beiden Heldenbrüder, die den Adler töteten, das Dorf in zwei Hälften teilten, das Männerhaus schufen und das Volk zu einem starken und wehrhaften machten, wurden von ihrem Vater auf ihre Welttaten vorbereitet, waren von ihm dazu ausersehen. Vater und Söhne folgten einem irdischen Schicksal, aber die neue Ordnung des Gemeinwesens und das starke Volk blieben.

Die Vorzeitheldin *Nyuburiwai,* durch deren Rat und Klugheit sich die Indianer die Nacht erobern konnten, schickt diese zu ihrem Vater *Dyoibe-kro* = Quelle des Inneren, Geistigen. Der gütige, wunderbar mächtige Herr der Nacht, dem auch das erste Stahlbeil zu verdanken ist, lebt noch immer weit, weit draußen in der Steppe. Aber der Glaube an sein Fortwirken ist nur sehr unbestimmt und schwach.

Der Indianerknabe aus der Vorzeit erhält das erste Feuer vom Jaguar. Er zog nicht aus, um das Feuer zu holen, er wollte es nicht kämpferisch für das Volk erobern, sondern der Jaguar hat ihn auf seinen starken Schultern nach Hause getragen, er hat ihn an Kindes Statt angenommen, er hat ihm den ersten Bogen und Pfeile geschnitzt, hat ihn reichlich mit den neuen köstlichen Braten von seinem Steinherd genährt und ihm schließlich das Feuer geschenkt. Jener Jaguar, der Herr der Wildnis, der gewaltigste Jäger unter den Tieren, den sich die Indianer wie einen mächtigen Ahnherrn der Urzeit vorstellen, wie er mit Bogen und Pfeilen durch den Wald schreitet, er wird durch Hypostase zu einer machtvollen gütigen Gottheit. Aber jener Jaguar geht, nachdem ihm der junge Indianer das eigene Weib getötet hat, in die Wildnis. In seinem endlosen Reich entfernt er sich wieder von den Menschen.

Eine bedeutsame Mythe, die an einen Schöpfungsbericht anklingt, spricht von einem Vorfahren der Indianer, der Menschen machte, als der Tod, bis auf eine Familie, alles dahingestreckt hatte. Interessant ist, wie ihn seine Kinder zu der Welttat auffordern: „Vater, du kannst doch alles, du vermagst auch Menschen zu machen." Durch seinen nächtlichen Zaubergesang bewirkt er, daß Menschen aus der Tiefe der Erde hervorkommen und daß die Menschheit wieder zu einem großen Volk wird. Es ist nur ein Herbeirufen, eine Wiedererweckung von Menschen, und der Bewirker erleidet auch danach sein irdisches Schicksal. Es ist immerhin möglich, daß jener Vater der Kinder, die ihn um die Tat gebeten haben, der Vater der neuen Menschheit, ein Epigone aus dem verlorengegangenen Glauben an einen Schöpfergott ist.

Da ist aber unter den großen Vorfahren der Urzeit eine Gestalt, die ihr weltformendes Wirken machtvoll und lebendig fortsetzt: *Bebgororotí*, der Mann, der sich in den Regen verwandelte.

Es ist nicht möglich, aus seinem Namen Hinweise für die Deutung seiner Persönlichkeit zu gewinnen. Wohl kennen die Kayapó Namen mit bestimmter Bedeutung und haben sogar eine Vorliebe dafür, diese immer wieder zu erklären, aber es gibt auch Namen, die für sie – zumindest heute – keinen Sinngehalt mehr haben. Entweder ist der Sinngehalt im Laufe der Zeit verlorengegangen und der Name stellt eine alte Sprachform dar, oder er kommt aus einer anderen Stammessprache. Die Indianer selber sagten mir, Bebgororotí sei bloß ein Name, also ein Name ohne Bedeutung. Beb, das oft an Stelle des ganzen Namens verwendet wird, insbesondere bei den zusammengesetzten Namen der Indianer, die sich nach ihrem großen Vorfahren nennen, bedeutet eigentlich „der Letztgeborene, der Jüngste". Ich konnte jedoch nicht in Erfahrung bringen, daß dieser Letztgeborene eine besondere soziale Stellung in der Gemeinschaft einnähme. Erwähnenswert ist auch, daß der riesige Nebenfluß des Xingu, der Iriri, bei den Indianern Gororotí heißt. Es könnte auch ein Zusammenhang vorhanden sein zwischen dem Namen des großen Vorfahren und der Stammesgruppe und dem Dorf Gorotire, da Auslassungen von Silben bei den Indianern etwas ganz

279

Alltägliches sind und gerade in diesem Dorf der Glaube an Bebgororotí besonders lebendig ist. Die größte Wahrscheinlichkeit hat aber die Ansicht für sich, daß *gororo-ti* das Onomatopoeion für das Grollen des Donners ist.

Bebgororotí wird auch häufig einfach als *na* bezeichnet, wobei die Grundbedeutung „Regen" ist. Dasselbe Wort bezeichnet aber auch schlechtes Wetter, Gewitter, Regenzeit, Winter. Die heftigsten Unwetter mit sturzbachartigen Regenschauern und wilden Stürmen in der offenen Steppe, dem Heimatland unserer Indianer, ereignen sich am Beginn der Regenzeit, besonders in den Monaten September und Oktober. Sie werden angekündigt durch phantastische, sich urplötzlich am Himmel auftürmende Wolkengebilde. Der Sturm kann solche Stärke erreichen, daß alle Häuser des Dorfes in Gefahr sind, zertrümmert zu werden, und die Indianer, trotz des strömenden Regens und der entfesselten Elemente, oft mir ihrem ganzen Hab und Gut, mit Körben, Matte, Keulen, Bogen, Schmuck und Spindeln ins Freie flüchten. Im Oktober 1955 wurde in Gorotire eine Frau durch eine zusammenbrechende Hütte erschlagen, und im Jahr darauf war ich selbst Zeuge von den Zerstörungen, die das Unwetter in Kubenkrãkein anrichtete. Auch unser Haus, das fester als die anderen gebaut war, wurde abgedeckt. Immer wieder gehen auch Indianer auf ihren Wanderungen in der Steppe oder am Flußufer, aber auch im Dorf durch Blitzschlag zugrunde. Das Erlebnis solcher Unwetter läßt die Gestalt des gewaltigen Ahnherrn der Indianer verstehen.

Das Thema des wesentlichsten Mythos von Bebgororotí ist ein Jagdabenteuer der Indianer, also ihrem maßgeblichen Lebensbereich entnommen.

Es handelt sich um eine große Gemeinschaftsjagd in der fernen Vergangenheit. Einer der Jäger ist Bebgororotí, ein Mann aus der Führerschicht, denn er hat daheim Familie. (Wenn von seinen Kindern die Rede ist, werden meist nur Töchter erwähnt.) Die Männer erlegen gemeinsam einen Tapir. Zweifach betrügen die Gefährten Bebgororotí um seinen

Beuteanteil. Allein seine Mitwirkung bei der Jagd gibt ihm
ein Anrecht auf die Beute. Er hat obendrein den Tapir ausgeweidet und hat daher ein um so größeres Recht. Während er
weggeht, um die Därme der Tiere zu trocknen, verteilen die
anderen alles untereinander. Wie zum Hohn überlassen sie
ihm nur die Därme. Da erwacht gerechter Zorn in dem leidenschaftlichen starken Ahnherrn. Und kraft dieses heiligen
Zornes, der mehr und mehr anschwillt, über das menschliche Vermögen hinaus, verwandelt er sich aus eigener Kraft
in ein machtvolles überirdisches Wesen. Zuerst verändert
sich sein Gesicht, er nimmt keinen Anteil mehr an den Gesprächen der anderen und beginnt finster und dumpf vor sich
hinzubrüten. Dann verläßt er die Gemeinschaft, indem er
bloß sagt: „*ba on* = ich gehe!"

Auch heute kann man die erschreckende Veränderung im
Gesicht eines Indianers beobachten, der sich aufs tiefste beleidigt fühlt. Und verblüffend ist, wie völlig unvermittelt,
manchmal mitten im Gespräch, der eine oder andere plötzlich aufbricht. Das hat uns oft sehr befremdet. Wie uns die
Erfahrung lehrte, ist dieser Aufbruch vollkommen belang-
los, sobald der Betreffende einen Grund dafür angibt, etwa:
„Ich gehe, ich bin schläfrig." Dann ist sein Verhalten einfach
Ausdruck der lebendigen Dynamik des indianischen Lebens. Wenn er aber mit düsterem Gesicht urplötzlich aufbricht, ohne einen Grund dafür zu nennen, und nur erklärt:
„Ich gehe", oder auch noch andere auffordert: „Gehen wir",
dann folgt sein Verhalten dem von Bebgororotí, und er ist in
Wahrheit durch irgendein Vorkommnis höchst aufgebracht,
fühlt sich herausgefordert und sinnt bereits auf Rache.

Als die Gefährten Bebgororotí auch noch verhöhnen und
ihm nachrufen: „Wasch dir erst deine Hände vom Blut" – sie
sind noch befleckt vom Blut des Beutetieres –, da ruft der
große Ahnherr in düsterer Ankündigung seines überirdischen
Racheplanes: „Meine Hände sollen blutig bleiben!" Er sucht
zuerst seine Frau und seine Kinder auf und schert ihnen das
erstemal in Dreieckform das Haar von den Schläfen zum

Scheitel hin; er läßt sich auch selbst von der Frau das Haar so schneiden. Es bedeutet sein künftiges, völlig anderes Wesen und bereitet ihn für sein übersinnliches Wirken vor. Er setzt damit künftigen Geschlechtern ein Beispiel. Von dieser Haartracht haben die Leute in unserem großen Dorf den Namen erhalten: *kuben-krã-kein* = Leute mit dem geschorenen Haupt. Frauen und Kinder gehen noch heute so geschoren, vor großen Festen lassen sich auch die Männer das Haar so schneiden. – Bebgororotí findet im Wald die Genipapofrucht und bemalt sich und die Seinen zum erstenmal mit dem Saft der gekauten Frucht. Schwarz ist die Farbe, die Schutz im Krieg und während der gefahrvollen Jagd gewährt, Bereitschaft zu Gewalttaten und ihre Vollbringung anzeigt, Rachegefühle, Trauer und Kasteiung ausdrückt, vor allem wenn sie mit Kohle gemalt wird. Bei Bebgororotí steht aber das glänzende Schwarz der Genipapofrucht ebenso wie der Haarschnitt eher mit der Lichtseite seines künftigen überirdischen Daseins in Verbindung; beides wird von seinen sterblichen Nachfahren vor den Festen erneuert, durch die sie aus ihrem Alltag in das gesteigerte Leben herausgeführt werden, in die höhere Daseinsform der Freude. – Im Wald holt Bebgororotí seine erste große Schwertkeule, deren Schaft er mit dem glänzenden Schwarz der Genipapofrucht färbt und die Spitze rot mit dem Blut, das noch an seinen Händen klebt. Heute fertigen nur die reifen, starken Männer aus der Führerschicht die großen Kayapókeulen aus dem harten, schweren Bogenholz (Tecoma sp.) oder dem Holz der Paxiubapalme (Irartea exorriza) an: die Schwertkeule, deren flacher Schaft in einer breiten, lanzenförmigen Spitze endet, und die mit Längsrillen versehene Rundkeule, die ihr Schwergewicht am unteren Ende hat und sich dann bis zum Knauf fortschreitend ein wenig verjüngt. Von altersher waren sie der Schrecken aller Feinde. Die Keule ist eine mächtige Waffe für den Kampf, aber auch eine Ritualwaffe während der Feste.

Bebgororotí schmäht und verflucht die treulosen Jagdgefährten, und seine zornigen Rufe gleichen den Schreien, die von den Männern auch heute noch ausgestoßen werden, wenn sie zur Wildschweinjagd ausziehen. Die Stimme des empörten Jägers verwandelt sich in das Grollen und Dröhnen des Donners. Die Indianer wollen ihn töten und verfolgen ihn. Da steigt Bebgororotí das Gebirge empor, immer höher und höher. Er entfernt sich aus der Mitte der Sterblichen und steigt empor in die Fernen einer anderen, einer übersinnlichen Welt. Sie schießen mit Pfeilen auf ihn, aber kraftlos fallen die Geschosse neben ihm nieder, genauso wie nach dem Mythos von dem Mann, der ein Geist war, wo der Sterbliche diesen nicht töten konnte. Bebgororotí ist bereits zum überirdischen Wesen geworden, und man erhebt nicht ungestraft die Hand gegen die Unsterblichen. Bebgororotí schleudert seinen ersten Blitz, und der Donner kracht und dröhnt. Er tötet alle seine Verfolger, die zum Fuß des Berges gelaufen sind, nur jene, die sich im Wald verstecken, bleiben verschont. Vollzogen hat sich die Verwandlung des gewaltigen Mannes aus seinem eigenen Willen. Er ist jetzt *na* = der Regen. Er ist nicht bloß der Donner: Der Donner geht von ihm aus, der Donner ist seine dröhnende Stimme.

Bebgororotí ist der ganze Regen mit seinen strömenden Güssen, mit Stürmen und Blitz und Donner des Gewitters. Er ist das ganze Unwetter, die ganze Regenzeit. Weit ist jetzt der Bezirk seiner Herrschaft im Kosmos, und seine Macht über sein Reich ist unumschränkt, denn er ist selbst dieses Reich, von dem das ganze Leben der Irdischen umschlossen ist. Und er steigt weiter und weiter empor, er entfernt sich immer mehr von den Sterblichen, er steigt hinauf auf das Dach der Welt, er dringt in die andere Welt, in den Himmel hinein. – Der Himmel ist jetzt seine Wohnstatt und die Stätte seines Wirkens. In ihm schreitet er dahin, auf dem Dach der Welt. Er schüttet den Regen, er stürzt sich selber herunter, er läßt seine Stürme wehen; er schwingt seine Keule, und seine Blitze zucken auf die Erde nieder, und der Donner dröhnt. Er tötet Menschen im Dorf, er tötet sie auf dem Fluß, und er tötet sie in der Steppe.

Wie der Regen aber auch alles wachsen und gedeihen und die Früchte auf der Erde reifen läßt, so ist Bebgororotí auch ein Wohltäter der Menschen. Er bringt seiner Familie, der Frau und den Kindern, die er auf Erden, in der Hütte bei einem großen und mächtigen Baum zurückgelassen hat, die beiden Stäbchen *rō-rō* und zeigt ihnen, wie man mit ihnen Feuer macht. Er bringt also den Menschen selbst das Feuer, das sie noch nicht gekannt haben, und er schenkt es ihnen, so daß sie es immer wieder selbst entfachen können, ohne sich damit zu verletzen. Seine Familie nimmt er später in den Himmel hinauf. Nach einem mythischen Bericht, den BANNER gehört hat, ist der Steinherd der Frau Bebgororotís der Regenbogen am Himmel (BANNER 1957: 48). Als eine seiner Töchter, *na-kra,* des Regens Tochter, die wieder auf die Erde heruntergestiegen ist und sich mit einem Indianer vermählt hat, mit ihrer Familie Hunger leiden muß, wird er durch seine Geschenke an die Lieblingstochter zum Wohltäter für die ganze Menschheit. Was die Tochter in ihrem irdischen Elend zu den Ihren sagt, klingt wie das Bekenntnis zu einem Himmelsgott, zu einem Vater, der in seinem Himmel neue, wunderbare und unerhörte Dinge den Menschen zu bieten hat, Früchte, die sie nie gekostet haben. „Dort droben im Himmel – bei meinem Vater, bei meiner Mutter, bei meinen Schwestern – gibt es Bananen, Süßkartoffeln und viele schöne Dinge." In einer Himmelsreise bringt sie ihrer Familie – und damit der ganzen Welt – diese Früchte vom Vater und lehrt die Menschen den Bodenbau. Auch Bebgororotí steigt herunter und bringt noch mehr von seinen himmlischen Früchten mit. Seine Mahnungen an den irdischen Schwiegersohn beweisen, daß er nicht nur ein furchtbarer Gott ist und das Töten versteht, sondern auch um die Schicksale und Nöte der Menschen weiß, daß sie ihm nicht gleichgültig sind und daß er jene schützt, die er lieb hat: „Du sollst meine Tochter nicht schlagen! Vom Himmel aus sehe ich auf sie herab und schütze sie."

Bebgororotí lebt und wirkt nach dem Glauben der Kayapó personhaft und machtvoll weiter. Wenn man nach ihm fragt oder irgendwie zeigt, daß man von ihm weiß, verändern sich die Züge der Indianer plötzlich. Sie drücken dann tiefes Erstaunen und zugleich eine abweisende Befangenheit aus. Man spürt, daß man an etwas gerührt hat, was ihnen heilig ist, und daß sie fürchten, etwas davon preiszugeben, daß sie vor dieser Profanierung Angst haben. Es gibt Indianer im Dorf, denen die Gemeinschaft ein besonderes Wissen und eine Verbindung mit Bebgororotí zutraut, eine Möglichkeit, auch für andere auf ihn einzuwirken. Sie sagen *„Bebgororotí mari"* = er kennt Bebgororotí. Vor allem von den Wayangari hat man diese Meinung. Wenn sie eine Erscheinung von Bebgororotí zu erzählen wagen, so erscheint er nach Art eines Geistes. Man versucht auch, dieser Art gemäß auf ihn einzuwirken. So heißt es z. B. von Atangare in Kubenkrãkein, daß er mit qualmendem Tabakrauch ihn bestimme, vorbeizugehen und das Dorf zu verschonen. Der alte Tedjek aus Kubenkrãkein, den ich kannte (er starb 1957), wußte eine bedeutsame Erscheinung zu erzählen, die sein Bruder noch in der Zeit gehabt haben soll, zu der alle Stammesgruppen der Kayapó in dem großen Dorf *Pukâ-to-ti* beisammen wohnten: Der Indianer grub allein in der Nacht das Loch eines Gürteltieres auf. Da hatte er die Erscheinung. Bebgororotí zeigte sich in der Gestalt eines Kayapó-Indianers, aber sein Gesicht war von blendendem Weiß. „Was treibst du da?" fragte er. „Ich grabe nach einem Gürteltier", erwiderte der Indianer. Dann wagte er die Frage: *„Moi meõ ba yarén kabén?"* = „Was für ein Mann (ist es), mit dem ich rede?" Mit seiner Antwort tut Bebgororotí seinen ewigen Herrschaftsanspruch kund: *„Ba pudyi mebemokré kuní benyadyori* = Ich bin der Eine, aller Indianer Häuptling." – Wiederum ist mit *Mebemokré* die ganze Menschheit gemeint.

Ich konnte nicht in Erfahrung bringen, ob irgendeine Verbindung zwischen Bebgororotí und den Nachfahren jener Indianer besteht, die nach der Trennung des Volkes in der

Urzeit in der oberen Welt zurückgeblieben waren. Auch eine Beziehung zu den vagen Vorstellungen von einem Dorf der Toten im Himmel konnte ich nicht entdecken.

Aber eine Episode, die ich zum Teil selbst miterlebte, legt Zeugnis dafür ab, daß die Herrschaft Bebgororotís auch vor dem Tor des Todes nicht haltmacht. Im Jahre 1954 schlug der Blitz während eines heftigen Gewitters am Beginn der Regenzeit in Kubenkrãkein in der Hütte ein, in der Iramé saß, mit ihrem Söhnchen Tep-kra-ngoi (Fischkind im Wasser) im Schoß. Die Mutter soll einen ganzen Tag lang wie blind gewesen sein, während das Kind völlig unversehrt geblieben war. Als zwei Jahre danach im Dorf Kubenkrãkein eine Keuchhustenepidemie wütete, flohen die Indianer in die Steppe, da sie das ganze Dorf für vergiftet hielten. Sie waren während ihrer Flucht den Unbilden des Wetters ausgesetzt, der glühenden Hitze zu Mittag und den strömenden Güssen der beginnenden Regenzeit, und die Krankheit forderte viele Opfer unter den Kindern. Es starb auch der kleine Tep-kra-ngoi und wurde auf indianische Art in einem Rundgrab begraben. Ich weilte damals im Dorf Kubenkrãkein, das zur selben Zeit wie ausgestorben war. Eines Morgens tauchte eine Gruppe von Indianern aus der Steppe bei uns auf. Die Leute schienen erschöpft, aber auch innerlich erschüttert, zugleich traurig und aufgeregt. Sie erzählten, der Blitz habe in das Grab des kleinen Tep-kra-ngoi eingeschlagen und dieses zerstört. Zu ihrer großen Bestürzung hätten sie das Grab völlig leer gefunden. Sie sagten mit voller Überzeugung, Bebgororotí, der zwei Regenzeiten vorher das Kind nicht getroffen habe, habe das nicht vergessen; er habe jetzt das Kind geraubt und es in den Himmel hinaufgenommen.

Sollten die Indianer ihre Gottheit ein wenig vergessen, so werden sie bei jedem Unwetter deutlich an sie gemahnt. Wenn es donnert, sagen sie gleich: *Bebgororotí makiére* = Bebgororotí schilt und flucht. Aber dieses Schelten und Fluchen kann mit allem, was gleichzeitig geschieht, Verderben bringen. Bei besonders furchtbaren Unwettern beginnen die

Indianer manchmal ihr Vertrauen auf die Güte ihrer Gottheit
zu verlieren und fallen in jene Abwehrhaltung zurück, die
sie bei jeder Begegnung mit dem Überirdischen im Grunde
ihres Herzens einnehmen. Um sich irgendwie zu behaupten,
um sich selbst Mut zu machen, um nur irgend etwas zu tun,
anstatt vor der Macht des Übersinnlichen im Schreck zu er-
starren, kann es geschehen, daß sie nach Pfeil und Bogen
greifen, wie ihre Vorfahren in der Urzeit, und ihre Pfeile in
die Wolken schießen. Es kann geschehen, daß sie drohend
die Faust zum Himmel erheben, wie ihre Ahnen gegen Bebgororotí, als er seine Blitze schleuderte, und daß sie wie diese rufen: „*Meõ ta éit uabó met* = Der da droben lügt, in
Wahrheit ist er nur ganz zahm!"

Kayapó-Ethik

In der Sprache der Kayapó decken sich die ästhetischen Be-
griffe von schön = *meit,* ausgesprochen auch bloß *met,* und
sehr schön = *meitire,* mit den ethischen gut und sehr gut,
bzw. *punure* = sowohl „häßlich" wie auch „böse". *Atyuere*
wird überwiegend im moralischen Sinn für „ganz böse,
schwer sündhaft" verwendet. Die Gesetzesübertretung wird
mit *moia punure* = „schlimmes Ding" übersetzt. Dieses enge
Anknüpfen an das sichtbare Phänomen, dieses Beurteilen
nach der äußeren Erscheinung, dem sinnlich Wahrnehmba-
ren, das für ihr Denken charakteristisch ist, diese Vermen-
gung von Moral und Ästhetik erfährt die höchste Steigerung
in dem Glauben an die bösen Wesen *Kuben-punure,* die in
Mythologie und Religion eine so große Rolle spielen. Allein
das abstoßende äußere Aussehen verleiht z. B. dem Mann
mit dem langen Barte eine Doppelnatur und macht ihn zu einem überirdischen Unhold, den man sehr zu fürchten hat.

Der Dynamik ihres Lebens entsprechend, die ihnen von
der Umwelt aufgezwungen ist und immer wieder spontane
Reaktionen fordert, sind die Indianer auch jederzeit mit einem drastischen und elementaren Urteil fertig. Dies betrifft

vor allem die Art und Weise der Mitmenschen. Zur Feststellung der Schönheit und Güte bzw. der Häßlichkeit und Verwerflichkeit einer Handlung dient meist die Bekräftigung *kumrent*. Zum Beispiel „*meit kumrent* = gut (schön) ist (es) wahrhaftig". Dazu kommen noch bestimmte Ausrufe, wie das langgezogene rollende „Rrrr", das zum Unterschied des normalen gutturalen Gaumen-R der Indianer ein endloses Zungen-R ist. „*Gük*" wiederum ist ein Ausruf anläßlich der Konfrontation mit irgendeiner positiven oder negativen gewalttätigen Handlungsweise oder mit den unmittelbaren Folgen einer Gewalttat. Bei der Ablehnung einer Handlungsweise als unsittlich oder als Verstoß gegen eine Rechtsnorm wird immer wieder das Wort *kwarikwai*, fast stets mit Hinzufügung des allgemeinen Verneinungswortes *ket* = nicht, verwendet. Die doppelte Verneinung drückt bei den Indianern nur eine Steigerung des negativen Sinnes aus. Die Bedeutung wäre also: „Es soll nicht sein, man darf nicht", am besten, „Du sollst nicht!" z. B.: *Kwarikwai kubin ket* = Du sollst nicht töten. Das Gebot erinnert stark an unseren Dekalog. Die Ansprache eines Häuptlings, wenn er der Gemeinschaft häufig eine Art Sittenlehre hält, bringt immer wieder dieses „Du sollst nicht". Er wendet sich dabei einmal an die Männer, indem er etwa sagt: „Jetzt rede ich nur zu den Männern", und dann wieder an die Frauen: „Das ist jetzt für alle Frauen gemeint"; manchmal wendet er sich auch allein an die Kinder. Er knüpft dabei häufig an ein ganz aktuelles Geschehen an. Besonders am Herzen liegt ihm der Frieden innerhalb der Gemeinschaft. Dennoch kann man in ihm den berufenen Interpreten des von der Gemeinschaft anerkannten und beglaubigten Sittengesetzes erkennen. In der Wertung einer Verletzung der Sittennorm bzw. der Schwere des Deliktes und der Verantwortung des Delinquenten ist der Erfolg, das tatsächlich angerichtete Unheil, von entscheidender Bedeutung. Delikte, von denen immer wieder die Rede ist, sind z. B. das schlimme Reden, Böses über den anderen reden = *kaben punure*. Es erfährt eine Steigerung im Schelten, Fluchen und Lästern = *makiére*. So zu schelten begann in seinem Zorn, aber gerechtfertigt, ihr großer Vorfahre, als er sich in den Regen verwandelte. Sie haben einen zweiten Ausdruck für das böse Reden = *kaben dyókre* = wild sprechen. Bei Frauen wird das böse Reden als harmloser angesehen. Tatsächlich hat dieses Delikt, wenn es von Männern begangen wird, eine ganz besondere Bedeutung und kann, wie ich selbst erlebt habe, zu großer Verwirrung und heftigen Auseinandersetzungen bis zu Gewalttaten innerhalb der Gemeinschaft führen. Dann sagte der Häuptling Tut in seiner Ansprache zu den Männern: „Du sollst nicht Böses reden! Tratsch ist Weibersache."

Diebstahl kann in den Pflanzungen eine Rolle spielen. Obwohl diese in Gemeinschaftsarbeit angelegt werden, fühlt sich der einzelne schwer beeinträchtigt, wenn ein anderer etwas stiehlt von dem, was er selbst oder seine Frau gepflanzt hat. Was den Schutz der Keuschheit anbelangt, so haben sie einen Ausdruck für die Schamlosigkeit in sexueller Hinsicht, und zwar neben dem „bösen Ding" auch noch *dyu mári punúre*. Es heißt eigentlich „es schlecht mit jemandem meinen". Die bloße Begierde, die sie mit „hungern" bezeichnen, tritt aber als Delikt stark in den Hintergrund. Im Vordergrund stehen der Beischlaf, *õ-adyõ,* mit bzw. der Raub der Frau des anderen, *meõ pron oakin;* wie etwa der Liebhaber in dem Mythos von der Frau, die sich in eine Schildkröte verwandelte, mit der Gattin des anderen in den Wald floh. Auf die Frau bezogen bedeutet das *meõ miein oakin,* den Gatten der anderen wegstehlen bzw. sich mit ihm einlassen. Reichlich ausgeschmückte Berichte der Urwaldsiedler gipfeln in dem Satz: „O índio é safado" = der Indianer ist „schamlos", mit der Bedeutung von sexuell völlig haltlos (vgl. hinsichtlich der Tenetehara-Indianer bei WAGLEY 1949: 96). Hier liegt eine von Heuchelei nicht ganz freie Verallgemeinerung vor, um den eigenen Wert als „civilizado" herauszustreichen. Überaus verabscheuungswürdig ist den Indianern die Lüge, der Betrug = *éit.* Da hatte ich selbst ein Erlebnis: Einem jungen Indianer gefiel besonders eine glänzende Schere in unserer Hütte. Er nahm sie in die Hand und betrachtete sie neugierig von allen Seiten, wie es die Indianer gerne tun. Er wollte sie aber nicht mehr recht auslassen. Wir schenkten sie ihm, aber nur unter der Bedingung, daß er uns dafür ein Stück Wildbret bringe. Begeistert stimmte er zu: „*mramri* = Wahrhaftig, ich will es tun." Er hielt sein Versprechen nicht. Ein paar Tage darauf traf ich ihn mit einer Gruppe von Gefährten auf dem Dorfplatz. Ich sagte bloß: „*Ga éit kumrent* = Du hast gelogen, wirklich." Da schien er schwer getroffen. Auch die Gefährten starrten ihn ganz entgeistert an. Mitten in der Nacht klopfte es dann an unsere Hütte. Herein schaute das Gesicht unseres Betrügers. Er streckte mir mit beiden Händen ein schweres, sorgfältig in Bananenblätter gewickeltes Paket entgegen: „*mi* = nimm", sagte er nur und verschwand wieder in die Nacht. Es war ein großes Stück Wildschweinfleisch. Hatte er sich vielleicht darauf besonnen, daß einmal sein großer Vorfahre auch um ein Stück Wildbret betrogen wurde und seither die ganze Welt mit Donner und Blitz verfolgt?

Als Kapitalverbrecher gilt der Mann, der mit bösem Zauber wirkt, *meõ dyudyu-ti,* der das ganze Dorf vergiften kann. Es kommt vor, daß sich die Gemeinschaft wie ein Mann leidenschaftlich gegen ihn erhebt und ihn tötet. – Kapitalverbrechen ist aber auch das Töten, wenn es sich nicht um einen Feind handelt, der getötet wurde. „Wer tötet, wird getötet werden", sagt der Häuptling Ngroi in seiner Ansprache.

Wie sich aus der ganzen Seinsordnung auch das Sittengesetz für die Menschen ergibt und seine Normen festgelegt sind, so verlangt jede Verletzung dieser Normen den Ausgleich in der gleichen Weise, wie die Norm verletzt wurde. Das Wort dafür ist *pai;* es bezeichnet „Vergeltung, bezahlen", und zwar im positiven Sinn als Lohn und im negativen Sinn als Rache und Strafe. Nach indianischem Glauben soll die gestörte Ordnung der Welt genauso wiederhergestellt werden, wie sie verletzt wurde.

Daß das Verbrechen nach Rache an dem Verbrecher schreit, zeigt der Mythos von der Frau, die einen Tapir zum Geliebten nahm. Die Todeswunde der Gemordeten beginnt zu bluten – nach Art einer Bahrprobe –, sobald der Gattenmörder sich nähert. Anstelle des mittelalterlichen Gottesurteils steht hier das Wesen der Welt als die verletzte, durch übersinnliche Vorgänge begründete Sittenordnung. Durch die Strafe soll sie wiederhergestellt werden. Also muß die Strafe eine spiegelnde sein, das heißt, sie soll als ein Gegenbild des Verbrechens dieses rückgängig machen. Auch hier haben wir mythische Vorbilder. Der Mann der Frau, die sich mit dem Tapir einließ, stößt ihr das Glied des getöteten Tieres in den Leib. Die betrogenen Ehemänner töten den gemeinsamen Nebenbuhler und setzen sein Fleisch als Braten ihren Frauen vor, die sich dem Mann so oft völlig hingegeben haben. – Der Mann, der frevelhaft in den Geheimbereich der Nacht eindringt, wird zum Nachtvogel, zur Eule. Nach dem Glauben, der im Mythos seine dramatische Darstellung findet, soll der Rächer vor allem der Geschädigte selber sein, an dem das Unrecht verübt wurde. Es soll sich der Vorgang wiederholen, den Bebgororotí als Beispiel setzte, als er sich aus gerechtem Zorn in das Unwetter verwandelte und mit Blitz und Donner zum ewigen Vergelter des Betruges wurde. Im Mythos tötet auch der Mann seine Frau, die ihn mit dem Tapir betrog, und alle Männer machen Jagd auf den schönen Birá, der sich an ihren Frauen verging. Bei Treulosigkeit der Frau muß es also zum Zweikampf der Männer kommen = *aben-tak*. Mit den großen, schweren Rundkeulen, die sie mit beiden Händen fassen, stehen sich dann die Gegner gegenüber; den mächtigen Schlag fängt der Gegner jeweils mit dem Oberarm auf. Wer der Stärkere ist, wer den Kampf durchsteht und nicht aufgeben muß, der ist der Sieger. Es kann danach auch zu einem Frauentausch kommen. 1957 verging sich der Sohn des Häuptlings Ngroi, Korokó, der mit Koko-wam verheiratet ist, mit der Frau des Moté, Nyongroati. Es kam zum Zweikampf, und der Häuptlingssohn siegte. Die Frau des Moté weinte bitterlich über diesen Ausgang. Am Ende blieben aber doch beide Gatten bei ihren Frauen.

Vom Häuptling selbst werden nur kleine Strafen verhängt, etwa daß die Arme der Knaben mit Raubfischzähnen geritzt werden, weil sie z. B. aus Mutwillen Vögel getötet haben. Immer wieder tritt der Häuptling als Anwalt des Friedens auf, wie ich es so oft in seinen Ansprachen hörte; nur wenn er damit gar keinen Erfolg hat, fordert er zum Kampf auf = *amreabén-tak.*

Bei Mord und Totschlag sind die nächsten Verwandten die berufenen Rächer. Das Motiv für die Tat ist beim Blutverbrechen nicht ausschlaggebend, wenn der Getötete ein Dorfgenosse war. Im Mythos von der Frau, die einen Tapir zum Geliebten nahm, hatte der Gattenmörder sicher ein für die Indianer begründetes Motiv. Dennoch verlangt seine Tat Sühne. Es besteht auch eine Pflicht, ein sittliches Gebot der Rache, die den Ausgleich für die verletzte Ordnung schafft. Wer sich dieser Pflicht entzieht, macht sich damit verächtlich und verletzt abermals die Ordnung.

Am meisten gilt im Dorf der reife Mann, der seine Stärke, seine Erfahrung, sein Wissen bewiesen hat. Er hat sich auf der Jagd hervorgetan, er behauptet sich gegen alle Widerstände, er rächt gewalttätig jedes Unrecht, das an ihm oder den Seinen verübt wird, es heißt von ihm „sein Arm ist mächtig = *a-pa-toit*". Er trägt in der durchbohrten Unterlippe eine riesige Lippenscheibe = *kokako,* die, wie die Indianer erklärten, ein Zeichen seiner Kraft und Gewalttätigkeit ist. Auf der Brust hat er an den Rändern die feinen Streifen der Tätowierung, die anzeigt, daß er getötet hat. Im Töten sehen die Indianer in ihrem Realismus den stärksten Beweis männlicher Kraft. Dies erklärt auch ihr Verhalten bei den seinerzeitigen Überfällen auf Gummisammler, die einzeln oder zu zweit auf ihrem Pfad von Gummibaum zu Gummibaum im Urwald unterwegs waren, das immer wieder die Urwaldsiedler am Xingu und seinen Seitenarmen mit lähmendem Schrecken erfüllte: Alle Teilnehmer an dem Kriegszug schlugen auf die Opfer ein, auch als diese längst kein Lebenszeichen mehr von sich gaben. Neben den aus unzähligen Wunden blutenden Erschlagenen und den umgestürzten Eimern mit der verschütteten Gummimilch fand man noch die blutigen Keulen der Angreifer, die sie – wie ich bei den Indianern erfuhr – als „schmutzige Keulen" zurückgelassen hatten. Nicht Grausamkeit war das Motiv dieses Handelns der Kayapó, sondern ihr brennendes Verlangen nach dem Prestige, getötet zu haben.

Um als Tugend zu gelten, muß die Gewalttätigkeit aber im Recht und in der Sitte begründet sein. Sobald sie als unberechtigt erscheint, wird sie zur bösen Tat; sie nennen den Mann dann *dyokre* = wild im negativen Sinn. Das leidenschaftliche Gefühl des Hasses, das sie sehr oft für gerecht ansehen, bezeichnen die Indianer einfach mit dem Wort für Zorn = *ngru*. Auf der positiven Seite entspricht dem Haß das Mitgefühl, das Mitleid, das ein typisches Lebensgefühl unserer Indianer darstellt = *kaprire*. Dieses Mitleid erfährt seine höchste Steigerung in dem furchtbaren Weinen und Schluchzen, in den gellenden Schreien der Totenklagen. Dieses Weinen hat sein mythisches Vorbild in dem Weinen und der Totenklage der beiden Zwillingsbrüder, als sie ihren Neffen betrauerten. Eine weitere Steigerung erfährt dieses realistische Mitleiden in den Selbstverwundungen am offenen Grab (LUKESCH 1956: 977).

Ein positives Gefühl, das für die Indianer in seiner Heftigkeit bezeichnend ist, hat seine Grundstimmung in einer Art von Heimweh. Es umfaßt aber auch die Sehnsucht nach einem lieben Menschen. Mythisches Vorbild ist der Mann, der das Loch in den Himmel gegraben hatte und beim Anblick der Erde unter sich als erster von dieser Heimweh-Sehnsucht ergriffen wurde. Die Bezeichnung dafür ist *oamā*. Es ist also ein rein geistiges Gefühl, das aus dem tiefsten Inneren kommt; *mā* ist bei den Indianern die Leber, die aber, neben den Knochen, als Zentrum des inneren Menschen, als Sitz der

Seele angesehen wird. – Die Gefühlstiefe der Indianer zeigt sich auch in der sogenannten weinenden Begrüßung, wenn sie nach langer Abwesenheit einen geliebten Menschen wieder treffen. Erschütternd sind solche Szenen insbesondere dann, wenn das Wüten einer Krankheit viele Todesopfer im Dorf gefordert hat, während der Freund abwesend war. Ergreifend ist, wie der Ankömmling sein Haupt an die Brust des Freundes lehnt, wie sich beide um die Hüften fassen und einander weinend ihr ganzes Leid klagen. Man beschwört den Abschiedsschmerz wieder herauf, den man vor langer Zeit bei der Trennung empfunden hat, man beklagt liebe Tote und betrauert sie gemeinsam. Weinend läßt man sich noch einmal von der Sehnsucht übermannen, die man in der Zwischenzeit nach dem Freund empfunden hat.

Die Sittenordnung ist in der ganzen übersinnlichen Welt begründet und mit ihr in enger Verbindung, da sie ja als ein Teil der Seinsordnung durch übersinnliche Taten herbeigeführt wurde und übersinnliche Wesen hinter ihr stehen. Das Ideal männlicher Kraft hat sein Vorbild in dem Mann „Sonne", der zu den großen Vorfahren gehört. Auch solange er noch auf Erden weilte, war er immer gut, sogar sehr gut. Er ist stark und gewalttätig, er schleudert seinem Gefährten Mond das brennendheiße Stück Wildfleisch an den Leib. Aber seine Grausamkeit ist nur gerechte Strafe für den verächtlichen Schwächling Mond. Bebgororotí verwandelt sich im Zorn in den Regen und wird zur Gottheit. Aber sein Zorn ist ein gerechter wegen des Unrechts, das ihm die Jagdgefährten zugefügt haben. Er schleudert Blitze, und seine Stimme ist der Donner; er tötet im Dorf, am Wasser und in der Steppe. Aber all dies geschieht in Ausführung seiner gerechten Rache. Der Zorn wird nach indianischer Auffassung im selben Augenblick böse und verächtlich, als er ein bloßes Sichgehenlassen, also letzten Endes die Folge einer Schwäche ist.

Von einem Gericht und einer Bestrafung durch überirdische Wesen und Mächte wegen einer bestimmten persönli-

chen Schuld – entweder vor oder nach dem Tode – konnte
ich nichts erfahren. Der mythische Bebgororotí bestraft die
Gruppe, die ihn betrog; aber darüber hinaus und weiterhin,
nachdem er zum Himmel emporgestiegen ist und sich zur
Gottheit erhob, trifft seine Rache in mystischer Übersteigerung Unschuldige. Wohl droht er dem irdischen Gatten seiner Tochter Nyobog-ti, die auf die Erde herabgekommen ist,
falls dieser sie schlagen würde, vom Himmel aus sähe er alles und behüte und beschütze er sie. Unter den Lebenden
verkörpert nach ihrer vorherrschenden Überzeugung die
Seinsordnung selbst mit ihren Gesetzen, Tabus und Folgen
von deren Übertretungen sowie die erwähnte Pflicht zur Rache die notwendige Gerechtigkeit in der Ausgleich fordern-
den Sittenordnung, die ja ein Teil der Seinsordnung ist. Was
die Toten anlangt, so sind die Jenseitsvorstellungen der Indianer so schattenhaft, freudlos und trostlos, daß sich die
flammende Forderung nach einer Bestrafung in diesem Jenseits irgendwie erübrigt.

Kult und Fest

Der Kult, insofern er bei den Kayapó die menschliche Ehrfurcht vor der ganzen durch Übersinnliches bedingten Seinsordnung und die Eingliederung in diese Ordnung bedeutet,
nimmt seinen Ausgang immer wieder von einem Sichbesinnen auf diese Ordnung, also von der Kontemplation. Das
Besinnen betrifft die Seinsordnung und ihre übersinnlichen
Hintergründe; die Indianer suchen die Weltordnung, zu der
sie sich bekennen, aus ihrem Werden heraus zu verstehen.
Und über dieses Werden belehrt sie ihre Mythologie; sie beschreibt die Wandlungen in der Urzeit und die übersinnlichen Welttaten, durch welche die Welt wurde, wie sie heute
ist. Die Mythologie beschreibt ihnen auch die höheren Wesen, die an der Wandlung der Welt zur heutigen Ordnung in
der Urzeit mitwirkten und von denen einige nach ihrem
Glauben auch noch heute machtvoll weiterwirken. Durch

das Sicherinnern, Sichbesinnen, durch die Kontemplation wird die Verbindung auch zu jenen höheren Wesen hergestellt. Daraus ergibt sich, welche Bedeutung die Indianer dem Wissen um das Werden der Welt beimessen, um die Welttaten in der Urzeit, um das Wesen der Übersinnlichen. Sie nennen dies alles *mebemokré moia* = die Indianerdinge. Größtes Ansehen und Bedeutung in der Gemeinschaft hat bei ihnen jeder, von dem sie sagen, daß er die Indianerdinge kenne. Jede Mitteilung dieses Wissens, das von den Alten stammt und das sie sich in der Kontemplation vergegenwärtigen, ist eine Verlebendigung des heiligen Geschehens der Urzeit, eine Darstellung dessen, was damals geschehen ist und weiterhin wirksam bleibt. So ist für sie allein das Erzählen schon eine kultische Handlung, daher auch die Scheu vor dem Erzählen, das typisch indianische Gefühl der Scham, das die Wiedergabe schützend umgibt. Sie brauchen für die Erzählungen den Rahmen der Ehrfurcht, sie haben Angst vor der Profanierung.

Jedes Hören durch unberufene Ohren beleidigt die heiligsten Gefühle des Erzählers, es beleidigt aber auch nach ihrem Glauben die heilige Seinsordnung und die übersinnlichen Mächte und Wesen, die in ihr lebendig sind. Nur in ausgesprochen betrachtender Haltung soll das ehrwürdige Vätererbe empfangen werden. So bilden die Kontemplation und die Handlungen und Verhaltensweisen, die diese herbeiführen sollen, auch einen wesentlichen Bestandteil im Verlauf der kultischen Riten und Zeremonien. Diese Riten begleiten die bedeutsamsten Abschnitte des indianischen Lebens und heben sie aus dem Alltag heraus. Die Indianer bemühen sich dabei, Kraft aus einer höheren Welt, Kraft aus dem Übersinnlichen für die Bewältigung ihrer Lebensprobleme zu gewinnen. Sie ordnen damit ihr Leben in eine Seinsordnung ein, die Sinnliches und Übersinnliches umfaßt, und in der irdische und überirdische Wesen wirken. Das Herausheben einer Lebensphase aus dem Alltag, die Steigerung des Lebens und des Lebensgefühls und der kultische Charakter kennzeichnen die Riten, ebenso wie die Feste. Die Grenzen zwischen den Riten, die nach einem ihnen wesentlichen Element benannt sind, und der Feier eines großen Festes sind bei den Kayapó durchaus fließend. Die Riten werden auch immer wieder so vollzogen, daß sie in die leidenschaftliche Dynamik eines indianischen Festes eingebettet sind.

Eine Erklärung ihres kultischen Rituals und ihrer Feste wollen und können die Indianer selbst nicht geben. Man ist allein auf die Beobachtungen des so eindrucksvollen äußeren Ablaufes angewiesen.

Auch die Indianer beschränken sich darauf, wenn man sie fragt, diesen äußeren Verlauf wieder zu beschreiben und dabei vielleicht die eine oder andere verwendete Maske oder Aktion besonders hervorzuheben und zu erklären. Im übrigen weisen sie auf die „Alten", ihre Väter, Großväter und Onkel hin, die sie alles so gelehrt haben. Nur selten kann man nebenbei eine sinndeutende Bemerkung auffangen. Aus dem Erlebnis solchen Verhaltens heraus, das teilweise wieder der Scheu vor der Profanierung entspringt, muß man aber auch erkennen, daß gerade die Entrücktheit, der Schleier des Geheimnisses, der alle ihre kultischen Handlungen verhüllt, sie den Indianern um so bedeutsamer, heiliger und wirkungsvoller erscheinen läßt.

Riten und Zeremonien im Lebenslauf

Das Werden eines neuen Menschen, von der Schwangerschaft angefangen, ist von einem reichen Brauchtum umgeben. Es soll dem glücklichen Eingang des Menschen ins Leben dienen und der Erfüllung seines Daseins im Sinne des indianischen Kraftideals. Die Couvade, „das Sitzen bei der Frau" = *pron-kuri-nyu* oder *tuyaró-miein-kuri-nyu* = „Gatte, der bei der Schwangeren sitzt" – schon während der Schwangerschaft, das Daheimbleiben und das Nachdenken des Mannes, hat ausgesprochen kontemplativen Charakter und soll wieder dem Kind Kraft verleihen. Auch andere Enthaltungen unmittelbar vor und nach der Geburt (wie das Unterlassen des Tabakrauchens, damit das Kind keine roten Haare bekomme) dienen der Verhinderung von magischen Schädigungen und stellen richtige Opfer der Eltern dar. Das Emporheben des neugeborenen Kindes durch die Geburtshelferin, die es den Dorfgenossen zeigt und sein erstes Bad erlebte ich auch als einen feierlichen Akt. Alle diese Bräuche nehmen dann in einem Ritual, das aber nur beim erstgeborenen Sohn = *kra-putéwa* geübt wird, einen ausgesprochen kultischen Charakter an. Der Name *Pu-té (té* = Bein) ist nach den Buritístäben gegeben, die als Kultgegenstand den Mittelpunkt der Zeremonie bilden. Sie findet einige Tage nach der Geburt statt. Die Mutter ist inzwischen schon ganz mit glänzendem Urucurot bemalt und ihr Kopf in Dreiecksform frisch geschoren: beides Stammesabzeichen und magische Schutzmittel zugleich; auch das Kind wurde schon zum ersten Bad an den Fluß getragen. Die Buritístäbe von etwa 3 m Länge werden von Verwandten des Vaters *(= krom)* im Wald geholt. Die *krom* sind dem Vater durch eine künstliche Verwandtschaft verbunden. BANNER hat einen Mythos gehört, wonach diese Verwandtschaft auf Bruderschaften in der Urzeit zurückgeht (BANNER 1961: 13). Von den Siedlern werden sie als compadres bezeichnet, wie man die christlichen Paten und – in seiner Erweiterung – auch alle Freunde und verehrungswürdigen Personen bezeichnet. Die Buritístäbe sind geglättet, mit glänzendem Urucu bemalt und geschmückt. Die Träger der Zeremonie sind die „Väter" der Kinder, das sind der Vater und die väterlichen Verwandten. Sie erhalten durch die Zeremonie auch den Namen *me-bam-ngri* = die kleinen Väter. Die ganze Gemeinschaft fühlt sich dem erstgeborenen Kind verbunden: Die Kayapó sagen, das zweite Kind habe nur einen Vater, das erstgeborene aber habe viele Mütter und Väter. Diese Väter werden am Tag der Zeremonie mit Genipapo und Kohle am ganzen Körper schwarz bemalt. Nur um die Augen haben sie einen grellroten Ring von Urucu. Das

Haupt ist wieder in Dreiecksform rasiert. Die schwarze Bemalung nimmt der Mann vor, wenn er in den Wald geht oder
einen Kriegszug plant, um kraftvoll und mächtig zu sein.
Diesmal gilt es, dem Kind Kraft zu übertragen. Die eigentliche Zeremonie nimmt am Abend ihren Anfang, wenn die
„Väter", je einen Buritístab in den Händen haltend, feierlich
auf dem Dorfplatz einziehen. Vor dem Männerhaus setzen
sie sich, das Gesicht dem offenen Platz zugewendet. Auf den
Knien haben sie den Buritístab liegen, auf den sie sich mit
beiden Ellenbogen stützen, mit den Händen stützen sie das
Haupt, wie in schweren Gedanken versunken. So verharren
sie, wie ich es erlebte, in tiefer Meditation versunken, etwa
eine halbe Stunde. Das Leben im Dorf geht weiter, nur der
große Platz liegt in ehrfürchtiger Stille da. Inzwischen vollzieht sich die entscheidende Realisation dieses kultischen
Rituals. Die Härte, die Kraft und Macht und Größe, die man
dem Kind verleihen will, erscheinen in den Stäben verding-
licht. Die Buritípalme (Mauritia) gilt den Indianern als lebendiges Zeichen für Stärke, Härte und Größe. In ihrer Meditation darüber intervenieren die Väter und vollziehen die
mystische Verbindung zwischen dem Stab, der Macht und
Größe der Buritípalme und dem Leben und der Zukunft des
erstgeborenen Indianerkindes. Die Väter stellen dann die
Stäbe an der Wand des Geburtshauses nieder, zu dem sie
sich in feierlichem Zug begeben. Dann kehren sie wieder ins
Männerhaus zurück. Die gleiche Zeremonie wird auch an
den darauffolgenden Tagen bei Sonnenuntergang wiederholt. Sie findet ihren Abschluß in dem feierlichen Festbinden der Stäbe unter dem Dachfirst, wieder einem Symbol für
Höhe und Größe, die das Kind erlangen soll. Falls der Knabe im Kindesalter stirbt, werden die Stäbe, wie ich beobachten konnte, auf einem Gestell beim Grab aufgestellt. Die
Kraft der Stäbe soll dem Knaben auch im Reich der Schatten
zuteil werden. Wenn der Knabe größer wird (so hat DREYFUS
gehört), werden die Stäbe an eine Buritípalme in der Steppe
gelehnt; auch das Säckchen, das die Nabelschnur des Kindes

enthält, wird an einen Buritíbaum gehängt. Dieser Baum, mit einem steinharten Kern in seiner Frucht, ist ebenfalls ein Symbol für Härte und Kraft (DREYFUS 1963: 49).

Der *Me-ĩ-tük(re)* ist eine Reifezeremonie. Auch der Versuch, aus dem Namen eine Verdeutlichung zu erlangen, weist in diese Richtung: *me-ĩ* = Menschenleib, *tükre* heißt schwarz, hat aber die Grundbedeutung: Tod, Sterben. – Tatsächlich färben sich in dieser Zeit die an dem Ritual teilnehmenden Jünglinge schwarz, genauso wie im Mythos Bebgororotí, bevor er sich in den Regen verwandelte. Das Schwarzfärben paßt in das Konzept der Kraftgewinnung, das die Reifezeremonie beinhaltet. Kraft ist notwendig für den neuen Stand, die neue Klasse, in die der Jüngling eintreten will, in die Klasse der *Menoronure*, der Jungmänner. Auch der Ausdruck „Sterben des Leibes" würde in das Konzept passen, denn das Ritual bedeutet Ende des alten, schwachen Menschen und Auferstehen zum vollen Leben des Mannes und Kriegers. Es bedeutet auch die geschlechtliche Reife des Jünglings. Die Indianer selbst sagten mir, daß der Jüngling teilnimmt, damit er stark und erwachsen werde und heiraten könne. Aber weder für den Eintritt in die höhere Klasse, noch für das Eingehen einer geschlechtlichen Bindung ist die Teilnahme unbedingt erforderlich. Hier zeigt sich wieder einmal der maßgebende Einfluß der Frau auf alles, was die Familie betrifft; sie kann nämlich verlangen: „Wer meine Tochter zur Frau haben will, der muß den *Me-ĩ-tük* mitmachen." Der leibliche Vater bemüht sich, für den Kandidaten einen *krom-dyo* zu gewinnen. Hier wird die künstliche Verwandtschaft zu einer wirklich engen und lebensvollen Beziehung. Der *krom-dyo* ist ein echter Pate, er kann auch aus dem Kreis von Blutsverwandten stammen, kann z. B. ein Vaterbruder oder Mutterbruder sein. Er wird zum Erzieher, zum Führer und Lehrer des Jünglings in der Zeremonie; während unserer Anwesenheit dauerte diese eine ganze Trockenzeit lang. In dieser Zeit lebt er nur seinem Mündel. Dies wird von der Gemeinschaft auch dankbar anerkannt.

Der Vater des Jünglings geht auf die Jagd, damit Pate und
Kandidat zu essen haben und sich dann dem Kult hingeben
können. Die Indianer sagen sogar: *a-kōt toro-pai* = er tut es,
um für den Kult zu entschädigen, um den Kult zu bezahlen.
Ich erlebte das Ritual, eingebettet in das größte Kayapó-Fest
Beb oder *Bēb*. Und der Häuptling Ngroi erklärte mir, daß es
immer mit diesem Fest verbunden sei. Ich habe aber eher
den Eindruck, daß er das nur deshalb sagte, weil er sah, wie
blendend sich das Zeremoniell in diesen Rahmen fügte, und
weil er für alle Zukunft seine Begehung in dieser Weise fest-
legen wollte. Von anderen Indianern hörte ich aber, daß es
auch selbständig gefeiert wird. Der *Me-ĩ-tük* wird dann als
toro = Fest bezeichnet, wohl wegen der Bewegtheit seiner
Handlungen und der ganzen Hochstimmung, die dem Ritual
eigen ist. Auch insofern ist er ein Fest, als seine Begehung
für die Bestätigung der neuen Lebensphase (Reife, Aufnahme in eine andere Klasse) dem einzelnen nicht unbedingt
nötig ist. Wie jedes Fest stellt er eine Besinnung der Gemeinschaft auf das Werden ihrer Ordnung und ein Neuerleb-
nis derselben dar, in einer aus dem Alltag herausgehobenen
Handlung. Er beinhaltet auch die Lehre für alle Miterleben-
den: So stellen wir uns das Reifwerden des vollen Mannes
vor. Das Ritual setzt sich äußerlich aus feierlichen Einzügen
und Aufstellungen auf dem Dorfplatz zusammen. Kandidaten und Paten sind schwarz bemalt und tragen in den Händen
Waffen – Bogen und ein Bündel Pfeile oder eine große Keule und immer wieder den Kultgegenstand, eine Steinaxt aus
der Urzeit, *hukat* (vgl. KISSENBERTH 1912: 58. KISSENBERTH
hat sie bei den Pau-d'Arco-Indianern in den Händen des
Wayangari gesehen). An einer Baumwollschnur hängt sie
über der Schulter; in der Mitte des Schaftes ist ein kleines
Steinbeil eingelassen. Die Waffe ist mit Papageienfedern ge-
ziert und hat nur mehr kultische Bedeutung.

Immer wieder verlassen die *Me-ĩ-tükre* auch das Dorf. Zuerst zu dem Zweck, je ein Bündel von großen Palmenblättern
zu holen. Mit diesen Palmenblättern ziehen sie am Abend

wieder feierlich ins Dorf ein und lagern sich gegenüber dem Männerhaus. Dabei haben sie ihre Waffen horizontal aufgestellt und sitzen lange in tiefes Schweigen versunken. Wieder wird also ganz deutlich die Meditation als zentrales Geschehen offenbar. Am Abend fertigen sie dann aus runden, schönen Bogen von Palmenzweigen ein Schutzdach an = *ka-e*. Diese „Halle" ist jetzt ihr Unterstand und ihre Klause, in der sie vollkommen unter sich sind und sich von allen anderen zurückziehen können. Der eigentliche Lagerplatz heißt *ngō-kaé* (*ngō* = Wasser, Fluß, See, Tümpel). Wieder ist eine Bezugnahme auf das Wasser erkenntlich, die Kraft, die es verleiht, auf das Hervorkommen starker Wesen aus der Flut. Täglich brechen die *Me-ī-tükre* (Kandidaten d. Reiferituales) bei Morgengrauen von neuem auf, nachdem sie vorher ihre Hütte wieder abgerissen haben. Draußen wird gejagt und auch getanzt. Sicher aber bietet die Wildnis wieder eine Abschließung und die Möglichkeit zur Betrachtung. Den Kern des Rituals bilden, wie mir die Indianer wiederholt versicherten, die Lehren des Paten an den Jüngling. Er macht den Schüler bekannt mit den „Indianerdingen" und setzt ihn in lebendigen Kontakt mit der Mythologie. Seine Aufgabe heißt auch *toro akré* = Festbelehrung, er eifert zum Kult, zu den Festen an. Die Art und Weise seiner Belehrung geht aus dem Indianerwort hervor: *me-kuní kumá kadyu* = „so daß sie all das wissen"; und es heißt weiter: „daß sie auch all das nie mehr verlieren (also vergessen) sollen." Vor allem sollen sie den *Me-ī-tükre* aufmerksam beobachten und nichts vergessen, damit der Kult auch für die Zukunft erhalten bleibe, wenn sie selber einmal Paten der neuen Jugend sein werden. Ein Ergebnis besteht auch darin, daß der Knabe, wie ich erfuhr, dann selbst bekennen kann: Nun kann ich zur Frau eilen – *kam i-pron pumu* = „und sie als meine Gattin erkennen". Der Pate versichert ihm in der letzten Zeit der Zeremonie: „Jetzt bist du stark, jetzt brauchst du nicht mehr Furcht zu haben, jetzt kannst du dich vermählen." DREYFUS beobachtete auch einen Besuch im Haus der Braut während der Zeremonie (DREYFUS 1963: 92). Ich selber erlebte einen Besuch der Jünglinge in ihren Geburtshäusern. Der Jüngling entledigte sich seiner Kleidung und seiner Waffen und legte sich auf eine Strohmatte am Boden. Er verharrte wie tot, dann stand er wieder auf und ging hinaus zu der Gruppe seiner Gefährten: Der Sinn war wohl der Tod des schwachen Menschen und der Anfang eines neuen Lebens. – Am Schluß sagt der Pate: „Jetzt habe ich dir alles Wissen mitgeteilt, jetzt habe ich dich zu alten Tänzen, Festen und Kulten angefeuert, *arum ket* = jetzt ist Schluß." Und die letzte Phase der Zeremonie erlebte ich, wie sie eingebaut wurde in die großartige Schlußnacht des Festes *Bẽb* = *Beb*, mit Umzügen, Gesängen und Tänzen.

Was die legitime indianische Ehe anlangt, so hat die Hochzeitszeremonie, *Me(n)-kamrō* = Menschenblut, mystischen und kultischen Charakter. Schon ihre Einleitung bekundet die Achtung vor der Frau, die auch in der Mythologie erkennbar ist. Aus dem *„Ngob"*, dem Männerhaus, dem Zentrum männlichen Lebens, schickt der Bräutigam einen Jüngling, *Me-ókre*, der bereits den Penisschutz tragen darf – *mu-dye-nure*, in das Haus der Brautmutter, also in den Zentrumsbereich der Frau. Frage und Antwort zwischen Brautwerber und Mutter erfolgen in packender Schlichtheit und Klarheit. Der Brautwerber fragt: „Wo ist das Brautbett = *atuidyō*?" Antwort der Mutter: „Schau, hier das Bett." Im Haus der Mutter fragt diese dann den Bräutigam: „Du wirst also meine Tochter wahrhaftig heiraten? – *kwarikwai kangá ket* = verlasse sie nie!" Und wie mir die Indianer versicherten, antwortet der Bräutigam darauf nichts, er schämt sich und schweigt. Dann begibt er sich zur eigenen Mutter und erklärt nur: *„a-nã i-kabén meitire* = ihre Mutter hat gut zu mir gesprochen." Seine Mutter erwidert: „Ihre Mutter hat schön gesprochen, so will auch ich schön sprechen: Ihr Kind soll mein Kind sein, und mein Kind soll ihr Kind sein." Auch der Vater des Jünglings wiederholt das gleiche. Die Mutter fügt hinzu: „Nie aber soll sie (die neue Tochter) auf mein Kind eifersüchtig sein, denn Eifersucht ist böse."

Die Zeremonie des Blutes, *Me(n)-kamró* = Hochzeit, dürfte nichts mit der Defloration oder dem Blut der Menstruation zu tun haben. Blut wird vielmehr von den Indianern als Sitz des Lebens aufgefaßt. Die totale Vereinigung führt zur Vereinigung des Blutes. – Die Zeremonie beginnt mit dem Ausruf der Brautleute: „Wir wollen uns gemeinsam hinlegen und zudecken." Und sie legen sich auf das Plattformbett. Dann treten die erwachsenen Männer und unverheirateten Frauen ein und sagen: „Wir wollen sie auf dem Brautbett mit Strohmatten bedecken = *gwai atuidyō-kam kupip amprö*." Durch die Decken verhüllt, bleiben die Gatten viele Tage lang liegen. Sie reden nichts und sie essen nichts; nur nachts stehen sie auf, um zu essen. Dies ist das Zentralgeschehen der Zeremonie des Blutes. Das Fasten vermittelt ihnen nach dem Glauben der Kayapó Kraft. Sie reden nicht; so findet die mystische Vereinigung beim Austausch des Blutes statt. Das Schweigen bedeutet auch hier höchste Konzentration, Aufgeschlossenheit für sinnliche und übersinnliche Mächte, die in der Welt wirken. Am letzten Tag der Zeremonie kommen noch die Vaterbrüder und -schwestern und Mutterbrüder und legen sich neben das Brautpaar. Dann kommen die Männer und unverheirateten Frauen des Dorfes wieder und übergießen das Ehepaar und die Verwandten mit Wasser. Das Wasser, das symbolische Stärke verleiht, wie aus der Mythologie hervorgeht, soll durch eine Art Taufe in ein starkes, gemeinsames Leben führen. Der Gatte geht dann im Festschmuck – bemalt mit glänzendem Urucu, auf dem Haupt einen Wachshelm mit Federschmuck – zum Männerhaus. Auch die Frau schmückt sich durch glänzende Bemalung und einen neuen Schnitt des Haares in Dreiecksform.

Die Bräuche um das Sterben und Begraben wurden bereits im X. Kapitel behandelt. Jedenfalls haben wir es auch hier vorwiegend mit einem kultischen Ritual zu tun.

Die Feste

Jedes Fest bei den Kayapó ist immer gleichzeitig Kult. Nur

sind seine Ausdrucksmittel das Spiel, der Tanz, das Singen und die theatralische Aufführung. Wegen der hohen Bedeutung des Tanzes im Fest wird das Kayapó-Wort *toro* auch für Fest genommen (vgl. tore bei den Fulnio, PINTO 1956: 136). Auch das Wort für Gesang = *ngrere* hat häufig den weiteren Sinn von Fest und Kult. Das Fest ist nicht unbedingt gebunden an eine bestimmte Zeit oder Lebenssituation; jedes Fest steht aber im Zusammenhang mit der Urzeit und den maßgebenden Taten großer Ahnen sowie höherer Wesen, die der Welt ihr Gepräge gaben und zum Teil noch fortwirken. Es ist immer eine Erinnerungsfeier, eine Verlebendigung und Gegenwärtigsetzung des Werdens der Welt und ihrer Gesetze und ein freudiges Sicheinordnen in diese Welt. Die Feste stehen auch mit den Mythen in unmittelbarer Verbindung. Der Mann, der sich in ein Krokodil verwandelte, kam zu einer tiefen Stelle im Fluß, zu einem kleinen See. Dort traf er die Fische, die gerade ein Fest feierten. Er lernte dort die Feste und Tänze und brachte sie später den Menschen bei. Von den Fledermausmenschen wiederum haben die Indianer die Feste der Fledermäuse. Die Fledermaus gilt ihnen immer als ein Freund der Menschen. Der liebe kleine Fledermausjunge des Mythos, der in der Urzeit in ihr Dorf kam, hat nichts zu tun mit den bösen Doppelwesen, den *Kuben-punure*. Er ist eine übersinnliche Personifikation der Fledermaus. Er lehrt sie seine Tänze, von ihm erfahren sie auch von der todbringenden Wirkung des heißen Tages und des blendenden Mittagslichtes. Die Tänze, die sie von ihm lernen, sind als Vorbild der großartigen und prächtigen Tänze am Schluß der Feste anzusehen. Daß die Indianer ihre Tänze einmal von den Fischen erfahren, dann wieder von der Fledermaus, stellt weltanschaulich für sie keinen Bruch dar. Das Entscheidende ist die Herkunft aus einer fernen und übersinnlichen Welt. Vom Himmel herab kamen auch die Indianer der Urzeit, genauso wie die Fledermaus ihr Felsenhaus in der Höhe hat – auf den Gebirgen in der Nähe des Rio Vermelho – und in den Lüften tanzt. Dann aber kamen die *me-be-ngo-*

kre wieder aus der Tiefe des Wassers, ihre Stammütter hatten sich in Fische verwandelt. Auch so ist die Herkunft von Kult und Fest aus dem Wasser verständlich, wobei eben die Fische die Menschen belehren. Höhe und Tiefe sind gleicherweise Urgründe des Übernatürlichen.

Die Feste beinhalten, wie bereits gesagt, auch das Glaubensgut, sie stellen das Werden der Weltordnung dar, von dem die Mythologie berichtet. Die Darstellung bezieht sich auf Heiliges und ist deshalb geheimnisvoll und verschleiert.

Der Mann, der sich in ein Krokodil verwandelte, erfuhr von dem Fisch, der Vortänzer und somit Herr des Festes war, zuerst die Namen der Fische, wie man auch bei den Indianern nur von einem Dritten den Namen eines Mannes erfährt. Der Name ist ein Abbild und Spiegel der Persönlichkeit. Die Tänze und Feste, die der Indianer bei den Fischen schaut, geben ein geistiges Bild lebendiger Gemeinschaft in einer anderen Welt. Ihre Namen, die Namen der Feste selbst, sind immer wieder auch Namen der Fische, also einzelner Persönlichkeiten dieser anderen Welt. Einzelne Persönlichkeiten prägen die Gemeinschaft. Die Fische tanzen im Kreis, gleich einem sich drehenden Rad, wozu sie der Schauplatz, der kreisrunde See oder Tümpel, zwingt. Schauplatz der Tänze und Feste, Kultstätte auf der Erde, ist dann der kreisrunde Dorfplatz. Wenn dieser ein Abbild der Sonne ist, wäre wieder der mythische Urgrund von Höhe und Tiefe gegeben. Infolge der typischen engen Beziehung zwischen Bruder und Schwester erzählt der Krokodilmann, wieder zum Menschen geworden, zuerst seiner Schwester die Namen der Fische. Mit ihr gestaltet er auch das erste indianische Fest, das er bei den Fischen gelernt hat. Bezeichnenderweise ist es der *Kukoi(re)-to(ro),* der Affentanz, jenes Fest, bei dem das Spielerische, das keinen bestimmten Zweck Verfolgende, die Freude am bloßen Tun und der Humor im Vordergrund stehen. Das Spiel also geht dem Fest voraus. Möglicherweise ist dies Ausdruck ihres Glaubens, daß das Fest aus dem Spiel entstanden ist. Die Geschwister machen auch die notwendigen mythischen Gestalten des Festes bzw. deren Masken. Als zweites Fest gestalten sie schon das größte indianische Fest mit dem tiefsten kultischen Ernst, den *Beb* oder *Bĕb*. Sie feiern danach noch alle Feste der Fische mit den Indianern.

Heute nimmt der Häuptling die Stelle des Urzeithelden ein, der die Tänze von den Fischen gebracht hat. Auch das Zustandekommen der Tanzaufführungen geht nach einem gewissen festen Ritual vor sich, das die Verbindung von Autorität und Freiheit, von Persönlichkeit und Gemeinschaft innerhalb der indianischen Gesellschaft klassisch widerspiegelt. – Der Häuptling fragt zuerst die Männer: „Was sollen wir tun?" Die Männer kommen mit der typischen indianischen Antwort: „*kone* = wir wissen es nicht, wir wollen es gar nicht wissen, es ist deine Sache." Darauf der Häuptling: „Laßt uns ein Fest auswählen." Und wieder die Männer: „Welches Fest sollen wir nehmen? Den *Beb*, den *Tokok*, den *Kwŏro-kangó*, den *Kukoi-to*" usw. Darauf der Häuptling: „*katí Tokok ŏ-to* = nein, der *Tokok* wird gefeiert." Nun fragen die Männer: „Wer soll es sein?" Und der Häuptling erwidert mit dem typischen „*kone* = ich weiß es nicht". Aber er fährt sogleich fort: „Ihr sollt eure Schwestern aufsuchen und sie dafür gewinnen, das Fest vorzubereiten und an seiner Gestaltung mitzuwirken!" Wieder folgt der Häuptling da dem mythischen Vorbild des Kulturhelden der Urzeit. – Die Männer haben volle Freiheit, dieser Aufforderung nachzukommen oder nicht. Wer sich dazu entschließt, geht zu seiner Schwester und sagt: „Ich komme, um dich wissen zu lassen, daß du uns ein Fest machen sollst. Für das Fest sei dein Söhnchen der *Tokok*." Ein kleines Kind gibt dem Fest den Namen, wird der Herr, der Eigentümer, der Herrscher des Festes. Wohl um das Übersinnliche zu betonen, wählen die Indianer ein Kind für diese Aufgabe, weil es sich am besten zum Werkzeug der übersinnlichen Mächte eignen wird. Solche bestimmen ja die Ordnung der Welt, die das Fest darstellen soll. Die Kayapóbezeichnung *mekrarere-met* kommt wohl von *me-kra-ngrere-met* = Menschenkind des schönen Gesanges, des schönen Festes. Dem Kind steht der leibliche Vater zur Seite, der oft mit der gleichen Bezeichnung für dieses handelt. Auch den Beginn des Festes hat noch die Schwester festzulegen. In voller Freiheit kann sie ihr „ŏ-ge-to = gut, es sei" sagen. Der Bruder erklärt: „Ich eile in das Männerhaus." Dort sagt er: „Ich habe mit meiner Schwester gesprochen. Sie wird das Fest machen, euch allen zur Freude." Dann ziehen die Männer zum ersten großen Tanz des Festes aus = *kató*. Sie sind glücklich: „*Tokok dyi* = der Tokok, das große Fest, ist gezeugt."

Alle Feste haben das gleiche Merkmal, daß sie die ganze Gemeinschaft, oder wenigstens alle Männer oder Frauen betreffen. Gemeinsam ist ihnen auch die geistige Grundhaltung: das Festgefühl, das Herausgehobensein aus dem Alltag, das gesteigerte Leben auf einer höheren Ebene (vgl. auch JENSEN 1960: 65). Gemeinsam sind ihnen auch Tänze, Gesänge, Märsche und Läufe sowie dramatische pantomimische Darstellungen. Die Tänze sind Reigen und Reihentänze, in einer langen Reihe oder in mehreren Reihen gestaffelt, die mit Schwung frontal vorwärtsschreitend und dann ohne sich umzudrehen wieder fast in die Ausgangsposition zurückkehren, um dann mit neuem Schwung wieder voranzuschreiten. Die Gesänge sind Chorgesänge der Männer und Chorgesänge der Frauen, in die sich die schrillen Stimmen der Kinder mischen. Der dröhnende Tanzschritt, mrŏ-ŏ-puká-dyo – nach vorwärts, nach rückwärts, Wechselschritt und aufstampfen –, bestimmt den Rhythmus von Gesang und Tanz. Und die Gesänge, die von den Alten überliefert sind, verwenden eine Sprache, die den Indianern selbst zum Großteil unverständlich ist. Die Worte der Texte stammen von einem anderen Volk oder sind Ausdrücke einer alten Sprachform. Man kann zu recht von einer Kultsprache reden, die gerade in ihrer Undeutbarkeit das Geheimnisvolle und das Heilige des Geschehens offenbart.

Offenbar charakteristisch sind weiters die Masken, Verkleidungen und Verhüllungen von Tieren, Pflanzen und mythischen Wesen, die zu dem jeweiligen Fest gehören. Ihr Name für Maske, *karon*, bedeutet auch Bild, Seele, Wesen, Geist, Geister . . . Wenn die Maske spricht, spricht sie mit Kopfstimme oder mit ganz tiefer entstellter Stimme, wie man etwa Tiere in einer Jagdgeschichte reden läßt oder einen Geist in dem Bericht von seiner Erscheinung. Damit bleibt auch die Anonymität, das Geheimnis des Trägers gewahrt. Man sagte mir, daß man in alten Zeiten den Verletzer des Geheimnisses tötete. Der Respekt, die Achtung, die man der Maske, der Verkleidung zusammen mit ihrem Träger zollt, deutet darauf hin, daß man in ihr das Gegenwärtigwerden des Tieres, der Pflanze, des mythischen Wesens, das sie darstellt, als Geist erkennt. Das Tabu, mit dem man sie umgibt, findet wohl auch darin Ausdruck, daß nach dem Fest alle Masken und Verkleidungen aus dem Dorf verschwinden. Man habe sie verbrannt, man habe sie in den Wald geworfen, sagte man mir.

Der Abstand der Feste vom gewöhnlichen Leben zeigt sich auch darin, daß in ihnen Pflanzen und Tiere eigene Festnamen erhalten. So heißt z. B. die Süßkartoffel = *yod* im Fest *„puká-goróro"*. Das Wildschwein = *angrú* heißt *„nunyer"*. Der Tapir = *kukrüt* heißt *„rã-rã-katire"*, das Reh = *nyadyu* heißt *„mrü-kamrik-tire"* (das große rote Wild). Der Jaguar schließlich = *rob-krore* heißt im Fest *„mrü-krori-ti"* (Wild, das brüllt).

Bei allen großen Festen ist eine Steigerung zu beobachten, von einem ganz einfachen, schlichten Beginn zu immer reicheren, üppigeren Formen seiner Gestaltung und zu immer reicherem, kostbarerem Schmuck ihrer Träger bis hin zum glanzvollen Schlußakt. Zum Festschmuck gehören der Haarschnitt und die besondere Körperbemalung in starkem Rot, der Farbe, die für sie Leben und Menschsein bedeutet – gewonnen aus der Urucufrucht (Bixa orellana) unter Zusatz von Palmnußöl –, und Zeichnungen in Punkten, Strichen und geometrischen Mustern im glänzenden Schwarz des Genipapofruchtsaftes. In dieser Festbemalung findet die künstlerische Kreativität der Kayapóindianerin ihre Vollendung. Die Männer erneuern ihre Waffen, schmücken sie in mannigfaltigster Weise und machen sie damit zu Ritualwaffen für das Fest. So erhält etwa ihr großer Bogen eine rote Baumwollschnurwicklung, die mit einer Quaste aus dem gleichen Material endet. Die schwere Rundkeule wird mit glänzendem Urucurot gefärbt, und die mächtige Schwertkeule wird fein geschliffen oder mit Genipapo geschwärzt und erhält eine blutrote Spitze und gleicht dann der ersten Keule ihrer Gottheit Bebgororotí. Beide Typen von Keulen erhalten mitunter eine Hülle durch ein feines Geflecht in geometrischem Muster vom Knauf bis in halbe Höhe, das bei der Schwertkeule wieder mit einer kurzen Baumwollschnurumwicklung und je einer breiten roten Baumwollquaste zu beiden Seiten des breiten Schaftes endet. Die Jaguarlanze mit einem Papageienfedernkranz vor der langen Knochenspitze und das archaische, mit Papageienfedern geschmückte Steinbeil haben heute überhaupt nur mehr für Kult und Fest Bedeutung . . . Mit größtem handwerklichen Können verfertigen sie aus Palmstroh Maskenkleidung, Festausrüstung, Schleppe sowie Schmuck verschiedenster Art. Besonders eindrucksvoll sind eine Halskette aus Wildschweinzähnen, gleichsam wie der Strahlenkranz der Sonne, ähnlich ein Kollier aus glänzenden, geschliffenen Muschelplättchen sowie der große Muschelohrschmuck. Vor allem aber mit ihren Federkronen und Diademen von Papageien, Federnaufsätzen auf den roten Wachshelmen und „Riesenfächern" am Rücken der Tänzer aus den langen roten und blauen Schwanzfeden des Ara mit Bindungen von Baumwollschnur und Bambusröhrchen sind die Kayapó Meister in der Kunst des Federschmuckes unter allen Tieflandindianern. Im Mythos (232) blasen ihre beiden Ahnen und Urzeithelden in den Berg von Federn, die der von ihnen getötete Riesenadler im Kampf verlor. Und aus den Federn, die hoch in die Luft zerstieben, entsteht die ganze Vogelwelt. Dies deutet den letzten Sinn des Feder-Festschmuckes: Seine Träger verlassen den Boden, die Erde, das alltägliche Leben. Gleich Vögeln fliegen sie, erheben sich in die Lüfte der reineren, schöneren und stärkeren Welt des Festes.

Charakteristisch ist weiters, daß jeweils vor dem riesigen Schlußakt jedes Festes eine große Jagd = *õ-tomoro* stattfindet, bei der die Männer über einen Monat lang im Wald und in der Wildnis bleiben. Dies gibt ihnen auch Gelegenheit, nochmals vor seinem Höhepunkt über den Sinn des Festes in der Abgeschlossenheit des Waldes nachzudenken.

Gerade bei den feierlichsten Tänzen, Märschen und Akten der Feste fällt öfter ein einzelner völlig aus der Rolle. Als Spaßmacher will er alle gewaltsam zum Lachen reizen. So ahmte er in Kubenkräkein den Häuptling Ngroi nach, der ein schlechter Tänzer ist, und in Kokraimore einen der würdigen Alten, der trotz aller Anstrengung und allen Eifers mit den anderen nur sehr linkisch mithalten konnte. Der „Clown", der sich auch bei anderen Stämmen wiederfindet (vgl. LUKESCH 1976: 65), hat sicher eine tiefere Bedeutung. Vielleicht repräsentiert er, wenn auch unbewußt, alle, die sich nicht zu den Höhen der Geistigkeit ihres Volkes aufschwingen können, wie sie sich im Fest kundtun, und will er deshalb alles lächerlich machen? Vielleicht spielt und repräsentiert er das Böse, das neben dem Erhabenen und Heiligen zur Karikatur wird? Jedenfalls handelt er hier nach dem Urbild eines Schelms und Tricksters, eines Gegenspielers in der Sinngebung und Suche nach der Fülle ihres Lebens, wie der fremde Knabe in ihrem Mythos vom Loch im Himmel, der lachend und höhnend das Seil abschneidet, das die Indianer von der Welt über dem Himmelsdach zur Erde geknüpft haben, und damit einen Teil der Kayapó daran hindert, in die neue, irdische Seinsordnung einzutreten.

Was die einzelnen Feste anlangt, so ist der Affentanz *Kukoi(re)-to(ro)*, wie erwähnt, eher nur ein Spiel. Er wird sehr gerne gefeiert, da er vor allem der Unterhaltung dient, weil auch Kinder daran teilnehmen dürfen und er keinen besonderen Ernst erfordert. Ich erlebte ihn 1957 in Kubenkräkein und mehr als zehn Jahre später auch in Kokraimore. Die Masse der großen Tänzer trägt dabei die Maske der Affen (Cebus) in Form einer großen, rechteckigen Tasche, die über den Kopf gestülpt wird und nur zwei Löcher für die Augen freiläßt; durch eine rote, kreisförmige Linie um die Löcher herum sind auch große Augen gezeichnet. An den oberen Enden der Masken sind zwei große rote Baumwollquasten gleich Ohren. Dazu gehört noch ein enganliegendes Maskenkleid aus Palmstroh; es ist so robust, daß der Träger damit tanzen, laufen, springen, ja auf die Bäume klettern kann. Die Maskierung der wenigen Brüllaffen, *kubud* (guariba, Alouatta sp.), die mitwirken, unterscheidet sich nur durch ihre kapuzenförmige Kopfmaske aus einem Palmstrohgewebe. Die Maske ist mit Ruß tiefschwarz gefärbt, und vor allem um die runden Augenöffnungen ist ein Zackenmuster mit weißem Lehm gezeichnet. Die Schwärzung des Gesichtes des Brüllaffen mit Ruß bedeutet wohl nicht nur seine Körperfarbe, sondern auch die Wildheit seines Temperamentes. So sind die Brüllaffen die wildesten Tänzer in den gestaffelten Reihen der Affen, und bei allem Schabernack, den diese im Dorf treiben, sind sie die Anführer. Die Maske der Ameisenbären, *pod* (Myrmecophago tridactyla), die auch zu dem Spiel gehören, ist ein hoher Palmstrohkegel, aus dem wiederum nur die Füße herausragen. Der obere Teil der Maske stellt den Rüssel des Ameisenbären dar, unmittelbar davor sind zwei röhrenförmige, im grellen Urucurot bemalte Augen festgebunden. Die Darstellung erinnert an die ins Abstrakte führende moderne Kunst. Die Maske erlaubt den Trägern nur ruhige, gravitätische Bewegungen am Rande der Reihentänzer der Affen. Die ausgelassenen Eskapaden der Affen können sie nicht mitmachen. Sie tanzen unterdessen einen Solotanz oder zu Paaren, mit vielen feierlichen Verneigungen vor den Dorfhütten, und betteln. Wenn die Affen sprechen, so tun sie es, wie wenn man Geister und Tiere reden läßt, mit Kopfstimme. Es kommt während der Feier zu Zwiegesprächen zwischen Affen und Brüllaffen. Die Schreie der letzteren sind ein tiefes „Ho, ho, ho". Die Antwort ist ein hohes, schrilles „Nã, nã, nã". Die Affen, angeführt von den Brüllaffen, tanzen zwischen den Häusern hindurch, sie führen mit ihren Masken die drolligsten Bewegungen aus und betteln an den Türen um Landschildkröten, Früchte, gebratenen Fisch und andere Speisen. Ihre Beute bringen sie ins Männerhaus, und dort gibt es dann ein großes Festessen.

Der *Kwōro-kangó* ist ein Fest, an dem Männer wie Frauen teilnehmen und das meist in der Zeit von April, Mai gefeiert wird. Es hat seinen Namen von einem Saft, den man in der Kürbisschale anbietet. Die Grundflüssigkeit wird aus der Maniokwurzel (Bitterer Maniok, maniaká, Manihot utilissima) gepreßt. Die Indianer nannten mir auch die weiteren Bestandteile: Kürbisstücke, Macaxeira (Süßer Maniok, aipin), Wildbretfleisch und Bananenstücke. Dies alles wird zusammengebraut, und zwar in der Nacht, im Haus des *mekrarere met* = des Herrn des Festes. Er genießt zuerst von dem Trank, dann der Häuptling und dann alle übrigen. Er soll Kraft verleihen. BANNER hörte, es mache *ai-ban*, d. h., es bringe den Menschen zur Ekstase, berausche ihn, mache ihn verrückt (BANNER 1961: 33). Einmal habe ich unseren Freund Ngoi-pa in diesem Zustand der Berauschung getroffen; er schoß mit Pfeilen in alle Richtungen, er warf in der Nacht mit Feuer um sich, sein Blick war immer ins Weite gerichtet, er ging schließlich in die Wildnis. Die Kinder und die jungen Leute flohen vor ihm, nur die Erwachsenen ließen ihn gewähren, ohne sich besonders darum zu kümmern. Einige Tage später kam er freundlich lachend und ganz natürlich, wie sonst immer, ins Dorf. Ob Ngoi-pa vor seiner Ekstase irgendein Getränk zu sich genommen hat, weiß ich aber nicht. Die besonders melodischen Gesänge des *Kworo-kangó* werden auch zu anderen Festzeiten oft gesungen.

Bō (= der Wald) ist ein Männerfest. Das geistige Bild, das sie sich vom Urwald machen, ist, wie mehrmals angedeutet, ein ambivalentes. Einerseits ist er für sie mit dem Jagdwild, den Früchten, die er bietet, ein Bereich der Nahrungsfülle. In

Der Mensch und das Übersinnliche in Weltanschauung und Leben

Zeiten der Heimsuchung nehmen sie Zuflucht zu ihm und erwarten sich von ihm Schutz gegen Feinde und schlimme Einflüsse von außen. Andererseits wagen sie sich nur in Gruppen tiefer in ihn hinein. Mit den Gefahren, die er birgt, und vor allem durch seine unendliche Weite ist er für sie im Verhältnis zu ihrem Dorf, ihren Pflanzungen und auch zu ihrer Urheimat, der Steppe, eine andere, unheimliche und düstere Welt. Die Maske bei seinem Fest „der Wald", ist ein weites, kegelförmiges, den Träger völlig verhüllendes, mit Blattrippen versteiftes Palmstrohkleid, das bis zum Boden reicht. Oben endet es mit einer breiten, festen „Halskrause". Darüber folgt noch eine schmale, röhrenförmige, vertikal nach oben gerichtete und mit Blattrippen verstärkte Kopfverhüllung. Die Maske entspricht dem stilisierten Bild eines Baumes. Selber habe ich das Fest in seiner Gänze nicht erlebt. Ich sah nur eine kleine Szene davon, die nicht nur ein schönes Erlebnis für mich war, sondern die mir auch besonders deutlich machte, wie sehr der kultisch-sakrale Charakter des Festes auf den einzelnen wirkt: Immer, wenn wir von unseren Kayapódörfern kommend, in die Hauptstädte des Südens reisten, machten wir noch in der nächstgelegenen großen Siedlung, dem Städtchen Conceição am Araguaia, ein wenig Halt. In seiner Umgebung leben noch, verstreut unter den Siedlern und den Carajaindianern, einige Abkömmlinge des einstigen Kayapódorfes der Stammesgruppe Shikrí am Pau d'arco. Einmal, nach einem heißen Tag, gingen wir dort zum Bad im Araguaia. Es war am Ende der Trockenzeit, und das riesige Strombett war jetzt eine endlose Sandfläche, in der der Fluß nur einen winzigen Raum einnahm. Wir mußten lange gehen, um ihn zu erreichen. Da sahen wir weit draußen auf dem im Mondlicht weißen Strand völlig einsam zwei Indianer tanzen. Sie tanzten in seinen Masken den Wald. Sie tanzten leidenschaftlich und mit Hingabe, indem sie sich immer wieder zueinander hin und wieder voneinander weg neigten. Sie tanzten schweigend, stundenlang. Zu hören war nur das rhythmische Aufstampfen der Füße im Sand und das Rascheln der

Masken des Waldes. Sie schienen so entrückt, daß sie auch unsere Anwesenheit nicht stören konnte.

Dieses Männerfest soll nach BANNER mit einer Orgie und Vergewaltigung aller unverheirateten Frauen enden (BANNER 1961: 33; DREYFUS 1963: 58). DINIZ, unmittelbar vor dessen Ankunft das Fest in Gorotire gefeiert wurde, erhielt die Versicherung, es habe keine Orgie gegeben (DINIZ 1962: 9). Während meiner Anwesenheit in den Kayapó-Dörfern gab es niemals solche Vorkommnisse. Allerdings redeten die Frauen in Kubenkrãkein anläßlich des Festes *Tokok* davon, während die Männer noch bei der großen Schlußjagd waren, daß sie sich vor deren Heimkunft fürchteten. Tatsächlich kam es aber dann nicht zu Ausschweifungen.

In Gorotire erlebte ich 1956 knapp vor Anbruch der Regenzeit das Fest *Me-biog* = Menschen, Frauen mit Blättern. Charakteristisch für dieses Tanzfest ist eine rhythmische Bewegung mit den Armen beim Tanzen. Die Frauen schreiten vollkommen aufrecht und feierlich immer im Kreis, so daß der Tanz an ein rollendes Rad erinnert. Sie sind festlich geschmückt und halten die Arme in den Ellbogen abgewinkelt. Vom Schultergelenk aus heben sie die Arme so gleichzeitig immer wieder wippend empor. Sie singen dabei einen feierlichen Gesang. Ein ungeheurer Stolz strahlt von ihrer Haltung und von ihren Gesichtern aus. Es ist wie eine Reinkarnation des Gesanges der starken Frauen in der Urzeit, denen die Männer ihren Geliebten Birá ermordet hatten. Den Mord des schönen Mannes beklagend, stimmten sie damals am Flußufer einen Zaubergesang an, worauf sie sich ins Wasser stürzten, zu Fischen wurden und sich so ihren Männern entzogen.

Das Maisfest *Baú* = Mais oder *Ü-karurei* = (Mais-)Körneressen wird alljährlich von den Männern mitten in der Regenzeit gefeiert. Es ist eine Beschwörung zur Erhaltung des wertvollen Maiskornes, das der große Vorfahre in der Urzeit fand, nachdem er die Ratte aus dem hohlen Baum getötet hatte. BANNER hörte, das Fest stelle ein Totenritual dar, des beim Pflanzen in die Erde versenkten, gleichsam begrabenen Maiskornes (BANNER 1961: 34). Die Festmahlzeit besteht aus jungen Maiskolben und einem *baú-ngō-dyo* = aus Mais gebrauten dickflüssigen Getränk (port. mingau). Jede Nacht wird getanzt, bis der ganze Mais aufgezehrt ist. Die Männer tragen einen Kopfschmuck aus dem Stroh einer Inajá-Palme (Maximiliana regis) = *rikire-bo*.

Das großartigste Fest, das ich in allen Phasen miterlebte und das dabei zum erstenmal (1955 Kubenkrãkein) in Gegenwart von Vertretern unserer Rasse gefeiert wurde, ist der *Beb* oder *Bēb*. Sein Name ist der eines Fisches (Momara), es ist aber auch der Name ihres großen Ahnen, der sich in der Urzeit zur Gottheit erhob = Bebgororotí. – Bezaubernd ist vor allem die Mannigfaltigkeit dieses Festes. Es ist ein einzigartiges Dokument der Phantasie und Gestaltungskraft der Indianer und ihrer musischen und mystischen Begabung. Ich erlebte das Fest, zusammengelegt mit dem Reifefest Me-ĩ-tük. Die Herren des Festes, die Beb, waren kleine Buben im Alter von ein bis drei Jahren. Sie hießen Ngo-kaé, Kraimori, Kaikioi, Kokoruti und Irekutí. Im Rahmen des Festes gab es auch den alljährlichen großen Fischzug mit Cipó = *akrore*, dies ist eine Lianenart, auch allgemein Timbó (Pauliana sp.) genannt, die das Fischgift enthält. Die Jungmänner schleppten auf Rindenbändern große Bündel von etwa 90 cm langen Cipóstäben ins Dorf. Der Gesang hat nicht allein die Bedeutung eines an sich wirksamen Zaubers, sondern er ist auch eine Beschwörung aller übersinnlichen Mächte, bei dem Menschenwerk mitzuwirken. Wenn man bei den Indianern ein Gebet als Kultform sucht, so wird man es am ehesten in ihren Gesängen finden. Die Sprache der Festgesänge ist wie erwähnt meist unverständlich, bei der Mondesfinsternis gibt es dagegen eine vollverständliche Anrufung des Mondes: *mut-urüre e amre kanie-tí* = Mond, erleuchte dich!

Das Fischen geschieht durch Vergiften des Wassers, in dem die Cipóbündel auf Steinen zerschlagen werden. Auch dabei gibt es wieder einen gemeinsamen Gesang, verbunden mit gemeinsamem Aufheben und Untertauchen eines Bündels durch die Jungmänner. Das Singen endet mit einem gewaltigen Schrei und einem klatschenden Aufschlag des Bündels auf dem Wasser. Danach kommen die Frauen mit den Kindern, die mit winzigen Bogen die auf der Oberfläche des Wassers schwimmenden betäubten Fische töten.

Vor der prächtigen Schlußphase des Festes gibt es eine lange Jagd. Schwer beladen mit Beute kommen die Männer heim. Viele von ihnen tragen auf den Schultern eine ganze Menge lebender Landschildkröten, die zwischen zwei langen, dünnen Stangen gefesselt sind, als frisches Fleisch für das Fest. Zu zweit schleppen sie die erlegten Wildschweine – jeweils mit zusammengebundenen Vorder- und Hinterfüßen auf einer Stange hängend. Sie bringen auch Fische, oft schon in gebratenem Zustand und eingehüllt in Bananenblätter, und Früchte aus dem Wald. Sie ziehen damit feierlich ins Dorf ein. Während die Männer auf der Jagd waren, buken die Frauen Maniokmasse in großen Mengen.

Die Leitung des Festes lag ganz in den Händen der Männer, die während dieser letzten Zeit in einem Waldlager weilten (*apeit-ti* = Arbeitsplatz = Ort, wo alles bereitet wird). Von dort aus gab es einen feierlichen Einzug der Männer in einer völlig dunklen Nacht; im Gänsemarsch wanderten sie unter düsterem Singen von Hütte zu Hütte. Sie sangen bei den Hütten teilweise in hockender Stellung. Den Zug beschloß der Medizinmann Kapot, der auf seinen Schultern einen der „Bẽb" trug. Es war eine düstere, traurige Totenfeier mitten im freudvollen Fest.

Täglich erschienen nun am Morgen und bei Sonnenuntergang zwei singende Jungmänner am Dorfplatz. Einmal schritten sie feierlich Hand in Hand und waren mit Papageienfedern geschmückt; das andere Mal folgten ihnen zwei Frauen. Einmal trugen sie je eine Axt, dann wieder eine Keule; einmal hatten sie auch den Schmuck durch ein großes Palmenblatt auf dem Rücken ersetzt, das über den Kopf emporragte. Einmal läuteten sie mit Kuhglocken, Beutestücke wohl von den Fehden mit den Siedlern am Araguaia oder Xingu, ein anderes Mal wieder kamen sie gelaufen. Man sagte mir, sie seien Spielansager – durch ihren Gesang. Dieses Ritual heißt *Rint-to-mõ* = Gesang des Festes und Schreitens.

Im Verlauf des Festes erlebte ich auch den Blocklauf der Indianer. In einer Mondnacht, um ½ 4 Uhr früh, ging ich mit den Männern in die Steppe hinaus. Die Männer wanderten vollkommen wortlos, einer hinter dem anderen. Draußen fanden wir zwei hohe abgerindete Stämme = *wari* liegen. Die Männer trugen glimmende Scheite und Fackeln, damit schlugen sie auf die Bäume ein. Plötzlich nahm je eine Gruppe der Männer einen Baum auf die Schultern. Im raschen Lauf ging es nun gegen das Dorf. Voraus liefen die *Me-ĩ-tükre*, die Jünglinge der Reifefeier, die mit prächtigen Wachshelmen und Federn geschmückt waren. Im Dorf war zu beiden Seiten des Männerhauses je ein tiefes Loch gegraben worden; hinter jedem war ein Gerüst errichtet, auf dem Männer mit Rindenbändern empfangsbereit warteten. Die Blockläufer stießen den riesigen Baum wie einen Pfeil in den Boden und richteten ihn blitzschnell auf. Von den Gefährten droben wurde er befestigt. Ein triumphaler Tanz im Kreis um die Bäume beendete dieses Ritual. Immer wieder beobachtete ich, wie sich später Jünglinge und Knaben darin versuchten, mit ihren Pfeilen über die Bäume hinauszuschießen. Auf meine Fragen nach der Bedeutung der Bäume erhielt ich, wie bereits erwähnt, eine eigenartige Antwort. Ein Indianer, der schon manches von unserer Rasse wußte, erklärte: „Was für euch die Fahne ist, ist für uns der Wari."

Noch eines anderen Blocklaufes war ich Zeuge. Die Männer hatten außerhalb des Dorfes, am Waldrand, einen einzigen mächtigen Buritíblock, *ngroa-ti*, niedergelegt. Der Block war an beiden Enden mit Urucu rot bemalt, und an beiden Enden war auch eine Stange zum Halten eingelassen. Nachts lagerten Männer bei dem Block. Die *Me-ĩ-tükre* zogen immer wieder unter Gesang zu ihm hinaus und wieder zurück. Inzwischen hatten auch die Frauen riesige kreisrunde Beixu-Kuchen gebacken und sie unter ständigem Hochheben und Senken singend zum Haus der *Bemb* gebracht. Dann gab es einen großen Tanz der Männer, die sich in zwei gestaffelten Fronten gegenüberstanden – Reihe hinter Reihe – und mit Keulen, Jaguarlanzen, Bogen und Pfeilbündeln bewaffnet waren. Immer wieder liefen die Gruppen in einem Scheinkampf aufeinander zu und wieder zurück, nachdem die Ältesten, der Medizinmann Kapot und der alte Medyegkra, den Tanzablauf genau erklärt hatten. Wie bei all diesen Schauspielen standen als vorderste Zuschauer auch die „Herren der Feste" dabei, d. h., die Mutter trug jeweils auf ihren Schultern das Kind, das unbewußt Mittelpunkt all dieses Geschehens war.

Es gab auch einen Tanz der Männer, bei dem diese gebückt, in einer Doppelreihe, einer hinter dem anderen, die Augen schirmend mit dem rechten Arm, über den Dorfplatz tanzten. – Schließlich zog man in einer der letzten Nächte schon bei Morgengrauen mit Fackeln zum großen Buritíblock hinaus. Die Stärksten hoben ihn auf und liefen mit ihm gegen das Dorf. Dort wurde er dröhnend vor dem Haus des Häuptlings Oket niedergeworfen. Den starken Männern waren mit Kohle völlig schwarz bemalte Buben noch vorausgelaufen, die nach Abwerfen des Blockes mit Stöcken heftig auf ihn einschlugen. – Das Erlebnis dieser Blockläufe läßt mich in dem Geschehen neben einer Kraftprobe auch eine Siegesfeier über alles Leben in der Natur erkennen, verkörpert durch den stärksten aller gefällten Bäume. Wer um die primitiven Mittel der Indianer weiß, muß im Fällen eines solchen Baumriesen einen technischen Sieg menschlicher Kraft erblicken. Die Indianer erzählten mir auch, daß sie vor der Fällung des Baumes, den sie dann im triumphalen Blocklauf ins Dorf schleppten, im Wald um den Baum im Kreis getanzt hätten. Die letzte Nacht des Festes stellte für mich alles bisher bei den Indianern Gesehene in den Schatten. Besonderen Eindruck macht der Schmuck der *Me-ĩ-tükre*; sie tragen prächtige Muschelketten = *ngopre*, ihre Strohgewänder gleichen Rüstungen, ihre Körper sind mit Federn beklebt, den Kopf ziert ein blendendroter Wachshelm = *kutobne*, auch *mein-e* genannt, auf dessen Spitze noch ein Federdiadem aufgesteckt ist. Der prächtigste Indianerschmuck aber ist eine Art riesiger Fächer aus langen Araschwanzfedern, *koko-kriti*, der die ganze Gestalt des Jünglings wie einen Strahlenkranz umgibt und ihn wirklich wie ein übersinnliches Wesen erscheinen läßt. Sie überqueren immer wieder singend den Dorfplatz. Und in fünf Kreisen tanzen Gruppen, immer eine Frau hinter einem Mann; sie alle sind ganz mit gelben und weißen Flaumfedern der Ara beklebt. Kurze, federnde Schritte scheinen den festen Boden unter den Füßen in fließende Luft zu verwandeln. Die Arme sind weit ausgebreitet, die Hände in ununterbrochen kreisender Bewegung, gleich dem Schwirren gewaltiger Flügel. Der Gesang dazu ist ein unzählige Mal wiederholtes „Ra, ra, ra". Die Tänzer sind mächtige Vögel geworden, zauberhaft unirdische Papageien.

Am anderen Ende des Dorfplatzes wiederum tanzen Fische in ihren Masken – in hohen, ovalen Holzrahmen, über die ein feines, lichtes Palmstrohgeflecht gespannt ist –, die die ganze Gestalt ihrer Träger verdecken. Sie tanzen in einer frontalen Reihe, ihre großen, dem Dorf zugewendeten Fischgesichter langsam hin und her bewegend, als würden sie den Kopf schütteln. Sie wirken verträumt, stimmen traurig, erwecken Heimweh nach längst vergangenen Zeiten. Im Schein der vielen Feuer, die das Dorf erhellen, gleicht uns das Fest einer traumhaften Sinfonie von Farben, Tanz, Gesang, Bewegung und mystischen Handlungen. Und die Reaktion der Stammesgruppe, der Dorfgemeinschaft? Vielleicht übertreffen uns die Indianer oft in der Tiefe ihres Fühlens, sicher aber in dem Freimut, mit dem sie ihren Gefühlen Ausdruck verleihen. So erschreckte uns, gerade in den schönsten Augenblicken der Feste, das schrille, unnachahmbar heftige Weinen der Frauen, das durch das Dorf hallte und in einem gewaltsamen Schluchzen langsam abebbte – es glich völlig der Art und Weise, wie sie ihre Toten beklagen. Erwachten Erinnerungen an Festerlebnisse längst vergangener Zeiten, als Vater und Mutter noch lebten, als liebe Tote noch dabei waren? Vor allem ist dieses starke Weinen hier sicher Ausdruck der Festbegeisterung, eines Übermaßes an Freude, die sich weiter steigern will und im Übersinnlichen ihre Fülle sucht.

Der letzte Akt des *Beb* – es ist nach der großen Festnacht inzwischen wiederum Tag geworden – ist *Ngoi-ngrere* = im Wasser das Fest, das Wasserfest, ein wilder Tanz von völlig schwarz bemalten Buben, die in solchen Taumel geraten, daß sie dauernd hinfallen. So endet die Feier des *Beb* mit einem Bekenntnis zu jener anderen Welt des Wassers, aus der die Indianer nach ihrem Glauben stammen, aus der ihre unüberwindbare Kraftquelle und woher auch ihre Feste kommen.

Nur wenig sticht in seiner Gestaltung der *Tokok* von diesem Fest ab. Tokok ist ein mythischer Fisch, aber die Indianer sagen, ihr großer, längst verstorbener Häuptling Tokok habe das Fest geschaffen. – Nachdem fast die ganze Trockenzeit 1957 hindurch in Kubenkräkein von Männern und Frauen getanzt wurde, kam es nach der großen Jagd zum Höhepunkt des Festes. Feierlich war der Einzug der Männer und erschütternd ihre Begrüßung durch die vor Begeisterung und Freude weinenden Frauen. Das Fest hängt mit dem Wachstum der Pflanzen zusammen. Am selben Tag noch versammelten sich die Männer zu einem großen Tanz: Die jüngsten unter ihnen trugen Stangen mit Pflanzen: *kworo kamrõ* = Maniokblut, eine Stange mit einem Maniokzweig an der Spitze und *yod-toro-ti,* eine Stange mit dem Zweig der Kartoffelpflanze an der Spitze. Sie begaben sich zum Männerhaus und vollführten dort einen Tanz in konzentrischen Kreisen, gleich einander umschließenden Rädern. Zum Abschluß erfolgte ein gemeinsames Aufjauchzen der Männer, die dabei in einer langen Reihe standen und sich zuletzt ins Männerhaus zurückzogen. Zuschauer bei dem Tanzritual waren die Herren des Festes, die drei Tokok und ihre Begleitung, das ist der Vater, die Mutter und eine wundervoll geschmückte Patin = *Tokok-krom-dyõ,* ein etwa zwölfjähriges Mädchen, mit großen Ohrringen aus prächtigen Muscheln. – Es gab auch einen Wettlauf im Dorf von je einem Läuferpaar zum Haus eines Tokok. Die Läufer hielten dabei die Stäbe in den Händen mit *rikire-ko* = einem Inajápalmenzweig, einem *yod-toro-ti* = dem Kartoffelzweig und den *kwŏro-kamrŏ* mit einem Maniokzweig. Beim Männerhaus gab es wieder einen Kreistanz, in dem während einer radförmigen Drehung alle sich abwechselnd zum Mittelpunkt und dann wieder an den Rand bewegten. Die Frauen hatten gleichzeitig – es war am Vormittag – die riesigen, als Abbilder der Sonne und des Dorfes kreisrunden Maniokkuchen fertig. Es waren übergroße *Beixu*, „Pasteten", gebacken aus Maniokmehl mit einer Füllung von Fleisch, Fisch, Bananen . . . das Leibgericht der Indianer. Jetzt trugen sie diese Kuchenscheiben – mit Armen und Händen triumphal emporgehoben – im Laufschritt zu den Häusern der Tokok. Danach packten Vater, Onkel, Mutter und Patin der Tokok die Strohmatten, auf denen die Kuchen getragen worden waren, und schleuderten sie hoch in die Luft. Dieser Brauch heißt *„kupip-kri"*.

Das Fest nähert sich dem Ende. Draußen am Waldrand werden die letzten Vorbereitungen getroffen. Der Tanzführer, Wayangari Kapot, belehrt die Männer wie immer über die letzten Abschnitte. Unterdessen geht das Schmücken vor sich. Die größte Sorgfalt wird auf den Schmuck des Jaguars gelegt, der sich im Mythos zur machtvollen und gütigen Gottheit erhob. – Zum Fest gehört der große gefleckte *robkrore* und die zwei Jaguarkinder. Das Gesicht des Jaguars ist mit schwarzen Punkten bemalt. Der Körper ist ganz schwarz bemalt, seine Füße und Waden blendend rot. Bei dem typischen Federkopfschmuck des Jaguars : *krä-dye-krokrok* sind die Papageienfedern schräg nach unten gerichtet. In das Haar sind weiße Flaumfedern des Königsadlers geklebt und auf dem Körper in Abständen bunte Papageienflaumfedern. Am Kopf sitzt noch der ganz schmale Dreispitz-Wachshelm *kutobne*, der mit Urucurot und weißem Lehm bemalt ist. Ein breites, aus Bast geflochtenes Armband mit einem roten Federbüschel als Schmuck = *krua-pu*, gehört zur Ausstattung.

An den Knien hat er Fußbänder aus Baumwolle = *robkrore-kadyót*. Sein bedeutendstes Klanzeichen sind aber die Jaguarkrallen, *robkrore-i-kob,* bestehend aus mit Rinde umwickelten Wildschweinzähnen = *angrú dyúa.* In gleicher Weise wie der alte werden auch die Jaguarjungen von Mutter und Tante, den einzigen Frauen, die hier am Platz der Männer zugelassen sind, geschmückt, nur daß bei ihnen der Wachshelm fehlt. Nach Belehrung durch den Tanzführer erzählt der Mann aus der führenden Klasse, *Ngoi-pa,* Jagdgeschichten. Jeder Jagdgeschichte folgt ein von den Männern gesungener, wilder Refrain mit fremden unverständlichen Worten, Anrufe zur Abwehr und Beschwörung des Jaguars. Dazu schleicht sich der Große Jaguar, im tiefsten Ernst seiner Rolle, von seinem Platz weg zu einem Baum im Osten, vor dem ein kleiner freier Raum ist. Schleichend und springend nähert er sich dem Baum, biegt sich plötzlich weit zurück und reckt beide Arme mit den Krallen drohend empor. Mit Kopfstimme stößt er ein heulendes „U, u, u, uch" aus. Dann schleicht er wieder mit gebogenen Knien an seinen Platz zurück, die gestreckten Arme langsam schwingend. Öfter wird diese Szene wiederholt, immer abwechselnd mit dem mächtigen Gesang der Männer, der dem Angriff des Jaguars offenbar entgegenwirkt.

Bei Sonnenuntergang erfolgt dann der Marsch zum Dorfplatz. Voran schreitet der Tanzführer, den Stab mit Maniokblättern an der Spitze hoch erhoben. Hinter dem Anführer, dem Wayangari, folgen hintereinander die Jungmänner = *menoronure,* die Jünglinge = *me-okre,* die Männer, deren Frauen mehr als ein Kind haben = *me-krare,* dann die drei Jaguare und zuletzt die *mebenget* = die reifen Männer und die Alten. Die Jaguare – der große in der Mitte, die beiden kleinen vor und hinter ihm – gehen mit katzenhaft langsamen Schritten, die Armbewegungen dem Gang angepaßt, mit den Krallen in den Händen gleichsam rudernd. – Es gibt einen Rundtanz um den Platz. Die Jaguare ziehen sich auf eine Strohmatte außerhalb des Kreises zurück. In den Kreis aber treten die kleinen

Knaben Tokok mit ihrer Patin, ihrem Onkel und ihrer Mutter. Sie nehmen innerhalb des Kreises feierlich Aufstellung. Nun schleichen sich die Jaguare aber ebenfalls in den Kreis. Sie tanzen und springen vor den Tokok hin und her, bald sich vorsichtig nähernd, bald mit drohenden Gebärden, wie der große Jaguar es draußen am Waldrand vorgeführt hat. Sie biegen wieder geschmeidig den Oberkörper nach hinten und heben angriffslustig ihre Tatzen, einmal bei dem einen, dann bei dem anderen Tokok. Dazu heulen sie auch: „Gu, gu, gu, guah!" Die kleinen Tokok weinen. Darauf schleichen die Jaguare wieder zu ihrer Strohmatte zurück und essen still, ohne ein Wort zu sprechen.

Die ganze Nacht dauert das Fest. Die Männer verfertigen in der Frühe im Männerhaus kleine Bäumchen aus Wachs = *Tokok mein-e*, als Kopfschmuck. Die ausgezeichnete plastische Darstellung – man würde sie den Indianern kaum zutrauen – wird ergänzt durch Tierfigürchen, *ropre karon*, die Seele, d. h. das Abbild eines Hundes, oder nach indianischer Auffassung, eines kleinen Jaguars. Vielleicht sind auch die Bäumchen gleichbedeutend mit den Pflanzen an den Stäben, als Symbol der lebendigen Natur. Dieser Schmuck wird *igruture* genannt: Das Kind Tokok, die Patinnen, die Eltern und der Onkel tragen ihn dann. Ihr Singen bei der Übergabe beginnt: „*igrutúre e tep kadyú ipeit* = der Schmuck, für den Fisch ist er bestimmt." Die drei kleinen Herren des Festes tragen ja den Namen des geheimnisvollen Fisches Tokok und sind damit nach dem mythischen Konzept der Indianer irgendwie sein zweites Ich.

Noch ein anderer großer Chor wird bei diesem Fest immer wieder gesungen. Der unverständliche Refrain lautet: *i katíte e*. Zwei Wortgruppen sind verständlich: *ni, mu, na, puru* = Frau, Mann, Regen, Pflanzung – und die andere: *kwŏro puru* = Maniokpflanzung. Am Schluß wieder der Refrain: *i katíte e*.

Hier wurde versucht, einen kleinen Einblick in die Vielfalt der indianischen Feste zu geben. Finden doch in den

Festen, die mit Kult und Mythos lebendig verwoben sind, Glaube und Weltanschauung ihren unmittelbarsten und bedeutungsvollsten Ausdruck. Aber die Zusammenhänge erscheinen uns verschwommen und verschleiert. Wo die Mystik beginnt, hört das Erklären auf. Es bleibt als Quelle der Erkenntnis das Erleben, die Ergriffenheit, das Staunen. Ich darf sagen: Das Erlebnis der indianischen Feste bewirkt, daß selbst der Ethnologe zu forschen und zu fragen aufhört.

325

II. TEIL

Sprachliche Einführung

Aussprache

1. Allgemeiner Grundsatz: Die Laute der Kayapó-Sprache können weitgehend dem deutschen Alphabet folgend dargestellt werden.
2. Besonderheiten:
   a. Besondere Zeichen:
      a) Das Längezeichen (ˉ) bedeutet langgedehnte Aussprache
      b) Die Tilde (˜) bedeutet nasale Aussprache. Dieses Zeichen kommt nur über dem A, E und O vor.
         Ã entspricht dem portugiesischen a in „Lã" (Leinen).
         Ẽ entspricht dem portugiesischen em in „bem" (gut).
         Õ entspricht dem französischen on in „bon" (gut).
      c) Der Akzent (´) bezeichnet die Betonung der Silbe, Die Diphtonge werden stets auf dem ersten Vokal betont.
   b. Aussprache besonderer Laute:
      a) Vokale:
         E: Offenes e wie im italienischen „caffe" (Kaffee).
         I: Gedehntes i, wie im deutschen „Igel".
         O: Offenes o, wie im italienischen „poco" (wenig).
         Ö: Langes ö, wie im deutschen „König".
         Ü: Mittelvokal zwischen dem ü wie im deutschen „Krüge" und wie im deutschen „Krug".
      b) Konsonanten:
         Č: Ein im Deutschen nicht vorhandener Zischlaut. Er ist dem č wie im kroatischen „četvõrka" (vier) sehr ähnlich.
         H: Dieser Laut wird erzeugt durch Ausatmen wie h im Deutschen.

H: Es gibt aber auch noch einen zweiten h-Laut, der durch scharfes Einatmen erzeugt wird. Dieses H wird im Text jeweils angegeben.

Ng: Dieser Laut entspricht dem gn im französischen „Champagne".

W: Entspricht dem w im englischen „well".

Y: Entspricht dem j wie im deutschen „jeder".

Grammatik

Die folgenden grammatikalischen Hinweise sollen lediglich einen Behelf für selbständiges Übersetzen bieten.

1. Im Kayapó gibt es keinen Artikel.

2. Das Substantiv bleibt, abgesehen von der im Sprachgebrauch auch in anderen Wortkategorien immer wieder vorkommenden willkürlichen Weglassung von Silben, unverändert.

3. Die Klassifizierung nach Zahl und Geschlecht fehlt. Für weibliche Wesen wird häufig das Wort *ni (menire =* Frau) angehängt, zum Beispiel *benyadyori-ni* = weiblicher Häuptling, *ropre-ni* = die Hündin. Viel seltener wird bei männlichen Wesen das Wort *mu* = Mann angehängt. Der Nominativ steht in der Regel an der Spitze des Satzes. Der Genitiv wird durch Voranstellung des Substantivs vor das, von dem es abhängt, ausgedrückt.

4. Das Adjektiv, das ebenfalls unveränderlich ist, wird dem Substantiv immer nachgestellt, z. B. *kikre meitire* = Haus schönes.

5. Das Pronomen

a. Das Personalpronomen lautet *ba* und manchmal *i* = ich, in verneinten Sätzen stets i; *ga* = du; *ta* oder *meõ ta* (eigentlich): dieser Mensch = er, *ta* oder *menire ta* (eigentlich): diese Frau = sie. *Me ba, guaiba* oder bloß *guai* = wir; *gari* = ihr, *ari*, häufiger *meõ* oder bloß *me* (eigentlich Mensch) = sie.

b. Das Possessivpronomen lautet für alle drei Personen

Einzahl und Mehrzahl *nyō*. Die erste und zweite Person Einzahl wird aber sehr häufig durch *inyō* oder bloß vorangestelltes *a* (dein) ausgedrückt; *anyō* bzw. *a* wird auch für die dritte Person gebraucht (= sein). Die Indianer sagen also *mebemokré nyō tep* = dem Indianer sein Fisch oder *mebemokré nyō tep, anyō tep* oder *inyō kra* = mein Kind, *anyō kra* oder *a-kra* = dein bzw. sein Kind.

c. Wenn das Besessene ein integrierender Bestandteil des Besitzenden ist, dann braucht es das Pronomen nicht, es wird dann einfach der Genitiv vorangestellt, z. B. *meō-krā* = des Menschen Kopf.

d. Fragepronomina sind: *moina* oder bloß *moi* = was, *moi meō* = wer, *moi katí* = wann, *nyara* = wo.

e. Das Demonstrativpronomen ist *meō ta* = diese(r) oder jene(r), *moira ta* = dieses oder jenes; es wird aber auch bloß *ta* für dieser, diese, dieses oder jener, jene, jenes gebraucht.

6. Die Kayapó haben nur wenige Zahlen, und diese lassen sich auf zwei reduzieren, und zwar eins und zwei. Die Zahlen sind:

eins = *pudyí*
zwei = *amaikrut* (Paar)
drei = *amaikrut ikiéket* (zwei + Unpaar)
vier = *amaikrut amaikrut* (zwei + zwei)
fünf = *amaikrut amaikrut ikiéket* (zwei + zwei + Unpaar)
sechs = *amaikrut amaikrut amaikrut* (zwei + zwei + zwei).

Weiters wird dann mit den Fingern gezählt, indem man dem Gesprächspartner die Finger der beiden Hände oft auch ein paarmal zeigt und dazu sagt *āne* = so viel. Um eine höhere Zahl nur durch ein Wort auszudrücken, sagt man *komet* = viel oder *kram tí* = eine große Menge.

7. Das Verbum ist ein Indefinitum, d. h., seine Form ändert sich nicht; sie besagt an sich noch nicht, ob die Handlung jetzt geschieht, ob sie der Vergangenheit angehört oder erst in der Zukunft geschehen wird. Die Zeit ergibt sich aus dem Zusammenhang. Die Vergangenheit der Handlung wird

mitunter durch das vorangestellte Wort *arúm, arup* oder *aru* ausgedrückt. Dieses steht am Beginn des Satzes, z. B. *aru ba boi* = ich kam. Hie und da steht es aber auch vor dem Zeitwort, z. B. *kuben ari boi* = der Fremde ist gekommen. Sehr selten wird für die Vergangenheit das Wort *amre* gebraucht, für unsere Texte ist der Ausdruck *amre-bé* = vor langer Zeit, in alten Zeiten, bedeutsam.

Die Zukunfthandlung wird – allerdings nur sehr selten – durch das vorangesetzte Wort *go* ausgedrückt: In der Regel wird die zukünftige Handlung durch Zeitadverbien, wie *akatíbe* = morgen oder *amut-krü-kam* = nachmittags, ausgedrückt. Der Konjunktiv wird hie und da durch Voranstellung des Wortes *ge* gebildet. Für den Imperativ gebraucht man das Zeitwort ohne Pronomen unter Voranstellung des Wortes *amre*, das unübersetzbar ist, z. B. *amre-ten* = komm her. Hie und da verwendet man auch bloß das Zeitwort ohne Pronomen, z. B. *kubin* = töte ihn. Bedeutsam ist der Ausruf *mí* = nimm; und wenn man etwas haben will bzw. um etwas bittet, sagt man *amre kangá* = gib mir. Das Reflexivum wird ausgedrückt durch das vorangestellte Wort *ami* für alle Personen, z. B. *menire amí tak* = die Frau schlägt sich. Einander (= die einen, die anderen) wird ausgedrückt durch das Wort *aben* zwischen dem Subjekt und dem Verb. *Menire aben tak* = die Frauen schlagen einander.

Das Suffix o oder õ, seltener a oder ã, das man mit „machen" übersetzen könnte, verwandelt das Adjektiv in ein Verbum, z. B. o-meitire = schön machen, verschönern. Das gleiche Suffix kann auch ein intransitives Zeitwort in ein transitives verwandeln, z. B. *boi* = kommen, *o-boi* = kommen machen, bringen. Die Vorsilbe *ku* bei gewissen Zeitwörtern bedeutet „irgend etwas", z. B. *ba kukren* = ich esse (irgend etwas); aber *ba tep kren* = ich esse einen Fisch.

Es gibt kein Wort für sein und haben. Nur wenn als Prädikat sein mit einem Substantiv steht, gebraucht man das Wort *be* für sein, z. B. *menire be mebemokré* = die Frau ist (war, wurde) eine Indianerin.

8. Das Adverb steht in der Regel nach dem Verb. Die in den Texten sehr wichtige Präposition *kam* = „in und im" wird oft als Postposition gebraucht, z. B. *bōkam* = im Wald oder in den Wald.

9. Das Bindewort *me* = „und" wird dem beigeordneten Begriff vor- und nachgestellt, z. B. *ba me ga-me* = ich und du.

10. Die Bejahung wird ausgedrückt durch das Wort *no* = ja. Die Indianerinnen sagen für ja = *ha* (ausgesprochen mit einem heftigen Einziehen des Atems), die Verneinung drückt man aus durch *katí* = nein, nichts, keinesfalls; ferner durch das Wort *ket* in Verbindung mit dem Substantiv, Adjektiv oder Verbum, dem es nachgestellt wird, z. B. *mrü ket* = kein Wild, *punure ket* = nicht häßlich, *kabén ket* = nicht reden. Wenn man besonderen Nachdruck auf die Verneinung legen will, dann wird das Wort ket in Verbindung mit dem Wort met gebraucht und bedeutet dann „auf keinen Fall" oder „gar nicht", z. B. *meō kabén ket met* = der Mann spricht gar nichts. Von besonderer Bedeutung für unsere Texte ist der Ausdruck *kwarikwai* = du sollst nicht, du darfst nicht, es darf nicht, es soll nicht sein, es darf nicht sein.

11. Alle Fragesätze werden eingeleitet durch das Wort *dyam,* das nicht zu übersetzen ist, z. B. *dyam ga ngrere* = singst du? Die normale Satzstellung hat die Reihenfolge Subjekt, Objekt (wenn ein solches vorhanden ist) und Prädikat, z. B. *meō kukrüt bin* = der Mann den Tapir tötet. Ist in dem Satz ein Dativ- und ein Akkusativobjekt vorhanden, so steht das erstere vor dem letzteren.

Bemerkungen zum Text

Eine interlineare Übersetzung begleitet die Eingeborenentexte. In dieser wortgetreuen Übertragung ins Deutsche werden jedoch Hauptwörter, Eigenschaftswörter und Zeitwörter, die ja im Kayapó – bis auf recht willkürliche Silbenauslassungen im Sprachgebrauch – unverändert bleiben, in der entsprechenden Abwandlung wiedergegeben. Dies ermöglicht ein flüssigeres Lesen des deutschen Textes. Aus dem gleichen Grund sind die Artikel, die es im Kayapó gleichfalls nicht gibt, in der Übersetzung in Klammer beigefügt.

Ein Vokabular bildet den Abschluß des Buches. Darin sind sämtliche Worte der Texte enthalten. Sie sind in der Form wiedergegeben, wie sie der Erzähler tatsächlich gebraucht hat. Oft läßt er willkürlich Silben aus, oft gebraucht er eine völlig andere Wortform. In letzterem Falle wird jeweils eigens auf die gebräuchlichste Wortform verwiesen. Unterschiede ergeben sich lediglich in der Akzentuierung, da das Wort oft im Satz anders betont wird.

Zur Ergänzung und zum Vergleich des sprachlichen Materials wird auf die allerdings sehr fragmentarischen Veröffentlichungen verwiesen (vgl. SCHMIDT 1929: 238). Zumeist wurde dieses Material schon vor langer Zeit aufgenommen, und das bei Kayapógruppen, die weit weg von den heutigen Kayapó siedelten. Oft handelt es sich auch nur um einen kurzen Aufenthalt des Forschers und bloß einzelne Informanten. So verdankte Paul EHRENREICH sein Material einer zivilisierten Indianerin aus der Gruppe der Gradaho, die in Leopoldina mit einem Halbbrasilianer verheiratet war. Der Dialekt der Gradaho weicht ziemlich stark von der Sprache der heutigen Kayapó ab (EHRENREICH 1894: 115–137). Bedeutungsvoll ist die kurze Darstellung von P. Antonio Maria Salo, der in der Mission von Conceição de Araguaia arbeitete und zu einem Dorf der Kayapó am Pau d'arco und zu einem anderen am Araios kam. Er selbst sagt von seiner Arbeit: „C'est un essai" (SALO 1914: 233–240).

Eine gute Wortliste stammt auch von KRAUSE (1911: 367 ff.) und zweieinhalb Seiten neueren Materials von BANNER (1961: 49–51). Ich darf auch auf die in meinem Religionsbuch der Kayapó-Indianer von mir vorgelegten Indianertexte verweisen (LUKESCH 1963: 35–230).

Originaltexte der Mythen

Koikwa-kam kre

Amre-bé amre-bé mebemokré koikwa imõkri. Ariba moia
ipû, kuní meõ kõt meõ-kur-odya kuní: Mob-me yod-me rig-
nó-me mein-me mrü-me kapran-me moia kuní meõ-kur-õ-
dya. Kam meõ-be-nget ton kre pumu kam kuté bin mõ.
Kam kre nipeit. Akatí aité uru-ten. Akatí aité uru-ten akatí
aité uru-ten akatí aité uru-ten kam ton pumu. Kam koikwa
õbogne. Kam ton-ti kumrént tum. Me meõ-be-nget tum.
Nyum-kam meõ kok koima kumén. Nyum-kam uabí.
Arúm meõ-be-nget ngróa bõ me ngõ-mod me kapót-me.
Kam oamã. Me kam kríma boi me kam me kuní marén:
Arú ba koikwa õbogne. Kam meõ: Mokam? Kam me-be-
nget: Ton kõt. Meõ kuní: Nyara ton? Meõ kabén: Arúm
ton tum imóre-kam ngroa-bó kuri kapót-kam tum. Nyum-
kam: Moi dya go peine? Meõ benyadyóri me: Kone.
Benyadyóri ikié: Gwai-on! Moia dya gwait nipeit nën
rua Benyadyóri kabén-me: Arabé me-kaime pari-dyé-me
me-pré-me arabé. Meõ kuní kikre kõt amre ten. Moia kuní
õ-ten arabé, kadyú. Benyadyóri ikié: Gwai kadyót ipeit
kuté i-dyúdye-dyé borák. benyadyóri: Ha. Ge to ipein,
yúkri, kadyú. Puká örö atángne. Kam aité uabí. Aité yúkri kadyú. Aité puká örö atángne. Kam aité uabí, aité yúkri kadyú. Aite puká örö, atángne. Kam aité uabí aité yúkri kadyú. Aité puká örö. Atángne. Kam aité uabí. Aité
yúkri. Nyum-kam puká uru-boi. Nyum-kam me-nõ-kára
ket kumrént rua. Me-kam kadyót pin-krait apré. Nyum-
kam me rua kudyá. Me-be-ngõ-dyure kuren rua, itép meõ
kra pui. Nyum-kam memú, nyum-kam me-be-nget, kõt
rua. Arúm ket. Abén oiakía. Me-nõ-kára, kóirum dya.
Nyum-kam kuben kra me kadyót pa krantá. Ge me rua
ket, ba me kadyót krantá õ-dya. Arúm-me me puká-kam
rua. Me kam kapót kam mrai. Nyum-kam me-be-ngõ
dyure prü omúi.

Himmel im (das) Loch

(Einmal) waren (einmal) waren (die) Indianer (dem) Himmel oberhalb. Dort (der) Dinge (eine) Fülle (hatten sie), alle
Menschen besaßen Menschen (zu) essen, dafür (eßbare Dinge) alle: Yams und Süßkartoffeln und Anajafrüchte und Honig und Wild und Landschildkröten und Dinge alle Menschen (zu) essen, dafür. Da (ein) Mann, (der) war alt (eines)
Riesengürteltiers Loch entdeckte und es töten (es) ging. Und
(ein) Loch (er) machte. (Als) Tag wieder (war), hinaus ging
(er). (Am) Tag wieder (= am nächsten Tag) hinaus ging (er),
(am) Tag wieder hinaus ging (er), (am) Tag wieder hinaus
ging (er) und (das) Gürteltier (er) sah. Da (den) Himmel (er)
durchbohrte. Da (das) Gürteltier (das) riesige, wahrhaftig,
fiel hinunter. Auch Mensch, (der) war alt, fiel hinunter. Da
(den) Mann (ein) Sturmwind hinaufschleuderte. Da kam (er)
hinauf. (Der) Mann, (der) war alt, einen Buritípalmen-Hain
und (den) Fluß (den großen) und (die) Steppe auch (sah). Da
(er hatte) Heimweh (danach). Und da Dorf ins kam (er) und
da (den) Leuten allen erzählte (er): Ich (den) Himmel durchbohrte. Da (die) Leute (sagten): Warum? Darauf (der) Mann,
(der) war alt: (Weil ich dem) Gürteltier nachstellte. Leute
alle (sagten): Wo (ist das) Gürteltier (jetzt)? (Der) Mann sagte: (Das) Gürteltier fiel hinunter Lichtung auf (eine) (einen)
Buritípalmen-Hain neben Steppe in (der) fiel (es). Da (sagten die Männer): Was da (wir) werden tun? (Der) Männer
Häuptling auch (sagte): Ich weiß nicht. Häuptling (der) andere (sagte): Wir (wollen) uns aufmachen! Los! Etwas dafür
wir (wollen) machen (um) dort herunter(-zu-)kommen. (Der)
erste) Häuptling sagte auch: (Lasset uns) zusammenbinden
Armbänder, Fußbänder und Gürtel auch (wollen wir) zusammenbinden. Leute alle Häusern zu (den) sollen hingehen. Dinge alle (sollen sie) aufbringen (zum) zusammenbinden dafür. Häuptling (der) andere (sprach): Wir (wollen)
(ein) Seil machen, das meiner Bogen-Sehne gleicht. (Der
erste) Häuptling: Ich verstehe, es sei (wir wollen das) tun,

Koikwa-krait kukrüt kuté kuru

Amre-bé kukrüt kuté koikwa krait kren mõ kam kren õ-pa.
Moi iró oika õ-ipú mõ. Kam kukrüt kuru rã-ã. Kam mebemokré, koikwa tum, pumá. Kam koikwa krait kuri kuben
punu kuní: Kuben-kókre me kuben-kukoi-tí me kuben-noi
me kuben-ton me kuben-ropre me kuben-koikrití me, ku-

(damit wir) zusammenknüpfen (ein langes Seil) dafür. (Um
auf die) Erde (zu) gelangen reichte (das Seil) nicht. Und
wieder hinaufkletterten (sie). Wieder zusammenknüpften
und verlängerten (sie das Seil) zum (herunterklettern). Wieder (um auf die) Erde (zu) gelangen, langte (es) nicht. Und
wieder hinaufkletterten (sie). Wieder verlängerten (sie das
Seil) zum (hinunterklettern). Wieder (um auf die) Erde (zu)
gelangen, langte (es) nicht. Und wieder hinaufkletterten
(sie). Wieder knüpften (sie das Seil länger) zum (herunterklettern). Wieder (um zur) Erde (zu) gelangen, reichte (es)
nicht. Und wieder hinaufkletterten (sie). Wieder knüpften
(sie das Seil) länger. Jetzt (auf die) Erde gelangten (sie). Da
(ein) Mann (dessen) Auge bangte nicht (= der schwindelfrei
war) wahrhaftig stieg herunter. Und (das) Seil (an einem)
Baumstamm (band er) fest. Nun (die) Leute herabkletterten
daran (an dem Seil). (Die) Jungmänner (zuerst) folgend herabkletterten, dann (die) Frauen (mit den) Kindern (im) Traggürtel. Dann (die erwachsenen) Männer, dann (die) Männer,
(die) sind alt, nach herunterstiegen. (Dann) war Schluß (und
es kam niemand mehr). (Sie) sich voneinander trennten.
(Die) Menschen, (deren) Auge furchtsam war (= denen
schwindelte), oben blieben. Da (ein) fremdes Kind (ein Bub)
(das) Seil abschnitt. (Der Bub rief:) Daß sie herunterkommen nimmer, ich (das) Seil abgeschnitten machte. (Die)
Menschen Erde auf (die) heruntergestiegen waren.

Und da Steppe in (der) wanderten (sie) dahin. Da (die)
Jungmänner (den) Pfad ausfindig machten.

(An des) Himmels Stamm (der) Tapir, der nagt

Einmal war (ein) Tapir, der (des) Himmels Stamm (zu) fressen begann und fressend (will er ihn) fällen. Was (an) Spalt
(er herausfraß), schließt (sich wieder) gleich. Und (der) Tapir nagt weiter. Da (die) Indianer, (daß der) Himmel herabstürzt (haben) Angst. Und (in des) Himmels-Fußes Nähe

ben, punu kuní kumrént. Kuté mari aité meõ marén kadyú. Kam mebemokré atoit, nyure kuní kuté mari. Me ingét me kwatúi me kuní kuté mari me kumarén, tobdyuóa
kumarén. Apatoit bog-tí me-kurerére-ti kuté mumarén.
Kadyú nẽ me kuní kumá. Me, kuté mari tum bit tobdyuó
marén.

Me-ba pári be aité puká õdyu

Amre-bé mebemokré puká bit pumu. Meõ ariréin õ-ten,
me atéma puká pumu. Yúkri nyum, koikwa imõkri puká.
Kam me meõ ariréin õ-ten. Mrü abéia ten. Kam puká-kre-
kam ton-tí pumu. Kam kuté bin mõ. Me-ba pári be koikwa
õbog. Kam akatí kram-tí kre apatoit nipeit. Kam koikwa
õbogne ton kõt. Kam kok-dyobéri toit. Kam meõ ton-tí kõt
koikwa õbog mõ. Kam ton-ti a-pari mõ tum kam kuté meõ
bin kaigó. Kam kubún-ten kam boi. Kam me kuní marén.
Kam me kuní akatíbe uru-ten kam kre pumu, kre apatoit
pumu. Kam meõ kukía. Kam kone. Kam meõ kukía: moi
dya guai? Kone. Kam: Guai rua! Otá, guai-ba pári puka
meitíre. Kam meõ ge tó. Kam kukía: Moi dya ipéit, õ-rua?
Aité meõ: kadyót-kam rua. Meprire mebogtíre me meku-
rerére káime apré kam puká-kam uru-boi. Kam meõ kumrént rua. Kam puká nya meitíre. Me-kuní rua aité. Me
ngríre bit kóirum dya. Kam meõ, be kuben-kra, kám-me
kadyót, krantá. Kam me ngrire, koikwa-kam arék-dya,

(die) fremden Wesen (die) bösen alle (leben): (Die) Menschenfresser und (die) Affenmenschen und (die) Aasgeiermenschen und (die) Gürteltiermenschen und (die) Hundemenschen und (die) Donnermenschen auch, (die) Wesen
(die) bösen alle, wahrhaftig. (Damit) diese (= die Indianer)
(dies) wissen, wieder (ein) Mann erzählte (dies) dafür. (Die)
Indianer (die) erwachsenen, (die) neuen alle, sie (sollen es)
wissen. Und (der) Großvater und Onkel (mütterlicherseits)
und (die) Tante auch, alle sie wissen (es) und erzählen (es
weiter); (ihren) Neffen und Nichten erzählen (sie es weiter).
(Damit, wenn sie) groß geworden (sind, die) Buben und
(die) Mädchen diese (es auch wieder) weitererzählen. Dafür,
daß (es) Menschen alle wissen. (Ein) Mann, dem (es zu) erfahren (zuerst) zufiel (= der es selbst erlebte), nur (es zu al-
lererst seinem) Neffen erzählte.

Uns unterhalb ist wiederum Welt (eine) weitere

In alten Zeiten (die) Indianer (eine) Welt nur kannten. (Ein)
Mann jagen (auf einen Tag) auszog, und (eine) andere Welt
entdeckte. Droben da, (Himmels-)Dach oberhalb (ist eine)
Welt. Da (ein) Mann jagen (für einen Tag) auszog. Wild (zu)
jagen ging (er). Und Erdloch in (einem) Gürteltier (ein)
großes sah (er). Und (er) dieses (zu) töten ging. Uns unterhalb war (ein) Dach, (das) durchstieß (er). Und Tage viele
(danach ein) Loch (ein) riesiges machte (er). Und (das)
(Himmels-)Dach durchstieß (er) (des) Gürteltieres wegen.
Und Sturm (ein) mächtiger (brach los). Und (der) Mann,
(das) Gürteltier verfolgend, (das Himmels-)Dach durchstieß.
Und (das) Gürteltier (das) große hinunter hin fiel, und es
(der) Mann (zu) töten (trachtete) vergeblich. Da zurückkehrte (er) und kam (ins Dorf). Und (den) Leuten allen erzählte
(er davon). Und (die) Leute alle (am nächsten) Morgen hin-
ausgingen und (das) Loch sahen, Loch (ein) riesiges sahen
(sie). Und (die) Leute fragten: Wir wissen es nicht! Und

kubé kanié-tire. Kam me puká yúkri, aité puká-õ-dyu õ-
bōg. Atéma meõ aité puká õ-bōg. Ton abéia ten. Kam
aité kre-kam ton pumú kam meõ kudyúa kre nipein kam
aité kre koikwa õ-bōg. Kam me rua pumá kam arék arí-
ba. Meõ kre õ-bōg kam ton kōt tum. Kam kókre kóima
kumén. Kam áriba: Me-ba pari puka õ-dyu pumu, kapót
pumu me bō pumu. Kam me arék yúkri. Arúp aité koikwa
õ-bōg. Kam me kuní: Kwarikwai, guai-ba rua ket, pumá.
Kám-me arék-dya. Gwai arék-dya yúkri.

Mut me mut-ürüre

Amre-bé, amre-bé puká-kam, arúp kikre nipein. Mut
ariréin me mrü kubin. Mrü õbogne kam gã. Mrü-íre,
punure, mõ kutá me mut-ürüre kangá. Mut-ürüre moro
dya. Mut mrü twöm kutá kam mut-ürüre kumén kam meõ-
kúa tiére, pai-me mut kabén: Tü-rã tü-rã tü-rã! Mut-ürüre

(die) Leute fragten: Was dafür wir da (tun sollen)? Wir wissen es nicht. Da (der Mann): Wir (wollen) hinuntersteigen! Schaut, uns unterhalb Welt (eine) sehr schöne. Da (die) Männer: Es sei. Und (sie) fragten: Was dafür machen (sollen wir), (zu) kommen hinunter? Wieder (ein) Mann: Seil am (sie) hinabkletterten. (Die) Kinder, (die) Buben und (die) unverheirateten Frauen Fußbänder banden (zusammen) und Erde auf die hinabkamen (sie). Da (ein) Mann wahrhaftig herabstieg. Und (die) Welt da (war) sehr schön. Alle stiegen herab auch. Menschen wenige nur oben blieben. Da (ein) Mensch, (der) war (ein) Fremden-Kind, da (das) Seil abschnitt. Und Leute wenige, (die) Himmel im blieben, verwandelten (sich in) Sterne. Und (die) Leute, (die) Welt auf (der waren), wiederum Erde (die) neue durchstießen. Ein anderer Mann wieder (die) Erde durchstieß. (Ein) Gürteltier (zu) jagen ging (er). Und wiederum Loch im (ein) Gürteltier (er) sah und (der) Mann deswegen (das) Loch aufgrub und wieder (mit dem) Loch (ein) Dach durchstieß. Da (die) Menschen hinabzuklettern Angst (hatten) und blieben oben. (Der) Mann (ein) Loch durchstieß und (dem) Gürteltier nachstürzte (er). Da (ein) Wind (ihn) hinaufschleuderte. Und oben (sagte er): Uns unterhalb Erde eine weitere sah (ich); (die) Steppe sah (ich) und (einen) Wald sah (ich). Und (die) Leute blieben oben. Wieder (die) Erdkruste durchstoßen (hatte er). Und alle: Nein, wir hinunterklettern nicht, (wir) fürchten (uns). Da (sie) blieben. (Die Menschen:) Lasset uns bleiben oben!

Sonne und Mond

In alten Zeiten, in alten Zeiten Erde auf (der waren), (ein) Haus machten (sie). (Die) Sonne ging auf die Jagd und (ein) Wildbret tötete. (Das) Wildbret aufbrach und ausweidete und briet. (Ein) Wildbret-Stück, (ein) schlechtes (mageres), ging (sie) abschneiden und (dem) Mond gab (es). (Der)

ngoi-mod kam krüre ten ngoi me õ-adyō. Kam arék-dya. Kam mut ngō mód goróro; mut kabén: ngō goróro! Kam mut-ürüre me ngō me goróro me ipókri kam ngū kam nē kre. Mut-ürü a-tü tiére me mut ürüre moro komét. Kam mut-ürüre amí tü õ-ngū di, kam mut kaprán potíre anō, mut-ürüre tü kaké: Kubé kaké, kubé kaké, kubé kaké: Mut ürüre moro komét.

Mut me mut-ürüre nyõkrit

Mut anyõ ngopre me mut-ürüre anyõ ngōún. Mut kabén: Ngopre me ngōún abén-pudyí me-ba nyõkrít. Mut mut-ürüre kum-kabén: Gwai on, mrai kaigó! Kubún ten mut me mut-ürüre anyõ ngoún nimein. Mut-ürüre kabén: Gwai-ba ngrere ge gwai-ba nyõkrit tin. Kam ngrére. Arúm nyõkrit tin. Koikwa-kam uabí kam aité ten kam abén ten. Kam ngru, kam mut me mut-ürüre abén-tak. Me mut-ürüre mut bin, meõ mut pumú ket. Kam mebemokré ngrere: Mut uwá mut uwá, men amre ku-küü. Me mut mut-ürüre bin. Kam mebemokré mut-ürüre pumu ket: mut-ürü-re mut-ürüre amre men kanié!

Mond weinte deshalb. (Die) Sonne Fleisch (ein) fettes (Stück) abschnitt und (dem) Mond hinschleuderte und (des) Mannes Rippen verbrannte, (zu) strafen (um). (Die) Sonne rief: Dickwanst, Dickwanst, Dickwanst (= Verhöhnungswort)! (Der) Mond Wasserlauf (= Igarapé) zu (dem) kühlen lief, (zum) Wasser und sprang hinein. Da blieb (er). Und (die) Sonne (den) Wasserlauf (= Igarapé) austrocknete. (Die) Sonne rief: Wasser, trockne dich aus! Und (der) Mond Fluß trockenem inmitten (stand) und Schlamm im da (ein) Loch grub. (Dem) Mond sein Bauch brannte, und (der) Mond weinte viel. Da (der) Mond sich (auf den) Bauch Schlamm auflegte, da (die) Sonne (einer) Schildkröte riesigen befahl, (dem) Mond (den) Bauch (zu) kratzen (den kühlenden Schlamm herunterzukratzen). (Die Sonne zur Schildkröte:) Faß an, faß an, faß an! (Der) Mond weinte viel.

(Der) Sonne und (des) Mondes gezähmte Tiere

(Die) Sonne besaß (ein) Muscheltier, und (der) Mond besaß (eine) Schnecke. (Die) Sonne sprach: Muscheltier und Schnecke gemeinsam wir aufziehen (wollen). (Die) Sonne Mond zum sagte: Laß uns gehen, gehen ohne Ziel (= spazierengehen). Zurück ging (die) Sonne und (des) Mondes seine Schnecke tötete. (Der) Mond sagte: Laß uns singen, daß unser gezähmtes Tier lebe! Und (sie) sangen. – (Das) gezähmte Tier lebte. Himmel in (den) hinaufgingen (sie) und wieder gingen (sie) und gemeinsam gehen (sie). Und (wenn sie) zornig (sind), da Sonne und Mond streiten. Und (wenn der) Mond (die) Sonne tötet, (die) Menschen (die) Sonne sehen nicht. Da (die) Indianer singen: Sonne uwá, Sonne uwá, leuchte! Und (die) Sonne (den) Mond tötet. Da (die) Indianer (den) Mond sehen nicht: Mond, Mond sende Licht! (singen sie).

Mutme mut-ürüre-me kanietí-me

Mut mut-apo-dyo-kam kató. Mut me mut-neã-dyo-kam o-abdyú. Akamót-kam puká pári mrai. Mut-apo-dyo-kam mut-ürüre mut kōt kató. Mut-ürüre mut kōt õ-dya. Mut-ürüre mut kōt ten. Mut mut-ürüre mõ mõ. Kamrík-kam mut-ürüre õ-dyu õ-kató. Koirum me ngrire bit kubé kanietí. Kanietí kangró.

Akamót kōt dya

Amre bé amre bé aringró bit, aringró bit, akamót ket, kumrént. Nyum-me kam mebemokré kuben örö mõ. Nẽ kam dyoibe-krókra õ-boi. Nẽ-kam õ-boi. Nyum-kam me aringró bit kumkin. Dyoibe-krókra aringró kumkin ketmet. Uru-ten amre õ-mõ, gwái kam nyoro. Aringró punure kam meõ nõro ket. Nyum-kam akamót uru-mõ. Ne-kam kuben punu kuní amí pai-kuré: Kuben-noi, krõ be noi, ī be meõ. Pai-kuré, kuben ropre, kuben-mbrire, kuben-pora, kuben põ-põ, kuben-ton, kuben kokdyobéri, kuben-amaó, kuben-mu-õ-in-krudye. Kam kikiére uru-boi. Ten Dyoibe-kró nyurukwá uru-boi. Nyum akamót ko krã-tük. Pin- apōg nikrá kam kōt, akamót kōt dyam. Küü kōt kikre uru-boi. Kam Dyoibe-krókra abéia kukía: Nyara i-kra, mebemokré? Nyum-me-kam: Onyīa kra nyú me i-anō bame akamót uru-boi. Dyoibe-kró: Me amre me, i-krá õ-ten, ba i-kra oamā. Me yaren: Ba-me akamót uru-mõ. Dyoibe-kró: Mokam? Biri ba-me kam nõro. Onyīa õ-me puká-kam aringró bit. Ba-me kam akamót uru-ten. Dyoibe-kró: Hã. Akamót õ-ten! Kam akamót õ-ten, kwarikwai aúru ket ngokon, kre-kam akamót. Nyum-kam õ-mõ kam õ-ten. Kam meõ atyuére õ-kabá makré. Nikrá kanyúa. Nyum-kam moro komét makré kanyúa kam meõ pa

Sonne und Mond und Sterne auch

(Die) Sonne Sonnenaufgang (= Osten) bei herauskommt. (Die) Sonne auch Sonnenuntergang bei verbirgt sich. Nacht in (der) Erde unterhalb geht (sie). Osten im (der) Mond, (der) Sonne nachkommend, hervorkommt. (Der) Mond (der) Sonne verwandt bleibt. (Der) Mond (der) Sonne nachläuft. (Die) Sonne (dem) Mond vorausgeht. (Abend-)Rot beim Mond (ein) weiterer erscheint. Oben (am Himmelsdach) Menschen wenige nur sich verwandelten in Sterne. (Die) Sterne glühen.

(Der) Nacht Suche nach

In der alten Zeit, in der alten Zeit hellen Tag nur (gab es), Tag mit strahlendem Sonnenschein nur, Nacht keine (gab es), wahrhaftig. Einmal (die) Indianer (zu) Fremden (= einem fremden Stamm) hingingen sie (um sie zu überfallen). Da (des) Dyoibekro Tochter mitbrachten (sie von dort). Da brachten (sie sie). Damals (die) Menschen (den) Tag mit strahlender Sonne nur liebten. (Des) Dyoibekro Tochter (den) Tag und Sonnenschein liebte gar nicht. (Sie sagte:) Hingeht (und) bringet sie (die Nacht), (daß) wir in ihr schlafen können. (Der) Tag (ist) böse, und (die) Menschen (in ihm) schlafen können nicht. Da (zur) Nacht hin brachen (sie) auf. Da (die) fremden Wesen (die) bösen alle ihnen begegneten: Menschen-Aasgeier, (ihr) Kopf war (der eines) Aasgeiers, (ihr) Leib war (der eines) Menschen. Begegneten ihnen: (die) Menschen-Hunde, (die) Menschen-Frösche (Krötenmenschen), (die) Menschen-Schneidegräser, (die) Menschen-Vögel, (die) Menschen-Gürteltiere, (die) Menschen-Stürme, (die) Menschen (mit dem) Bart, (die) Menschen Männer, (deren) Leib zusammengebunden war. Dann (zu einer) Wegkreuzung (die Indianer) hinkamen. (Sie) gingen (den einen) Pfad und zu des) Dyoibekro-Haus (sie) gelangten. Da (wurde es) Nacht (mit dem) verhüllten Haupt (dem) dunklen (= tiefe

ombü koima kumén. Kubé ōgne. Akamót kató. Dya akamót kuní kató. Nyum-me-kam akamót ari nōro. Amre-bé akamót ket-met, aringró bit. Kam ariba kam Dyoibe-krókra be Niburuwai aringró akamót ō-boi.

Meõ be pã

Mebemokré kuté akamót pumui ket. Kam meõ kabén: Kwarikwai moia kupéi ket, akamót nyō, bit pióg kam moi akamót nyō. Kam kukía: Moina akamót nyō? Meõ kabén: Akamót nyō makré, a-kanyúa, makré me e me mrum-ti me kangá-me me atéma moia kuní, akamót nyō. Nya ga imá éit. Kum bíri rā-ā kupéi. Akamót ba pióg kaná. Kam: kwarikwai kupéi ket, dya a-kanyúa. Kam

Nacht). (Von) Fackeln Händen in den geleitet, Nacht hin eindrangen (sie). Feuer nach (zum) Haus hinkamen (sie). Und
Dyoibekro Tochter nach (seiner) fragte: Wo (ist) meine Tochter, Indianer? Da (sagten die Indianer): Dort weit (und sie
deuteten in die Richtung) (deine) Tochter sich befindet und
(sie) uns befahl uns, (zur) Nacht hinzugehen. Dyoibekro:
Männer, meine Tochter bringt (mir), ich (nach) meiner Tochter habe Sehnsucht. Sie sagten: Wir (die) Nacht aufzusuchen
(kamen). Dyoibekro: Warum? (Die Indianer:) Damit wir in
ihr schlafen. Dort weit Menschen Heimat in (der) (den) hellen
Tag nur (gibt es). (Deshalb) wir (zur) Nacht hingehen. Dyoibekro: Jetzt verstehe ich. (Die) Nacht mitnehmt! – (Wenn ihr)
(die) Nacht tragt, dürft ihr nicht öffnen nicht Kürbisschale,
drinnen in ihr (die) Nacht (ist). Da fortgingen (sie) und trugen
(sie) mit sich. Da Mensch (ein) böser brach (sie) auf. (Ein)
Skorpion (entwich aus der Kürbisschale). (Seine) Hand verletzte. Da weinte (der Mann) viel (wegen vom) Skorpion
(der) Wunde und (ein) Indianer (beim) Arm (ihn) packte (und
in die) Höhe (ihn) schleuderte. (Der böse Mann) verwandelte
sich in (eine) Eule. (Die) Nacht entwich. – (Die) Nacht (die)
ganze kam heraus. Jetzt (die) Nacht (war da), (in der) sie
schlafen (konnten). In der alten Zeit (die) Nacht (gab es) gar
nicht, (den) hellen Tag nur (gab es). – Da ihnen da (des) Dyoibekro Tochter, (die) heißt Niburuwai, (zum) Tag (die)
Nacht brachte.

(Der) Mann, (der) wurde zu (einer) Eule

(Die) Indianer sie (die) Nacht kannten nicht. Da (ein) Mann
sagte: Ihr sollt nicht (an den) Dingen rühren nicht, (die der)
Nacht gehören, nur Blättern unter den (die) Dinge (die der)
Nacht gehören. Da (die Leute) fragten: Was (der) Nacht
gehört? (Der eine) Mann sprach: (Der) Nacht gehört (der)
Skorpion, (der) beißt, (der) Skorpion und (die) Spinne und
(die) große Ameise und (die) Schlange auch und (die) ande-

meõ õ-tonō; kam ikié akamót-kam ten. Kuté me atyuére
borák. Kam akmót nyõkrit, be makré kanyúa. É me
kangā-me mrum-tí-me õ-tonō. Kam meõ atyuére ipú ten.
Makré-me e-me mru-tí-me kangá-me kanyúa. Meõ méit
bit arék õ-tonō. Meõ atyuére akamót-kam ten. Meõ
atyuére akamót-kam ten kam makré-me mru-tí-me e-me
kanyúa. Nyum-kam akamót ipókri a-mra, kumrent. Kam
meõ kukía: Moina? Makré-me i-kanyúa, é-me kangā-me
mru-tí i-kanyúa. Kam kumarén: Moia dyókre akamót nyõ.
Kam bíri, ga atyuére, ga akamót-kam ten, kam moia
kanyúa, arék nyõ, amí. Kam a-mrá. Nyara? Tokrü komet!
Tokrü apeit? Tokrü apeit ket méit. Ba mõ bókam. Kwarikwai. Bíri mokam ga atyuére. Akamót-kam ten, kam mói
kuní kanyúa. Kam a-móro nyu: kwarikwai, arék-nyu. Bíri
amóro ket! Ba bōkam a-men, kumrént. Katí! Ba örö ten.
Kwarikwai! Ba arék-nyú. Pa amü. Kam pa amü bōkam
kumén. Kam amrá komét: nguá, nguá, nguá. Meõ be
põntí me ngúa.

ren Dinge alle, (die der) Nacht gehören. (Ein anderer Mann:)
Da du mich anlügst. (Der eine Mann:) Dann also (= gut) weiter rührte (an den Dingen der Nacht). (Der andere Mann:)
Nachts ich (auf die) Blätter treten (will). Und (der erste
Mann): Du sollst nicht rühren (an den Dingen der Nacht)
nicht, denn beißen (werden sie). Und (die) Menschen waren
schlafend; da einer (von ihnen) Nacht in der umherging. Dieser Mensch (einem) bösen gleich (war). Und (der) Nacht gezähmtes (= eigenes) Tier, (das) ist (der) Skorpion, biß (ihn).
(Die) Spinne und (die) Schlange und (die) große Ameise auch
waren schlafend. Und (der) Mann, (der) böse, darüber hin-
schritt. Da (der) Skorpion und (die) Spinne und (die) große
Ameise und (die) Schlange auch (ihn) bissen. Menschen gute
nur verbringen schlafend die Nacht. Menschen böse Nacht in
der umhergehen. Mann (der) böse Nacht in der umherging,
und (der) Skorpion und (die) große Ameise und (die) Spinne
auch bissen (ihn). Da Nacht in der Mitte schrie (er) wahrhaftig. Da (der erste) Mann fragte: Was (hast du)? (Der böse
Mann:) (Der) Skorpion mich biß, (die) Spinne und (die)
Schlange und (die) große Ameise mich biß. Und (er) erzählte: Dinge wilde (der) Nacht eigen (sind). (Der erste Mann:) –
So halt, weil du böse (bist), du Nacht in (der) herumläufst,
deshalb (die) Dinge bissen, (die) bleiben eigen (ihr), dich.
Und (der andere) schrie. (Der erste Mann:) Wo (schmerzt es
dich)? (Der böse Mann:) Es schmerzt sehr! (Der erste Mann:)
(Der) Schmerz aufgehört (hat er)? (Der böse Mann:) (Der)
Schmerz aufgehört hat keineswegs. (Der erste Mann:) Ich
(dich) fort Wald in (den werfe). (Der böse Mann:) Das darfst
du nicht. (Der erste Mann:) (Ja), weil du böse (bist). Nacht in
(der) läufst du herum, da (die) Wesen alle beißen. Da (der
böse Mann) zu weinen begann. (Er rief:) Du darfst nicht, (ich)
bleibe hier. (Der erste Mann:) Dann weine nicht! Ich Wald in
(den) verjage (dich) wahrhaftig. (Der böse Mann:) Nimmermehr! (Der erste Mann:) Ich gleich gehe (es tun). (Der böse
Mann:) Niemals! Ich bleibe (hier) sitzen. (Der erste Mann)
(den) Arm (des bösen Mannes) packte. Und (ihn beim) Arm

Og-ti

Og me apatoit meõ me kwatúi kren. Kam meõ-kra ngoi-kam kudyí, õ-apatoit. Me og bin mõ, kwatúi pai. Me kra idyí: Kukrüt-kokakó. Me bogtíre ikié: Ngo-kon-ngrí. Kam akatí kram-tí kam ngoi-kam nõ nõ-kre bit kató. Nirúa akatí kuníkut uru dyõ õ-boi. Akatí amaikrut-amaikrut-ikié-tet nâ kra pumu nyu. Kam õ-apatoit. Ngõ idyi Kóka-tí. Meõ-kra õ-apatoit dyõ ngõ. Kam mõ, kwatúi pai, og bin. Amre-bé mebemokré kuní príre. Meõ bit ngõ kõt kra apa-toit. Mebemokré kuté omúi ket. Na bám-me bit akatí-kuní-kut omúi. Kam ngõ katóro uabí kam mebemokré pumáia prone. Otá, meõ apatoit boi. Kam bam kum kikre apatoit nipeit ngróa-te õ. Kam boi kam nyu. Akatí pudyí og nyu-rukwá-kam kapót áne ten og nyurukwá pin apatoit imõ-kri. Kam kob me og bin. Me rop-í me kubín og apatoit, tá kuté bin. I-kob kuté pin borák. Aikwa-kre kukrüt aikwa borák. Ara kuté turutí-ü borák. Nõ kuté kawáru-nõ borák. Og mebemokré kuru. Pári ikõb kõt õ-uabi. Mebemokré kuní me-ba ket og-me apatoit pumu. Kam aibíri me apa-toit ngét tobdyúo yarén, kumá. Mebemokré pumáia ten ket. Kam meõ apatoit bit og bin. Nyum-kam õ-túm puká kam rua. Kam kob rop-í kubín. Meõ pudyí me prone kuté moia mari. Kam nóine akóro kõt, akóro kam nói be og, og-me kuní; noi kuní me be kuein. Kam tá anyú a tob-dyuó marén kam kuní kumá. Aité kra me tobdyuó me apatoit aité kumarén; kam me-ba tobdyuó marén, kam kuté kudyó mari, kadyú.

packend, Wald in (den) warf (er ihn). Da (dieser) schrie viel:
Gua, gua, gua. (Der böse) Mann wurde (zu einer) Eule
(großen) und heulte.

Adler (der) große

Vogel (der) mächtige (eines) Mannes Vaterschwester ver-
schlang. Da (der) Mann Söhne Wasser im aufzog, (damit) geworden groß und stark, (den) Vogel töten gingen, (die) Vaterschwester (zu) rächen. (Des) Mannes Söhne Namen waren:
Tapir-Lippenscheibe. (Des) Jungen (des) anderen: Kalebasse
kleine. Und Tage viele Wasser im lagen (sie), (das) Gesicht
nur heraussah. (Ihre) Mutter Tage alle hin Beixu brachte (ihnen). Tage fünf (die) Mutter (die) Kinder anzusehen von neuem (ging). Und herangewachsen riesig (waren sie). (Des)
Flusses Name Lippenscheibe große (= Araguaia). (Des)
Mannes Söhne heranwuchsen riesig durch (das) Wasser. Da
zogen (sie) aus, (die) Vaterschwester (zu) rächen, (den) Vogel
(zu) töten. In alten Zeiten (die) Indianer alle klein (waren).
(Des) Mannes nur (des) Wassers wegen (die) Söhne riesig
(wurden). (Die) Indianer sie kannten nicht. Mutter, Vater und
nur Tage alle sahen (sie). Da Wasser heraus (aus dem) stiegen
(sie), und (die) Indianer (aus) Angst davonliefen. Schaut,
Menschen riesige kommen! Da (der) Vater Haus (ein) riesiges machte, Buritípalmen-Stämmen mit. Und (sie) kamen
und setzten (sich hinein). Tag einem (nach des) Vogels Wohnstatt zu Steppe diese gingen. (Des) Riesenvogels Wohnstatt
Baum (einem) riesigen oben (ist sie). Und Keule (mit) (den)
Riesenvogel töteten. Und Jaguarknochenlanze (mit) auch töteten (sie den) Vogel (den) riesigen, diesen. Klauen dessen
Bäumen glichen. (Die) Mundhöhle (eines) Tapirs Maul glich.
Flügel dessen Bananen-Blättern glichen. Augen dessen Pfer-
de-Augen glichen. (Der) Riesenvogel Indianer fraß. (Seiner)
Füße Klauen mit sich hob empor. Indianer alle wir nicht Vo-
gel (den) riesigen sahen. Jetzt Mann (ein) mächtiger (ein) al-

Mrü kabén

Amre-bé mrü kabén kumrént, kuté mebemokré kabén
borák. Bōkam me mrü abeia. Meo kukrüt prü itú pumu. A
pa, mõ, otá kukrüt mõ. Kukrüt kuri nô. Kukrüt: Mo? Otá,
ba nyō. Me-be-nget mrü kuní kabén, kam kum-kabén ket.
Kwarikwai mrü kabén ket, bíri me kuní-me bin ket, kadyú. Ga-me aité bōkam, bit mrai, kadyú. Ge me ten
kabén, a-kabén ket! Arúp ga kabén, nyum me bin; me
kabén kōt me uoi-bín komét. I-pudyí ba i-be a-kaprin. Ba
bit me a-kuré ket me a-kaprire. Me kuní me a-bin pram; i-
pudyí ne ba meõ-kuredyoi ket. Amre-bé ga a-kabén me
meõ uoibin komét. Arú ba me a-marén, kwarikwai me a-
kabén ket, ge kuté me uoibín ket. Kadyú ge-me ē-kam ō.
Akrü kam ama me a-prónt. Ga-me a-prónt, ket nẽ me be
a-bín. Me a-prónt me a-prín ten ket. A-mrai toit, kumrént!
Arú ba meõ-kuní marén. Arúm ket. Nyum-kam mrü kabén
ket; kam-me kukrüt me nádyu mrai toit kōt me angróre me
mrü kuní mrai toit.

ter (dem) Kind seiner Schwester erzählte, (daß es davon) wisse. (Die) Indianer aus Angst umherliefen nicht. Da Männer (die) riesigen erst (den) Vogel töteten. Damals niederstürzend, Erde auf (er) herunterkam. Und Schwertkeule (und) Jaguarknochenlanze (mit) töteten (sie ihn). Mann einer gleich die Geschichte erlebte. Da (ins) Gefieder bliesen (sie), hinein bliesen (sie), und (die) Flaumfedern wurden zu Vögeln, Vögeln aller Arten; Flaumfedern alle auch wurden zu kleinen Vögelchen. Und das Lagern (auf) ihren Neffen (= Schwesternsöhnen) erzählten sie (es), und alle erfuhren (es erst so). Wieder (die) Kinder und (der) Neffe auch, erwachsen geworden, wieder erzählten; und (auch) wir (unseren) Neffen erzählen (weiter), diese dadurch (es) wüßten, dafür.

Tiere, (die) reden

In alten Zeiten (die) Tiere redeten, wahrhaftig, sie (den) Indianern redeten gleich. Wald im (die) Männer Wild jagten: (Ein) Mann (eine) Tapir-Straße (der) Fährte (nach) entdeckte. (Der Mann:) Hallo, kommt, seht, (ein) Tapir ging (hier). (Der) Tapir nahe lag. (Der) Tapir: Was gibt's? Schaut, (da) ich liege. (Ein) Mensch, (der) war alt, Tieren allen (zu) sprach, da reden nicht (sollten sie). (Er sagte:) Nicht sollen (die) Tiere reden nicht, damit Menschen alle auch töten nicht, dafür. Ihr wieder Wald im nur herumlaufen (sollt) deshalb. Falls (die) Menschen beginnen (zu) reden (zu euch), antwortet nicht! Ihr redetet, da (die) Menschen töteten; und (des) Redens wegen (die) Menschen töteten viele. Ich allein, ich bin, (der) Mitleid hat (mit euch). Ich nur auch verfolge (euch) nicht und tut leid (ihr mir). Menschen alle auch (euch) töten wollen. Ich einzig da, ich Feind (euer) nicht. In alten Zeiten ihr zu (ihnen) redetet, und (die) Menschen töteten viele. Ich gelehrt habe (es euch), ihr sollt nicht Menschen (zu ihnen) reden nicht, daß diese euch töten (auch) nicht. Deswegen ihr sollt auch Dickicht ins gehen. Lärm, (den ihr) hört, auch flieht rasch. Ihr

355

Me kuté mrü kabén mari ket

Kam kuben örö-mõ. Kuben púnu óibin. Kam amí pai, me uru-prone. Kam Tčakamandapá kam mrü kabén uru-boi. Kam mrü kuní kum-kabén. Tčakamandapá kum kabén: Ba mrü bin kukren. Amí pái mrü kabén. Kukóire kabén: Tčakamandapá kwarikwai i-bin két ba örö õ-mõ a-nyu-rukwaia akré. Nyúi? Onyīa a-nurukwáia arúm ba pumu. Kam aité mrü moia kren komét kam Tčakamandapá bōkam kuté moia kren. Aité õ-ten, kadyú Tčakamand-apá: Ba ón, kwarikwai dya. Kam aité ten. Kukrüt uru-boi. Tčakamandapá kabén: Ba kukrüt bin. Amí pai kukrüt kabén: Kwarikwai i-bín ket arúp ga i-dyó nyúa. Kam Tčakamandapá kabén: Nyúi? Kam kukrüt kabén: Otá! I-kōt ten, a-nyō prü akré. Kam kōt ten. Kam kukrüt aité bi-dyió kren õ-dya. Kam Tčakamandapá: kwarikwai dya. Ba on. Kam aité ten. Kam nádyu uru-boi. Kam Tčaka-mandapá: Ba nádyu bin. Nádyu: Kwarikwai i-bin ket. Arék, arup ga i-dyo nyúa. Tčakamandapá: I-gó nya. Otá nya, nē ga i-dyo nyúa. Tčakamandapá: Nyara prü? Nyadyu: Go ba o-mô prü akré. Kam kōt ten nádyu. Kam arék nádyu, bidyío kren õ-dya. Tčakamandapá kabén: Kwarikwai, ba ón! Kam ten. Kam aité atorotí uru-boi, Kam: Ba i-mõ i-nōro. Kam atorotí kabén: Tčakamanda-pá, ba kuri õ-nõ, ga amí ngré ket, dya ga amí ngré, ba mõ, küü õ-mõ. Atórotí noi ipári küü kangró, kumrént. Tčakamandapá: Ge-to! Kam akamót koipókri ngré. Kam akamót koipókri atorotí ten. Kam aité kubún bói. Kam

auch (wenn) rasch lauft, nicht da (die) Menschen werden tö-
ten (euch). Und rasch lauft und langsam lauft nicht. Lauft
mächtig schnell, wahrhaftig! Ich (habe) alles (euch) gelehrt.
Jetzt ist Schluß. Jetzt (die) Tiere reden nicht; und auch (der)
Tapir und (das) Reh laufen mächtig schnell deshalb, und (das)
Wildschwein und Wild alles läuft schnell.

(Der) Mann der, (daß die) Tiere reden, wußte nicht

Einmal (zu den) Fremden hin aufbrachen (die Indianer).
Fremde böse töteten (sie). Da, sich zu rächen, sie (den Indianern) nachjagten. Und Tčakamandapá da (zu) Tieren, (die)
redeten, hinkam. Und Tiere alle (ihn) anredeten. Tčakamandapá zu (sich selber) sprach: Ich (das) Wild töten (will, um
es zu) essen. In Erwiderung (die) Tiere redeten. (Der) Affe
sprach: Tčakamandapá, du sollst mich nicht töten nicht; ich
werde mitgehen (zu) deinem Heim, (den Weg dir) zu zeigen.
(Tčakamandapá:) Wo? (Der Affe:) Dort dein Heim (ist),
schon ich gesehen (es habe). Da wieder (das) Tier Dinge
fraß viel und (so) Tčakamandapá Wald im, (da) dieses (Tier)
Dinge fraß. Wieder weiterzugehen, deshalb Tčakamandapá
(sagte): Ich gehe, (ich) will nicht verweilen. Und wieder
weiterlief (er). (Zu einem) Tapir hinkam (er). Tčakamandapá sprach: Ich (den) Tapir töten (will). In Erwiderung (der)
Tapir sprach: Du sollst nicht mich töten nicht, schon hast du
mich angeschossen. Und Tčakamandapá sprach: Wo? Und
(der) Tapir sprach: Schau her, mir nach gehe, deinen Weg
zeige (ich dir). Und nach ging (er ihm). Da (der) Tapir wieder Früchte fraß, bleibend. Und Tčakamandapá: Ich will
nicht verweilen. Ich gehe. Und wieder ging (er). Da (ein)
Reh traf (er). Und Tčakamandapá: Ich (das) Reh töten (werde). (Das) Reh: Du sollst nicht mich töten nicht. Schau, du
mich (hast) getroffen (mit dem Pfeil). Tčakamandapá: Du
mögest (zeigen), wo. (Das Reh:) Schau hier, daß du mich
hast getroffen. Tčakamandapá: Wo (der) Weg (ist)? Reh: Es

aité Tčakamandapá kuri nō. Kam atorotí kabén: Tčakamandapá, amí ngré ket. Kam Tčakamandapá: Ge-to!
Kam amí ngré rã-ã akatí. Kam akatí nyum Tčakamandapá aité ten. Kam aite uru-boi ngō apatoit. Ba mõ mõ-ren.
Kam mí kabén: Tcakamandapá! Kam Tčakamandapá
abéia rint. Tčakamandapá kabén: Moi meõ i-ma kabén?
Kam mí aité kabén: Tčakamandapá! Tčakamandapá:
Moi meõ i-má kabén? Kam mí kabén: Ba, Tčakamandapá. Tčakamandapá: Moina? Ba múm mõ-ren. Kam mí
kabén: Ba dya dyo ren. Kam Tčakamandapá ba a-dyo
ren. Tčakamandapá: Katí, ba pumá, kumrént. Mí apatoit
idyí mí koktíre. Aité mí kabén: I-mut kam nyu. Kam
Tčakamandapá mud-kam nyu, kam ikie mõ õ-ten. Kam
ngō ipókri mí kabén: Ga i-makiére Tčakamandapá!
Tčakamandapá kabén: Kwarikwai, ba pumá, ba dyokére ket. Aité mí kabén: ga imá dyokére kumrént imá no-
kotük, ima anyõ ken-ti, imá: A mu kokiére ti. Tčakamandapá: Katí kwarikwai, a mu kokiére ket. Kam
Tčakamandapá akõt kuri, kabén: Ba ón. Kwarikwai mí õ-
mõ. Kam krã õ-dya. Kam mũm arié pin amü. Kam uabí
kam prone no-kotük! Kam uabí prone kam ten. Kuben-
kamrí uru-boi. Kuben-kamri tep õ-pa, kumrent, krúa-me
dyúdye-me tep bin on komét. Tčakamandapá kabén:
Moi nẽ, go dya? Kuben-kamrí: Bíri! Moia gári ten?
Tčakamandapá: Kuben pumaia mõ. Nẽ ba ten kam mí,
kuté i-kren mõ, ba umái ten. Kam: Amre-ten! Ba i-tep-kó
kam adyō. Kam tep-ko kam Tčakamandapá adyō. Kam
mí kōt boi kam, te abéia. Si, si, si. Kuben-kamrí-me
kabén mí kukiá: Moia ga abéia? Kam mí kabén: Tčakamandapá i-ba abéia. Kuben-kamrí: Mokam? Mí: Bíri ba
kukren. Kam kuben-kamrí: Go omúi ten! Kam mí: Arúp
ba uru-boi. kuben-kamrí: Ba Tčakamandapá pumui ket.
Mí kabén: Ba abéia. Ten, te abéia, ten kam kubún ten.
Kam kuben-kamrí kukía: Nyara! Kam mí: Kone. Te abéia
ten kam tep-kó-kam kapé. Tčakamandapá pumui ket!
Kam mí: Ba on! Kam kubún ten te abéia ten. Kam Tčaka-

soll sein, (daß) ich mit (dir) gehe, (den) Weg zu zeigen. Und
nach ging (er) (dem) Reh. Da blieb (das) Reh, (um) Früchte
(zu) essen, verweilend. Tčakamandapá sprach: Das soll
nicht sein, ich gehe! Und (er) ging weiter. Und wieder (dem)
Vogel Azulona (er) begegnete. Und (er sprach): Ich, ich
(will) gehen schlafen (bei ihm). Und (der) Vogel Azulona
sprach: Tčakamandapá, ich bei (dir) werde schlafen, du
mich belästige nicht! Falls du mich belästigst, ich weggehe,
(das) Feuer wegtragen (werde ich). (Der) Vogel Azulona
(seinem) Gefieder unterhalb Feuer heißes (brennt), wahrhaftig. Tčakamandapá: Es sei! Und Nacht inmitten stieß (er den
Vogel, indem er sich umdrehte). Da Nacht inmitten (der) Vogel Azulona flog (fort). Und wieder zurück kam (er). Da
wieder Tčakamandapá bei (er) schlief. Da (der) Vogel Azulona sprach: Tčakamandapá, mich störe nicht! Da Tčakamandapá: Es sei! Und sich umdrehte, erst (als es) Tag (war).
Und (am) Morgen dann Tčakamandapá wieder weiterging.
Da wieder hinkam (er) (zu) Fluß (einem) riesigen. Ich werde
schwimmend überqueren (ihn). Da (ein) Krokodil rief: Tčakamandapá! Und Tčakamandapá suchend schaute. Tčakamandapá rief: Was (für ein) Mensch zu mir redet? Und (das)
Krokodil wieder sprach: Tčakamandapá! Tčakamandapá:
Was (für ein) Mensch zu mir redet? Und (das) Krokodil sagte: Ich, Tčakamandapá. Tčakamandapá: Was gibt's? Ich
werde darüberschwimmen. Da (das) Krokodil sprach: Ich
dafür (dich) schwimme (hinüber). Da, Tčakamandapá, ich
das Tragtier (will sein, das) schwimmt hinüber. Tčakamandapá: Nein, ich Angst habe, wahrhaftig. (Das) Krokodil,
(das) riesige, hieß Krokodil mit (dem) dicken Bauch. Wieder
(das) Krokodil sprach: Meinen Hals auf setze (dich). Da
Tčakamandapá Hals auf den setzte sich, und auf die andere
Seite fort (ihn) trug. Da Fluß inmitten (das) Krokodil sprach:
Du mich beschimpfe, Tčakamandapá! Tčakamandapá
sprach: Ich (habe) Angst, ich heftig rede nicht. Wieder (das)
Krokodil sprach: Du mich schiltst, wahrhaftig. Zu mir (sage)
häßliches Gesicht, zu mir (sage) Steinbauch (= Dickwanst),

mandapá kató. Kam mí ten ngoima mum mõ-ten. Kam
Tčakamandapá aite mõ, õ-boi nyurukwá-kam abéia ten.
Kam ten wakóre uru-boi. Tčakamandapá kabén: Ba
wakóre uoibín kukren. Wakóre kabén: Tčakamandapá,
kwarikwai i-uoibi ket. Tčakamandapá: Mokam? Wakóre: Bíri arú ba pumu kam ba õ-ten, prü akré. Kam õ-ten.
Kam prü uru-boi. Kam wakóre kabén: Be prü nyẽ. Ya
mum-dya ga ten a-nyurukwá-kam uru-boi. Kam Tčakamandapá: Wakóre a mum-mõ. Ba on. Kam Tčakamandapá ten kam kri uru-boi. Kam meníre Tčakamandapá
pumu. Kam meníre kabén: Otá, Tčakamandapá boi!
Kam Tčakamandapá moína ga ten? Kam Tčakamandapá kabén: Kuben pumáia ba ten, arup ba boi. Kam ara
marén: Arup kuben i-nyõ ubikwá kuní bin. Boi ara
marén, ga-ari kuní kumá.

zu mir (sage): Dein Schweif (ist) Säge (eine) große. Tčakamandapá: Nein, ich will nicht, dein Schweif (ist eine) Säge
nicht. Da Tčakamandapá hin (zum Ufer) in die Nähe kam,
rief (er): Ich gehe. (Ich) will nicht, (daß das) Krokodil
(mich) fortträgt. Und Kopf (des) Krokodils auf (den) trat
(er). Und fliehend dann (einen) Ast faßte er. Und hinaufklet-
terte und lief schnell, (er rief): Häßliches Gesicht! Und hin-
aufkletterte (er) eilig und weiter lief (er). (Einen) Reiher-
(Garça-)menschen traf (er). (Der) Reihermensch Fische
machte tot, wahrhaftig, Pfeilen (mit) und Bogen (mit) auch
Fische töten ging (er) viele. Tčakamandapá sprach: Für was
da (ist das), das (hier) herumsteht? Reihermensch: So halt!
Weshalb du läufst? Tčakamandapá: (Vor den) Fremden aus
Angst davonlief (ich). Da ich lief und (des) Krokodiles (wegen), welches mich fressen wollte, ich aus Angst lief. Und
(der Reihermensch): Herkomm! Ich meinen Fisch-Behälter
in (dich) hineintue. Und Fisch-Behälter in (er) Tčakamandapá hineintat. Da (das) Krokodil nachkam, (den) Fußspuren
folgte (es). Si, si, si. (Der) Reihermensch sprach, (das) Krokodil fragend: Was du suchst? Und (das) Krokodil sprach:
Tčakamandapá ich suche. (Der) Reihermensch: Warum?
(Das) Krokodil: Weil ich (ihn) auffressen (will). Und (der)
Reihermensch: Schauen geh weiter! Und (das) Krokodil:
Schon ich hierher kam. (Der) Reihermensch: Ich Tčakamandapá sah nicht. (Das) Krokodil sprach: Ich (will) suchen.
Und (es) ging weiter, (die) Fußspuren suchend, ging (es)
weiter und zurück kam (es). Da (den) Reihermenschen fragte: Wo (ist er)? Und (das) Krokodil: Ich weiß es nicht. (Den)
Fußspuren nachging (es) und Fisch-Behälter in hineingriff
(es), Tčakamandapá fand (es) nicht. Da (das) Krokodil
(rief): Ich gehe weiter! Und zurück kehrte (es), (die) Fährte
verfolgend, ging (es) weiter. Da Tčakamandapá kam heraus.
Aber (das) Krokodil ging weiter, in den Fluß fort, weg ging
(es). Und Tčakamandapá wieder wegging, hinzukommen
Haus nach, suchend ging (er). Unterwegs (einen) Fuchs traf
(er). Tčakamandapá sprach: Ich (den) Fuchs töten (will), zu

Mbrire me Rop-krore kabén

Mbrire nyu, rop-krore õ-mrai õ-dya. Mbrire: Me komét.
Kam: Õ-katí, me komét. Kam: Katí, pudyí me ga õ-mrai õ-
dya. Ga go, meõ kuní kó. Meõ kuní kó. Rop-krore kumrént ko: M m m m m. Kam-nẽ ngríre. Meõ kram-ti ket-met.
Rop-krore: Kó! Mbrire ko Ü ü ü ü ü bõkam. Rop-krore
mrai, tóit kum-mõ pumá. Kam pin-kein rop-krore nõ kabá,
kam até nõ. Kam pot uru-boi. Kam kukiá: Moina? Nõ
kabá? Mbrire o-koro komét, i-prone. Kam pin kein-kam
nõ kabá bõkam. Até no. Pod kabén: A-kra õ-akéin, ba
a-nõ pumu. Kam pod até nõ katóro men, kam-mã pumáia
ten. Kam akatí kram-ti-kam atóro rop-krore uru-boi. Moina nõ kabá? Rop-krore: Mbrire me pumáia pin-kéin kam
nõ kabá. Kam pod até i-nõ kabá. Kam atóro: Amre ba nõ
mein. Nõ met nõ kam õ-dya. Mroní yanróp kam nõ mein.
Kam mrü akréit: Arúp ga i-nõ méin, kwarikwai ba a-ngré
kren ket. Ga pin krait kam bit a-nyõre ad-yúm, mokam ga
i-nõ õ-mét. Mokam pod bit ima kuré, ba amí pai kukre.

essen (ihn). (Der) Fuchs sprach: Tčakamandapá, du sollst nicht gehen mich töten nicht. Tčakamandapá: Warum? (Der) Fuchs: Weil schon ich fand (es = dein Dorf) und ich nehme dich mit, (den) Weg (dir) zu zeigen. Und (er) nahm (ihn) mit. Und Weg (zum) hingelangten sie. Und (der) Fuchs sprach: Es ist (der) Weg da. Hier weiter hin du geh (ihn und) deinem Heim hinkommen (wirst du). Und Tčakamandapá: Fuchs, geh deines Weges. Ich gehe jetzt. Und Tčakamandapá lief weiter und (ins) Dorf hinkam (er). Und (die) Frauen Tčakamandapá erblickten. Da (die) Frauen riefen: Schaut, Tčakamandapá kommt! Und Tčakamandapá, was du läufst so? Da Tčakamandapá sprach: (Vor den) Fremden aus Angst ich laufe. Schon ich angekommen (bin). Und ihnen erzählte (er): (Die) Fremden unsere Verwandten alle töteten. Ich komme, euch (es) zu erzählen, (damit) ihr alle davon wißt.

(Der) Frosch und (der) Jaguar reden (miteinander)

Frosch saß (da), Jaguar war gehend vorüber. Frosch: Leute (sind wir) viele. Da (sagte der Jaguar): Mitnichten, Leute (sind wir) viele. Da (sagte der Frosch): Mitnichten! Allein du bist gehend vorüber. Du sollst (machen, daß) sie alle schreien. Sie (= die Jaguare) alle brüllten. (Die) Jaguare wahrhaftig schreiend (waren): M m m m m. Und (es war) wenig (Lärm). Sie (waren) viele keineswegs. (Der) Jaguar: Du (und die deinen) mir in Erwiderung schreit, (daß) ich euer Schreien höre! (Der Frosch:) Ich und alle Wald im schreien (wollen); unsere Schreie höre! (Der) Jaguar: Schreit! (Der) Frösche Schreie (waren) Ü ü ü ü ü Wald im. (Der) Jaguar lief, rasch davonlief (er) (aus) Angst. Und (ein) Ast (ein) dürrer (dem) Jaguar (ein) Auge ausstach, und (das) andere Auge blieb (ihm). Da (ein) Ameisenbär daherkam. Und (er) fragte: Was ist mit dir los? (Ein) Auge (ist dir) herausgerissen? (Der Jaguar:) (Die) Frösche machten Geschrei viel, ich lief rasch. Da Ast (einem) dürren an (ein) Auge (ich) ausstieß Wald im. (Das) andere

Pod amre-bé bōkam ten. Kam rop-krore kōt ten. Kōt boi
akatí kram-ti. Kam amí pai, te kren. Mo-kam ken kre-kam.
Kam ne pod te ngrire.

Meõ kubé angrú

Kamú-me kwanikwoi-me kra örö anō, dyō, kadyu. Akatí
kuníkut örö anō. Nyum-kam kwanikwoi mrü örö anō, tobdyuó anō. Nyum-kam a-mút-krü-kam bit bam kubún boi.
Moi, moi ga nipeit? Nyum-kam: Ba arek-dyá. Mokam?
Bíri a-kwanikwoi atyuére. Mokam? Bíri a-kwanikwoi, ba
kíkré-kam boi, akatí kunikút mrü örö i-anō; ba arékdya.
Ba dyúdi moi-kuní karúa. Arú ba karúa, akamot-kam ba
örö. Akamot-kam uru-boi; ken potí akubéie. Nẽ-kam bidyió men. Nẽ-kam arék mar-õ-dya. Nyum kra nō-toit. Ba
kuö nirúa! Amre-ten, kuö! Nyara kre? Kre nẽa! Nirúa
nyara kre? Kre nẽa. Katí, kre ket. Memúa, memúa: Kwi

Auge (blieb mir). (Der) Ameisenbär sprach: Deinen Kopf wende her, (daß) ich dein Auge sehe. Da (der) Ameisenbär (das) andere Auge (ihm) herausriß, und in Angst (sich) fürchtend lief (der Jaguar). Und Tage viele (vergingen), als (zu einem) Vögelchen Azulona (der) Jaguar hinkam. (Das Vögelchen:) Wie (ist das geschehen, daß dir deine) Augen herausgerissen (wurden)? (Der) Jaguar: (Vor den) Kröten (aus) Angst Ast verdorrtem an (ein) Auge ausstieß (ich mir). Und (der) Ameisenbär (das) andere mein Auge ausriß. Und (der) Vogel Azulona: Ich (die) Augen gutmachen werde. Augen gute Augen(-höhlen) in einsetzte er. Baum-Harz mit (die) Augen heilte (er). Und (das) Tier (das) wilde: Du meine Augen geheilt (hast), (deshalb) will nicht ich deine Eier fressen nicht. Du Bäume Wurzeln an nur schlafen künftig (sollst), weil du meine Augen gesundgemacht (hast). Deshalb (der) Ameisenbär nur von mir verfolgt (wird), ich mich (zu) rächen fressen (werde ihn). (Der) Ameisenbär einst Wald im lief. Und (der) Jaguar nachlief. Hin (zu ihm) kam (er) Tage mehrere (danach). Und sich (zu) rächen, (dessen) Füße auffraß. Weil (eines) Felsens Spalt in (er war). Und seither (des) Ameisenbären Füße klein (sind).

Leute, (die) sich verwandelten in Wildschweine

(Der) Bruder zur Schwester (seinem) Buben hinzugehen befahl, Maniokfladen (zu holen) dafür. Tage alle hinzugehen, befahl (ihm). Da (die) Schwester Wild zu jagen befahl, (dem) Neffen befahl (sie es). Da nachmittags erst (zum) Vater zurück kam (er). (Der Vater:) Was, was du hast getan? Da (sprach der Knabe): Ich blieb (bei der Schwester). (Der Vater:) Warum? (Der Sohn:) Weil deine Schwester böse (ist). (Der Vater:) Warum? (Der Sohn:) Weil deine Schwester (wenn) ich Haus ins (= zu ihr) kam, Tage alle Wild zu jagen mir befahl; (deshalb) ich blieb. (Der Vater:) Ich Gift etwas (von) allen (= irgendeines) verschaffen (mir werde). Nach-

kwi kwi. Me kikrit. Bam me kuní kikrít. Nã: M m m m.
Ken-potí õ-kubéi nẽ. Arúm ba bidyió men, ge ga kubé angrú. Ken-poti onkubéin. Kam nyurukwá-kam mõ-ten.
Nyum-kam akatí aité akatí, aité akatí. Ba on i-kwanikwoi
pumu. Gwai on i-kwanikwoi uoibin. Orö roikre-kra õ-ten.
Ríkre-krã õ-ten. Nẽ-kam ánie-dyo ta. Nẽ-kam kum roikre-
krã me rikre-krã me men. Nẽ-kam kõt-kató. Kubin. Kam
nyurukwá-kam õ-mõ. Nyum-kam udyóa kukía: Nyúri ga
angrú uoibi? Katí. Angróre. Katí, angrú. Katí, angróre.
Gwai on, ba omu angróre krám abén pudyí. Be angrú
katí, angróre. I-tobdyuó koima-dya! Mokam? Bíri angrú i-
akré. Katí i-te tokrü. Kamú: Ba dubié nya dya, ga dya. Ba
angrú bin. Rikre-krã me roikre-krã kumén. Nyum kõt kuní
kató. Nyum-kam kaniúa. Kam kuní õ-adyõ. Aité kató,
aité kanyúa. Nyum-kam kuní kató. Kam kubín, kukren.
Nyum-kam a-kra amã. Arúm kra kubé angrú. Meõ angrú
bin. Meõ: Kam kõt ba kra, i-abéia. Nyurukwá mõ-boi, ne
kra i-pumu. Aru kra be angrú. Ba kubín kam kren. Otá i-
nyõ, angrú. Ba kra abéia kubun ten. Nyum-kam udyóa
kubé angrú. Kam kubín me kukren, angrú kram-tí kubín.
Pron: Nyará i-kamú? Arúm angrú, kukren. Mokam?
Meõ: Ba aité angrú bin. Ba aité angrú bin, ba aité angrú
bin katí. Ba bin ket. Õ-mõ-ten. Kam ngõ apatoit kubé,
putíre dyi. Angrú ngoi-kam rére. Aité kubé grãire nyúru.
Nyum arúm uabí. Kam rua kam mõ-mõ. Angrú bin ket.
A-kubún ten kam boi. Nyara angrú? Õ-mõ-ten ten. Ba i
uru-ten kra nipeit. Kam kaméri kam kukuru kam i karóa
kam akró-õ in kam piü-bõ-ti ipú pudyí õ-tígne. Nẽ-kam ipú
bo aité pudyí, nẽ-kam ipú bõ aité pudyí. Nẽ-kam bieró
ten. Nyum-kam amí nipein, õ-koima-dya. Nyum-kam kríma õ-ten kam pron: Nyara i-kamú? Aru be angrú, kukren. Ba ipeit ket mein.

dem ich (es mir) verschafft habe, Nacht in (der) ich hingehen (werde). Nacht in (der) hinkam (er); Stein (einem) großen (mit) verschloß (er den Eingang). Da (das) Mittel (er) schüttete (über sie). Da blieb (er), (zu) horchen dafür. Da (das) Kind (das Töchterchen der Schwester) aufwachte. Ich (werde mich) anmachen, meine Mutter. (Die Mutter:) Geh (hinaus), (deine) Notdurft (verrichten). (Die Tochter:) Wo (ist das) Loch (Ausgang)? (Die Mutter:) (Das) Loch (ist) dort! (Die Tochter:) Meine Mutter, wo (ist das) Loch? (Die Mutter:) (Das) Loch (ist) dort. (Die Tochter:) Nein, Loch (ist da) keines. Und (sie) weinte und weinte: Kwi, kwi, kwi. Und (sie) wurde zu einem) Ferkel. (Der) Vater und alle (wurden zu) Schweinen. Die Mutter (machte): M m m m. (Mit dem) Stein (dem) schweren verschloß (er das Haus) da. (Der Bruder sprach:) Ich (das) Mittel ausstreute, daß ihr werdet zu Wildschweinen. Stein (einem) schweren (mit) verschloß (er den Eingang). Und Hause nach fort ging (er). Da (war ein) Tag, wieder (ein) Tag (und) wieder (ein) Tag, (dann sagte der Bruder:) Ich gehe, meine Schwester (zu) sehen. Wir (wollen) gehen, meine Schwester (zu) töten. Hin ging (er), Tucum-Samenkörner brachte er hin. (Und) Inaja-Samenkörner brachte (er) hin. Da (die) Türe öffnete (er). Dann Tucum-Kerne und Inaja-Kerne auch schüttete er (auf sie). Dann heraus kamen (sie). (Er) tötete. Und Hause nach wegging (er). Da (der) Schwager fragte: Wo du Wildschweine tötetest? (Es waren) keine (Wildschweine). (Es war ein) Caititu. (Der Bruder:) Niemals, (es war ein) Wildschwein. (Der Schwager:) Niemals, (es war ein) Caititu. Laß uns gehen, ich (will) sehen (von) Caititu (eine) Menge zusammen (= die Herde). (Es) werden sein Wildschweine niemals, (sondern) Caititu. (Der Bruder:) Mein Schwager, erhebe (dich)! (Der Schwager:) Warum? (Der Bruder:) Weil Wildschweine ich (dir) zeigen (will). (Der Schwager:) Niemals, meine Wunde am Fuß schmerzt. (Der) Bruder: Ich auf den Schultern trage (dich) dort hin, dich hin (bringe). Ich Wildschweine töten werde. Inaja-Körner und Tucum-Körner schüttete (er wieder in den

Originaltexte der Mythen

Raum). Da daraufhin alle herauskamen. Da schoß (er) mit Pfeilen (auf sie) und traf nicht. Und alle liefen (wieder) hinein. Wieder kamen (sie) heraus, wieder schoß (er) vergeblich mit Pfeilen (auf sie). Dann alle herauskamen. Und (er) tötete, (um zu) essen. Dann (auf) seinen Sohn (den er immer zur Schwester geschickt hatte, um Maniokfladen zu holen) (er) wartete. (Der) Bub hatte sich verwandelt in (ein) Wildschwein. (Der) Mann (das) Wildschwein tötete. (Der) Mann (sprach): Nach ich (dem) Sohn (ging), (damit) ich (ihn) suche. (Zum) Haus (ich) gehend kam, da (den) Buben ich sah. (Der) Sohn war geworden (ein) Wildschwein. Ich tötete (ihn) und aß (ihn) auf. Schau, hier Knochen seine, (er war ein) Wildschwein. Ich (den) Sohn jagte (und) zurückkehrte. Sein Schwager verwandelte sich in (ein) Wildschwein. Und (er) tötete (ihn) und aß (ihn) auf. Wildschweine Menge (eine) große tötete (er). Seine) Gattin (sprach, als er nach Hause kam): Wo ist mein Bruder? (Der Mann:) (Er) wurde zu (einem) Wildschwein, (das ich) aufaß. (Die Gattin:) Warum? (Er:) Ich weiß es nicht. (Der) Mann: Ich wiederum Wildschweine tötete. Ich noch Wildschweine tötete, ich wiederum (ein) Wildschwein tötete keineswegs, ich tötete (es) nicht. (Dieses – das Mutterschwein, in das sich seine Schwester verwandelt hatte –) davonlief. Und (einen) Fluß (einen) riesigen, (der) wurde (zum) Xingu, schuf (er). (Das) Mutterschwein (das) Wasser überquerte (es) schwimmend. Wiederum zauberte (er) hervor (ein) Gebirge und ließ es sich hinsetzen. Da kletterte (das Mutterschwein auf der einen Seite) hinauf. Und lief (auf der anderen Seite) herunter, und lief davon. (Das) Mutterschwein tötete (er) nicht. Zurück lief (er) und kam (heim). (Die Gattin:) Wo ist (das) Mutterschwein (jetzt)? (Er:) Davon lief (es). Ich, ich hingehe, (meinen) Sohn zu machen (wieder). Und Bacaba(-blätter) (er) brach und (die) Knochen (des Söhnchens) fügte (er) zusammen und Cipo aus (die) Eingeweide (machte er) und (aus) Kastanienpalmen-Blättern großen, zusammengebündelt, machte er (den) Bauch. Da füllte (er) Blätter wieder zu einem Bündel, da füll-

Rop-ngō

Amre-bé mebemokré rop-ngō pumui ket. Amre-bé rop
ngríre bit. Aibíri mebemokré amaikrut rop-ngō-kam rop
apatoit pumui. Kam me amaikrut mrü kōt bōkam ten.
Mebemokré ngo-ket kam rop pumu. Mebemokré rop krare amü. Kam meõ kuté moi rop krare amü. Rop krare kuté
meõ kuru. Kam ikié kríma ten kam meõ mari yarén. Me-
kuní mari kam me-kuní uru-ten, rop-ngō pumu. Bo kadyóibe kam me rop krare mói amü. Rop krare kuní pudyí.
Kam rop tum. Amre-bé rop rop-ngō-kam anyõ. Kam
amre-bé rop prire bit. Kam aité rop-ngō kató, kam meõ
kuní rop nyõkrit. Arúm ket.

Pin kre-kam mióre

Amre-bé amre-bé mebemokré baú ket. Meõ puru diri.
Kam memú pudyí pin pa. Kam meõ-karon kató. Kam
meõ-karon kabén: Pin apatoit krantá! Arú kabén, pin

te (er) Blätter wieder zu einem Bündel. Da schleppend ging (der Knabe, den er wieder geschaffen). Dann (den Knaben, den er) sich (so wiederum) gemacht hatte, hieß er (richtig) aufstehen. Dann ins Dorf nahm er ihn mit und (seine) Gattin (sprach): Wo (ist) mein Bruder? (Der Mann:) (Er) wurde zu (einem) Wildschwein, (das ich) auffraß. Ich machte (ihn) nicht, nimmer(-mehr).

(Der) Hunde-See

In alten Zeiten (die) Indianer (den) Hunde-See kannten nicht. In alten Zeiten Hunde kleine nur (gab es). Da Indianer zwei Hunde-See im Hunde riesige entdeckten. Damals Männer zwei, Wild (zu) jagen, Wald in den gingen. (Die) Indianer Wasser nicht (= Ufer) am Riesenhunde sahen. (Die) Indianer (die) Riesenhunde-Jungen packten. Und Mann (der eine) er eines (der) Riesenhund-Jungen packte. Riesenhunde-Junges dieses (den) Mann auffraß. Und (der) andere (Indianer ins) Dorf lief und (den) Leuten (zu) wissen erzählte (es). Alle wußten (es jetzt) und alle hinauszogen, (den) Riesenhunde-See (zu) sehen. Wald (im) Inneren da (die) Leute (der) Riesenhunde-Kinder eines fingen. (Das) Riesenhunde-Junges mit allen (Hunden, die sie hatten) vereinigten. Und Riesenhunde fielen (ihnen zu). In alten Zeiten Riesenhunde Riesenhunde-See im (diesem) eigen (waren). Und in alten Zeiten Hunde kleine nur (gab es). Da (der) Hunde-See (wurde) entdeckt, und Menschen alle Riesenhunde züchteten. Zu Ende ist (die Geschichte).

Baum hohlen im (die) Ratte

In alten Zeiten, in alten Zeiten (die) Indianer (den) Mais nicht (hatten). (Die) Menschen (eine) Rodung anlegten. Da Mann einer (einen) Baum fällte. Da (ein) Geist hervorkam. Und

krantá. Nipeit komét kam a-mut-krü-kam krimbe kadyóro
mõ. Katí ket puru aité uru-boi. Arú pin mein met aité. Kadyú meõ māne. Kam meõ boi-kam pin aité krantá. Meõ
opéit krantá, aité akatí õ-kam aité pin méin met. Arú me
kuní krimét-kam marén: Gwai kuní pin krantá! Kam meõ
pin kubín. Pin kre-kam mióre; kam mióre pin-kam õbog.
Kadyóibe baú me moia bidyió ü komét.

Meõ be na kra

Amre-bé mebemokré kapót-kam örö. Nyum-kam me-be
ngo-dyúre, prü omü. Nyum-kam me-be-ngō-dyure tütü
men mõ. Nẽ-kam nakra-pin krait õnyú. Nyum-kam meõ
ngōkon-ti kam ku-dyó. Na kra idyí Nyobōg-ti. Kam õ-boi
krimét kudyá. Nã omúi kéine, kam ngōkon-ti apríne
apré. Akatí kram-ti nã pumu na kra kabá. Koima-dya, ba
pumu! Na kra: Katí! Nã pa adyō pa amü. Koima-dya!
Pári amü ge na kra õ-kató. Koima-dya! Ba no-yōg me
ayúk. Kam na kra noro-dyo nyu. Nã na kra yakóro me og
meitíre. Koikwa-kam punure. Aru me i-nyõ ubikwá kató.
Kwarikwai didíke ket. Nyum-kam miein boi. Me moi-ka-
dyú i-pron kabá Kam nã: Bíri, ba og meitíre. Koikwa-kam
punure, katí og punure. Nyum-kam aribá. Kam kra mõ.
Nyum-kam moi akatí miein me na kra me kra me moia
kren ket. Kam pram. Onyīa koikwa-kam i-bam idyí Bebgororotí, i-nã, i-kwanikwoi. Onyīa yod me turutí me mob
me kwōre me, moia komét kumrént. Akatí ket-kam miein:

(der) Geist sprach: Baum (diesen) riesigen umschneide! (Wie der Geist) hatte gesprochen, (den) Baum (begann er zu) fällen. (Er) arbeitete viel und am Abend nach Hause hin ging (er). Tag noch nicht (= vor Tagesanbruch) (zur) Pflanzung wieder hinauskam (er). (Den) Baum unversehrt völlig (fand) wieder (er). (Um den Baum gemeinsam zu fällen,) dafür Männer (er) rief. Und (die) Männer kamen und (den) Baum wieder (begannen sie zu) fällen. (Die) Männer, (nachdem sie dem Baum) gemacht (einen) Schnitt, wieder Tag nächsten am wieder (der) Baum (war) unversehrt völlig. Leute alle Dorf im (er) rief. Wir wollen alle (den) Baum umschneiden. Und (die) Männer (den) Baum wollten (fällen). Baum hohlen im (eine) Ratte (war); und (die) Ratte, (die) Baum im (war), zerteilten (sie). In (ihrem) Inneren Maiskörner und verschiedene Frucht-Samen viele (waren).

(Die) Frau, (die) war (des) Regens Tochter

In alten Zeiten (die) Indianer Steppe auf die kamen. Da (die) Menschen, (die) waren (ins) Wasser getaucht (= die Jungmänner), (den) Weg ausfindig machten. Da einmal (ein) Jungmann Urin ausgießen ging (= urinierte). Da (des) Regen Tochter (bei eines) Baumes Stamm sitzen (er sah). Da (der) Mann Kürbisschale (eine) große (= Kalebasse) in (sie) hineintat. (Des) Regens Tochter heißt Licht großes. Und mitnahmen (sie sie) (ins) Dorf hin. (Damit die) Mutter (sie) sähe nicht, (die) Kürbisschale (die) große fest zuband (der Sohn). Tage Menge (eine) große (danach) (die) Mutter, (um zu) sehen (des) Regens Tochter, öffnete (die) Kürbisschale. (Die Mutter rief:) Steh auf, (damit) ich (dich) sehe! (Des) Regens Tochter (sprach): Niemals! (Die) Mutter (mit dem) Arm hineingriff (und beim) Arm (sie) packte. (Sie rief:) Aufsteh! Beim Arm faßte (sie sie), daß (des) Regens Tochter herauskam, (machte sie) (= sie zog sie heraus). (Sie rief:) Aufsteh! Ich (dich) male und schere (dir das) Haar. Und (des) Regens

Gwai on kapót-kam ten! Kam miein kapót-kam pin amü;
Kumíre-kam pron myu. Me kumíre me koima ten. Kam
pron koikwa-kam uabí. Miein kam amá õ-nō. Ngróa-kó
pari amā. Mut koikwa-pókri nyu kam amā õ-nō. Kam: Ba
on, i-pron mõ-ten, kumrent; akubún ten ket. Na kra
kabén: Arú ba boi. Miein: Gük, máne, arú i-pron boi.
Arú i-pron dyō õ-boi. I pron moia komét õ-boi: Mob-me,
yod-me, dyō me turutí me kwōro me. Na kra: Onyīa
koikwa-kam arék i-nyõ, i-bam, i-nā, i-kwanikwoi. Ten dyō
komét õ-boi. Adyúm arúm nirúa boi, a-bam, a-kwanikwoi me moia komét õ-boi. Bebgororotí: Kwarikwai ga i-
kra kuruáia. Dyo mõ uabí ba on, i-kra ba pumun õ-dya.
Bebgororotí me nã me kwanikwói aité koikwa-kam uabí.
Na kra me miein me uru-ten kríma uru-ten. Turutí me mob
me yod me kwōro me kríma õ-ten.

  Na kra puru díri, puru-kam moia kre mebemokré õ-
akré.

Tochter (auf die) Schlaf-Stätte (Plattformbett) sich setzte. (Die) Mutter (des) Regens Tochter schor und malte schön. Himmel im (war sie) häßlich (gewesen). (Die Mutter sagte:) Unsere Verwandte daraus geworden (ist jetzt). Man darf nicht (sie) schlagen nicht. Da (der) Geliebte (des Mädchens) kam. Und (er sagte): Wofür (= warum) (hast du) meine Gattin ausgelassen? Da (die) Mutter (sagte): So halt, ich malte (sie) schön. Himmel im (war sie) häßlich, nicht bemalt, (war sie) häßlich. Dann (des Regens Tochter) blieb lange. Und Kinder kamen. Dann eines Tages (der) Gatte und (des) Regens Tochter und (die) Kinder auch Dinge (zu) essen (hatten) nicht. Und (sie hatten) Hunger. Dort weit Himmel im (ist) mein Vater, (der) heißt Bebgororotí, meine Mutter, meine Schwester. Dort (gibt es) Süßkartoffeln und Bananen und Yams und Maniok auch, Dinge (zum Essen) viele, wahrhaftig. Tag nicht am (= am nächsten Morgen, vor Tagesanbruch) (der) Gatte (sprach): Laß uns gehen, Steppe auf (die) (laß uns) gehen! Und (der) Gatte Steppe in (der) (einen) Baum packte (und beugte ihn nieder). Wipfel auf (die) Gattin (er) setzte. Und (den) Wipfel (ließ er los), und in die Höhe schnellte (der Baum). Und (die) Gattin Himmel in (den) hinaufflog. (Ihr) Gatte da wartete, (auf den Boden hatte er sich) hingelegt. Burití-Palme unter (einer) wartete (er). (Die) Sonne (an des) Himmels Mitte stand (= zu Mittag), und (er) wartete, (indem er so) dalag. Da aber (sagte er): Ich gehe (jetzt), meine Gattin fortlief, wahrhaftig; zurückkehrt (sie) nicht mehr. (Des) Regens Tochter (die plötzlich wieder erschien,) rief: Schon ich (bin) gekommen. (Der) Gatte (rief): Holla, da schau einmal an, schon meine Frau (ist wieder) gekommen! Gattin Dinge viele brachte: Yams und Süßkartoffeln, Beixu und Bananen und Maniok auch. Regen-Tochter (sagte): Dort weit Himmel im blieben die Meinen, mein Vater, meine Mutter, meine Schwester. (Sie werden) kommen, Beixu viel (werden sie) mitbringen. Später ihre Gebärerin kam, ihr Vater, ihre Schwester, und Dinge viele brachten (sie). Bebgororotí (sagte zum Gatten der Tochter): Es soll nicht sein, daß du meine Tochter

Meõ be kukrüt

Amre bé, amre bé, amre bé meõ idyí Birá meitíre. Meníre
kuní Birá kumkín atükme Birá ikuadyō. Nyum-kam akamót
kam meõ pudyí kikre-atükme ten. Birá mõ kató me meníre
mõ-nō. Nyum-kam meõ, pumu Birá, ngob õ-boi kam me
marén: Onyīa Birá meníre mõ-nō. Kam me kuní: Nyui? Támia onyīa atükme. Meõ kam: Gük! Me uru-mõ. Meníre
kuní kum Birá kumkín. Me-ba kra móiro. Kam: Gwai on
kubín. Kam meõ: Moi dya gwai on? Nyum-kam: Dya
gwái ón õ-mõ kukrüt-me. Katíbe meníre kuní puru anō. Me-
be-nget kabén: Memú bōkam ariréin kam meníre puru mõ-
ten. Me-ben-get kabén ma. Akamót-ket-kam meníre puru
mõ-ten. Akamót-ket-kam memú ariréin mõ kató. Menoronúre, moi körö-biog õ-boi, anō. Arú me-ók anō, kuté
bō kukúru. Menoronúre bō, õ-boi. Me-be-nget, be wayangari, moi körö-ō Birá te me kukrüt itú nipeit, krã me amák-
me nipeit. Kam memú kuní Birá kuibógne, kuté bin, kadyú.
Nẽ-kam pregne krimét kōt. Ropre kuré kōt. Nyum-kam
krúa ren kam kubin. Nyum-kam me-be-nget, be wayangari, a-tükme küü gã kutó kin. memú bit. Meníre omúi kuté
ket. Ga memú krímbe õ-boi. Memú kuté Birá kren ket.
Meníre bit kukren. Me-be-nget memú mā: Gwai õ-boi, ge
meníre bit kukren. Ga kwarikwai meníre marén. Memú
kumrént Birá õ-boi dyóiro. Memú gã turutí og-me õ-kupún,

schlecht behandelst. Hin fort hinauf (in den Himmel wieder) gehe ich, (von dort aus auf) meine Tochter ich schauen hin ständig werde (und sie beschützen); Bebgororotí und (die) Mutter und (die) Schwester wieder Himmel in (den) empor- stiegen. (Des) Regens Tochter und (der) Gatte auch hingin- gen, ins Dorf hingingen (sie). Bananen und Yams und Süß- kartoffeln und Maniok auch ins Dorf brachten sie.

(Des) Regens Tochter Pflanzungen anzulegen, Pflan- zungen in den anzupflanzen (die) Indianer lehrte.

(Der) Mann, (der) sich verwandelte in (einen) Tapir

(Einmal) war, (einmal) war, (einmal) war (ein) Mann namens Birá, (der) sehr schön (war). Frauen alle Birá liebten. Hinter den Hütten Birá (sie) verführte. Einmal Nacht in (der) Mann einer Häuser hinter (die) ging. Birá ging heraus und (mit ei- ner) Frau ging schlafen. Da (der) Mann, (der) gesehen (hatte) (den) Birá, (zum) Männerhaus hinging und (den) Männern erzählte: Weit dort Birá (die) Frauen verführt. Da Männer alle (riefen): Wo? (Darauf der Mann:) Dort, dort weit weg (er zeigt hin), hinter den Hütten des Dorfes. (Die) Männer da (riefen): Da schau her! Hineilen lasset uns! Frauen alle (sind) in Birá verliebt. Unsere Kinder weinen. Und (sie riefen): Las- set uns gehen, (ihn zu) töten! Darauf (sagten andere) Männer: Wie das wir (sollen) anstellen? Da (sagte einer der Männer): Dazu wir wollen machen aus (ihm) hervorgehen (einen) Tapir auch. Morgen (wollen wir deshalb) Frauen alle (in die) Pflan- zungen schicken. (Ein) Mann, (der) war alt, verkündete: (Die) Männer Wald in den (werden zur) Jagd für einen Tag gehen, und (die) Frauen (auf die) Pflanzungen hinausgehen (sollen). (Der) Mann, (der) war alt, sprach, (damit alle es) wüßten (= er hielt eine Ansprache). Nacht nicht mehr (= im Morgengrauen) (die) Frauen (auf die) Pflanzungen fortgin- gen. Nacht nicht mehr war (= der Morgen graute), (die) Män- ner (zur) Jagd für einen Tag weg hinauszogen. (Den) Jung-

me a-pron õ-boi, kra anō. Memú kra mā Birá yarén ket gã. A-nã ma kukrüt. Ge arúm kukren gã, a-nã ma: A-miein gã kukren. Me-bogtíre gã õ-boi. Meníre kukren. Kam kra kumkin kam: Amre ten, ba no-og. Me me-bogtíre nyu no-og, kadyú. Nyum-kam me-bogtíre: A-miein gã. Kam nã pu i-no-og kunón kam õ-mõ kumén. Kam meprire kubé kueín puru-ti-áire. Akatí-be meníre abén-pudyí kam meníre amí pái memú kuní bōkam anō. Kam memú kuní bōkam ten. Memú pudyí meníre kuri krúa nimró kadyú õdyu. Kam meníre kuní abén-pudyí. Kam meníre: Gwai-ón moiru, gwai-ón mõ-ten. Gwai be tep. Moi ta gwai nẽ? Kam ngō moróre abén-pudyí kam ngrere. Memú pudyí prone kam meníre ngoi. Memú pudyí prone meníre õ-tum. Nyum-kam meõ nikrá tatángne. Kam memú kubé pin. Aité me-be-nget kubé metiéne. Aité me-be-nget kubé metiéne. Aité me be-nget dya kubé mokok-tí. Meõ kra karon kubé korã. I-be dya korã. Me õdyo: I-be dya gotíre. I-be gotíre. I-be dya te-tük-tire. I-be dya tep kuka-kuoti. I-be dya tep-grodü, I-be dya parimut. I-be dya tep-nokokó. Meõ: I-be dya tep-oatí-re.

Meprire atoít meõ kam kutép. Me-kam memú boi õ-dya. Kam meõ pudyí nõ-met pron uabí. Kam kamú õ-abyu anyo pron uabí. Pron kam turutí dyō kuté omrõ. Kam kamú kuté kudyí. Miein kabén: Ga omrõ, ba i-kra-me kukren. Kamú boi örö, ba õ-abdyu. Ge i-kukiá, ba ku-marén ket met. Kamú: Omrõ i-kwanikwoi nipeit, kudyá bon. Kamú: Nyara i-kwanikwoi? Miein: Katí. Nyara i-kwanikwoi? Miein: Katí. Kamú: Nyara i-kwanikwoi? Miein: Katí. Kamú: Nyara i-kwanikwoi? Katí. Kamú: Ba i-be mru! Kwanikwoi abéia. I-be mrumre! Kwanikwoi abéia. Aite kubé petúre, a-kwanikwoi abéia. Aité kubé mrumóre, a-kwanikwoi abéia. Aité kubé mrum-króre. Kam kum kató. Nyum-kam rua. Kamú: Moina ga i-kwa-nikwoi? Mieín: I i-pron uabí. Kam ku-marén. Bidyió kamú prone abéia. Bidyió örö. Kam bidyió bakuóre. Bidyió bakuóre ngoima kumén. Pron kam amāk, niúm bidyió

männern, einige Blätter vom Jatobá-Baum (zu) bringen, befahlen (sie). (Den) Buben befahlen (sie), sie (sollten) (die) Blätter abschneiden. (Die) Jungmänner (die) Blätter brachten. (Der) Mann, (der) war alt, (der) war (ein) Zauberpriester, einigen Jabotáblättern mit Birás Beine (zu) Tapirs-Pfoten machte, (den) Kopf und (die) Ohren auch machte (er so). Dann (die) Männer alle Birá durchbohrten, ihn (zu) töten dafür. Da (sie) jagten (ihn zum) Dorf hin. (Die) Hunde hetzten (sie) auf (ihn). Dann Pfeile schossen (sie) auf (ihn) und töteten (ihn). Dann (der) Mann, (der) war alt, (der) war (ein) Zauberpriester, außerhalb des Dorfes (auf einem Platz) (um) am Feuer (zu) braten, entzündete (er den) Steinherd. (Die) Männer nur (waren dort). (Die) Frauen sahen dies nicht. (Den) Braten (die) Männer ins Dorf brachten. Männer diese Birá (den gebratenen) aßen nicht. (Die) Frauen nur aßen. (Ein) Mann, (der) war alt, (die) Männer belehrte: Wir (wollen ihn) hinbringen, damit (die) Frauen nur (davon) essen. Ihr sollt nicht (den) Frauen sagen (daß in Wirklichkeit Birá der Braten ist). (Die) Männer in der Tat Birá (den Frauen) hinschickten zerteilt. (Ein) Mann (den) Braten Bananen-Blättern (ihn) einwickelte und seiner Gattin (zu) bringen, (seinem) Buben befahl. (Der) Mann (seinen) Sohn anwies, (von) Birá etwas sagen nicht (du sollst nicht sagen, daß er der) Braten (ist). Deine Mutter (soll) glauben, (daß es ein) Tapir (ist). (Erst) nachdem (sie) gegessen (von dem) Braten, deiner Mutter sage: Deinen Geliebten (hast du als) Braten gegessen. (Der) Knabe (den) Braten brachte (der Mutter). (Die) Frau aß (davon). Da (sie den) Buben liebte und (sagte): Komm her, ich (will dich) malen. Und (der) Knabe setzte sich (zum) Malen dafür. Da (der) Knabe (sagte): Dein Geliebter (war der) Braten. Da (die) Mutter, (die mit) Urucu gemalt (ihn hatte) halb, (ihn packte und) weg (ihn) schleuderte in die Luft. Da (das) Kind sich verwandelte in (den) Vogel Jao de Baro. Am nächsten Tag (die) Frauen sich versammelten und (die) Frauen (um) sich (zu) rächen, (die) Männer alle Wald in (den) schickten. Und Männer alle Wald in (den) gingen. Mann ein

kren ket. Kamú krima ten. Miein: Dya ga bidyió bo-ü abén-apré. Kamú: Ba on örö. Me kam uru-ten. Me-kam ngoima kumén. Pron kukren kam aité uabí. Nyum-kam aité ngoime. Koima ngoin aité ngoima. Kamú: I-pron ket, tep bit ba uabí. Arú meõ mõ-ten. Miein: Nyara a-pron? Arúm-me ba uabí kuté te buróg. Men, kam aité ngoi. Ba té abéia kam amre-ten. Memú kabén: Arú meníre kuní ngoi. Moi dya gwai? Gwai arék-dya. Mõ kam puká-kam mõ.

einziger (in der) Frauen Nähe Pfeile anfertigte mehrere (= einen nach dem anderen). Da Frauen alle zusammenkamen. Und (die) Frauen (sagten): Wir wollen weinen, lasset uns fortgehen! Wir (wollen) werden zu Fischen. Was, (um) dies (zu werden), wir da (sollen tun)? Und (am) Fluß-Ufer versammelten (sie) sich und stimmten einen Gesang an. Mann (der) eine eilte herbei, als (die) Frauen sich ins Wasser stürzten. Mann (der) eine eilte herbei (und eine) Frau brachte zu Fall (als er sie packen wollte). Da (die) Frauen (mit den) Händen sich auf den Körper schlugen, daß es klatschte. Und (der) Mann verwandelte sich in (einen) Baum. (Ein) anderer Mann, (der) war alt, verwandelte sich in (einen) Rochen. Wieder ein Mann, (der) war alt, verwandelte sich in (einen) Araia (Rochen). Wieder (ein) Mann, (der) war alt, verwandelte sich zu (einem) Puraqué. Frau, (deren) Kind (ein) Baby (ohne Namen) (war), verwandelte sich in (einen) Surubim (wie er bei den Siedlern am Xingu heißt). Sie sagte: Ich werde zu (einem) Surubim. Frau (eine) weitere: Ich werde zu Trairão. (Eine andere sagte:) Ich werde (zu) Matrinchão. (Eine weitere rief:) Ich werde zu (einem) schwarzen Piranha. (Wiederum eine:) Ich werde zu (einem) Bacu de Seringa (Sägefisch). (Eine andere:) Ich werde zu (einem) Momara. (Eine andere:) Ich werde zu (einem) Sabão. (Eine andere:) Ich werde zu Piau cabeça gorda (Piau mit dem dicken Kopf). (Eine) Frau (rief): Ich werde zu (einem) Hundefisch (Cachora).

(Die) Kinder (auf die) erwachsenen Männer da warteten. Und da (die) Männer kamen daher. Da Mann einer, (dessen) Auge gut war (= der alles beobachtet hatte), (seine) Gattin fischte. Und (vor ihrem) Bruder verbarg (er) seine Gattin, (die er) gefischt hatte. (Die) Gattin einmal (ein) Bananen-Beixu (= Fladen) ihm zur Mahlzeit bereitete. Und Bruder ihm aufbewahrte. (Ihr) Gatte sprach, (als er ihr beim Bereiten des Essens zusah): Du bereitest das Essen (nur, damit) ich (und) mein Sohn auch (zu) essen (haben)! (Er fuhr fort:) (Wenn dein) Bruder kommen wird gleich, ich (dich) verstecken werde. Falls (er) mich fragt, ich (von dir) (ihm) sagen (werde) gar

Originaltexte der Mythen

nichts. (Als der) Bruder (kam, sagte er): (Das) Essen meine Schwester bereitet hat dafür. (Der Geruch der Speise sagte es ihm.) (Der) Gatte (rief): Niemals, ich dafür ich bereitete das Essen (= für mich). (Der) Bruder: Meine Schwester bereitete das Essen. Ich, (daß es) meine Schwester (zubereitet hat), dafür rieche. (Und der) Bruder (rief): Wo ist meine Schwester? (Der) Gatte (rief): Nirgends. (Wieder fragte der Bruder:) Wo ist meine Schwester? (Der) Gatte (rief): Nirgends. (Der) Bruder: Wo ist meine Schwester? (Der Gatte:) Nirgends. (Der) Bruder: Wo ist meine Schwester? (Der Gatte:) Nirgends. (Da rief der) Bruder: Ich, ich werde zu (einer) Ameise! (Als Ameise die) Schwester suchte (er). Ich will sein (eine) Ameise (kleinerer Art)! Und (die) Schwester suchte (er). Wiederum verwandelte er sich in (eine) Ameise (noch kleinerer Art), (und) seine Schwester suchte (er). Wieder verwandelte er sich in (eine) Ameise (wieder kleinerer Art), seine Schwester (zu) suchen. Wiederum verwandelte er sich in (eine) Ameise (der kleinsten Art). Da kam sie zum Vorschein, und er fand sie. Jetzt (sie) kam herunter. (Der) Bruder (fragte): Was du (tatest mit) meiner Schwester? (Der) Gatte (sagte): Ich meine Gattin gefischt habe. Und er erzählte. (Die) Frucht (von der der Gatte erzählt hatte), (der) Bruder eilte (zu) suchen. (Die) Frucht gleich (fand er). Und (einen) fruchtbehangenen Wipfel (fand er). (Den) fruchtbehangenen Wipfel in den Fluß warf (er). (Seine) Gattin da hörte (das Aufklatschen); da (die) Früchte aß (sie) nicht. (Der) Bruder nach Hause ging. (Der) Gatte (der zuerst seine Frau gefischt hatte, sprach): Dazu (mußt) du (den) Fruchtsamen anbinden (an eine Schnur). (Der) Bruder: Ich gehe gleich. Und da hinging (er). Und da Wasser ins warf (er die Schnur mit dem Fruchtsamen). (Die) Gattin aß und wieder kam herauf. Dann wieder Wasser im tauchte sie unter. Auf (war sie) aufgetaucht, wieder Wasser im tauchte sie unter. (Der) Bruder: Meine Frau nicht, (sondern einen) Fisch nur ich fing. (Der) Mann wegging. (Der) Gatte (seiner Schwester fragte): Wo (ist) deine Gattin? (Was) ich fing, das (war) (einem) Fisch gleich. (Ich)

Meõ be kukrüt

Amre-bé meõ idyí Birá meitíre. Arú meníre kuní kumkín
kam memú kum-okuré. Memú ngob-kam me abén-pudyí.
Memú kabén: Moina ya paí-kam nipein? Akatí-ket meníre anõ, puru mõ-ten. Me kuté ta nipein, Birá bin, kadyú.
Arúp meníre kató, meõ kuní koima-dyá kam Birá kum
kabén, krimét mõ kató. Arú Birá kató Arú memú me-ók
anõ, bõ kuru-kuru. Me-ók, bõ õ-boi. Kam memú Birá kuré
kam pa. Kam prína Birá bõ õ-kubú. Arú memú aité go
mrai tóit, anõ. Kam Birá mrai tóit. Memú Birá kuré kam
ropre õ-kuré. Kam me kuní krúa dya nyúa. Arú kubín.
Kam ngoi a mén. Arék meníre amãk. Arúm meníre boi
kam Birá tük mari. Kam meníre kapríre kam móro komét.
Meníre okére. Ari me-ba miein kubín! Ngoi dya ári
kumén! Kam kabén ket. Birá kõt ngoi. Arúm memú pron
ket. Kam kapríre. Aité memú kuní abén-pudyí. Benyadyóri pudyí kabén: Moina dya me-ba ári on? Kam me-be-
nget, kuté wayangari: Gwai on, tep uabí! Arúm meníre
kuní kubé tep. Kam memú pudyí tep uabí. Kuté tep uabíri
ket. Meõ tá pron bit uabí. Ngoi kadyóibe moi tep kum-
meníre kabén: Amre me kuní kubé tep, me-be-ngõ-kre.
Kam kuní anyõ idyí yarén. Kam meõ-níre idyí Nyo-og,
meõ idyí Ngréri, meõ idyí Bẽb. Akatí ket kam memú kuní
pron abéia. Krürem meõ kuní uru-mõ kam a-mút krü-kam
kuní pron kríma õ-boi. Kam meníre idyí nyo-og me ngréri
me Tokok me idyí komét. Idyí tá moi tep ngoi kadyói-be
arúp meníre yarén. Tep idyí me-be-ngõ kre arék-õ-dya.

warf ihn weg, und wieder Wasser (ins ging er). Ich (einen) Fisch fing und ging (wieder). (Die) Männer sprachen: (Die) Frauen alle stürzten sich ins Wasser. Was wir (sollen tun)? Wir (wollen) bleiben! Und Erde auf der gingen sie dahin.

(Der) Mann, (der) sich verwandelte in (einen) Tapir
(Andere Fassung der Geschichte)

In alten Zeiten (ein) Mann namens Birá (war) sehr schön. Frauen alle (waren in ihn) verliebt, und (deshalb) (die) Männer (waren) eifersüchtig. (Die) Männer Männerhaus im sich versammelten. (Die) Männer sprachen: Was da Rache aus (sollen wir) tun? Tag nicht (= am nächsten Tag, bei Morgengrauen) (den) Frauen befahlen sie, (in die) Pflanzungen weg (zu) gehen. Sie das machten, (um) Birá (zu) töten deshalb. (Als die) Frauen fortgegangen waren, (die) Männer alle erhoben sich und Birá zum sagten, (daß er aus dem) Dorf fort (und) hinauslaufen (müsse). Birá floh. (Die) Männer (den) Buben befahlen, Palmenblätter herunterzubrechen. (Die) Buben Palmenblätter brachten. Und (die) Männer (den) Birá verfolgten und packten. Da rasch (den) Birá (mit) Blättern umwickelten (sie). Männer wiederum, daß (er) laufe rasch befahlen. Und Birá lief rasch. (Die) Männer Birá verfolgten und Hunde machten (sie ihn) verfolgen. Und sie alle (mit) Pfeilen auf (ihn) schossen. (Sie) töteten (ihn). Und ins Wasser ihn warfen. (Sie) blieben (und die) Frauen erwarteten. (Die) Frauen kamen und (des) Birá Tod erfuhren. Da (die) Frauen (waren) traurig und weinten viel. (Die) Frauen klagten mit gellenden Rufen. Sie unseren Geliebten töteten, (riefen sie). Wasser ins sie (ihn) warfen! Und (sie) sprachen (dann) nichts mehr. Birá nach ins Wasser (stürzten sie sich). (Die) Männer (hatten jetzt) Frauen keine mehr. Und (waren) traurig. Wiederum Männer alle sich versammelten. Häuptling einer sprach: Was da wir werden tun? Und ein Mann, (der) war alt, der (war ein) Medizinmann, (sprach): Lasset uns gehen, Fi-

Meníre kukrüt kuté õ-pron

Amre-bé mebemokré pron kukrüt kumkín. Kuté mebemokré kumkín borák. Kam kra me-bogtire ngróa õ-ten. Kam
kukrüt nã nyõ-nyõ. Kam kra kum-nikúa, nyum arék-õ-dya;
kam nã kõt ten kam uru-boi, kam kukrüt nyõ-nyõ. Kra nikúa ngróa krã nikúa. Kra krã kam kukrüt nikúa. Nyum-
kam kukrüt nã bin. Õ-tonõ kam aité kubun tin; kam pre-
prek kam pái kabá-kam aribirówa kam poriprõ-õ tük
yog. Kam kra kríma õ-boi. Kam bam boi, kam kumarén.
Bam kukía: Móiru ga ten? Nirúa me imá preprék kuté, kukrüt o-miein. Kam bam: Ge-to, go on kríma! Akatíbe krúa
nipeit. Krúa nipeit kam akatí arek, krúa adyõ. Kam aité
akatí, kam me kuní mrü bin uru-ten. Kam bam kra a-pro-
ne õ-ten. Kam me kuní prégne arú, kukrüt uoibí, kam kum-
pumã kõt-dya. Bam me me kuní aringró pudyí kam kukrüt
nimein. Kam me kuní akupó. Kam meõ pron miein kõt
kubín. Bam miein kubín. Kam me kuní aben-pudyí kam

sche fangen! Frauen alle hatten sich verwandelt in Fische. Da Mann einer Fische wollte fangen: Er Fisch fing keinen. Mann dieser (seine) Gattin nur fing. Wasser im einer von den Fischen zu den Frauen sagte: Alle verwandelt (euch) (in) Fische, (in) Menschen, (die) sind (aus des) Wassers Tiefe. Und alle ihre Namen lehrte (er sie). Und (der ersten) Frau Name (war) Nyo-og, (der zweiten) Frau Name: Ngreri (= sagenhafter Fisch), (eine andere) Frau hieß Bemb. Tag nicht (= bei Morgengrauen des nächsten Tages) Männer alle (ihre) Frauen fangen gingen. Im Morgengrauen (die) Männer alle auszogen und Sonne (der) kalten bei (am Abend) alle (ihre) Frauen ins Dorf brachten sie. Und (der) Frauen Namen (waren) Nyo-og und Ngreri und Tokok und Namen (noch) viele. Namen dieser einer von den Fischen Wasser unterm Frauen hatte gelehrt. (Der) Fische Namen (den) Menschen (die) sind (aus des) Wassers Tiefe (= den Kayapó) blieben weiterhin.

(Die) Frau (dem) Tapir sie machte sich (zur) Gattin

In alten Zeiten (eines) Indianers Gattin (einen) Tapir liebte. Er (einem) Indianer gleich liebte. Einmal (ihr) Kind, (ein) Bub, Buritífrüchte holen ging. Da (der) Tapir Mutter (mit) im Beischlaf sich verging. Da (das) Söhnchen auf sie etwas hinwarf, als beisammen (waren sie); (der) Mutter nach lief (es) und hinkam (es), da (der) Tapir im Beischlaf sich verging. (Der) Sohn warf etwas, (eine) Buritífrucht Kopf (an den) warf. (Der) Sohn Kopf an (den) Tapir bewarf. Daraufhin (der) Tapir (die) Mutter tötete (= betäubte). (Die) Mutter wurde bewußtlos und wieder zurückkehrte (sie zum) Leben; und (sie) schlug (den Sohn) und aus Rache Schneidegras ins ihn hineinstieß und Kohle mit schwarz malte (sie sich). Und (das) Söhnchen ins Dorf kam. Da (der) Vater kam, und (es) erzählte (ihm) davon. (Der) Vater fragte: Wohin du gehst? (Der Knabe:) (Meine) Mutter, mich schlug sie, (denn einen) Tapir machte (sie) sich zum Gatten. Da Vater: Es sei, geh nach Hau-

kukrüt õ-níre. Kam küü-õ kum gã. Kam mu krantá, turutí-ü õ-kubú kam õ-boi. A-pron kuté omúi ket, be o-abdyú kam medn-é borák. Kam akamót koipókri pron bin. Kukrüt mu õ a-pron bin. Akatí-krürem kra anō a nã no-tóit. Kra múa memúa me kabén: Nirúa, nirúa, arúp akatí! Kam kabén ket. Kam kra: Arumne nirúa tük! Kam me kuní abéia kam múa. Kam ubikwá uru-boi kam kre amin kuté, adyōro mõ, kadyú. Kre apéit, amín dyé. Kam nã kamró pron, kumrént. Kamú-me bam me: Katí ta nẽ kra bin! Gwai kōt kubín! Kam kum-mā, kumrént, aringró bit nōro. Kam akamót-kam nōro. Kam pai dyudye-dyé-ti-õ kubín.

Meõ be kangā

Memú kubé kangā apatoit. Pron kubé mokré. Kam miein ngru kam bōkam a-pron õ-ten kam arék-dya. Kam puru

se! Am nächsten Morgen Pfeile machte (er). Pfeile machte
(er) und Tag (einen) verbrachte (er), (der) Pfeile Spitzen (zu
machen). Und wieder (ein) Tag, da (die) Männer alle, Wild
(zu) töten, auszogen. Und (der) Vater (das) Söhnchen rasch
laufend mit sich nahm. Und Männer alle trieben (sie), (die)
Tapire töteten (sie) und (die) in Angst (flohen), verfolgten
(sie). (Der) Vater und Männer alle heißen Tag einem an Tapire erlegten. Da Männer alle (die) Beute zusammentrugen.
Auch (des) Mannes Gattin (ihren) Geliebten auf der Treibjagd töteten (sie). (Der) Vater (den) Liebhaber tötete. Und
Männer alle versammelten sich und (die) Tapire in Stücke
zerteilten. Und Feuer am brieten (sie sie). Da (er) Geschlechtsteil des (Tapirs) abschnitt. Bananenblätter (in) einwickelte und brachte (ihn heim). Seine Gattin ihn entdeckte
nicht, er war versteckt und Bienenwachs glich (er). Da (der)
Nacht mitten in (die) Gattin (der Mann) tötete. (Des) Tapirs
Geschlechtsteil mit seine Gattin tötete (er). Tages-Grauen
(bei), (dem) Söhnchen befahl (er), seine Mutter (zu) wecken.
(Das) Söhnchen weinte und weinte und rief: Mutter, Mutter,
schon wurde es Tag! Und (sie) sprach nicht. Da (das) Söhnchen: (Meine) Mutter starb! Und Leute alle holen (er) ging
und weinte. Und (die) Verwandten hinkamen und (ein) Loch
gruben sie, (sie) begraben (zu) gehen, dafür. (Das) Loch fertig, (zum) Begräbnis schmückten (sie sie). Da (der) Mutter
Blut strömte heftig (aus ihrer Wunde), wahrhaftig, Bruder
und (ihr) Vater auch: Nein, jener da (unsere) Tochter getötet
(hat)! Wir wollen (ihn) ebenso töten! Und aus Angst, wahrhaftig, am Tag nur (der Mann) schlief. Da Nacht in (einer)
schlief (er) ein. Da, um sich zu rächen, Bogensehnen (einer)
großen mit töteten (sie ihn).

(Der) Mann, (der) wurde (zu einer) Schlange

(Ein) Mann verwandelte sich in (eine) Schlange, (eine) riesige. (Die) Gattin blieb Indianerin. Da (war der) Gatte eifer-

baú-me turutí-me diri. Kam puru-kam mu be kangã. Kam
meõ kõt abéia kam bo nipókri kõt boi. Nyara a miein?
Mrü abéia. Ne móiru ga ten? A kõt ba ten. I-miein arúm
kubé kangã. Dyam mrámri? No. Boi a ba õ-mõ! Ba o-abdyú. A-mut-krü-kam kukrüt me angrú õ-boi. Kam pron
kukía: Moi meõ omrõn nyõ kukren? Nẽ, ba omrõ kukren.
Ba dya kudyúa kukren. Kam kangã pron miein omrõ
kuangá kam kukren. Akamót nyum-kam kabén nyõ nõ.
    In be kangã. Aikwa be mokré-aikwa. Me krã be mo-
kré. Nyum-kam akatí, nyum mõ ten, kríma ten. Boi me
marén. Kam meõ pudyí uru-ten, kõt ten; omúi ten. uru-boi
ne kam kikre kam nyu. Kam kangã mrü õ-boi kam kangã
meõ kukren. Kam akatí kram-tí nyum ten kam amák. Kam
me kuní kõt mõ. Kam uru-boi kam kangã pron kukía: Ny-
iára, meõ kuté pumui mõ-ten. Arúm nẽ kukren. Arúm nẽ
ku-marén: Ga nẽ-kam a-kabén ket, akré. Nyum-kam: Ah!
Akamót-kam nyum kabén. Kangã kabén. Kam me õ-dyo
kabén. Kangã: Wu, wu, wu! Mo? Go on! Kangã meõ pudyí kren. Meõ kram-tí uru-boi. Nyara? Pron: Onyīa nõ.
Mokam? Biri ba-me kubín. Pron: Tá nẽ nóro onyīa nõ.
Kam me kangã bin. Pron kra rua komét. Kra be kangã.
Kam puru kam-kra rua. Baú bõ krare o-abdyú. Arú kangã
pron kangã krare marén: Mebemokré a-bam bin. Ga me
kanyúa, tokrü ge me tük. Mebemokré: Gwai me bá
kangã krá bin! Baú kó didíke õ-mõ. Kam kangã krare
bín. Kangã krare õdyu kre-kam nyu, kam me bin kein,
kam kanyúa. Amre-bé kangã ket. Me aibíri mebemokré
be kangã. Kam meõ mõ krare dyi. Kam kangã bõkam
komét. Aité kubún kangã pron mebemokré uru-boi.

süchtig und Wald in (den) nahm (er) seine Frau mit und da
blieben (sie). Da (eine) Pflanzung (von) Mais und Bananen
(und) legte (er) an. Pflanzung in (der) (der) Mann wurde zu
(einer) Schlange. Da (ein) Mann nach (ihnen, sie zu) suchen
(ging) und Wald inmitten nach er (kam). (Er fragte die Frau:)
Wo ist dein Gatte? (Die Frau:) Wild jagen ging (er). Du wohin
du gehst? (Der Mann:) Dir nach ich gehe. (Die Frau:) Mein
Gatte sich verwandelte in (eine) Schlange. (Der Mann:)
Wirklich? (Die Frau:) Ja. (Der Mann:) Möchte ihn ich sehen!
(Die Frau:) Ich verstecken werde (dich). Am Abend Tapir und
Wildschwein brachte (der Schlangenmensch). Und (die) Gattin fragte (er): Was (für einem) Menschen (die) Mahlzeit
gehört zu essen (die du bereitet hast)? (Die Frau:) Da (ist sie,
daß) ich (eine) Mahlzeit zu essen (habe). (Der Schlangenmensch:) Ich ebenso essen will. Und (der) Schlange Gattin
(dem) Gatten (die) Mahlzeit gab, und (er) aß. Nacht dann in
sprach (er in) seinem Schlaf. (Der) Leib war (der einer)
Schlange. (Der) Mund war (eines) Indianers Mund. Und (der)
Kopf war (der eines) Indianers. Als es Tag (wurde), da fort
ging (der Indianer), ins Dorf ging (er zurück). Ankam (er)
und erzählte. Da Mann einer (anderer) hinging, nachging (er
dem Schlangenmenschen und seiner Frau); zu schauen ging
(er). Hinkam (er) da und Haus ins setzte (er) sich. Da (die)
Schlange Wildbret brachte und (die) Schlange (den) Mann
auffraß. Und Tage viele dann, seit gegangen (er) war, warteten (die Dorfleute). Da alle nach (ihm) aufbrachen. Und hinkamen (sie) und (der) Schlange Gattin fragten (sie): Wo ist
(der) Mann, der schauen um zu, fortgegangen (war)? (Die
Frau:) Da gefressen wurde (er). Da riet (sie ihnen): Ihr da, redet nicht, riet (sie). Da (die Leute): Ach ja! Nacht in (der)
dann redeten (sie). (Die) Schlange redete. Und (die) Leute
weiter redeten. (Die) Schlange: Wu, wu, wu! (Die Indianer:)
Was gibt's? (Die Schlange:) Los! (Die) Schlange Mann einen
auffraß. Indianer viele hinkamen. (Die Männer:) Wo ist (der
Schlangenmensch)? (Die) Gattin: Dort hingelegt (hat er
sich). (Die Frau:) Warum? (Die Männer:) Weil wir töten (ihn

Meõ pron be og

Meõ pron kum-omã. Kam bōkam õ-ten. Kam ngō ket. Nyum-kam mú bit ikón. Pron kabén: Ten ngō abéia, go ikón! Kam mu bit ngoima õ-ten ikón. Kam pron kabén: Nyara ngō nya? Arúp ba ngō-kam mbrire uru-mō. Kam memú: Kone. Ngō pumui ket kam ba ikón. Kam memú ubiéia-kéin, meníre purum nō. Kam krã kató kam krã bit mõ-ten ikón. Kam mõ a-kubún. Krã boi kam aité dya, kam akatí meníre mõ kabén: Ga einíre, ngō támia, ga imá éit. Kam miein kabén: Kone, ba ngō pumui ket. Kam: Arú ba ikón. Kam miein kríma õ-ten. Aité kíkre õ-boi. Kam atéma meõ kukía kudyá, pron kum-omã. Kam kukía: Moi nẽ ga a-pron on nyum pumá ket-met? Kwóro-kam me õ-nō. Ba örö a-kudyá kam örö ten a-kudyá. Kam õ-ten a-pron. Kam bō ipókri õ-nō. Kwóro-kam õ-nō. Kam pron kabén: Ten ngō kadyú, ba ikón! Kam miein ten. A bit ikón. Kam boi.

wollen). (Die Gattin:) Dieser da (zum) Schlafen dort sich hinlegte. Da (die) Männer (die) Schlange töteten. (Die) Gattin (der Schlange) Kinder gebar viele. (Die) Kinder waren Schlangen. Und Pflanzung auf (der) (die) Kinder gebar (sie). (Im) Mais-Stroh (die) Kinder verbarg. (Der) Schlange Gattin (der) Schlange Kinder belehrte: (Die) Indianer euren Vater töteten. Ihr auch beißt (sie), (vor) Schmerz daß (die) Menschen sterben. Indianer: Wir wollen, wir alle, (die) Schlangenkinder töten! (Die) Mais-Halme niederzuhauen begannen (sie). Und (der) Schlange Kinder töteten (sie). Schlangenkinder weitere Löchern in saßen und (die) Menschen töteten (sie) nicht und (diese) bissen (sie). In alten Zeiten Schlangen nicht (gab es). Und da (ein) Indianer wurde (zu einer) Schlange. Und (der) Mann begann Kinder (zu) zeugen. Und seither Schlangen Wald im viele (gibt es). Wiederum zurückkehrte (der) Schlange Gattin, (zu den) Indianern hinkam (sie).

(Des) Mannes Gattin, (die) wurde (zu einem) Vogel

(Eines) Mannes Gattin furchtsam (war). Da (einmal) Wald in (den) mitnahm (er sie). Da Wasser nicht (gab es). Dann (der) Mann nur trank. (Die) Gattin sagte: Geh Wasser suchen, damit (wir) trinken (können)! Da (der) Mann nur zum Wasser hinging trinken. Und (die) Gattin sprach: Wo Wasser befindet sich? Schon ich Wasser beim (die) Frösche höre. Darauf (der) Mann: Ich weiß es nicht. Wasser fand (ich) keines da, ich (zu) trinken. Und (der) Mann (den) Rücken zukehrte, da (die) Frau hinter (ihm) schlief. Da (ihr) Kopf sich losmachte und (der) Kopf nur fortlief (zu) trinken. Und wegging (er wieder) zurück. (Der) Kopf kam und wieder setzte sich auf, und Tag (als es wurde), (die) Frau begann (zu) reden: Du betrogst, Wasser dort (ist), du mich belogst. Und (der) Gatte sprach: Ich weiß nichts davon; ich Wasser fand nicht. Darauf (die Frau): Schon ich trank. Und (der) Gatte ins Dorf brachte (sie).

Kam pron kukiá: Nyara ngō? Kam miein kabén: Katí, ngō ket. Moi dya ba ikón? Kam miein kabén: Kone. Kam pron mbrire koro ama. Eh! Ngoi-kam mbrire koro. Kabén: katí, ngoi ket, kumrént. Kam pron kabén: Ngō ba örö ikón. Kam miein: Ngō ket-met. Akamót-kam kubé aként, kam pron puru-nō. Aru krã kató. Kam mõ krã mõ ngoima me ikón. Kam aité a-kubún krã boi kam akrin. Kam miein pumá kam pumá küü-amakó. Arúp pron krã mõ-ten pumá, í bit arék. Kam krã a-kubún ten kam aité boi. Kam aité küü amakó. Kam krã a-kubún tum ten, kumrént. Kam akatí. Kam pron krã be kuéin-no-ti me koro: Bu bu bu. Kam miein ken pári kam pron idyí. Kam pári be kutó kam pron görö. Kam pron apré kam kríma õ-ten. Kam nã: Moia go on? Pumá-kam dya nē ba bōkam õ-ten, õ-nō kam kwóro mõ krã ten. Kam a-kubún ten; ba, imá pumá kam amakó. Kam krã kubé kuéin nō-tí. Pron ī, bōkam arék nōro õ-boi. Kam nã kabén: Ba kupíp-bō ampré. Kam kupíp ampré. Arúm-ket.

Wieder Haus (zu ihrem) hinkamen (sie). Da (ein) anderer
Mann fragte deswegen, (weil seine) Frau furchtsam (war).
Und (er) fragte: Was da du deiner Frau tatest, (daß) jetzt
Angst gar keine mehr (sie hat)? (Der erste Gatte:) Durst im sie
ließ (ich) schlafen. (Der andere:) Ich gleich dafür etwas unternehmen (werde). Und gleich brach er auf deswegen und
mitnahm (er) seine Gattin. Und Wald inmitten ließ (er sie)
schlafen. Durst im legten (sie sich zum) schlafen. Da (die)
Frau sprach: Geh, (des) Wassers wegen, (daß) ich trinken
(kann)! Und (der) Gatte ging. Er nur trank. Und kam (wieder). Und (die) Gattin fragte: Wo (das) Wasser (ist)? Und
(der) Gatte sprach: (Da ist) nichts, Wasser keines (gibt es).
(Die Frau:) Was da ich trinken (werde)? Und (der) Mann
sprach: Ich weiß es nicht. Da (die) Frau (der) Kröten und Frösche Unken und Quaken hörte. (Sie sprach:) Da (= horch)!
Wasser im (die) Kröten und Frösche unken und quaken. (Der
Mann) sprach: Nein, Wasser nicht (gibt es), wahrhaftig. Da
(die) Gattin sprach: (Zum) Wasser ich hineile, (zu) trinken.
Darauf (der) Gatte: Wasser gar keines (gibt es). Nacht in (der)
drehte (er ihr den) Rücken (zu), und (die) Gattin hinter (ihm)
schlief. (Ihr) Kopf machte sich los. Und fort (der) Kopf ging
zum Wasser (hinunter) und trank. Und wieder zurück (der)
Kopf kam und raschelte in den Blättern. Da (der) Gatte Angst
(hatte) und aus Angst Feuer (ins) blies (daß es rauchte). (Der)
Gattin Kopf fortlief aus Angst, (der) Leib nur blieb. Und (der)
Kopf zurücklief (und sprang) und wieder kam. Und wieder
(ins) Feuer blies (daß es rauchte). Und (der) Kopf zurück, (wo
er) ausgegangen war, für immer kehrte, wahrhaftig. Und Tag
(wurde es). Da (der) Gattin Kopf verwandelte sich in (den)
Vogel des Schlafes (des) großen (= Sabiá) und schrie: Bu, bu,
bu. Da (der) Gatte Steine unterhalb (aufschichtete) und (der)
Gattin Leib darauflegte. Und unterhalb war (es, daß er ein)
Feuer anzündete, und (die) Gattin dörrte (er). Und (die) Gattin wickelte er in Blätter und ins Dorf trug (er sie). Da (ihre)
Mutter: Was du tust? (Der Mann:) (Ihrer) Furchtsamkeit wegen da ich Wald in (den) mitnahm (sie), zu schlafen (mit ihr);

395

Meõ-níre rop-krore og

Meõ-níre amaikrut abén pudyí; abén gnōro obü o-nyu.
Nyum-kam meõ-mú ari kuri: Móiru ga-ten? Ba nē ba ten.
Ari mõ gnōro obü. Amre-ten nyu! A gnōro obü! Kam krã
kapéin ō-nyú. Nyum-kam krã-kam dyuáre meníre nikrá
kanyúa kam kamrō. Nyum-kam I, i, i, i, i. Moina? Katí.
Moina? Mõ ba, ba mum ten. Meníre nã gwai on bōkam
ten krã-kam-dyuáre. Mokam? Bíri gwai-ón! Katí, gwai
arék-dya. Dya gwai nyú nyu krã-kam dyuáre boi gwai-bá
bin mã. Bōkam mrotí komét. Kra uabí. Ikié pári be dya.
Nyum-kam mrotí ikúa. Nyum-kam kubé nē. Mõ bōkam
ten. Ikié kubé kukóire. Kam kríma aité kubún ten, kra örö.
Aité bōkam kra õ-ten. Kam mob-toit uru-boi. Nyum-kam
mob-toit kukía: I-tobdyuó moina gari ten? Tobdyuó: Krã-
kam dyuáre ba ten. Moina tobdyuó kuté? Ni. Imã kangá!
Ba õnyõ apatoit; ba mõ kangá. Katí tobdyuó pudyí. Ba
õnyõ; ge apatoit, ba mõ kangá. Katí! Mõ, mõ-ten! Kam
me a-tobdyuó bōkam õ-ten. Ngõ ket. Akubún ten. Aité
uru-mõ õ-boi. Mob-toit mē kabén: Mob-toit, ngõ, ba a-
pron kumrán: Kam mrámri? No, mrámri. Hã! Arú ngõ
kató! Ngõ õ-pû kam ngõ apatoit kató. Kam meõ-be-nget
tobdyuó kumrán. Moi aité bōkam ten? Ba bōkam moi
abéia kukren. Dyam ba kubún ten. Meõ-níre mob-toit eit.
Tobdyuó kumrént mõ õ-ten. Akubún boi ket-mein. Mõ-ten,
kumrént; ten rop-krore uru-boi. Rop-krore meõ-be-nget
tobdyuó og pumu me-kam kukía. Moia dyam ga a-tob-

und da Durst (hatte), fort (ihr) Kopf lief und sprang. Und
zurück lief und sprang (er); ich, mir Angst (wurde), und aus-
blies (ich das Feuer). Und (ihr) Kopf sich verwandelte in
(den) Vogel Sabiá. (Der) Gattin Leib, (der) Wald im geblieben liegen, bringe (ich). Da (die) Mutter sprach: Ich mit einer
Palmenstrohmatte umhüllen (sie werde). Und (in eine)
Strohmatte wickelte (sie sie). Meine Geschichte ist zu Ende.

(Die) Frau, (die den) Jaguar bemalte

Frauen zwei zusammenkamen; einander (die) Läuse (zu)
fangen, setzten (sie) sich hin. Da (ein) Mann (an) ihnen vor-
beiging. (Die Frauen:) Wohin du gehst? (Der Mann:) Ich, da
ich gehe. Ihr geht (mir auch die) Läuse suchen! (Die eine der
Frauen:) Komm her, setze (dich)! Deine Läuse (will ich) suchen. Und (beim) Kopf (sie ihn) faßte, (als er sich) gesetzt
hatte. Da (seines) Kopfes an (den) Hörnern (die) Frau (ihre)
Hand verletzte und blutete. Da (schrie der Mann:) I, i, i, i, i.
(Die Frau:) Was (ist dir)? (Der Mann:) Nichts. (Die Frau:)
Was (ist dir)? (Der Mann:) Gehen (will) ich, ich fortlaufe.
(Der) Frauen (die Läuse gesucht hatten) Mutter: Laßt uns
Wald in (den) laufen, (es war der Mann mit) Kopf auf (dem
den) Hörnern. (Die Töchter:) Warum? (Die Mutter:) Darum,
laßt uns gehen! (Die Töchter:) Niemals, wir (bleiben). (Der
Mann mit) Kopf auf (dem) Hörnern kommen (wird) (und
wird) uns töten, fürchte (ich). Wald im Genipapo viel (gab
es). (Die eine) Tochter kletterte hinauf (auf einen Genipapo-
Baum). (Die) andere Tochter unterhalb war (stehend). Da
(eine) Genipapofrucht (fiel herunter und) traf (sie). Da verwandelte sie sich in (ein) Paca. Fort, Wald in (den) liefen
(die Mutter und die andere Tochter, die auf den Baum ge-
klettert war). (Diese) zweite (Tochter) verwandelte sich in
(einen) Affen. Und da ins Dorf (die) Mutter wieder zurückkehrte, (das) Kind (der Tochter, die sich in ein Paca verwandelt hatte, zu) holen. Wieder Wald in (den das) Enkelkind

dyuó ogne? Küü og. Moina ga ón? Me bá kudyó ki. Ki kudyō i-ogne! Ge-tó ki kam pin-paniég amein kutá. Kam ki akán, küü kungró. Rop-krore anō, küü-kam nyō. Ba i-og. Rop-krore küü-kam tum Meõ-nire kaká pin-paniég-tí kak, ikié krakó a paniég-tí. Rop-krore: Dam ba tíéri! Katí arék nyō. Nyum-kam küü-kam rop-krore kam nō rã-ã, kam meõ-níre kra aprón mõ õ-ten. Kam meõ printíre nã mõ éit. Onyīa rop-krore kuri nyō, moia nyō. Ba örö obü. Uru-ten! Kam meõ-printíre akubún ten rop-krore-ni, küü-kam gã, kren. Dyam ga rop-krore kren? Katí rop-krore kren ket. Kam aprón õ-ten. Nyam printíre aibán kam kubé mrü-éit-tire. Kam nã bōkam tobdyuó mrai.

(sie) mitnahm. Und (zu einem) Krebs (sie) hinkamen. Da
(der) Krebs fragte: Mein Mündel, wohin du gehst? Das Enkelkind: (Vor dem Mann mit) Kopf auf (dem den) Hörnern
ich laufe. (Der Krebs zur Großmutter:) Was (ist mein) Mündel dieses? (Die Großmutter:) (Es ist ein) Mädchen. (Der
Krebs:) Mir gib (es)! Ich (werde es) aufziehen; (und wenn
es) erwachsen (ist), ich werde (es dir wieder) geben. (Die
Großmutter:) Niemals! Enkelkind (mein) einziges (ist es).
(Der Krebs:) Ich (will es) aufziehen; wenn (es) erwachsen
(ist), ich werde (es dir zurück-)geben. (Die Großmutter:)
Niemals! (Der Krebs:) (Also) geh (doch), fortlaufe! Und sie
ihre Enkelin Wald in (den) trug. Wasser (gab es da) keines.
Zurückkehrte (sie). Wieder hingelaufen kam (sie zum
Krebs). (Damit der) Krebs (sie) höre, sagte (sie): Krebs,
(verschaffe mir) Wasser, (damit) ich deine Frau bade. (Der
Krebs:) Wirklich? (Die Großmutter:) Ja, wirklich. (Der
Krebs:) Ha! (= ach, ich verstehe!) Wasser hervorkommen
(ließ er). (Den) Igarapé füllte (er an), und (ein) See entstand.
Und (die) alte Frau (die) Enkelin badete. (Der Krebs:) Warum wieder Wald in (den) gehst (du)? (Die Großmutter:) Ich
Wald im etwas suche (zu) essen. Ich zurückkehre (wieder).
(Die) Frau (den) Krebs belog. (Die) Enkelin in Wahrheit
forttrug sie, zurück kam (sie) niemals mehr. Fortlief (sie),
wahrhaftig. Gehend (zu einem) Jaguar hinkam (sie). (Der)
Jaguar von (der) Alten (der) Enkelin (die) Bemalung sah und
fragte: Wie du deine Enkelin gemalt (hast)? (Die Großmutter:) (Mit) Feuer malte (ich sie). (Der Jaguar:) Wie du (hast
das) gemacht? – Wir hineingetan im Steinherd (malten wir
sie. Der Jaguar:) Im Steinherd mich bemale! (Die Großmutter:) Es sei, (den) Steinherd (will ich bereiten)! Und (eine)
Ast-Gabel völlig ab (sie) schnitt. Und (als die Steine vom)
Steinherd weißglühend (waren, das) Feuer auseinanderbrei-
tete (sie). (Dem) Jaguar befahl, Feuer ins sich (zu) legen.
(Die Großmutter:) Ich bemale (dich). (Der) Jaguar Feuer ins
fiel. (Die) Frau festheftete Ast-Gabel große (beim) Hals,
(mit der) anderen (bei der) Hüfte machte sie (ihn) aufgega-

Meõ-níre be kaprán

Amre-bé kaprán ket. Aibíri kaprán kató. Meõ nẽ pron õ-ngru. Kam bidyió õ-kané. Kam kubé kaprán. Meõ miein amaikrut. Kam ikié ngru. Kam ikié kam nyurukwá kōt té abéia kam kōt boi kam bidyió õ-kané kam kubé kam aité miein nyurukwá-kam õ-ten. Kam nyurukwá-kam arék-dya kam akatí kramtí. Kam me õn-dyu bidyió bōkam abéia kam õ-kané. Kam aité kubé mokré. Akubún nyurukwá-kam.

Rop-krore küü

Amre-bé, amre-bé küü ket met. Amre-bé dyō ket, turutí ket, kwōro ket, mob ket, yod ket. Nyum-kam meõ me um-rére bōkam ten mod kre uru-ten. Kam meõ õ-pari. Nyum-

belt. (Der) Jaguar: Ich verbrenne! (Die Frau:) Niemals, bleib
liegen! Da Feuer im (der) Jaguar liegenblieb, und (die) Frau
(das) Kind rasch fortbrachte. Und (das) Mädchen (die)
Großmutter ging betrügen. (Das Mädchen:) Dort Jaguar
beim, (wo er) liegt, etwas liegen (ich) ließ. Ich gehe (es) holen. (Die Großmutter:) Lauf hin! Und (das) Mädchen
zurücklief, (vom) Jaguar (ein) Stück, Feuer im gebraten, aß.
(Die Großmutter:) Du (hast vom) Jaguar gegessen? (Das
Mädchen:) Nein, (von dem) Jaguar aß (ich) nicht. Und rasch
weiter (sie) liefen. Da (das) Mädchen wahnsinnig wurde und
verwandelte sich in eine Wildkatze. Und (die) Mutter Wald
im Enkelin (mit der) umhergeht.

(Die) Menschen-Frau, (die) wurde zu (einer)
Landschildkröte

In alten Zeiten Landschildkröten keine (gab es). Da (die)
Landschildkröte kam (hervor). (Ein) Mann da Gattin (auf
seine) wurde zornig. Und (Zauber-)Mittel (mit) machte (er
sie) verzaubert. Und (sie) verwandelte (sich in eine) Landschildkröte. (Die) Frau Gatten zwei (hatte). Da der eine eifersüchtig (war). Und der eine da Wohnstatt hin Fußspuren
verfolgte und nach kam (er) und Mittel (mit) verzauberte (er
sie) und (sie) verwandelte. Und wiederum (der) Gatte Hause
nach brachte (sie). Und Haus im blieben (sie) Tage viele. Da
(der) Mann von neuem (Zauber-)Mittel Wald im suchte und
machte (sie) verzaubert. Und wieder verwandelte (sie sich in
eine) Indianerin. Zurückgekehrt Haus ins (war sie).

(Des) Jaguars Feuer

In alten Zeiten, in alten Zeiten Feuer gar keines gab (es). In alten Zeiten Maniok-Masse (gab es) keine, Bananen keine, Macaxeira keine, Yams keine, Süßkartoffel keine. Da einmal

kam umrére uabí. Mod-kra kuré pram. Kam ken õ-dya.
Nikrá ngot katé. Kam kuté pári mõ kumén. Nyum-kam
mõ kubún ten. Nyum-kam umrére ken imõkri arék-dya.
Nyum-kam rop-krore õ-ten mrü kotú õ-mõ. Kam kuté meõ
omui-ma. Kam karon õ-tum. Aité omui-ma kiéri. Umrére
omúi obü. Nyum-kam aité karon õ-tum. Nẽ-kam koima
krã kam omu. Moina ga õ-dya? I-tobdyo imá íre. Amre
rua! Go on! Kam õ-pari. Hã! O-pari mõ-ten. Omu
pumáia prone uabí. Dyam ga ima kren? Katí! Amre-ten
go on, go mrü kukren onyīa i-nyurukwá kam mrü me dyō-
me komét. Hã! Kam rua. Gã mud-kam nyu. Kam nyurukwá kam mum mõ. Õ-boi kam pron: Moina meõ-kra õ-
mõ? Ba nẽ ba mebemokré õ-mõ, ken nipún õ-dya. Go
me-ba kra rã-ã! Amre ten, gwai-ba kōt õ-dya! Nyum-kam
kuri kuté. Kwarikwai aéri ket. Dya ba mõ bōkam ten kwarikwai aéri ket. Nyum-kam mõ mõ bōkam. Nyum-kam
pron kadyót kungró õ-nyú. Rop-krore nyurukwá kam mrü
komét, ki-kam mrü komét: angrú-me kukrüt me mrü kuní
dyō me kwuóro me turutí me mob me yód me dyō kuní.
Nẽ-kam mebemokré kén-kam mrü o-krén. Kam rop-krore-
ni aé. Rop-krore-ni kukía: Dyam moi mrü ga kren? Mebemokré kabén: Kukrüt mrü. Katí, i-miein kabén, angrú.
Mebemokré: Katí! Kukrüt; ba kukrüt õ-kren. Pron: Katí!
Angrú. Mebemokré: Katí, kukrüt. Pron katí i-miein kabén.
Mebemokré: Katí. Kam kukrüt mrü õ-kren. Nẽ-kam rop-
krore-ni no õ-dyó-kre. Kam dyúa akré kam kob õ-pumu
kam aéri. Nyum aé mu kōt-ten. Moia kuní yarén. Nẽ-kam
aité rop-krore akubún ten. Nyurukwá uru-ten am pron ô-
akré: Dya ba mõ bōkam ten. Kwarikwai aéri ket. Nẽ-
kam rop-krore bōkam ten nẽ-kam aité õ-aé. Nẽ-kam aité
õ-aé. Kam rop-krore-mu kam dyudye nipein kam krúa
nimró. Rop-krore kabén: Ba bōkam krúa nimró me Dyudye nipein, ga i-pron bin. Kubín akré: pa pa. Dya arúm
i-pron tük, gúai on mõ-ten aikié: Hã, ge-tó! Aité rop-krore-
mu bōkam ten. Kam rop-krore-ni aité meõ aé. Mebemokré kukrüt mrü kren kaigó. Kam õ-abdyú kam pumu méit

(ein) Mann und (sein) Schwager (= Bruder seiner Gattin)
Wald in (den) gingen (und zu eines) Arara-Papageien Höhle
(in einem Felsen) hinkamen. Und (der) Mann darunter legte
einen Baum als Leiter an. Dann (der) Schwager hinaufklet-
terte. Ararajunge (zu) fangen, (hatte er) Hunger (= wollte er).
Da (ein) Stein auf (den Mann herabfiel). (Von der) Hand (des
Mannes) (einen) Finger brach (der Stein). Da er (den) Baum
als Leiter wegschleuderte (in den Wald). Dann fort zurück
(heim er) lief. Da (der) Schwager (am) Felsen oben blieb. Da
(ein) Jaguar, (der) trug (ein) Wildbret (auf den) Schultern,
vorüberging. Und (nach) ihm (der) Mann spähte. (Der) Schatten (des Mannes) hinfiel (auf den Boden). Wieder (um zu)
spähen, neigte (er sich vor). (Der) Schwager (zu) sehen (wer
komme) suchte. Da wiederum (der) Schatten hinfiel (auf die
Erde). Da hob (der Jaguar) (den) Kopf und erblickte (den Jungen am Felsen). (Er rief hinauf:) Was du stehst (da oben)?
(Der andere:) Mein Schwager (= Mann meiner Schwester)
mich im Stich ließ. (Der Jaguar:) Steig herunter! Los, geh!
Und (er legte einen) Baum als Leiter (an). (Der Junge sprach:)
Es ist recht! An der Leiter hinunterkletterte. (Während des
Kletterns) schaute (er hinunter), (er bekam) Angst, (und) eilig
kletterte (er wieder) hinauf. Du mich fressen wirst? (Der Ja-
guar:) Keine Spur! Komm, geh, du Fleisch essen (wirst), dort
weit, meiner Behausung in, Fleisch und Maniokfladen auch
viel (gibt es). (Der Junge:) Gut! Und (er) stieg herunter. Er
Hals (des Jaguars) auf setzte sich. Und Behausung zur (des
Jaguars) fortgingen (sie). (Als sie) ankamen, da (die) Frau
(des Jaguars fragte:) Was für ein Menschenkind bringst (du
da)? (Der Jaguar:) Ich da ich (einen) Kayapóindianer bringe,
Felsen oben (auf einem) befand (er) sich. (Er) wird unser
Sohn bleiben. (Das Jaguarweibchen:) Komm her, (mit) uns
zusammen bleib! Da bei (ihnen) blieb (der Indianer). (Der Jaguarmann sprach zur Frau:) Du sollst nicht (ihn) schrecken
nicht. Wenn ich fort Wald in (den) gehe, sollst du nicht (den
Jungen) bedrohen nicht. Einmal (der Jaguar) fortging Wald in
(den). Da (seine) Gattin Baumwolle (mit der) Handspindel zu

kam pa kam krúa-õ õ-kubín. Nyum-kam rop-krore bōkam ten. Mebemokré kuté nyurukwá-kam ten. Rop-krore mebemokré prü yarén: Onyīa anyõ krimét. Mebemokré mõten, küü me kadyót me mrü me dyō-me õ-ten. Mut-krü kam krimét kikre pumu. Anyõ ubikwá kikre a-tükma õ-abdyú. Ngō-mod kuri bōkam õ-abdyú. Kam a-kwanikwoi kató kam ngoi-ma ngō abéia. Mebemokré a-kwanikwoi idyí yarén toit. Dyam ga? Kam katóro ket. Kam pyam. Kwanikwoi: Mói meõ? Kam abéia abéia abéia pumu. Kikre kubun ten. Me moia yarén. Bam kató abéia, abéia, kam pumúi ket. Ubikwá kuní kató kam abéia, abéia kam pumui. Ubikwá pumui kaigó. Kam kubún ten. Akatí-ket kam mebemokré, kuté nyurukwá-kam ten. Küü me kadyót me mrü-me dyō-me õ-ten. Õ-boi me ubikwá me meõ yarén, meõ-me ngob kam abén-pudyí. Memú: Gwai on, rop-krore küü me moia tá abéia, kadyú. Me-krare kubé kukrüt me õ-dyu menoronúre kubé nádyu. Me-ókre kubé atoróro. Kam me-kuní rop-krore nyõ küü uru-mõ. Pumáia nyurukwá-kam ten ket. Adyúm adyúm nyurukwá-kam ten. Rop-krore nyurukwá-kam rop-krore-ni arúm tük nyõ. Me-kam rop-krore küü õ-boi. Nẽ-kam me kuní nyõ küü me kadyót me mób me mrü me turutí me yod me kwōro me dyō kuní-me.

Amre-bé, amre-bé meõ küü ket. Dyō ket. Mebemokré bidyió bit kren, pin amá kren = Pin-apóg kren. Mrü-tam kren. Küü boi kam me kuní mrü-kít kren. Kam mebemokré nyõ küü ari o-rã.

spinnen dabei (war). (Des) Jaguars Behausung in Wildbret
viel (gab es), Steinherd im Wildbret viel (gab es). Wild-
schwein(-fleisch) und Tapir(-fleisch) auch, Fleisch alles (gab
es), Maniokfladen und Macaxeira und Bananen und Yams
und Süßkartoffel und Maniokfladen aller Art (gab es). Da
(der) Indianer (den) Steinen zwischen (das) Fleisch schickte
sich an (zu) essen. Da (das) Jaguarweibchen drohte. (Das) Jaguarweibchen fragte: Was für ein Fleisch du ißt? (Der) Indianer sagte: Tapir-Fleisch. (Die Frau des Jaguars:) Niemals,
mein Gatte sagte, (vom) Wildschwein (sollst du essen). (Der)
Indianer: Nein! (Vom) Tapir (hat er gesprochen); ich Ta-
pir(-fleisch) werde essen. (Die) Frau (des Jaguars): Niemals!
(Er sprach vom) Wildschwein. (Der) Indianer: Nein, (er sagte) Tapir(-fleisch). (Die Jaguar-)Frau: Durchaus nicht mein
Gatte sagte (so). (Der) Indianer: Niemals war es so. Und Tapir-Fleisch begann (er) zu essen. Da (des) Jaguarweibchens
Augen begannen wild (zu funkeln), und (die) Zähne zeigte
(sie) und (die) Krallen machte (sie) sehen und schreckte und
bedrohte (ihn). Da (voll) Schreck (der Junge dem Jaguar-)
Mann nachlief. Was geschehen, alles erzählte (er dem Jaguar). Da wieder (der) Jaguar zurück (nach Hause) lief. (Zu seiner) Behausung hingelangte er und (die) Gattin belehrte (er):
Wenn ich fort Wald in (den) gehe, sollst du nicht (den Indianer) schrecken nicht. Da (der) Jaguar Wald in (den) lief, und
da wieder bedrohte (sie den Indianer). Und wieder einmal bedrohte (sie ihn). Nun (der) Jaguarmann (einen) Bogen machte und Pfeile schnitzte (er für den Indianer). (Der) Jaguar
sprach: Ich Wald im Pfeile machte und (den) Bogen machte,
(damit) du meine Frau töten (kannst). (Das) Töten lehrte (er
ihn): töten, töten. (Der Jaguar sagte:) Wenn meine Gattin tot
(ist), wir wollen fortlaufen beide. (Der Indianer:) Gut, es gilt!
Wieder (der) Jaguarmann Wald in (den) lief. Und (das) Jaguarweibchen wieder (den) Mann bedrohte. (Der) Indianer Tapir-Fleisch zu essen stellte sich. Und versteckte sich (hinter
dem Steinherd) und zielte gut und schoß und Pfeil (mit dem)
tötete (er die Jaguarfrau). Dann (der) Jaguar Wald in (den)

lief. (Der) Indianer, er Hause nach lief. (Der) Jaguar (dem) Indianer (den) Weg zeigte: Dort weit dein Dorf (liegt). (Der) Indianer fortlief, Feuer und Baumwollfäden und Fleisch und
Maniokfladen auch nahm (er) mit. Sonne (der) kalten bei (=
am Abend) (des) Dorfes Häuser (er) erblickte. Seiner Verwandten Haus hinter verbarg (er) sich. (In des) Flußufers
Nähe, Wald im versteckte (er sich). Da seine Schwester herauskam (aus dem Haus) und zum Wasser ging, Wasser (zu)
holen. (Der) Indianer seiner Schwester Namen rief laut.
(Bist) du (es)? Und herauskam (aus seinem Versteck) (er)
nicht. (Er) schämte sich. (Die) Schwester (rief): Was für ein
Mann (= wer ist es)? Da (sie) suchte, suchte, suchte (und) sah
(ihn nicht). (Ins) Haus zurück lief (sie). Und (die) Dinge
(= was geschehen) erzählte (sie dort). (Der) Vater hinauslief,
(er) suchte, suchte und entdeckte (ihn) nicht. Verwandte alle
hinausliefen und suchten, suchten, (um ihn zu) entdecken.
(Die) Verwandten schauten vergeblich, und zurückkehrten
(sie). Tag nicht bei (= als es noch nicht Tag war) (der) Indianer, er Haus ins ging. Feuer und Baumwolle und Wildbret und
Maniokfladen auch brachte (er) mit. (Er) kam an und (den)
Verwandten und (den) Männern erzählte (er alles), (den)
Männern auch, (die) Männerhaus im versammelt (waren).
(Die) Männer: Laßt uns aufbrechen, (des) Jaguars Feuer und
Dinge diese (zu) holen, dafür. (Die) Männer mit Kindern ver-
wandelten sich in Tapire und andere, (die) Jungmänner, ver-
wandelten sich in Rehe, (die) Buben verwandelten sich in
Rebhühner. Und alle (zu dem) Jaguar seinem Feuer hinliefen.
Aus Angst Behausung in (die) gingen (sie) nicht (gleich).
Später, später Behausung in (die) gingen (sie). (Des) Jaguars
Haus in (die) Jaguarfrau tot lag. Und (zu des) Jaguars Feuer
hinkamen (sie). Da Menschen alle besaßen (das) Feuer und
Baumwolle und Yams und Fleisch und Bananen und Süßkar-
toffeln und Macaxeira und Maniokfladen aller Art auch.

In der alten Zeit, in der alten Zeit (die) Menschen (das)
Feuer (besaßen) nicht. Maniokfladen (hatten sie) keine.
(Die) Kayapó-Indianer Früchte nur aßen, Holz (mit) Ohren

Bebgororotí küü õ-boi

Puká-kam meõ küü pumui ket. Aringró-kam dyõ gã. Aringró-kam bit mrü gã. Kam Bebgororotí puká-kam rua, küü
õ-boi. Puká kam rua, anyõ ubikwá arek. Kuté dya Bebgororotí. Pin amaikrut idyí rõ-rõ õ-boi. Nyum kam küü a-
tó akré. Kam meõ moia küü gã. Kam katí nape. Kam
kangá. Kam memú aité kukren kam goi. Oõ meníre-me
kukren kam goi. Kam Bebgororotí koikwa-kam uabí kumrént. Arúm ket.

Bam mebemokré nipeit

Amre-bé mebemokré komét kam kuní apeit. Tük pá. Me
kané me kuní bin. Kam me ngrire bit ariba: Kra me, pron-
me, umré, pron kamú me, miein-me, kam me ket. Kam
ariba kapríre me kramtí ket. Kam me kra: Dyuná me-
karón mari, ga mebemokré nipeit, gwai me kõt ariba
rã-ã. Gwai-ba kapríre. Kam bam kabén: Ge-to! Ari kikre
nipeit! Kam kra kikre airó. Bam kabén kra kikre airó.
Kam kra kikre airó kaigó. Kam akamót-kam bam ngrére.
Bam bit kuté moia nipeit pumu. Kam ta bidyió nipeit me-
ĩ nipeit dyo kam akamót-kam akatí-örö-kam kra toin kam

(= Pau de orelha) aßen (sie) = Holz modriges aßen (sie). Fleisch getrocknetes (an der Sonne) aßen (sie). (Seit das) Feuer kam, Menschen alle Fleisch, gebraten im Steinherd, essen. Seither (also die) Indianer besitzen (das) Feuer, (und es ist) ihnen geblieben.

Bebgororotí (das) Feuer bringt

Erden auf (die) Menschen (das) Feuer kannten nicht. Heiße Sonne an (der) Maniokmasse buken. Heißen Sonne an (der) nur Fleisch brieten (sie). Da Bebgororotí Erde auf (die) herunterkam, (das) Feuer (zu) bringen. Erde auf (die) herabkam (er), (wo) seine Verwandten geblieben. Diese waren Bebgororotís. Hölzer zwei, namens „rõ-rõ", brachte (er). Dann Feuer anzünden lehrte (er sie). Und (die) Menschen Dinge Feuer (am) brieten und buken. Und (als sie) kosteten, schmeckte (es ihnen) nicht. Und wegwarfen (sie es). Da (die) Männer wieder davon aßen, und (es) schmeckte (ihnen). Später (die) Frauen auch aßen davon, und (es) schmeckte (ihnen). Und Bebgororotí Himmel in (den) aufstieg, wahrhaftig. Die Geschichte ist zu Ende.

(Der) Vater, (der) Indianer machte

In alten Zeiten Indianer viele (gab es), und alle hörten auf (zu sein). (Der) Tod hinstreckte (sie). Krankheiten sie alle töteten. Und Menschen wenige nur sie (waren am Leben): Kinder (die, eine) Gattin, (ein) Schwager (der) Gattin Bruder auch, (der) Gatte, und Menschen (sonst) keine. Und sie (die Übriggebliebenen) traurig (waren), (daß es) Menschen viele nicht (gab). Da (die) Kinder: Vater, (die) Geister kennst (du), du (die) Indianer mache, (daß) wir Menschen (an der) Seite habend bleiben. Wir traurig (sind). Und (der) Vater sprach: Es sei! Ihr Häuser macht! Und (die) Kinder Häuser

kumarén: A-nō-toine ten me omu! Kam kra me uru-ten kam me omu. Kam me kumá; Kam meprire múa me karoro. Meõ krâ igō. Kam kra kumã, akubún ten kam bam marén: Mramri, dyuná, abén-pudyí. Arúp mebemokré kató. Bam anō, ari koima nyu. Kam kra nō-toi pron; umréme, miein-me, kamú-me. Ari me uru-ten kam meõ uru kató. Kam me komét. Atéma me katóro nyu puká-kakri me katóro. Kam me kuní: Go on kuri a-pumu.

Kuben kuté mebemokré kuru

Amre-bé meprire amaikrut kuben-kókre oakin. Kam ari bog-tí. Kam pári-me nikrá-me kaú, kadyót-ō kaú. Kubenkókre puká-kre kam ariba, koikwa krait kuri kam mebemokré uru-boi. Kam kuben-kókre atyuére. Kuben-kókre mebemokré kren pram. Mebemokré akatí kram-ti abéia pram. Kam kíkre kōt abéia. Kam amre-bé kuben-kókre meprire amaikrut kutó. Kam ari bogtíre. Kam pári nikráme kaú. Kam kadyót-ō-kaú. Kam akatí kram-tí toro örö. Kam bogtíre amü me õ-ten, küü-kam gã kadyú. Kam-me ikié amí kabá küü pumáia. Ikié bit gã kam tük küü-kam, kum-gã kam kokrén. Bogtíre ikié küü-me aéri mõ-ten kam akró amü kam opére-ten kam mruní nipókri tum. Me-bogtíre mruní nipókri tum kam mruní-kam arék-dya. Kam aité

aufstellten. (Des) Vaters Wort (nach), (die) Kinder Häuser
aufstellten. Und (die) Kinder Häuser aufstellen umsonst.
Und Nacht in (der) (der) Vater sang. (Der) Vater, nur er Dinge (solche) (zu) machen wußte. Und dieses Mittel bereitete
(er), Menschen-Leiber (zu) machen, dafür, und Nacht in
(der), Tages-Anbruch bei (die) Kinder (er) aufweckte und
sprach (zu ihnen): Wacht auf, geht und schaut! Und (die)
Kinder hingingen und (sie) sahen. Und Menschen hörten
(sie). Kinder weinten, Leute schnarchten. Frauen Kinder in
den Schlaf sangen. Da (die) Kinder gehorcht hatten, zurückkehrten (sie) und Vater (dem) erzählten (sie): Wahrhaftig,
Vater, zusammengekommen (sind sie). Indianer herauskamen. (Der) Vater befahl, sie aufstanden von neuem. Und
(die) Kinder aufweckten (die) Gattin, (den) Schwager, (des)
Gatten Bruder. Sie (zu den) Menschen hingingen und (die)
Menschen da hervorkamen. Und Menschen viele (waren es).
Andere Menschen hervorkamen von neuem (aus der) Erde
Schoß (die) Menschen hervorkamen. Und alle: Lasset uns
gehen in die Nähe, (zu) sehen!

(Die) Leute, die Menschen fraßen

In alten Zeiten Kinder zwei (von) Menschenfressern geraubt
(wurden). Sie (waren) Buben große. Und Füße und Hände
auch banden (sie ihnen). Stricken mit banden (sie sie). Menschenfresser Erdloch in (sie sich) aufhielten. Stamm (der
das) Dach über der Welt trägt (beim). Und (die) Indianer
hinkamen. Da (die) Menschenfresser böse (waren). (Die)
Menschenfresser (die) Indianer (zu) fressen Hunger (hatten). Indianer Tage viele zu jagen Lust (hatten). Und Häusern hin (zu den) (der Menschenfresser) jagten (sie). Und
einmal (die) Menschenfresser Kinder zwei fingen. Und sie
(waren) Buben. Und Füße und Hände und banden (sie ihnen). Und Stricken mit banden (sie sie). Und Tage viele (danach ein) Fest begann. Da (die) Buben faßten (sie) und her-

kuben-kókre mõ-ten. Kuben-kókre mruní kum pumá, kam aité kató kam kíkre õ-ten mõ. Me-be-nget pumu kam kamú krã kren omu. Kam kukía: Moi nẽ krã kren õ-nyú? Moi ne ba kren, atéma moia. Katí, i-kamú krã. Go on, ba omu, ga kren õ-nyu! Kam kangá. Kam kuté kumá. Kam: I-kamú krã. A-kubún kangá kam mõ-ten. Akatí kramtí kam mebemokré kuní uru-boi kam abén-pudyí. Kam kuben-kókre atyuére kam mebemokré kuru pram. Kam kuté me-bemokré kramtí kren. Kam mebemokré: Gwai on, mo-kam kuben-kókre atyuére. Kam abén pudyí. Kam kíkre kõt abéia. Kam te abéia. Kam akatí amaikrut kam amí pai bin uru-ten. Gwai on! Amí pái, bin nẽ on. Kam amai-krut-ikiéket õ-ten. Kam ken-kam, kunún kre-kam, amí pai kubín. Kum amí kre kõt omu. Ba-amí mõ omu! Kam krúa kõt. Nõ-kre kõt ken kam õ-nyúa, kam amí pai kum kabén: Amre omu! Ba amí pái õ-mõ kubín. Kam me-kuní uru prónt kam nõ-kre-kam krúa õ-nyúa. Kam me-kuní kubín kam oika-pa nõ-ipú. Kam kadyú pin ku-dyú kam õ-apré noit krái apré kam amí nõ-kre tük póri-prô kam kríma õ-boi. Kam me-kuní pron. Kam kukía: Moína? Kam kuben-kókre: Inyõ ubikwá bin. Kam kuní moro komét. Kam akamót-kam mebemokré kuní abén-pudyí. Mebemokré abén-pudyí kabén: Gwai on mó-kam kuben kókre atyué-re, kuté gwai bá bin örö. Kwarikwai arék-dya ket, kuben-kókre atyuére-kam dya ket; kuté mebemokré kren pram. Mói-kadyú kuben-kókre mebemokré kren pram? Mebe-mokré mrü bit kren. Kuben-kókre punure ne mebemokré bit kren pram, kam kuté gwai bá kren ari örö. Gwai mum ba ten kumrént. Kam kuní kató me kuben-kókre kangá, aité o puká-tum-kam ten. Nyum-kam kuben-kókre aité mõ-ten. Koikwa krait kam kuben-kókre nyu.

beitrugen (sie), Feuer am (zu) braten, dafür. Da (der) eine
sich losriß (vor dem) Feuer (der) Angst (wegen). (Den) andern nur brieten (sie) und Rauch Feuer im brieten und auffraßen. Bub (der) andere Feuer (vor dem) Schrecken (im)
davonlief und (eine) Liane faßte (er) und hinwegschwang
(sich) und Dornengestrüpp mitten hinein fiel. (Der) Bub
Dornengestrüpp mitten ins fiel und Dornengestrüpp im blieb
(er). Und wieder (die) Menschenfresser fortzogen. (Die)
Menschenfresser Dornen vor (den) Angst (haben), und (der
Bub) wieder hervorkam. Und (zu den) Häusern hinging. (Einen) Alten sah (er) und (seines) Bruders Kopf auffressen sah
(er ihn). Da fragte (er): Was da (für einen) Schädel ißt (du)
da? (Der Alte:) Was der ich esse, (ein) anderes Ding (ist).
(Der Indianerbub:) Nimmermehr, meines Bruders Schädel
(ist es). Mach, (daß) ich sehe, (was) du ißt (da)! Und (er) gab
(ihn ihm). Und er (der Indianerbub) erkannte (ihn). Und (er
sagte): Meines Bruders Schädel (ist es). Zurückgab (er ihn)
und fortging (er). Tage viele danach (die) Indianer alle (zu
den Menschenfressern) hinkamen und (sie) vereinigten sich
mit (ihnen). Da (die) Menschenfresser böse (waren) und
(die) Indianer aufzufressen Hunger (hatten). Und sie Indianer viele fraßen. Da (die) Indianer: Laßt (uns) gehen, weil
(die) Menschenfresser böse (sind). Und (sie) versammelten
sich und Häusern hingingen zu (den), zu holen (die Menschenfresser). Und Fische fangen (gingen sie). Und Tage
zwei danach, sich (zu) rächen, (zu) töten, auszogen. (Sie
sprachen:) Lasset uns gehen! Sich (zu) rächen, (zu) töten, da
gingen (sie). Und drei (Menschenfresser) mitnahmen (sie).
Und Felsen in, (einer) Wasserschwein-Höhle in, sich (zu)
rächen, töteten (sie sie). Einander Loch durch (das) sahen
(sie). (Ein Menschenfresser:) Mir (zu) herschaut! Und Pfeile
hin (schoß er). Gesichter (auf die) hin (schoß er). Felsen in
traf (er), und in Erwiderung zu (ihnen) sagte (ein Indianer):
Schaut her! (Der Indianer zu sich selbst:) Ich aus Rache werde töten. Und alle (Menschenfresser) herbeieilten, und Gesicht im Pfeile trafen (sie). Und alle töteten (sie), und in der

413

Koikwa krait

Koikwa krait kam kuben punure kuní puká. Mebemokré kuté omui ket. Kam mebemokré kam meõ õ-mõ kam me-kuní marén. Kam kuní uru-ten kam me-kuní kuben punure omu. Kam krare õ-boi. Kam mebemokré uru-ten kam kuben mbrire krare õ-boi. Krã me te be mbrire krã me mbrire te. Ĩ be mokré. Kam-me krã õ-boi kam a-mut-krü-kam koro krin. Mbrire koro borák: Üb, üb, üb, üb. Kam me kuní uru-mõ kuté õ puká omúi mõ. Kam a-mut-krü-kam uru-boi. Kam koro komét. Kam me omu kam õ-kubún ten kam nyurukwá-kam uru-boi. Kam kuben punu kramtí arék nyõ puká-kam dya. Onyīa koikwa krait kam. Kuben mbrire

mitte teilten (sie sie) auseinander der Länge nach. Und dafür
Stangen abschnitten (sie) und anbanden (sie daran), Hand-
gelenken (bei den) festbanden (sie sie) und sich (das) Gesicht schwarz (färbten sie) (mit) Kohle und ins Dorf trugen
(sie sie). Da alle eilten herbei. Und (die Dorfbewohner) fragten: Was ist geschehen? Und (die) Menschenfresser: Unsere
Verwandten getötet (haben sie). Und alle weinten viel. Und
Nacht in (der) (die) Indianer alle versammelten sich. (Die)
Indianer, (die) zusammenkamen, sagten: Lasset uns aufbrechen, weil (die) Menschenfresser böse (sind), sie uns töten
gleich (werden). Wir wollen nicht bleiben nicht, Menschenfressern (den) bösen bei sein nicht, diese Indianer fressen
wollen. Weshalb (die) Menschenfresser Indianer fressen
wollen? (Die) Indianer Wild nur essen. (Die) Menschenfresser böse (sind), da (sie) Indianer nur essen wollen, und sie
uns fressen gleich (werden). Wir (wollen) fliehend fortlaufen, wahrhaftig. Und alle auszogen und (die) Menschenfresser verließen (sie). Wieder gingen (sie), Heimat ihre in gingen (sie). Dann auch (die) Menschenfresser wiederum fortzogen. Himmelsstütze bei (der) (die) Menschenfresser
wohnen.

(Des) Himmels-Fuß (Stamm)

Himmels-Fuß beim (ist der) Wesen (der) bösen aller Land.
(Die) Indianer diese (hatten) gesehen niemals. Damals Indianer von (den) (ein) Mann wegging (hin zum Fuß des
Himmels) und (danach den) Leuten allen erzählte (was er
gesehen hatte). Da alle hingingen und Leute alle Wesen böse
sahen. Und (ein) Kind (der bösen Wesen) brachten sie mit.
(Die) Indianer hingingen und Menschen-Frosch-Kind (ein)
brachten sie mit. (Sein) Kopf und (seine) Beine waren (ein)
Frosch-Kopf und Frosch-Beine. (Sein) Leib war (der eines)
Indianers. Und (dieses) Kind brachten (sie) mit und nachmittags (nachdem sie im Dorf angekommen) Schreie aus-

kuri me kuben-põ-põ be kuben kuéin. I me krã kuní mebemokré me koro bit kōt: Põ-põ-põ-põ. Mebemokré kuben-mbrire pumu, a-mut-krü-kam uru-boi.
Kam aité meit-õ-kam uru-ten. Kam kuben põ-põ(-re)
omúi kaigó; kum pumá. A-kubún pumáia ten kam me
nyurukwá uru-boi. Mebemokré õdyu marén.

Mebemokré kubé apietí

Amre-bé meõ umrére atyuére. A-tobdyuó kait-nokaé nipeit apietí kre borák. Kam kait-nokaé dyí kam umrére
māne: Onyīa apietí kre kam nō. Kam umrére: Ba kubín.
Tobdyuó bōkam õ-ten. Támia. Umrére: Ba kre nipein.
Kait nokaé be apietí-wayangá kam umrére kōt kre õ-péin
kam õ-bōgne kam apietí-wayangá pumu. Kam: Dya ba
bin! Kam apietí a-mu obü kam apietí kien õ-mõ. Apietí
aité õ-adyō, aité a-mu õ-mõ. Aité õ-adyō, aité a-mu õ-mõ.
Kam apietí a-kubút kató kam kre örö, mebemokré kuiaé
kōt túm-ten. Kam kre mô õ-adyō. Kam kre kadyoibe
kabén. Kam kubé apietí kam kre-kam ngrere onyú. Kam
õ-dyu mā kabén onyú: Moirú? Mo? Dyam ga? No ba.

stieß (das Froschmenschenkind). (Seine Schreie waren eines) Frosches (einer Kröte) Quaken (oder Unken) gleich: Üb, üb, üb, üb . . . Leute alle (waren) hingegangen, (um) dieser (fremden) Wesen Land zu sehen, gingen sie. Und Sonne (der) kalten bei (= am Abend) hinkamen sie. Und (sie vernahmen dort) Geschrei viel. (Die) Leute sahen (alles) und zurückkehrten (sie) und Hause nach hinkamen. Wesen böse (eine) Menge blieb ihrer Heimat in dort (im fernen Land). Weit dort Himmels-Fuß beim. (Die) Menschen-Frösche (in dessen) Nähe (leben) und (die) Wesen Põ-Põ, (das) sind Menschen-Vögel (= Vogelmenschen). (Ihr) Leib und Kopf (ist) ganz (eines) Indianers, (ihr) Geschrei nur (ist) so: Põ-põ-põ-põ (wie das eines Vogels). (Die) Indianer (die) Menschen-Frösche sahen (sie waren dorthin aufgebrochen und am) Abend (wieder) angekommen (daheim).

Und wiederum Trockenzeit darauf in (der) hingingen sie (zu des Himmels Fuß). Und (die) Wesen Põ-Põ sahen sie (sich) bloß an; da (sie sich) fürchteten. Zurück aus Angst liefen (sie) und zu Hause anlangten (sie). (Den) Indianern (den) übrigen berichteten (sie, was sie gesehen).

(Der) Indianer, (der) sich verwandelte in (ein) Gürteltier

In alten Zeiten (eines) Mannes Schwager (= Bruder der Frau) böse (war). Sein Schwager (= Gatte seiner Schwester) Tragkorb machte, (einem) Gürteltier-Loch gleich. Und (den) Tragkorb pflanzte in die Erde (er) und (dem) Bruder seiner Frau erzählte (er): Dort draußen Gürteltier-Loch zu sehen (ist). Darauf (der andere) Schwager: Ich hingehe gleich, zu töten (es). (Der eine) Schwager Wald in (den) führte ihn. (Der sagte:) Dort (ist das Loch). Der Bruder seiner Frau: Ich (das) Loch aufgraben (will). (Der) Tragkorb wurde zu (einem) Gürteltier-Zauberpriester, und (der andere) Schwager danach (ein) Loch machte und aufgrub und (das) Zaubergürteltier sah. Da (rief er): Es sei, ich töte (es werde)! Und (des) Gür-

Tobdyuó: Katóro! Katóro ket met kam arú ba i-be apietí.
I-be mebemokré pram ket met; arú ba i-be apietí. Tobdyuó kríma ten. Akatí nyum uru-ten te abéia. Arú ta apietí
mô õ-ten. Tobdyuó abéia kam bói. Akatí kuníkut te abéia.
Mō bōkam õ-ten. Tobdyuó ten kumrént kam bōkam abéia
mrai õ-kurén. Kam mrámri bōkam kunó. Abéia. Akatí
kuníkut abéia. Ta bōkam kunó kumrént. Ubikwá kum
katóro keine. Kam arék-dya.

Kuben-ropre

Amre-bé ngoi-kam kubé be rop. Kuté mebemokré kuru.
Kam meõ õtomó. Kam ngoi apatoit kuri adyóre. Kam me
kuní bōkam ten. Meõ prire, me-bogtíre pudyí arék-dya.
Kam kuben-ropre uru-boi. Kin mebemokré kin no-kre mebemokré no-kre, ĩ kuní mebemokré. Dyúa bit ropre dyúa,

teltieres Schwanz faßte (er) und (das) Gürteltier rückwärts herauszog (er). (Das) Gürteltier wieder hineinsprang, wieder (beim) Schwanz herauszog (er es). Wieder hinein sprang (es), wieder bei seinem Schwanz herauszog (er es). Da (das) Gürteltier von hinten kam heraus und (damit) Loch ins komme (zu fallen), (den) Indianer stieß (es), daß (er) hineinfiel. Und Loch (ins) weggingen hinein (beide). Und Loch (im) drinnen redeten (sie). Und (der Mann) verwandelte sich in (ein) Gürteltier. Und Loch im zu singen begannen (sie). Und darauf (der Verwandelte, daß man ihn) höre, (zu) sprechen begann: Was gibt es Neues? (Der Gatte seiner Schwester:) Was (höre ich)? (Bist) du (es)? (Der andere Schwager:) Ja, ich (bin es). (Der) Bruder seiner Frau: Komm heraus! (Der andere Schwager:) Herauskomme (ich) keinesfalls, denn schon ich, ich wurde zu (einem) Gürteltier. Ich (zu) sein (wieder) Indianer, Verlangen keineswegs (habe); schon ich, ich wurde zu (einem) Gürteltier. (Der) Bruder seiner Frau ins Dorf ging (wieder). Tag (als es wieder geworden) da auszog (er), (die) Fußspuren zu verfolgen. Schon diesen (das) Gürteltier fort mitgenommen hatte. (Der) Gatte seiner Schwester suchte und kam heim. Tage alle Spuren suchte (er). Fort Wald in (den mit dem Gürteltier) gelaufen (war der andere). (Der) Bruder seiner Frau lief wahrhaftig, Wald im suchend lief er umher, verfolgend ihn. Aber wahrhaftig, Wald im verloren hatte sich (der andere). (Der Schwager) suchte. Tage alle suchte (er). Jener Wald im verschwunden, wahrhaftig. (Der) Verwandte nach (ihm) auszog nicht mehr. (Er) blieb (zu Hause).

Hunde-Menschen

In alten Zeiten See in (einem) fremde Wesen (gab es), (die) waren (große) Hunde. Diese Indianer auffraßen. Einmal (die) Männer auf große Jagd gingen. Und See (einem) riesigen in der Nähe lagerten (sie). Und Männer alle Wald in (den) gingen. (Ein) Kind, Bub einer, zurückblieb. Da (ein) Hunde-

itú-me ropre itú. Te ikrã õ-mrai kuté, ropre borák. Kam
me-bogtíre kuri uabí. Pudyí ngoi uru-uabí. Kramtí ngoi-
kam dya. Pudyí kuté me omúi mô uabí. Kam me-bogtíre
kukía: Moina ga õ-dya? Kam karon pumu kam amí aikwa amprö, meprire kuté dyúa pumui ket. Kam kuben-ropre kukía. Kam moina ga õ-dya? Katí, me kuní ariréin õ-
ten, bõkam arék-dya. Ba bit arék-dya. Kóiru uabí waiét.
Pín õwaiét. Kam: I õ-pumú kaigó mõ; nẽ ba uabí. Onyĩa
me-i kram-tí, ngõ-kam komét. Ba kam íe me pumui uabí
kam: Ba on. Kam ngoi-kam ngóime. Kam me kram-tí boi.
Kam mõ kumarén kam umré-me bam-me, kamú-me,
netuá-me, kwatúi-me inget-me me ubikwá kuní marén.
Kabén: Dyam nẽ rop uabí. Bakam yarén marén. Gwai
mõ nyári nõro; onyĩa nõro. Dya akamót-kam nyum me
örö uabí. Ingét: Tobdyuó ga éit. Mrámri ba kuben-ropre
pumu. Akamót-kam me-ba kukren. Arúm nyara onyĩa
nõro. Me kramtí arék-dya. Kam akatí-te okráine-kó-kam
netuá noi-tón. Netuá ten me omu arúp dya me-ropre me
kukren, kam me-kamró koubán. Kam a-kubún ten kam ku-
marén. Mrámri! Nẽ kra nyui kuben-ropre yarén. Arúm nẽ
kuben-ropre me kukren. Ba árum ara marén. Gwai on kríma! Kam kríma õ-boi. Kam ubikwá, me kuní ubikwá a-
prone. Arúm kuben-ropre me-kuní kren. Kam: Nyui?
Onyĩa. Gwai-ón omu! Kam pudyí kam, kam me kuní uru-
ten kam uru-boi. Meníre kuní kam ubikwá nyurukwá
pumu kam mõro komét. Ngoi be. Ngoi-kam kuben-ropre
mrai. Kam me amí pai kadyú kí-ken. Ngõ kadyú ki kuté.
Kum ngõ kangró mõ. Kum ki oibóg. Kam ken kangró
ngoi mõ kumén. Kam ngõ kuní tiére. Ngõ oroót komét
kam kuben-ropre kuní tük. Kam ngõ kaprü. Kam kuben-
ropre kuní tiére kuní tük. Arúm ket.

mensch herankam. (Sein) Haar Indianer-Haar (war), (sein) Gesicht (ein) Indianer-Gesicht (war), Leib (der) ganze (der eines) Indianers (war). (Die) Zähne nur Hunde-Zähne, (die) Pfoten auch Hunde-Pfoten (waren). Auf der Beine Kopf (= auf allen Vieren) ging dieser, (einem) Hund gleich. Und (dem) Buben nahe heraufkam (er). Einer (aus dem) Wasser auftauchte. Viele Wasser im waren. Einer dieser, Menschen sehen (zu) gehen, heraufkam. Und (der) Knabe fragte: Was du da treibst? Da (den) Schatten gesehen (hatte er) und sich (den) Mund verdeckte, (daß das) Kind seine Zähne sähe nicht. Und (der) Hundemensch fragte: Was du da treibst? (Der Knabe:) Nichts, Männer alle jagen gingen. Wald im blieben (sie). Ich nur blieb (hier). An die Oberfläche heraufkam (der Hundemensch) (und er) blieb. Stamm (auf einen) setzte er sich. Und (er sagte): Ich allein, zu spähen bloß, wegging; da ich heraufkam. Dort (der) Meinigen Menge (eine) große (ist), Wasser im viele (sind). Ich, da ich allein, (die) Menschen (zu) sehen, kam herauf und: Ich gehe (jetzt). Und Wasser ins tauchte (er) unter. Da Männer viele kamen. Und (er) lief weg (zu) erzählen da (dem) Schwager und (dem) Vater und (dem) Bruder und (dem) Mutterbruder und (dem) Vaterbruder und (den) Großvätern und Großonkeln auch, Verwandten allen erzählte (er es). (Er) sprach: Hier da (ein) Riesenhund kam herauf. Ich da erzähle (es euch, damit ihr es) wißt. Wir wollen fortlaufen, wo (zu) schlafen, dort, weit weg (wollen wir) schlafen. Weil Nacht in (der) da sie werden auftauchen. (Der) Großonkel: Neffe, du lügst. (Der Knabe:) Wahrhaftig, ich (den) Hundemenschen sah. Nacht in (der) uns fressen (werden). Wo weit weg schliefen (sie). Indianer viele blieben. Da Tages Fuß (= bei Morgengrauen), Hahnen-Schrei bei (der) Mutterbruder aufwachte. (Der) Onkel fortging, (die) Menschen (zu) sehen, ob (die) Hundemenschen (die) Menschen gefressen (hatten), und Menschenblut (er) roch. Da zurückging (er) und es erzählte. (Die Verwandten:) Wahrhaftig! Da (unser) Kind dort (von den) Hundemenschen erzählte. (Der Neffe:) Schon da (die) Hundemenschen (die)

Kuben-kukoi-tí

Amre-bé mebemokré koit-krã-ko ket met. Kam mebemokré kuté kuben kaókre uoibin mõ-mõ. Arúp kubín akubún
mõ. Meõ pudyí a-kubút prü õ-ten. Amre-bé mebemokré
koit-krã-ko ket. Mebemokré koit kukrüt kak-í idyí koit pu-
miöre. Pin nipog-kam kukrüt krã-í kudyá. Kam meõ prü õ-
ten. Kam kuben-kukoi-tí dyokrit mã. Kuben kubé kuben
kukoi-tí apatoit. Koit-krã-ko-tí. Meõ kum kabén: Koit-krã-
ko-tí a-kangá! Kuangá kein-met. Aité kuúa. Aité kuangá
ket-méin. Kam kadyú krúa obü, õ-nyúru mõ. Nyum-kam
krúa pumã kum koit-krã-ko kuangá. Me prone kuben-kukoi-tí kōt koro. Ua aa! Ü, ü, ü. Me kuní koro mokam a-mrã
kam-õ-ten; a-kubún pron, kuté meõ bin. Kukóire kramtí
kumire-kam prone, pin-krait nipokri kōt me puká ten-me
prone kam meõ kuré. Meõ ngõ õ-rẽ. Nyum-kam kuben-
kukoi-tí kōt ten abén pudyí. Ngō-kam, ngoine a-kubún

Männer auffraßen. Ich schon euch gesagt (habe). (Großonkel:) Lasset uns gehen (ins) Dorf! Und (im) Dorf ankamen (sie). Und (die) Verwandten, Männer aller Verwandten herbeieilten. (Sie erzählten: Die) Hundemenschen Männer alle auffraßen. Und (die anderen): Wo? Dort weit. Lasset (uns) gehen, (zu) schauen. Und zusammen da Männer alle auszogen und hinkamen. Frauen alle da Verwandten Wohnstatt (die leere) sahen und weinten viel. Und (Neffe): (Der) See ist es. See im Hundemenschen umgehen. Und (die) Männer sich (zu) rächen, dafür Steinherde (bauten). (Den) See für Steinherde (machten) sie. (Den) See heißzumachen, gingen (sie). (Die) Steinherde breiteten (sie auseinander). Und Steine glühende (ins) Wasser begannen (sie zu) werfen. Und (der) See (der) ganze brennend heiß (wurde). (Der) See sott viel, und (die) Hundemenschen alle starben. Und (der) See vertrocknete. Und (die) Hundemenschen alle verbrannten, alle tot (waren). Die Geschichte ist zu Ende.

(Die) Affen-Menschen, (die großen)

In alten Zeiten (die) Indianer Stahlaxt gar keine (hatten). Da (einmal) (die) Indianer diese, Fremde, zu töten, zogen aus. Getötet (nachdem sie hatten), zurück aufbrachen (sie). Mann einer zurück (den) Pfad entlangging. Vor langer Zeit (die) Indianer Stahlaxt keine (hatten). (Der) Indianer Messer eines Tapires Halsknochen (war), namens Tapirmesser. Holz mitten in Tapires Halsknochen befestigt (war). Und (der) Mann (den) Pfad entlangging. Dann Affenmenschen großes Lärmen (zu) vernehmen (war). (Ein) Fremder, (der) war (ein) Affenmensch (ein) großer, mächtiger, Stahlaxt (eine) große (hatte). (Der) Mann zu (ihm) sagte: (Die) Stahlaxt (die) große gib (mir)! (Er) gab (sie ihm) keineswegs. Wieder bat (er darum). Wieder gab er sie (ihm) durchaus nicht. Da zu (den) Pfeilen griff (er), auf ihn zu schießen, schickte er sich an. Da (vor den Pfeilen aus Angst (der Affenmensch) (die) Stahlaxt

uabí, aité ngoine, aité a-kubún uabí. Meõ puká kam boi,
a-kubún omu õ-dya. Kam meõ puká-tum-kam. Koit-krã-ko
õ-ten. Mebemokré kuní koit-krã-ko omu kam ari koit-krã-
ko kuru-pá pram.
   Amre-bé mebemokré nyõ koit-krã-ko ket met koit punure bit. Nyum-kam memú koit-krã-ko õ-boi. Kam adyum
koit-krã-ko anyõ waiét.

Kuben-pore

Me be nyõ ĩ kam atéma õ kuté mebemokré pore bit.
Amre-bé meõ kadyót ngoi-kam ngoi kõt pore dyi. Atéma
mebemokré õtomoro-kam kuben-pore-krare õ-mõ. Kuté ta
kra uru-mõ. Kam ubié õ-ten. Kam kak krantá kam mebemokré mõ-tum me tük. Kam me kuben-pore-kra bin. Kam
me-kuní omā-kam uru-ten ket. Kam omu mā. Kam arék-
dya uru-ten ket, arék-dya. Kuben-pore koikwa-krait-kam
arék-dya.

(ihm) gab. Und (er) lief (davon), (den) Affenmenschen (den) großen nachschreiend. (Er schrie:) Ua aa! (Der Affenmensch brüllte:) Ü, ü, ü. Alle schreiend liefen und schreiend da anlangten; zurückeilten sie, (die Affenmenschen) (den) Indianer (zu) töten. Affen viele Baumwipfeln in (den) liefen (sie), (der) Stämme Mitte (– halber Höhe –) entlang und am Erdboden gehend auch liefen (sie), und (den) Mann verfolgten (sie). (Der) Mann (den) Fluß überquerte schwimmend. Da Affenmenschen, (die) großen, (ihm) nachlaufend, ansammelten sich (am Flußufer). Fluß in (den) sprangen (sie), zurück hinaufkletterten (sie ans Ufer), wieder ins Wasser sprangen (sie), wieder zurück hinaufkletterten sie (ans Ufer).

(Der) Mann festen Boden auf kam, zurück schaute (er) hin. Und (der) Mann Heimat in (seine) (die) Stahlaxt brachte. (Die) Indianer alle (die) Stahlaxt sahen und sie (mit der) Stahlaxt (Bäume) fällen wollten.

In alten Zeiten Indianer besaßen Stahlaxt gar keine. (Sie) Messer (ein) schlechtes nur (besaßen). Da (ein) Mann (eine) Stahlaxt brachte. Und danach (die) Stahlaxt blieb (ihnen).

Schneidegras-Menschen

(Eines) Menschen ist sein Rumpf und (das) übrige (des) Wesens, dieses indianischen, Schneidegras nur. In alten Zeiten (ein) Mann Baumwollstrick Wasser ins tauchte, damit Schneidegras zeugte (er). (Ein) anderer Indianer auf der großen Jagd da (ein) Schneidegrasmenschen-Kind traf. Er dieses Kind fortschaffte. (Auf dem) Rücken trug (er es). Da (den) Hals schnitt (es ihm) ab, (der) Indianer hinstürzte und starb. Und (die) Männer (das) Schneidegrasmenschen-Kind töteten. Und alle Angst in hingingen nicht (mehr). Und schauen (zu gehen) Angst (hatten sie). Blieben (daheim), hingingen (sie) nicht, (sie) blieben. (Die) Schneidegrasmenschen Himmels Stamm am blieben.

Me kuté kuben punu kuní pumu

Arúm me kuben noine pumu. Ĩ me krã kuní be mebemokré. Kabén bit be mokré. Kuté mrü kru kuru. Krã tük; kuté
nóine borák. Kam koro kuté nóine koro borák. Kuben kokraití. Mebemokré kuté omúi ket; kam ókre mebemokré
kren mõ. Nyurukwáia kuté kokraití-nyurukwá borák. Mebemokré omúi ket. Me-be-nget kuté omúi-tum bit idyí
yarén. Kam me kupéi ket. Omúi kaigó kam umáia kubún
ten nyurukwáia kubún ten. Meõ kukía: Moi nẽ ga omu?
Kam meõ kabén: meõ-kokraití pumáia ba kubún ten. Arú
marén, gari kadyú ama. Arúm ket.

Meõ be mekaron

Amre-bé meõ me-ü nyum kubún-ten. O-moia rua kam
ngõ. Uru-ten, prü õ-ten. Mekaron kõt-pá ngoi-kam ten.
Mekaron mõ kín õ-nyu. Nyum-kam omu õ ta. Ngõ õ-mõ.
Ba õ-nyúa. Kuri mõ. Nyum-kam õ-nyúa. O-nyúa nyum-
kam ngóin. Nyum-kam õ-nyúa ngóin akunó. Meõ mekaron õ-nyúa. Ngoi-kam krã o-abdyú. Ngõ-tom mõ.
Nyum-kam me krímbe kuní prone. Ngõ pumáia uabí.
Nyum-kam meõ-be-nget kaumau tobdyuó õ-pron. Me-
kam kubé mbrire. Meõ õdyu, kra idupié uabí kam kubé
kukoire. Me õdyu kubé kubud. Meõ-be-nget kubé totógne. Me õdyu kubé kukren-tí. Pin kone waiét. Ngõ apatoit
pumáia me kuní kubé mrü-kakrutí. Meõ pudyí bit kubé
mebemokré me meõ kuní mrü-kakrutí.

(Der) Mann, (der) Wesen böse alle sah

(Ein) Mann (die) Urubu-(= Aasgeier-)Menschen sah. Leib und Kopf ganz waren (von einem) Indianer. (Die) Sprache nur war indianisch. Fleisch faules aßen (sie). Farbe schwarzer (in); sie (den) Aasgeiern glich. Und Schreie ihre Aasgeier-Gekrächze gleich (waren). (Die) Bienenmenschen. (Die) Indianer sie kannten nicht; und wild (waren sie), Indianer zu fressen, sich anschickten. Wohnung deren (einem) Bienen-Bau gleich (ist). (Die) Indianer kannten nicht. (Ein) Mann, (der) war alt, der gesehen mit eigenen Augen, nur (den) Namen nannte (den anderen). Und (der) Mann ließ sich ein (mit ihnen) nicht. (Er) schaute bloß und in Angst zurücklief, nach Hause zurück lief (er). (Die) Leute fragten: Was da du sahst? Und (der) Mann sprach: (Vor) Bienenmenschen aus Angst ich zurücklief. (Ich) erzählte (es euch), ihr, damit (es) wißt. Die Geschichte ist zu Ende.

(Der) Mann, (der) war (ein) Geist

In der alten Zeit (ein) Mann (von der) Wanderung in der Trockenzeit da zurückkehrte. Etwas kam herunter (auf dem) Wasser. Hinging (er), (auf dem) Pfad dahinging (er). (Einen) Geist traf (er), Wasser im schwamm (er). (Der) Geist dahin-schwamm, (auf dem) Haar sitzend. Da sah (er) ihn, jenen (Geist). (Auf dem) Wasser kam (er) daher. (Der Mann sprach:) Ich (will ihn) mit den Pfeilen töten. In die Nähe kam (er). Da schoß er auf ihn. (Er) schoß mit Pfeilen (auf ihn), da ins Wasser (fielen die Pfeile). Da schoß er ins Wasser, daneben schoß er. (Der) Mann (wiederum auf den) Geist schoß. (Da) Wasser im (seinen) Kopf verbarg (der Geist = er tauchte unter). (Da eine) Hochwasserflut entstand. Da (die) Leute ins Dorf alle liefen. (Vor dem) Wasser (aus) Angst kletterten sie (auf die Bäume). Da (ein) Mann, (der) war alt, (eine) Brühe (über seinen) Neffen ausschüttete. Und (der Neffe) verwan-

Meõ be na

Amre-bé mebemokré bōkam ten, mrü-arirein. Me kuní abén-pudyí kukrüt bin. Nyum-kam Bebgororotí boi, kukrüt õ-bogne. In bit õ-kató me kungró. Nyum-kam abén níre a-kubún ten mrü abéia. Kam ngru: Amí go gari mrü kuangá, in bit õ-mõ. Meõ kabén: Mí mrü-in! Bebgororotí: Ba on! Meõ: Mõ, mrü-in õ-ten, a-nikrá kuón! Bebgororotí: Katí mrü-in õ-ten ket. Meõ kabén: Mrü kamró anyõ nikrá kuón! Bebgororotí kabén: Katí, rã-ã! Kikre-kam uruboi pron kum-kabén: Amre-ten, anyõ krã yakó. Pron kabén: Mokam? Bebgororotí: Bíri. Pron: Mokam? Bebgororotí: Bíri. Pron: Mokam? Bebgororotí: Amre ten ba anyõ krã yakó. Kam nyum-kam yakó nyu. Pron me krãme kuté yakó. Kam pron anyõ krã yakó anō. Kam arúp yakó kuté kabén: I-pron ba koikwa-kam aibíri örö. Kam Pron: Mokam? Bebgororotí: Bíri. Pron: Mokam? Bebgororotí: Bíri! Pron: Mokam! Bebgororotí: Bíri meõ kukrüt bin; ba uru-boi nyum-kam kukrüt õ-bogne kaigó. In bit õ-ten. Pron: Hã! Bebgororotí: Arúp ba uabí, kwarikwai katóro ket. Pin krait i-kra õ-nyú, kikre kōt i-kra onyú. Aibíri amí õ-yok kra-me pron-me kuté õ-yok. Mrõtí õ-yok. Meõ kuté mrõtí pumui ket. Ngru-kam Bebgororotí mrõtí pumu me kamía yok men-tük, kadyú. Bebgororotí kabén:

delte sich in (einen) Frosch. (Ein) Mann, ein weiterer, (das) Kind (auf den) Schultern, kletterte (auf einen Baum) und verwandelte sich in (einen) Affen. Mann (ein) weiterer verwandelte sich in (einen) Brüllaffen. (Ein) Alter verwandelte sich in (ein) Faultier. Mann (ein) weiterer verwandelte sich in (eine) Chupe-Biene. (In des) Baumes Rinde (er) blieb. (Vor dem) Wasser (dem) mächtigen (aus) Angst Menschen alle verwandelten sich in Tiere verschiedenster Art. Mann einer nur wurde zu (einem) Indianer und (die) Menschen alle (waren) Tiere verschiedener Art.

(Der) Mann, (der) sich verwandelte in (den) Regen

In alten Zeiten (die) Indianer Wald in (den) zogen, Wild (zu) jagen für einen Tag. (Die) Männer alle gemeinsam (einen) Tapir töteten. Da Bebgororotí kam, (den) Tapir auszuweiden. (Die) Därme nur nahm (er) heraus und trocknete (sie). Da untereinander (die) Stücke des Wildbrets (verteilten sie), zurück kam (Bebgororotí), Fleisch (zu) holen. Und zornig (sagte er): Mir mögt ihr Fleisch geben, Därme nur wegtrug (ich). (Die) Männer sagten: Nimm (des) Wildbrets Därme! Bebgororotí: Ich gehe! (Die) Männer: Geh fort, (des) Wildbrets Därme wegtrage, deine Hände wasche! Bebgororotí: Nimmermehr, (des) Wildbrets Därme wegtrage (ich) nicht. (Die) Männer sagten: (Des) Wildes Blut (von) deinen Händen wasche! Bebgororotí sprach: Nimmermehr, so bleiben (mögen sie)! Hause nach hinkam (er und) Gattin zur sprach: Komm her, deinen Kopf schere (ich dir). (Die) Gattin sprach: Warum? Bebgororotí: Nun, darum. (Die) Gattin: Warum? Bebgororotí: Nun, darum. (Die) Gattin: Warum? Bebgororotí: Komm her, ich deinen Kopf (dir) schere. Und jetzt, den Kopf scheren (zu lassen), hinsetzte sie sich. (Der) Gattin und (den) Kindern auch er den Kopf schor. Und (der) Gattin, seinen Kopf (zu) scheren, befahl (er). Und nachdem den Kopf geschoren (sie) hatte, er sprach: Meine Gattin, ich Himmel in (den) jetzt gleich

Ba on, arú ba ten, ga marén ket met. Grãire uabí arúp kob toit nipeit. Nikrá kukrüt kamró kob krã ngō. Kuté angrú men õkóro-dya borák. Me kuní prone me kram-tí grãire krait prone. Nẽ-kam grãire örö prone Bebgororotí nadyéin kumén. Nẽ-kam Bebgororotí grãire imõkrí uabí. Meõ kabén: Gwai kubúire! Atéma meõ: Go gwaibá bin: Aité na-dyein me na-krikrít. Meõ kabén: Katí! Gwai on kubúire! Meõ ta éit, uabó met! Krúa ren kaigó. Nyumkam Bebgororotí ngru pái kam na-dyein men me na-krikrít õ-kató. Me kuní nimén kapót-kam grãire krat. Me kuní nimén. Meõ bōkam o-abdyú tin. Nyum-kam koikwakam. Koikwa imõkri mrai akatí kuníkut me ku-pa. Kob õ-kapéri-dyo me na-dyein me na-krikrít kató. Kob krímbe me kubín. Bōkam me kubín, kapót-kam me kubín. Arúp mut-ürüre kram-tí kuté pron me kra-me koikwa-kam õ-uabí.

430

gehe. Darauf (die) Gattin: Warum? Bebgororotí: Nun, darum.
Gattin: Warum? Bebgororotí: Weil Männer (einen) Tapir erlegten; ich hinkam dann (und den) Tapir ausweidete für
nichts. Därme nur wegtrug (ich). Gattin: Ach so (= jetzt verstehe ich)! Bebgororotí: Ich emporgestiegen (bin), du sollst
nicht ausgehen nicht. (Des) Baumes Stamm (bei) meine Kinder mache bleiben, Haus bei meine Kinder mache bleiben.
Jetzt sich (er) machte bemalt, (die) Kinder und (die) Gattin
auch er bemalte. Genipapofrucht (mit) machte (er sie) bemalt. Menschen sie (die) Genipapofrucht kannten nicht. Zorn
im Bebgororotí (die) Genipapofrucht fand und kaute. (Zu)
malen schwarz, dafür. Bebgororotí sagte: Ich gehe, ich gegangen (nachdem), du davon rede nichts, in keiner Weise.
(Ein) Gebirge emporstieg (er), nachdem Schwertkeule (eine)
mächtige gemacht hatte (er). Händen (mit) Tapir-Blut (der)
Schwertkeule Spitze einrieb (er). Er, Wildschwein (zu) verfolgen Schreie dafür gleiche (ausstieß). Menschen alle herbeieilten. Männer Menge eine große (zu des) Gebirges Fuß
liefen in Eile. Als Gebirge (beim) angelangt laufend (sie waren), Bebgororotí (einen) Blitz schleuderte. Da Bebgororotí
(des) Gebirges Höhe (zu) emporstieg. Männer riefen: Laßt
uns töten (ihn)! Andere Männer: (Er) wird uns töten. Wieder
(ein) Blitz (war) und Donner. (Die einen) Männer riefen:
Nimmermehr! Lasset uns (ihn) töten! Mann dieser lügt, zahm
ganz (ist er)! Pfeile schossen sie auf ihn vergeblich. Da Bebgororotí zornig Rache aus (den) Blitz schleuderte und (den)
Donner machte herauskommen. Menschen alle tötete (er)
Steppe in (der) (des) Gebirges Fuß (am). Menschen alle tötete (er). (Die) Männer, (die) Wald im versteckt waren, am Leben blieben. Himmel in (den) stieg er empor. Himmel oberhalb schreitet (er), Tage alle Menschen tötet (er). (Die)
Schwertkeule macht (er) Lüfte durch schwingen. Und Blitze
und Donner entstanden. Keule (mit der) im Dorf Menschen
(er) tötet. Wald im Menschen (er) tötet, Steppe in (der) Menschen (er) tötet. Schon Monde viele (sind es her, daß) er (die)
Gattin und (die) Kinder auch Himmel in (den) nahm hinauf.

Kuben-nyiépre

Kuben-nyiépre nyakré be nyiépre, i be mokré, ára be nyiépre ára. Amre-bé kam-me mebemokré nyurukwá-kam
kuben-nyiépre bogtíre uru-boi. Akatí kuníkut nyurukwá-
kam arék-dya me katóro ket. Kuben nyiépre: Dyam ga
me-i toro pumui ket? Mebemokré: Me-ba omúi ket. Kam:
Ba mẽ akré. Kam akatí kuníkut toro akré kam me ma toro
akré. Kam me kuní toro pumu kam me akatí-kuníkut kuben-nyiépre toro pumu. Kam me-kuní omu. Kam: Me-i-
ubikwá örö. Kam ten kam nyurukwá-kam örö. Me kuní
uru-boi. Ga arék-dya, ba örö ken-nyurukwá-kam. Kam
nã kukía: Móiru ga ten? Kam: Mebemokré i õ-ten. Mebemokré aité arúm i õ-boi. Nã. Moina gã nipeit? Kam:
Ba meõ toro akré. Dya aité me kõt ten? No. Dyam ga aité
bói? Katí, ba i-ten, kumrént. A-kubún-i-ten pram ketmet.
Atéma tobdyuó kabén: Ba a-kõt ten. Nyara netuá? Arú
mõ a-nyurukwá-kam. Ba mõ-ten. Kam mõ. Kam mebemokré uru-boi. Kam mebemokré aité nyurukwá-kam õ-boi.
Kuben-nyiépre kum aringró pumá. Kam aringró-kam ten
ket. Akamót-kam bit. Kam me-kuní éit. Kam aringró kõt
kuté õ-kató. Mebemokré: Aringró me bin ket. Aringró
rerékre. Kuben nyiépre akamót-kam bit pari mrái aringró
pari nõro. Mebemokré aringró-kam mrai tum. Me-nyiép-
re aringró kubín. Kam õ-kató. Kam aringró toit-kam apró.
Kam aringró nipõkri apró kangá. Kam aringró toit kubín.
Kam kuben-nyiépre pudyí mebemokré kuté kam õ-noro
aringró kubin. Tobdyuó: Nyara netuá? Arúp mõ a-nyurukwá-kam mõ. Tobdyuó bit örö. Meõ kõt boi. Kam atéma meõ ku-marén. Arúm aringró kubín. Kam meõ kuní
kuben-nyiépre nyurukwá pumu, kíkre kuté mebemokré
nyurukwá borák. Kíkre méit kumrént, kre ket.

(Die) Menschen-Fledermäuse

(Des) Fledermausmenschen Nase ist (die einer) Fledermaus, (der) Leib ist (der eines) Indianers, (seine) Flügel sind Fledermaus-Flügel. In alten Zeiten da einmal Indianer Hütte in (eine) (ein) Fledermausmenschen-Bub hinkam. Tage alle Haus im blieb (er) und ausging (er) nicht. (Der) Fledermausmensch (fragte die Indianer): Ihr Leute meiner Tänze (Feste) kennt nicht? (Die) Indianer: Wir kennen (sie) nicht. Da (der Fledermausmensch): Ich, (damit ihr sie) wißt, zeigen (werde sie euch). Und Tage alle Tänze (Feste) zeigte (er) und (daß die) Indianer kennenlernten, (die) Tänze (Feste) zeigte (er). Da (die) Indianer alle (die) Tänze sahen und sie Tage alle (der) Fledermausmenschen-Tänze sahen. Alle sahen (sie sie). Einmal (der Fledermausmensch sagte): (Zu) Leuten, meinen Verwandten, gleich hingehen (wollen wir). Da brachen (sie auf) und Haus zu (deren) gleich hingingen (sie). (Die) Indianer alle hinkamen. (Der Fledermausbub): Ihr bleibt da, ich gleich hineingehen werde Felsen-Haus ins. Und (dort die) Mutter fragte (ihn): Was du treibst (immer)? Da (sagte der Fledermausbub): (Die) Indianer ich mitgenommen (habe). (Die) Indianer wiederum ich hergebracht (habe). (Die) Mutter: Was du machtest? Darauf (der Fledermausjunge): Ich (unserer) Leute Tänze und Feste lehrte. (Die) Mutter: Wieder (den) Männern nach gehst (du)? (Er) Ja. (Die Mutter:) Du wieder kommst? (Er:) Niemals, ich, ich gehe fort, wahrhaftig. Zurück ich (zu) kehren Verlangen (habe) keineswegs. (Ein) anderer Neffe (Fledermausjunge) sprach: Ich dir mit gehe. Wo ist (der) Onkel? (Die andern:) Schon fortging (er) sein Haus in. (Der) erste Fledermausjunge: Ich fortgehe. Und (die Fledermausjungen) fortgingen. Und Indianern (zu den) hinkamen (sie). Da (die) Indianer wieder Hause nach brachten (sie). (Die) Fledermausmenschen vor (der) heißen Sonne Angst haben. Und hellen Tag am umhergehen nicht. Nacht in (der) nur. Da Indianer alle belogen (sie). Daraufhin bei Tag mit ihnen sie ausgingen.

Meõ be mí

Kwanikwoi kam ngob kuri nyu. Nyum-kam tobdyuói tié-re, kwanikwoi kí kam tobdyuói tiére; dyō katikía õ-tiére. Nyum-kam kamú boi, kríma boi me kam kukía: Moina? Ki a-tobdyuoi tiére. Dyo-me ba ren i-tobdyuóm amí idyí yarén, nyum ren tiére. Kwanikwoi kin ku-gró kam kamú õndyo küü kam tum kam tiére. Nẽ-kam prone ngoi mõ-ngoi. Me-kam mõ, tep kōt mõ. Ngoi me kam kubé mí. Tep kuní õ-abén-pudyí me-kam ngō kōt kóima õ-mõ. Kam ngō apatoit uru-boi. Kam toro nyu. Mí me tep: Gwai toro! Tep mí kukía: Moi dya gwai nẽ? Mí: Gwai to. Tep: Moi me toro? Mí: Toro kuní. Tep: Ge-to! Nyum-kam tep toro komét. Tep mí kukía. Moi meõ? Moi támia idyí kuté? Mí:

(Die) Indianer: (Die) heiße Sonne (die) Menschen tötet
nicht, (die) heiße Sonne schwach (ist). (Die) Fledermausmenschen Nacht in (der) nur unter (ihr) umhergehen. Tags
unter schlafen (sie). (Die) Indianer hellen Tag am umherzu-
gehen gewohnt (sind). Und (die) Fledermäuse (der) helle
Tag tötet. Und ausgingen (sie). Da Mittagssonne (der) mächtigen in (hatten sie sich bisher immer) bedeckt. Und (jetzt)
hellen Tag inmitten (die schützende) Bedeckung verließen
(sie). Da (die) heiße Sonne (die) mächtige tötete. Fledermausmenschen (den) einen (der zuerst) Indianern zu (den)
zum schlafen gekommen (war), (die) heiße Sonne tötete.
Neffe (der überlebende Fledermausjunge): Wo ist (mein)
Onkel (der Bruder meiner Mutter)? (Der Fledermausjunge)
fortging, Hause nach fortging (er). (Der) Neffe nur zuerst
hinkam. (Die) Menschen (Indianer) nachkamen. Und (der)
(Fledermausjunge die) anderen Menschen belehrte: (Die)
heiße Mittagssonne tötet. Und (die) Menschen alle (der) Fledermausmenschen Wohnung sahen; Haus dieses (der) Indianer Wohnstätte gleicht, Haus (ein) schönes wahrhaftig.
Löcher keine (hat es).

(Der) Mann, (der) sich verwandelte in (ein) Krokodil

(Die) Schwester einmal (dem) Männerhaus nahe saß. Da
(der) Neffe (sich) verbrannte, (der) Schwester Steinherd im
(der) Neffe (sich) verbrannte; (als sie die) Beixumasse (auf
die) heißen Steine legte, verbrannte (er sich). Da (der) Bruder kam, ins Dorf kam (er) und da fragte (er): Was ist geschehen? (Die Schwester sagte:) Das Feuer im Steinherd
deinen Neffen verbrannte. (Der Bruder:) Dafür auch (wenn)
ich übertragen (hätte) meinem Neffen, sich (mit meinem)
Namen (zu) nennen, dann (hätte sich) übertragen (auch das)
Verbrennen. (Als die) Schwester (den) Steinherd auseinan-
derbreitete, da (der) Bruder (der) andere (der dem Neffen
den Namen übertragen hatte) Feuer ins fiel und verbrannte

Moina támia idyí kuté? Tep: Bekoi-apietí, Tep-uatíre. Mí:
Moina idyí kuté? Tep: Bebontí, Te-gradü, Bẽb. Mí: Móina
támia idyí kuté? Tep: Nyo-og-ti, Korã. Mí: Moi támia idyí
kuté? Tep: Koko-ó, Tep-ari-kunotí. Kam idyí yarén kramtí.
Mí tep kuní idyí yarén. Ne-kam tep toro apéit, nyum-kam
mí uabí. Mí aité me-be-ngō-kre. Kam aité ubikwá uru-boi.
Kam ubikwá: Moi nẽ ga abéia? Ba tep toro pumu. Kwanikwoi kukía: Gwai a tep idyí yarén! Ba kumá. Tep-idyí
komét. Tep idyí: Bẽb, Tokók, Kóko-nyó-og Ngréri, Kaití.
Moi dya ga ipéit? Kwanikwoi: Kone. Ga nẽ dya tep toro!
Gwai kukói-to kam to. Kam kukói-tíre nipeit. Pod nipeine.
Kubud nipein. Tep me rop Bẽb-kam to me Tokók-kam to
nyō nipein. Kíkre kuní kōt mí. Me tep idyí yarén. Nyum-
kam meõ tep idyí kra marén. Me-kam ari õ-rã.

sich. Da eilte (er) zum Fluß (und) sprang ins Wasser. Und
(er) tauchte, Fischen zu (den) tauchte (er hin). Im Wasser da
verwandelte er sich in (ein) Krokodil. Fische alle versammelten sich und (den) Fluß entlang (an der) Oberfläche
schwammen (sie) dahin. Wasser (zu einem) riesigen hinkamen sie. Da (zu) tanzen begannen (sie). (Das) Krokodil und
(die) Fische (sagten): Wir (wollen) tanzen! (Ein) Fisch (das)
Krokodil fragte: Was wir da (sollen tun)? (Das) Krokodil
(sagte): Wir wollen tanzen. (Der) Fisch (fragte): Was für
Tänze? (Das) Krokodil: Tänze alle. (Der) Fisch: Es sei! Nun
die Fische tanzten viel. (Einen) Fisch (das) Krokodil fragte:
Was für ein Mann (wer ist das)? Wie jener heißt er? (Das)
Krokodil (fragte): Wie dort heißt jener? (Der) Fisch (ant-
wortete): Bekoi-apietí, Tep-uatíre (bei den Xingu-Siedlern
„Cachora", Hundefisch). (Das) Krokodil: Wie heißt dieser?
(Der) Fisch: Bebontí, Tep-grodü, Bēb (= Momara). (Das)
Krokodil: Wie jener heißt er? (Der) Fisch: Nyo-og-ti, Korã
(= Surubim). (Das) Krokodil: Wie jener dort heißt er? Koko-
ó, Tep-ari-kunotí (= Avoadora). Und Namen lehrte (er das
Krokodil) Menge (eine) große. (Das) Krokodil (der) Fische
aller Namen lehrte (er). Als (der) Fische Tanz beendet war,
da (das) Krokodil tauchte (wieder) auf. (Das) Krokodil wieder (wurde ein) Kayapó-Indianer. Und wieder (zu seinen)
Verwandten hinkam. Und (die) Verwandten (fragten): Was
dort du suchtest (= triebst)? (Er erwiderte:) Ich (die) Fische
tanzen sah. (Seine) Schwester fragte: Uns deiner Fische Namen lehre! Wir (wollen sie) wissen. (Er antwortete:) (Der)
Fische Namen (sind) viele. (Der) Fische Namen sind Bēb
(= Momara), Tokok (= sagenhafter Fisch), Koko-nyõ-og
(= ebenfalls Avoadora), Ngréri (= Pescada), Kaití (= Beca-
ra). (Der Mann fragte nun:) Was du (willst, daß ich) tue?
(Die) Schwester (sagte): Ich weiß nicht. Du da (der) Fische
Tänze (tanze mir vor)! (Er sagte:) Wir wollen Affentanz im
tanzen. Und Affen (einen) großen (= eine Affenmaske)
machte er. (Einen) Ameisenbären (= eine Ameisenbären-
maske) machte er. (Einen) Brüllaffen (= eine Brüllaffenmas-

ke) machte (er). Fische (= Fischmasken) und Jaguare (= Jaguarverkleidungen) (die) Bẽb in (das) Fest und (= bzw.) Tokok in (das) Fest gehören machte (er). Häusern allen zu (hinging dann das) Krokodil (= der Mann, der ein Krokodil gewesen war). Und (der) Fische Namen lehrte (er die Dorfgenossen). Da (die) Menschen Fisch-Namen (den) Kindern gaben. Und sie blieben (ihnen).

Wörterliste

A

a (vgl. ã, o, õ)	sein, ihr; ihnen, euch; (Vorsilbe) tun, machen
abéia	suchen, fangen, jagen
abén	sich
abén-apré	anbinden
abén-níre	die Stücke untereinander verteilen, etwas verteilen
abén-oiakia (vgl. oiakia)	sich trennen
abén-pudyí	sich versammeln, zusammenkommen, sich ansammeln, vereinigen
abén-tak	Kampf, Zweikampf, kämpfen
adyō, adyóro	hineintun, begraben
adyóro = adyō	
adyum	später, nachher
aé, aeri, õ-aé	bedrohen, erschrecken
aeri = aé	
aibán	in Ekstase, in Trance, wahnsinnig, Rausch
aibiri	jetzt
aikié	beide
aikwa	Mund
aikwa-kre	Mundhöhle
airó, kikre-airó	Häuser aufstellen
aité	wieder
aká, akan	weiß, weißglühend, glühend
akamót	Nacht
akamót-ket	Morgengrauen
akanyúa	schießen, auf etwas schießen
akatí	morgen, Tag
akatíbe	am nächsten Morgen, morgen
akatí aité	am nächsten Tag
akatí-ket, akatí-te	vor Tagesanbruch, Morgengrauen
akatí-krürem	Tagesgrauen
akatí-kuní-kut	alle Tage, immer
akatí örö	bei Tagwerden
akent	den Rücken zukehren
akó(ro) (amakó)	blasen, rauchen

441

akré	zeigen, raten, lehren
akrin	rascheln in den Blättern
akró, akrore	Cipó, Lianenart, verwendet zum Vergiften des Wassers zum Fischfang. Allgemeiner Name für solches Fischgift: Timbó
akrore = akró	
akrü	Lärm
akubéia	verschließen
a-kubún, kubún, kubút	zurück
akunó	danebenschießen, nicht treffen
akupo	die Beute zusammentragen
amá (vgl. amāk, amrá)	hören, Ohr, mitteilen, erklären, warten, schreien
amaikrut	zwei
amaikrut amaikrut ikiéket	fünf
amaikrut ikiéket	drei
amak (vgl. ama, amra, ma)	Ohr, hören, mitteilen, kundtun, schreien
amaō	Bart
amakó = akó	
amen, a-mē (vgl. kumén, men)	belehren, ausschütten
améin	völlig, ganz
amí	sich
amí-pai	aus Rache, Rache, vergelten, gegen
amín	begraben
amín-dye	Federschmuck, Schmuck für das Begräbnis
ampré(ö)	bedecken, zudecken
amrá (vgl. amā, amāk)	schreien
a-mrai	gehen, laufen
amre	unübersetzt, drückt die Befehlsform aus, manchmal auch die Vergangenheit
amre-bé	in alten Zeiten, einst, einmal, es war einmal
amre-ten	komm her!
amü	packen, fassen
a-mut-krü-kam (s. mut-krü)	zur Zeit der kalten Sonne, abends
áne	diese, soviel (auch, indem man mit den Fingern die Zahl zeigt)
angmere	Liebling

442

angróre	Wildschwein, Caititu (kleines Wildschwein, das von den Indianern als eigene Tierart angesehen wird)
angrú	Wildschwein
anidyo	Bett
aniedyo	Öffnung
aniedyo (s. kikre-aniedyo)	
anō	befehlen, schicken
anrú	öffnen
anyõ (vgl. i-nyõ, nyõ)	besitzen, sein
anyu (vgl. nyu, o-nyu)	sich lagern
apatoit = a-pa-toit	sein Arm ist mächtig, mächtig, stark, erwachsen
apeit, péit, nipein, opein, opeit, peine	tun, machen, fertig, aufhören
apeit-ti	Arbeitsplatz, Werkstätte für Festvorbereitung
apré = arabé	zusammenbinden, zubinden, festbinden, umwickeln
apré-toit	fest zubinden
a-prín	langsam
apron (vgl. prone), apront	rasch, eilig
aprö	Bedeckung, Decke, bedecken
ára	Flügel
arabé = apré	
arék-dya, arék-õ-dya, arék; siehe rã-ã	bleiben
ari	sie, ihr, ihre
ariba	sich aufhalten, befinden, bleiben
aringró	heller (heißer) Tag, lichter Tag, strahlende Sonne, Mittag
arirein	jagen für einen Tag
arú, arúm, arúp	Vergangenheitsbezeichnung, unübersetzt; schon, nachdem, einst
aruá	Schnecke
arúm = arú	
arúm-ket	die Geschichte ist zu Ende, Schluß, Ende
atángne	nicht ausreichen, zu kurz sein
atéma	anderer, andere, anderes
a-to	anzünden
atoit (vgl. apatoit)	erwachsen

443

atóro-o-ngro — trockenes Inbaúba-(Embaúba-) Blatt = Name einer Dorfhälfte in Kubenkräkein

atorotí, atoro — Vogel Azulona

atoróro — Rebhuhn

atuidyo — Brautbett

atükma, kikre atükme (vgl. tük, kotü[k]) — hinter den Hütten des Dorfplatzes, hinter, hinten

atyuére — sehr häßlich, sehr böse

ayúk, yakóro, krã-yako, yoko — scheren, das Haupt in Dreiecksform von den Schläfen zum Scheitel hin scheren

B

ba, i, ie — ich

bakuóre — Baumwipfel

bam (vgl. dyuná) — Vater

ba-me, me-ba, gwai-ba, gwai (vgl. gu-bá) — wir, uns

ba on — ich gehe jetzt (abrupter Abschied)

baú — Mais, Maisfest

baú-ngō-dyo — Maisgetränk

baú pari — Mais-Stamm (-Baum)

be (vgl. kubé) — werden, sein

beb (vgl. bẽb, bebrutí, be-ngō-dyo, Te[p] grodü) — Name für großes Fest, Fisch Momara. Abkürzung des Namens der Gottheit Bebgororotí

bebrutí (vgl. beb) — Fisch, Momara

bẽb = beb

bekare — Geistervogel

bekoi-apietí, tep-(metire) — Fisch Cachora = Hundefisch

benyadóri — Häuptling

benyadóri-men — Häuptlingswahl

benyadóri-raid — der große Häuptling, der oberste Herr

bidyió, pin-dyo — Frucht, Mittel, Zaubermittel, Medizin

bidyió-bo-ü — Fruchtsame

bieró — sich schleppen, schleppend

bin, kubín, uoibí(n), nimen — töten

bíri — weil, darum, nun deshalb, so halt

birówa	hineinstoßen
bō	Wald, Hain, Blatt, Stroh, Fest
bog-tí	großer Bub
boi (vgl. õ-boi, uru-boi)	kommen, ankommen
bon, konbún	riechen
borák	gleich, ähnlich, wie
burok = borák	

D

di (vgl. dyi) = díri	pflanzen, drauflegen
didi, dyídi, dyúdi, dyúdyu	Gift
didíke = preprék (vgl. pá)	schlagen
díri, dyi	zeugen, pflanzen
dubié	auf den Schultern tragen
dya	stehen, sich befinden, verweilen, da dafür, dazu, dort, nach, deshalb
dyam	(unübersetzt) Fragepartikel
dyein (vgl. na-dyein)	Funke, Blitz
dyi(ri), diri (vgl. di)	zeugen, pflanzen, darauflegen
dyidi = didi	
dyo, dye (dyam)	mittel, mittler, dafür, Schutzhülle
dyō, dyuó	Maniok-Fladen, Beixu (Pastete)
dyoi (siehe kadyoi)	innerhalb, Inneres, Seele, Geistiges
Dyoibe-Kró	Name; Quelle des Inneren, Geistigen, geheimnisvoller Mann in der Steppe
dyokére	heftig reden, schelten, schreien, Schrei
dyókre, dyokére, ókre, akreit	wild heftig
dyokrit	Lärm
dyúa (vgl. dyáre)	Zahn, Horn, Hörner
dyúa-akré	Zähne zeigen, Zähne fletschen
dyuáre (vgl. dyúa)	Horn, Hörner
dyudye	Bogen
dyudye-dyé	Bogensehne
dyu-dyu	fauler Zauber
dyumari punure	schlecht mit jemandem meinen
dyuná (vgl. bam)	Vater (als bloße Ehrenbezeichnung ohne Blutsverwandtschaft)
dyuó = dyō	

445

E

e	Spinne
é (vgl. medn-é, mein-é)	Wachs
éit(ire)	lügen, betrügen, Lüge, Betrug
ē	Dickicht

G

ga, gari, ari — du, (selten) ihr

gã — braten, backen, der Braten

gari, ari = ga

ge (vgl. go) — daß, falls, unübersetzt Konjunktivbezeichnung, damit

ge to — es sei!

gnōro — Laus

gnōro-obü — Läuse suchen, Läuse fangen

go (vgl. ge) — werden, unübersetzt: Zukunftsbezeichnung, möge, unübersetzt: Konjunktivbezeichnung, sollen

goi — schmecken

go on (s. gwai on) — auf, los, gehen wir!

görö — dörren

goróro, ngo-goróro — austrocknen, trocknen

Gorotíre — Iriri = großer Nebenfluß des Xingu

gotíre — Fisch; Trairão

grãire — Berg, Gebirge

grotíre — Fisch; Matrinchão

gu-ba (vgl. ba-me) — uns

gük — holla, he! Ausruf, der die Gewalttätigkeit zeigen soll; da schau her!

gük-máne — schau einmal an! (Ausruf)

gwai ba — wir, uns

gwai on = go on — lasset uns, lasset uns gehen, auf, los!

H

hã — Ja, in der Frauensprache („h" durch scharfes Einatmen)

hâ — Ach, ich verstehe! (Ausruf)

hukat	Ritual-Steinaxt

I

i (vgl. imā)	ich, mein, (selten: mich)
í (s. tep-í)	Knochen, Gräte
ī (vgl. me-ī, me-ko, ko)	Leib
idupié (s. dubié)	auf den Schultern tragen
idyí, nidyí	Name
lgrutúre	figuraler Wachsschmuck beim Tokok-Fest
i-kamú, kamú	Bruder
ikié	unpaar, anderer
ikob	Klaue
ikon, s. i-kworo	trinken
ikuadyō (vgl. mō-nō, nō-nō)	beischlafen, verführen
i-kwanikwoi, kwanikwoi	Schwester
i-kworo	Durst, dürsten
imā (vgl. i)	mich, mir
imōkri (vgl. koima, koirum, yúkri)	oberhalb, oben, Höhe
imóre	Lichtung
in (vgl. í, kó, me-í, me-kó)	Eingeweide, Leib (selten)
i-nget, ngetuá, netua	Onkel: Mutterbruder, mütterl. u. väterl. Großvater
i-nidyí = idyí	
i-nyō (vgl. nyō, a-nyō)	mein, unser, uns
ipári	unterhalb, unter uns
ipein, nipein, opein (vgl. peine, peit, etc.)	tun, machen, arbeiten
ipú	voll, Fülle, füllen
ipu-pudyí	zusammenbündeln
íre, níre	Stück
iró, iró oikia	Spalt
itú	Pfote, Huf, Fährte

K

kabá (vgl. póre)	ausstechen, Schneidegras, auslassen, aufmachen, herausreißen, durchstoßen, ausreißen
kabén	reden, sprechen, rufen
kabén-ma	Rede, Ansprache

kabén punure	böses, schlecht sprechen, verleumden
kadyoi (vgl. kadyoibe)	Inneres, Seele
kadyoibe (vgl. kadyoi)	drinnen, innerhalb, innere Seele
kadyót	Baumwolle, Baumwollfaden, Strick, Seil
kadyú, kadyoro	dafür, für
kadyúa	beißen
kaé, siehe ngō kaé	Schutzdach, Lager
kaigó	vergeblich, umsonst, Schein, Anschein, so tun als ob
kaikrí-ti	Donner
kaíme	Fußbänder, Fußreifen
kait	Korb
kaití	Fisch; Becara
kait-nokaé	Tragkorb
kak	wie
kák, kok	Hals, Genick
kaká	festheften
kaké	kratzen, krallen, anfassen
kaki	versuchen
kakri	Schoß
kakrutí	verschiedener Art
kam	in, da, auch, als dann, und
kaméri	Palme: Bacaba
kamía	kauen
kamrí	weißer Reiher, Fischreiher, Garça
kamrík	rot
kamró	bluten, Blut
kamú, i-kamú	Bruder
kaná	treten
kané	krank, krank sein, verzaubert
kangā	Schlange
kangá, kuangá, kuanóro	geben, schenken, verlassen, den Mann verlassen, die Frau verlassen, wegwerfen
kangró	heiß, warm, heißmachen, glühen
kanie	Licht, leuchten
kanietí	Stern
kanyúa	mit den Pfeilen vergeblich schießen, danebenschießen, beißen
kaókre	wild
kapén, kapein	fassen

kapéri	Luft
kapéri-dyo	durch die Luft
kapót	Steppe
kapran	Landschildkröte
kapríre, kaprin	traurig, traurig sein, Mitleid
kaprü	vertrocknen, austrocknen
kára	bangen, schwindelig
karóa	zusammenfügen, verschaffen
karon	Schatten, Geist, Seele, Kleinkind
karoro	schnarchen
katí	nichts, niemals, nimmermehr, nein, nirgends
katíbe	morgen, am nächsten Tag
katikía	auf den Steinherd legen
katí-napé	nicht schmecken
kató, katóro	herauskommen, hervorkommen, auslassen, erscheinen, fortgehen, fortlaufen, entdecken
katóro = kató	
kaú	binden
kaumau	Brühe
kein(e), ket	nichts, nicht, kein
kein mein, ket met	keineswegs
ken	Stein, Fels
ken-kam-küü = kin	Feuer in den Steinen, Steinherd, Erdherd
ken-kre	Felsspalte, Felsenhöhle
ken-potí	Steinblock, schwerer Stein
ket = kein	
ket met = kein mein	
ki(n), ki-ken	Steinherd, Erdherd
kien	rücklings, von hinten
kiéri	sich neigen
ki-ken = ki(n)	
ki-ken-kam-küü = ken-kam-küü	
kikre = ki-kre	Haus; wörtlich für den Steinherd (das Herdfeuer), die Behausung, Höhle
kikre-airó = airó	Häuser errichten
kikre-aniedyo	Tür
kikre-atükma = atükma (vgl. tük)	
kikrit	Ferkel
kin	Haar

449

kin-ken-kam-küü = ken-kam-küü
kin-amō — den Steinherd errichten
kin-kungró — den Steinherd „löschen", auseinanderbreiten
ki-oibog — den Steinherd teilen, den Steinherd auseinanderbreiten
kit, siehe gã — am Steinherd Gebratenes oder Gebackenes, Braten
ko (vgl. ī, me-ī, me-ko) — Schale, Rinde, Kleidungsstück, Körper, Behälter
kó = koro
kob — Keule, Schwertkeule, Kralle
koikaikrití, koikuikrití (vgl. krikrit, na-krikrit, koikrikrit) — Donner
koikwa — Erdschicht, Dach über der Welt, Himmel, Himmelsdach, Firmament
koikwa krait — Himmelsstamm
koima (vgl. yúkri, imōkri) — hinauf, oben, Oberfläche
koima-dya — aufstehen, sich erheben
koima-kumen — in die Luft schleudern, in die Höhe schleudern
koima ngoin — auftauchen
koima-ten — in die Höhe schnellen lassen
koipókri, nipokri — Mitte, mitten
koiran = koirum = koima
koiru-uabí — auftauchen, an die Oberfläche kommen
koit — Messer, Stahl, Eisengegenstand, Axt
koit-krã-ko — Stahlaxt
koit-pumiöre — Tapirmesser, Tapiraxt
kok — Wind
kokako — Lippenstück, -scheibe
koka-ti — Araguaia, Strom
kok-dyobéri — Sturm, heftiger Wind
kokokrití — großer Ara-Federschmuck
koko-nyõ-og, koko-ó, Tep-ari-kunotí — Fisch: Avoadora, Avoadeira
koko-ó = koko-nyõ-og
Kokraimore, siehe Kren-katí — Kayapó-Stammesgruppe, Dorf
kokraití — Bienenart
ko-krã-tük — verhülltes Haupt

kókre (vgl. kukren)   fressen, verschlingen
kok-tíre   Dickwanst, Freßsack
komét, kumét   viel
konbún = bon   riechen
kone   ich weiß es nicht, ich will es
    nicht wissen
korã, korán   Fisch Subirú, Surubim
korán = korã
koro, okoro, kororo, kó   Schreie, schreien, brüllen, qua-
    ken (alle Tierlaute), schnarchen
kōt   nachgehen, nachstellen, verfol-
    gen, suchen, begleiten, besitzen,
    deshalb wegen, zu, nach, entlang
    (gehen), zusammensein
kōt-dya = kōt-dyam   etwas holen, etwas suchen, in et-
    was eindringen
kōt-pa   treffen
kotü(k), tük   finster, schwarz, häßlich
kouban, koban, s. ban   stinken, riechen
körö   Jatobá-Baum

kra, krare (vgl. meprire)   Kind, Sohn, Tochter, Enkel(in),
    Junges (von Tieren)
kra-igō   Kinder in den Schlaf singen,
    Schlummerlied
krait, krat, urat   Stamm, Stütze, Fuß
kra-karon   Kleinkind
krak-i   Hüftknochen
krakó   Hüfte
kra-putéwa   erstgeborener Sohn
kramtí   große Menge, viele
krantá   schneiden, fällen
krantá-pa   (Bäume) fällen
krã   Kopf, Schädel
Krã-abore, ngo-amrai-toit   Riocinho, Nebenfluß des Rio
    Fresco
krã-kam-dyuare   Name: böser Geist = Mann mit
    den Hörnern am Kopf
krare = kra
kra-rua   gebären
krã-yako, ayuk, yoko, yakóro   das Haupt in Dreiecksform von
    den Schläfen zum Scheitel hin
    scheren

451

kre	Loch, Höhle, Spalt, hohl, Grab, Ausgang, „Tür"
kren (vgl. kukren, kuru)	essen, fressen
kren-katí	Nichtesser, Urwaldbewohner, s. Kokraimore
kri = krimét	Dorf
krikrit, na-krikrit, kokai-krití	Donner, Getöse, dröhnen
kríma, krímbe	ins Dorf
krimét, kri	Dorf
krom-dyo	Pate, Patin
kru	faul
krúa	Pfeil
Krúa-bo-oabdyo (Krúa-to-oabdyo)	(verborgenes Pfeilrohr) Curua, Urwaldfluß
krua nimró	Pfeile anfertigen
krua õ-nyúa, krua ren	Pfeile schießen
krúa-pu	Armschmuck des Jaguars (Tokokfest)
krüre	kalt, kühl
krürem	Morgengrauen, Dämmerung
kuangá = kangá	
kuanoro = kangá, kuangá	geben, schenken, die Frau verlassen, den Mann verlassen
kubé (vgl. be)	werden zu, sich verwandeln in
kubé-káke	faß an!
kuben	Fremde, fremde Leute
kuben amaõ-toit	Menschen mit dem langen Bart
kuben-kokaikrití	Donnermenschen
kuben kokdyobéri	Windmenschen
kuben-kokraití	Bienenmenschen
kuben-kókre	Menschenfresser
Kubenkrãkein = kuben, krã-kein	(fremde) Leute mit dem geschorenen Haupt; Kayapó-Stammesgruppe, Dorf
kuben-kukoi-ti	Affenmenschen
kuben-mbrire	Froschmenschen
kuben-mu-õ-in-krudye	Menschen mit dem zusammengeschnürten Leib
kuben-noi(ne)	Urubu-Aasgeier-Menschen
kuben-nyiépre	Fledermausmenschen
kuben-põ-põ	Vogelmenschen
kuben-punure, kuben-punu	fremde Wesen, fremdartige Menschen, Doppelwesen von Mensch

	und Tier, Mensch und Pflanze, Mensch und Naturphänomen, Dämonen
kuben-ropre	Hundmenschen
kuben-tone	Gürteltiermenschen
kubin = bin, uoibi (vgl. nimé[i]n)	töten, fällen
kubud	Brüllaffe
kubúire, ku-pa	jemanden töten
kubún = akubún, kubút	zurück
kubún-ten	zurückkehren
kubut = akubun	
kudí, kudyí	aufziehen, bewahren
kudya	dafür, hin
ku-dyo	hineintun
kudyu, kudyúru, kukuru	abschneiden, brechen
kuein	Vogel, kleiner Vogel
kuein-nō-ti	Vogel des gr. Schlafes = Sabiá
kuein puru-ti-aire	Vogel João de barro
kuein-tük	Totenvogel
kuiaé	stoßen
kuibogne	durchbohren
kuka-kuotí	Bacu de seringa, Sägefisch
kukía	fragen
kukói(re)	Affe
kukren (vgl. kókre)	etwas essen, etwas fressen
kukren-ti	Biene Chupé
kukrüt	Tapir
kukuru	abschneiden
ku-küü	entflammen
ku(m)	zu, in, hin
kumá	hören, horchen, erfahren, verstehen, wissen lassen
kuma-abé	lieben (meist im geistigen Sinn gebraucht)
ku-marén	zu jemand sprechen, erzählen
kumén, men	werfen, schleudern, wählen
kumíre	Wipfel
kum-kabén	anreden
kumkin	lieben, verliebt sein
kum-kuré, kum-okuré (vgl. ngru)	eifersüchtig
kum-küü	entflammen
kum-nikúa	etwas auf jemand werfen
kum omā (vgl. pumá, ma, oma)	sich fürchten

453

Wörterliste

kumoro = kangá, kuanóro	
kum-pumā	aus Angst
kumrán	baden
kumrént	wahrhaftig
kuní	alle
kuní-kut	alle
kungró	trocken
kungrō	Spindel
kuní, me-kuní	alle
kunō	sich verlieren, verschwinden, sich verirren
kunón	halb
kunun	Wasserschwein
kuö	gr. Notdurft verrichten, scheißen
kuón	waschen
kupéi	rühren an etwas, sich zu schaffen machen mit
kupip	Strohmatte
kuré, kuren	verfolgen, fangen, folgen
kuré-kōt	hetzen auf, eifersüchtig sein
kurerere	Mädchen, unverheiratete Frau
kuri	nahe, bei
kuri ten	sich nähern, vorbeigehen
kuru (vgl. kukren, kókre)	essen, fressen
kuruáia	jemand schlecht behandeln, schelten
kuru-pa	fällen, hacken, schlagen
kuté	der, die das, dieser, diese, dieses, jener, jene, jenes
kutép	warten
kuúa	bitten
küü	Feuer
küü kutó, -kudyó	anzünden
küü-kungró	Feuer auseinanderbreiten
kwanikwoi, i-kwanikwoi	Schwester
kwarikwai	es soll nicht sein, du sollst nicht, nein
kwatui	Tante: Vaterschwester, Großvaterschwester, väterliche und mütterliche Großmutter
kwörö	Macaxeira
kwōro, kwōre, kwuóro	Maniok
kwóro, i-kwóro	Durst

454

kwōro kamrō	(Maniok-Blut) = Stab mit Maniokzweig an der Spitze (beim Fest Tokok)
kwōro-kangó	Maniokfest, Getränk beim Maniokfest

M

ma, amak, ama, amra	hören, wissen, glauben, belehren, erzählen
mā, pumá (vgl. kum-omá, omá, pumáia)	Angst
mã	Leber
makiére	schelten, beschimpfen
makré	Skorpion
mane	rufen
marén (vgl. yarén)	belehren, sagen
mari	wissen, glauben, hören
mbrire	Kröte, Frosch
me, mē (s. meõ)	Mensch, Mann, Frau
me	und, auch
me-ba	wir, uns
me-be-dyókre (vgl. mebemokré)	Gewalttätige, Wilde, Starke
mebemokré, mokré (s. me-be-ngō-kre, me-be-dyókre)	Selbstbezeichnung der Kayapó-Indianer, in einem Kayapódorf, Kayapó, Indianer, Menschen, Menschheit
mebenget = me-be-nget	„Alte"; reife Männer (Alters- bzw. Reifeklasse), führende Schicht in der Kayapó-Gemeinschaft)
me-be-ngō-dyure (s. menoronure)	Männer, die noch naß sind, Jungmänner ab 18. Lebensjahr oder nach der Reifezeremonie, heiratsfähige Männer oder verheiratete Männer ohne Kinder, Altersbzw. Reifeklasse
me-be-ngrire (vgl. meprire)	kleiner Mensch, Kind
me-be-ngō-kre, ngō-kre (vgl. mebemokré)	wörtl.: Menschen aus der Tiefe des Wassers
me-bogtíre	Knabe (7–13 Jahre), Altersklasse, Reifeklasse
medn (vgl. mein)	Honig

medn-é, meiné (vgl. é) — Bienenwachs

me-i — mein

me-ī (vgl. í, ko) — Menschenleib, Leib

me-ī-tük(re) — Reiferiten, Kandidaten der Reiferiten

mein (vgl. medn) — gut, völlig, ganz, unversehrt, Honig, heilen

mein-é = medn-é (vgl. é) — Bienenwachs

meit (vgl. met) — schön, gut

meitire, metire — sehr schön, sehr gut

me-kamrō — Menschen-Blut, Zeremonie des Blutes = Hochzeitszeremonie

mekaron — Geist, Seele, Schatten, unberührbar, numinos

mekaronre — Windhose, Geist

me-ko (vgl. ko, í) — Schale, Rinde

me-krã-grãgrã — Menschen, Männer mit den grünen Köpfen, Stammes- und Dorfhälfte bei den Kubenkrãkein

mekrare — Mann, dessen Frau ein Kind hat

mekrarere met — Herr des Festes

me-kuní, kuní — alle

men = kumén — schütten, werfen, schleudern

meníre (s. me, meõ-nire, nire) — Frau

me noin — Flaumfedern-Beklebung

me-nō-kára-ket — furchtloser, schwindelfreier Mann

me noro nure = me-be-ngo-dyure

me-ok(re) (vgl. okre) — Jünglinge von ca. 14 bis 17 Jahren; Alters- bzw. Reifeklasse

meõ = me-õ — Mensch, Mann, Frau; menschliches Wesen

meõ-dyudyu-ti — böser Zauberer

meõ karon, siehe mekaron, karon — Geist

meõ-kra-pui — Frau mit Kindern, Frau mit Kind im Traggürtel

meõ kua — Rippe

meõ-kuredyoi — Feind

meõ-kurõdyo — Nahrungsmittel

meõ-mu (vgl. memú, mu) — erwachsener Mann

meõ-nire (vgl. meníre, nire) — erwachsene Frau

me õndyu — anderer (Mann), weiterer, weitere

meõ ta (vgl. kuté, ta)	dieser
me-printire, printí	Jungfrau, Mädchen
meprire = me-be-ngríre	Kind (nach Namengebung)
met (vgl. mein, meit)	schön, gut, vollkommen, Trockenzeit
metiéne	Araia, Rochen
metíre, meitíre	sehr gut, sehr schön
me-tük-dyo	Sterbender
me-tük-õ-puká	der Toten Erde, Begräbnisplatz
me-ü	sommerliche Wanderung des Stammes in der Trockenzeit
mi	nimm!
mí	Krokodil
miein	Gatte, Liebhaber, Geliebter
miore	Ratte
mõ	weggehen, gehen, sich aufmachen; gleich
mob	Inhame, Yam
mob toit	Krebs
mod(n)	Ara-Papagei
modn-tük	großer Totenvogel
mo-ham ngri	„Kleine Väter", Paten bei der Pu-té-Zeremonie
moi (vgl. moia, moina)	was, etwas, einige, wohin
moia	Ding, Geschichte; was, wohin, was für ein?
moia gari ten	Wohin gehst du? (Gruß)
moia kre	etwas pflanzen
moi-meõ	wer?
móina = moia	
moiro, moro, mua	weinen, klagen
móiru ga ten	Warum läufst du?
mokam	warum (weil)
mokok-ti (s. mrükaókre)	elek. Fisch: Puraqué
mõ ngoin	in den Fluß springen
mõ-no, nõ-nõ (vgl. ikuadyõ)	beischlafen
moro = móira, mua	
mõ-ten	fortgehen, fliehen
mrai, mrā	umhergehen, spazierengehen, wandern
mrai-õdya	vorübergehen, begegnen
mrai-toit	schnell laufen
mramri	wahrhaftig, wirklich

457

mronní-yanron	Jatobá-Harz
mrõ-õ-puká-dyo	Tanzschritt
mrõ-tí	Genipap, Frucht, Farbstoff
mrum-krore	kleinste Ameisenart
mrumóre	Ameise
mrumre (vgl. mrum-ti)	Ameise
mrum-ti (vgl. mrumre)	größte Ameisenart
mruní	Dornen
mrü	Wild, Wildbret, Tier, Fleisch
mrü akreit	wildes Tier
mrü-arirein	jagen für einen Tag
mrü-éit-tire	Wildkatze
mrü-in	Därme, Eingeweide
mrü-kakrutí	verschiedenes Wild
mrü-kamrik-tire	Festname für Reh
mrükaókre = mokok-ti	böser Wassergeist
mrü-kit	am Steinherd gebratenes Fleisch
mrü-kōt ten	dem Wild nachgehen, jagen
mrü-krā-õ	sagenhafte Riesenschlange
mrü-krorití	Wild, das brüllt – Festname für Rop-krore (Jaguar)
mrü-kubín	Wild töten, jagen
mrü örö	zum Wild aufbrechen, zur Jagd ausziehen
mrü-twöm, twöm	Fett, fettes Fleischstück
mu	Mann, männl. Geschlechtsteil, bei Tieren Schweif
mua = moiro	
mud, siehe kák	Hals
mum mõ	weitergehen
mut	Sonne
mut-apo-dyo	Sonnenaufgang
mut-krü-(kam)	zur kalten Sonne, Abend
mut-nēa-dyo, mut-tum	Sonnenuntergang
mut-ürüre	Mond

N

na	Regen, Gottheit Bebgororoti, Regenzeit
nã (vgl. ni-rua)	Mutter
na-dyein	Blitz, (Donner), Regenfunken
nádyu	Reh

na-krikrít, na-krikrít o kutó — Donner, donnern
napé — nicht schmecken
nẽ, nẽa — da, dort, daß
nẽ — Paca, Nagetier
netuá = ngetuá, i-nget — Onkel: Mutterbruder, mütterlicher und väterlicher Großvater
ngō — Wasser, Fluß, See
ngō-amrai-toit = Krã-abore
ngō-apatoit — riesiges Wasser, Meer, See, Strom
ngob(e) — Männerhaus
Ngobogtí — großes Licht, Name
ngog (vgl. ngo) — Fisch: Filho do agua, Sohn des Wassers
ngō-goróro = goróro
ngoi kadyoibe krikrit — Strudel
ngoi-kam ngoime — ins Wasser tauchen, springen
ngoi-kam-rere (ren) — den Fluß schwimmend überqueren
ngoime(a) — ins Wasser gehen, ins Wasser
ngoine — Aasgeier
ngoi-ngrere — Wassertanz, Schlußritual des Beb-Festes
ngoi-ren — rudern, Ruderer, Yuruna = Stammesgruppe der Tapi
ngō-kaé (s. kaé) — Lager bei der Reifezeremonie
ngōkon-(ti) — Kalebasse, Kürbisschale, Trinkgefäß
ngō-kōt — den Fluß entlang
ngō-kre — Tiefe, Grund eines Wassers
ngō-mod, ngō — Fluß
ngō-õ-rẽ — schwimmen
ngopre — Muschel, Muscheltier
ngoróro, ngoro — trocken, (ver)trocknen
ngot — Finger
ngō-tom, ngō apatoit — Flut
ngōun — Aruá, Schnecke
ngre — Ei
ngrē — belästigen
ngrere(i) — singen, Gesang, Fest, Kult
ngreri — Fisch pescado
ngrire — klein
ngró — stören, belästigen

459

ngróa	Burití-Palme
ngroa-ti	Burití-Block beim Bemb-Fest
ngru	Zorn, Eifersucht
ngū	Schlamm
ngua, ngua . . .	Heulen der Eule
ni	weibl. Geschlecht, Frau, (Tiere:) Weibchen
nidyí = idyí	
nikra	Hand
nime(i)n (vgl. kubin, bin)	erlegen, töten
nimro	Pfeile anfertigen
nipein = ipein	
nipeit, opeit, peit, apeit	tun, machen
nipókri = koipokri	Mitte, mitten
nipun	oben, oberhalb
nire = ni	
níre = ire	Stück, zerteilen
nirúa (vgl. nã)	Mutter, Gebärerin
nō, nōro (vgl. nyo, otonō)	Auge, Schlaf
noine	Flaumfedern
noi-ton	aufwachen, wecken
nō-kára-ket	schwindelfrei, mutig
nō-kre	Gesicht
nō-kotük	finsteres Auge, häßliches Gesicht
nō-nō = mō-nō	Beischlaf, beischlafen
no-og = no-yok, no-ok (vgl. yog)	malen, bemalen
no-toit (vgl. toit)	wecken, aufwachen
no-yok = no-og	
nunyer	Festname für angru, Wildschwein
nyakre	Nase, Schnauze
nyam	da
nyara, nyui, nyuri	wo
nyō (vgl. nō, noro)	sich hinlegen, schlafen
nyō (vgl. i-nyō, a-nyō)	mein, dein, sein, ihr (besitzen)
nyobog	Licht
Nyobog-tí	Großes Licht, Name
nyog-ti	Fisch
nyō-ken-tig (türa)	Steinbauch (Dickwanst), Schimpfwort
nyōkrit	gezüchtetes, gezähmtes Tier, aufziehen, zähmen

460

nyo-og
nyu (vgl. á-nyú, o-nyú)

nyua, (i)dyo nyua

nyui, nyara
nyum
nyum-kam
nyurukwá

nyurukwáia

Fisch Avoadora
sitzen, wohnen, beginnen, neu, jung
schießen, anschießen, treffen, getroffen sein
wo, dort
denn, da, jetzt
dann, da
Wohnstatt, Wohnung, Behausung
zu Hause, nach Hause

O

o (vgl. õ, a, ã)
õ (vgl. o, a. ã), on

õ, on
o-abdyú
õ-adyō

õ-aé = aé
oakin
õ-akré
oamā

õbog(ne), oibog

õ-boi (vgl. boi)
obü
õ-dya
õ-dyu(o), õndyu

og
õ ge to
og kaikri-tí, og-tí

og(ne) (vgl. ok, no-ok, no-yok)
og kaó
oiakía
oika pa

etwas machen, tun, Blatt
Wesen, sein; sich anschicken, etwas beginnen, machen, tun, werden
mit
sich verstecken
hinlegen, hineinspringen, darauf; Beischlaf

rauben
belehren, lehren
Heimweh, Sehnsucht, sich sehnen
zerteilen, ausweiden, aufbrechen, durchbohren
ankommen, bringen
suchen, fangen, fassen
dafür, darauf, einfügen
weiteres, folgende, mehr, nächste, andere
Vogel
Es sei!
Großer Adler, Donnervogel (mythisches Ungeheuer)
malen, bemalen
Adler-Flaum(feder)
abschneiden, trennen
zerteilen

461

oikapá-no-ipu	zerteilen der Länge nach
ok = og(ne)	
õ-kané	erkranken, verzaubern, verzaubert sein
õ-kapéri-dyo	durch die Lüfte schwingen
õ-kató, kató	herauskommen, erscheinen
okraine-kó	Hahnenschrei
okre, okére = dyokre	
okuré, kum-okuré, ngru	eifersüchtig, Eifersucht
omõ (vgl. pumá, ma, kum-oma)	Angst, Angst haben
õ-miein	zum Gatten, zum Geliebten machen
õ-mõ	hingehen, bringen, daherkommen, dahinschwimmen, forttragen, fortbringen
o-moia	etwas
omrõ	Mahlzeit
omu, omui, pumu(n)	sehen, finden, schauen, erkennen; die Frau erkennen
omui-ma	spähen
omui túm	mit eigenen Augen sehen
õ-nõ	(sich) hinlegen
onyīa	dort, weit
õnyõ apatoit	aufziehen
õ-nyu(ru) (vgl. nyu, a-nyu)	sich setzen, sitzen
õ-nyúa (vgl. nyua)	mit Pfeilen schießen auf, treffen
opein = ipein	
opeit = peine etc.	machen, tun
opera ten	sich schwingen
õ-rã (vgl. arék, rã-ã)	bleiben
õre = õren	darüberschwimmen, schwimmen
oroót	sieden; zittern, Schüttelfrost
otá	seht!
õ-ten	dahingehen, hingehen, holen
õtomó, õtomoro	Großjagd (auf einen Monat)
õ-tonõ (vgl. no, noro)	schlafen, bewußtlos sein (werden)
õ-túm	hinfallen
õ-tük	schwarz färben
õ-waiét s. waiét	sich setzen
örö	irgendwohin aufbrechen, anfangen, werden
örö-mõ	aufbrechen zu

462

P

pa	Arm
pã (vgl. pon[tí])	Eule
pa (vgl. didike, preprék)	töten, erlegen, schlagen, Bäume fällen, umschneiden
pai	Vergeltung, Bezahlung, Rache, Strafe
paniég	Gabel, Astgabel
pari	Fuß, unterhalb, Leiter(-Baum)
pari-dye	Fußband, Fußschmuck
parimut	Fisch Sabão
peine, peit, opeit, nipeit, apeit (vgl. ipein)	tun, machen
petúre	Ameisenart (klein)
pin	Holz, Ast, Baum, Scheit, Stamm
pin-amá	Holz mit Ohren, modriges Holz
pin-apóg	modriges Holz
pin-dyo (vgl. bidyió)	Frucht
pin kein	dürrer Ast
pin-kó(ne)	Baumrinde
pin-krait	Baumstamm
pin-õbog	Fackel
pin-paniég	Astgabel
piog	Laub, Blatt
piü	Katanie, Paránußbaum
po = pore, pora (vgl. kabá)	Schneidegras
pod s. poté	Ameisenbär
pon-(tí) (vgl. pã)	große Eule
pore = po	
póri prõ	Holzkohle, Ruß
poté, po-te s. pod	
potí(re)	schwer, riesig, riesenhaft
pram	Hunger, Verlangen, Begierde; wünschen, wollen
pregne	jagen, treiben
preprék = didíke	schlagen
printí(re), me-printíre	Jungfrau (7–12 Jahre)
prire = ngrire	
pron	Gattin, Geliebte
pron kuri nyu (vgl. tuyaró-miein kuri-nyu)	Couvade

pron(e), õ-pron(e) (vgl. apron)	eilen, davonlaufen; verströmen, verschütten; bald, rasch
prü	Pfad, Weg
pu	Urucu-Frucht, Farbstoff
pu(n) (s. ipú)	voll
pudyí	ein, einzig, allein, eins, vereinen, zusammenfügen
puká	Erde, Welt, Land
puká-kit	Land, ohne festen Boden
puká-tón	in halber Höhe
puká-tum	Heimat
pumá, pumáia, umáia	Angst, Furcht, aus Angst
pumu, omu, omui	sehen, finden, schauen, erkennen; die Frau erkennen, kennen
punure, punu	häßlich, böse, schlecht
puru, pu	Pflanzung, Rodung
puru-kam graire	(Berge auf der Rodung) Serra Encontrada
puru-díri	Pflanzung anlegen, pflanzen
pu-té	Burití-Stäbe (bei der Zeremonie anläßlich der Geburt des ersten Knaben)
Putí-kre-ngrire	(Der seichte Xingu) Rio Fresco
Putíre, pu-tire	Xingu (Pflanzung große)
pyam	Scham, scheu, sich schämen

R

R r r r r . . .	(rollendes Zungen-„R") Ausruf des Entzückens
rã-ã = arék, arék-dya, õ-rã, waiét	bleiben
rã-ã-katíre	Festname des Tapirs
ren, rẽ	übertragen, überqueren
rerekre	schwach
riki-ó	Kopfschmuck aus Anaja-Stroh bei der Totenfeier
rikíre, kikre	Anaja- (auch Naja- oder Inaja-) Palme
rikíre-bo	Kopfschmuck mit Anaja-Blatt beim Maisfest
rikíre-ko	Stab mit Anaja-Palmenzweig beim Fest Tokok

464

rikre-krã = rite-krã Anaja-Samenkörner (myth. Zaubermittel)
rint schauen
rint-to-mõ Gesang und Ritual der Fest-Herolde beim Beb-Fest
roikre Tucumpalme
roikre-krã Tucumsamenkörner, myth. Zaubermittel
rop-krore, rop Jaguar
rop-krore (i)kob „Jaguarklauen" im Tokokfest
rop-krore kayót Jaguar-Fußbänder, Schmuck beim Tokokfest
rop(re) Hund
rõ-rõ Stäbchen zum Feuermachen, Feuerbohrer
rua (siehe kra-rua) fallen, heruntersteigen

T

ta, meõ-ta dieser, diese, dieses
támia dort; jener, jene, jenes
tatángne schlagen (auf den Körper klatschen)
te Bein, Fuß
te abéia Fußspuren suchen, verfolgen
te-grodü (vgl. beb) Fisch Momara
te-i-krã õ-dya mrai auf den Köpfen der Beine gehen = auf allen Vieren gehen
ten gehen, hingehen, laufen (schwimmen)
tep, te Fisch, allgemeiner Name
tep-ari-kunotí Avoadora, Avadora, Fisch
tep-grodü = bẽb Fisch Momara
tep-í Gräte
tep-ko Fischbehälter
tep-kubin, tep uabí fischen
tep kuka-kuotí Sägefisch, Bacu de Seringa
tep-kunotí Fisch Bisora
te-metíre = bekoi apietí Fisch Cachora, Hundefisch
tep-nokokó Fisch Piau cabeca gorda, Piau mit dem dicken Kopf
tep uatire (s. tep-metíre) bei den Xingu-Siedlern ebenfalls „Cachora", Hundefisch

te-tük-tíre — Fisch: schwarzer Piranha
tí(re) — groß
tiére, tieri — brennen, verbrennen
tig(ne), tü — Bauch
tin — leben
tobdyuoi = tobdyuó
tobdyuó (vgl. udyóa) — Enkel(in), Neffe, Nichte, Mündel; Schwager = Gatte der Schwester
toit (vgl. no-toit) — mächtig, stark, heftig, laut
tokok — Name: sagenhafter Fisch; großes Kayapófest
tokrü — Schmerz, schmerzen
ton-(tí) — Riesengürteltier
tonó — an der Sonne trocknen
totógne — Faultier
toro, to — Tanz, Fest, feiern
tum — fallen, stürzen, zufallen, gewohnt sein
turotíre — Fisch: Pacu branco = weißer Pacu
turutí — Bananen
tuyaró — schwangere Frau
tuyaró-miein kuri nyu (vgl. pron kuri nyu) — Gatte, der bei der Schwangeren sitzt = Couvade
tü = tig(ne)
tük (vgl. atükma, kotük)
tü-rã (vgl. nyõ-kok-tü) — Tod, sterben, schwarz
tütü men — Dickwanst (Schimpfwort)
twöm, mrü-twöm — urinieren
Fett, fettes Stück Fleisch

U

uabí — heraufkommen, auftauchen, (Fische) fangen, hinaufklettern, hinaufsteigen
uabó — zahm, sanft
uabó-met — ganz zahm
ubiéia, ubié (vgl. dupié) — Rücken, am Rücken
ubiéia-kein — den Rücken kehren
ubikwá, umbikwá — Verwandter, Verwandte, Dorfangehöriger
udyóa (vgl. tobdyuó) — Schwager: Gatte der Schwester

umbikwá = ubikwá
umré(re)
uoibí, oibin, kubin, bin
urat = krait, krat
uru-
uru-boi
uru-mõ
uru-móro
uru-pron(t)(e)
uru-ten
ü

Schwager: Bruder der Gattin
töten
hin, zu
ankommen, hinkommen
hineilen
sich vermählen
herbeieilen
hingehen
Samen, Samenkorn

W

waiét, rã-ã, arék-dya
wakóre
wayangari, wayanga

wayangari-ni

bleiben
Fuchs
Medizinmann, Schamane, Zauberpriester
weiblicher Medizinmann, Frau des Medizinmannes

Y

ya
yakó(ro) = ayúk, yoko

yanróp
yarén (vgl. marén)
yarén-tóit
yod
yod-toro-ti

yog (vgl. og), no-yok
yoko = krã-yako = ayúk
  = yakó(ro)
yúkri (vgl. imõkri, koima)

hier, da
das Haupt in Dreiecksform von den Schläfen zum Scheitel scheren
Katarrh
sagen, rufen, erzählen, belehren
laut rufen
Süßkartoffel, Kartoffel
Stab mit Kartoffelzweig beim Tokokfest
bemalen
Kayapóhaarschnitt

droben, oben, oberhalb

Personen- und Sachregister

Aasgeiermenschen 34, 69, 244, s. Kuben-punure

Abendröte 51

Ackerbau 123 f., 126, 163 f., 197

Adler, großer, myth. Ungeheuer 76, 80, 84, 225

Adoption 176, 201

Affekt 40, 83, 105 f., 160, 158, 233

Affen 102, 106, 245; Affenmenschen 34, 197, 242 f., s. Kuben-punure; Affentanz, s. Kukói(re)-to(ro) 311–313; -Maske 253, 312

Ahnen 76, 85 f., 256, 276, 278, s. Stammütter, s. Stammväter, s. Kulturheroen, s. Gottheit

Aibí, alter Gorotire-Häuptling 226

Albisetti, Cesare, s. Colbacchini, Antonio

A-krare, unheilbringender Vogel 215

Altamira, Stadt am mittleren Xingu 19, 40

„Alte" 85, 130, 296, s. Altersklassen, s. Mebenget

Alte Zeit 28 f.; in alten, alten Zeiten, „es war einmal" 28, 98, 256; s. Vorzeit, s. Urzeit

Altersklassen = Reifeklassen 39 f., 130, 179 ff.

Ameisenbär 92 f., 312; -Maske 253, 312

Anaja (= Inaja)palme, -Früchte 32; -Fruchtsamen 95; -Strohschmuck 232; -Zweig 317

Analogien 104, 106, 130 f., 270

„Angel" 133 ff.

Angst, Furcht 47, 89, 102, 110, 135, 144 ff., 146, 214, 244, 270, 274

„Animismus" 122

Ansprache, s. Rede u. Redner

Antropomorphe Betrachtungsweise 58, 122, 255

Anthropozentrische Einstellung 37, 153

Antwortverweigerung 208, 305

Apinaye, Ge-Stamm 57–60, 198

Ara, Kakadu, -Nest 187; -Flaumfedernbeklebung 225; -Schwanzfedernschmuck, großer 313, s. Papageientanz

Araguaia, Strom 18, 314

Araweté, Tupístamm 14, 18, 224

Asurini, Tupístamm 13 f., 224

Askese, Enthaltungen 170, 230, 261, 302

Atangra Kubenkräkein-Medizinmann, Wayangari 262

Atoro-o-ngro, Kubenkräkein-Dorfhälfte 122, 181

Augenkrankheit 271

Ausrufe 287

Ausweiden des Beutetieres, Zerteilen 95, 210, 280

Aufziehen 56, 73, 149, 176

Axt, s. Stahlaxt; s. Steinaxt; s. Tapirknochenbeil

Azulona, Urwaldvöglein 92 f., 103, 206

Ästhetik u. Ethik 195 f.

Bacajá, Fluß 13

Bacurau, Nachtvogel 167

„Bahrprobe" 140, 291

Baldus, Herbert 66 f.

Bananen 43, 120 f., 191; -Pflanzung 140; -Blätter 131; Herkunft 193 f.

Banner, Horace 38, 43–45, 47, 56, 58, 67, 71–73, 79 f., 82–84, 110, 123, 167, 199 f., 206, 215, 220, 228, 256, 266, 298, 313

Baum, mächtiger 118, 125 ff., 273, s. Stamm, der das Himmelszelt trägt, s. Blocklauf, s. wari

Baumann, Hermann 19

Beb = Běb, Abkürzung des Namens Bebgororotí, Jüngster, Fisch Momara, großes Männerfest 316–321

Bebgororotí = Der „Regen", hervorragender Ahne, Kulturheros, Heilbringer, Gottheit, 194 f., 206, 246–248, 279–283, 285; Glaube an – 284–287; Erscheinen des Bebgororotí 285, Steinherd des – 202, 284; Familie des – 281, 284, s. Tochter des Regens

Beb-ngri, Kubenkräkein-Indianer 74

Beerdigung 140, 147, 168, 225 ff.; sekundäre Bestattung 233 f.; Begräbnisplatz 168, 225, 247; s. Grab; s. Selbstverwundungen am offenen Grab; s. Totenklage

„Befriedung" 17 f.

Begrüßung, weinende 294

„Beixu", Maniokpastete 134, 170 f., 251 f.; Kuchen, riesige, beim Bebfest und beim Tokokfest 318 f., 322

Bekrare, Geistervogel, Totenvogel 215, 225, 273

Benyadyori, s. Häuptling, Häuptlingswürde

Beschatten 272

Bienenmenschen 70, 244, s. Kuben-punure

Birá, mythischer Liebhaber 129 ff., 157 ff.; Kulturheros 159

Blätter, dürre, Laub im Urwald 64 ff., 74, 166

Blitz 220, 248, 282

Blocklauf 122, 318 f.

Blut, blutige Hände 281; Zeremonie des Blutes 302

Bō, „Der Wald", Männerfest 313 ff.

Bogen und Pfeil 25, 184; myth. Herkunft 116, 190, 205; schießen mit 190 f., 270, 287

Bororo, Ge-Stamm 268

Braten in der Sonne auf heißen Steinen 194; im Steinherd 202, 251, s. Steinherd

Brautwerbung 301 f.

Breda, Gregorius v. 20 f.

Bruder-Schwester-Beziehung 75, 134, 174 f., 192, 305 f.

Brüllaffe-Maske 253, 312; -Schreie 307 c, s. Kukói(re)-toro 312 f.

Bub, fremder 41

Buritípalme 32, 120, 298 ff.; -Frucht 54, 318

Caboclos, Hinterwälder 37

Caetete, Steppen-, Urwaldbach 13

Capiwara, Wasserschwein 210

Caraja, Steppenstamm 314

Closs, Alois 262

Colbacchini, Antonio et Albisetti, Cesare 268

Colibri 84

Conceicao, Städtchen am Araguaia 313

Couvade 170, 297

Mythen 17, 19, 26 ff., 28 ff., 196 ff., 255 ff., 257

„Na", s. Regen, s. Bebgororotí

Nacht 44, 62 ff., 72 f., 88, 155 f.; Tiere der – 64, s. Dyoibe-Kró, s. Herr der Nacht, s. Nyuburiwai

Namen 137, 185, 208, 304 f.; Namenübertragung 122, 252; Fragen nach d. Namen 177 f., 208, 252 f., 304 f.; s. Festnamen 4, s. Fischnamen

Naturvolk 17, 21, 182 f.

Ngob(e) 80, 184, s. Männerhaus

„Ngoi-ngrere", s. Wassertanz 188, 321

Ngoi-pa, Kubenkräkein-Indianer 313, 325

Ngoi-tumre, Gorotire-Indianer, Informant 19, 308

Ngokon-ngri, Urzeitheld 76, s. Zwillingshelden

Ngopre, junger Kubenkräkein-Häuptling 181

Ngre-ngri, Gorotire-Indianerin

Ngrere, s. Gesänge 286, s. Fest

Ngroi, Kubenkräkein-Häuptling 179, 227, 290 f., 311

Nimuendaju, Curt 19, 54 f., 57 ff., 198

„Nheti", Riese, Menschenfresser 52, 59

Notdurft verrichten 94, 108, 118, 155 f.

Novo Horizonte Siedlung, s. Gorotire 17, 19, 37

Nyobog-tí, s. Tochter des „Regens"

Nyuburiwai, Tochter des Herrn der Nacht 278

Oket, Kubenkräkein-Häuptling 42 f., 181, 231

Ort, wo d. Himmel auf der Erde aufruht 44 ff.

Osten, Land im Osten

Panik 217, 260 f.

Papageientanz 320

Paradies 28, 72, 79, 197

Paranuß-Baum 44

Paten 49, 51, 299

Pau d'arco, Baum, Bogenholz, Urwaldbach, ehem. Kayapó-Stammesgruppe 18, 54, 314

Personifikation 182 f. 276, 304

Persönlichkeit 181

Pfeil, s. Bogen und Pfeil

Pflanzung, Rodung 124 f., 130 f., 140, 185

Plattformbett 26, 119

Preuß, Karl, Theodor 256

Profanes u. Heiliges 255

Puká-to-ti, legendäres Stamm-Dorf der Kayapógruppen 18, 221, 285

Pu-té-Zeremonie mit Buritístäben 297

Rache 30, 48, 77, 80, 83, 105, 110, 115, 129 ff., 132 f., 143, 157 f., 184, 210 f., 248 ff., 267, 290 f., 293

Ratte 10, 92, 125

Rauch, Tabakrauch 73, 217, 262, 274, 284, s. Wayangari-Medizinmannpraktiken

Rede u. Redner 182; s. Sprache; s. Häuptling

„Regen" 21, 31, 53, 61, 120 f., 279 f., s. Bebgororotí, s. Tochter d. Regens; Regenbogen 188, 192 f.

Reh 31, 72, 141, 202

Reifeklassen 179, s. Altersklassen

Reiferitual = Me-ĩ-tük(re) 179 f., 300 ff., 318 f.

Spinne 64 f.

Sprache 20, 28, 39, 100; Kultsprache 304, s. reden können 100; Kayapólaute 329 f.; grammatikalische Hinweise 322 ff.; Mythen-Originaltexte 336 ff.

Stahlaxt 68, 242 f., 278

Stamm, der das Himmelsdach trägt 34 f., 208, 212 f., 224

Stamm-Mütter 48, 58, 158, 304

Stamm-Väter 48, 57, 80 f., 84

Starke = Mann, d. Starke 41, 48, 56, 109 f., 291 f., s. Kraft-Ideal

Steinaxt, Zeremonialaxt 301

Steinen, Karl v. d. 92, 155

Steinherd = Erdherd 131, 139, 168, 170 f., 251, s. – des Bebgororotí; s. – des Jaguars

Steinmenschen 50, s. Kuben-punure

Steppe 32, 36, 42 f., 69, 77, 118, 251, 255; -Brand, s. Treibjagd

Sterben 224 f.; Sterblichkeit 214, 267, 271; Stirb- u. Werdenmotiv 163, s. Dema-Wesen 127 f.

Sterne 42, 51, 61, 276, s. Metor, s. „Sternenfrau", Tochter des Herrn der Nacht

Stillen 170, 214

Strafen 72, 293 f., 290 f.; Spiegelstrafen, s. Bebgororotí

Strudel im Fluß 272

Sturm 36, 40, 279 f., s. „Regen"

Süßkartoffel 32, 120, 123 f., 189, 307 a, 314, 316

Suya, Ge-Stamm 79

Tabakrauch 260, s. Rauch

Tabu 70 ff., 73 f., 75

Tag 66 ff.; Mittag

Takwara(Bambus)-Menschen 70, s. Kuben-punure

Tanz 112, 299, 305, 307 f., 314 f., 317, 319 ff.; – der Fi-

sche 123, 128 ff., 252; Feste der; -Führer 183; Masken 259; Fledermäuse 249, s. Feste, s. „Beb", s. Tokokfest

Tapir 29, 85, 104, 127, 130 f., 137 f., 258, 275; -Braten 122, 131, 173, 180, 183, 201, 203; Tapir-Geliebte 137 ff., 154, 173; Tapirbeil 243

Tätowierung 292

„Taufe" 304

Tčakamandapá, myth. Kayapó-Indianer 86 ff., 91, 102

Tedyek, alter Kubenkrãkein-Indianer, Informant 220, 226, 230 f., 285

Tekrere, Kubenkrãkein-Führer 181

Tep-kra-gnri, Kubenkrãkein-Kind 285

„Tep-tí", „Der große Fisch", Wassergeist 216

Therapie 260, s. Wayangari

Thomas, Sebastião, Bischof 18

Tiere 85 ff., 100, 115; –, redende 100, 115; – als Partner 115; –, aufgezogene, gezähmte; – der Nacht 64 f.; -Verwandlungen 104 ff., 108, s. Herren d. Tiere; s. Hilfstiere

Timbira, Ge-Stamm 54, 57

Tochter des Herrn der Nacht 68, 73, s. Nyuburiwai, s. Dyoibe-Kró

Tochter des „Regens" 43, 61, 118 ff., 123, 126, 156, 197, 283, s. Nyobog-tí, s. Bebgororotí

Tod 207, 219, 225 ff., s. Sterben, s. Töten

Tokok = verst. Häuptling; myth. Fisch, Fest 306, 313 ff.

Toro = Tanz = Kult = Fest 305

Literaturverzeichnis

Albisetti, Cesare
1942   Siehe: Antonio Colbacchini et Cesare Albisetti
Baldus, Herbert
1937   Ensaios de Etnologia Brasileira, São Paulo
1946   Lendas dos Indios do Brasil, São Paulo
1958   Die Jaguarzwillinge, Ursprungssagen und Märchen brasilianischer Indianer
Banner, Horace
1952   A casa dos Homems Gorotire, Revista do Museu Paulista, Nova serie, vol. VI, Sao Paulo
1957   Mitos dos Indios Kayapó. Revista de Antropologia, vol. 5, Nr. 1, São Paulo
1961   O Indio Kayapó em seu Acampamento, Boletim do Museo Paraense Emilio Goeldi, serie Antropologia, Nr. 13, Belem
Baumann, Hermann
1959   Mythos in ethnologischer Sicht, Studium Generale, 12. Jg., Heft 1, Berlin
Breda, Gregorius von
1933   Muttersprache, 7. Heft, Missionswissenschaftliche Studien, München–Herzogenbusch
Closs, Alois
1960   Das Religiöse im Schamanismus, Kairos, Heft I, Salzburg
Colbacchini, Antonio
1942   et Albisetti (Cesare): Os Bororos orientais Orarimogodogue do Planalto oriental de Mato Grosso, Brasiliana serie grande formato IV, São Paulo
Diniz, Soares Edson
1964   Os Kayapó-Gorotire, Boletim do Museu Paraenso Goeldi, serie Antropologia, Nr. 18, Belém
Dreyfus-Roche, Simone
1956   O Indio Amazonense, Revista Brasiliense, Jul-Augusto, São Paulo
1957   Brésil, Musique Indienne, notice accompagnante disque microsillon longue duree, Ld 15, edite au Department d'Ethnomusicologie, Musée de l'Homme, Paris
1958   Dreyfus-Roche, Simone, siehe Métraux Alfred et
1963   Les Kayapó du Nord, Contribution a l'étude des Indiens Ge, Paris, La Haye
Ehrenreich, Paul
1894   Materialien zur Sprachenkunde Brasiliens II, Die Sprache

481

der Cayapo (Goyaz). Zeitschrift für Ethnologie, XXVI, Berlin
1905   Mythen und Legenden der südamerikanischen Indianer, Zeitschr. für Ethnologie, Berlin
1910–1911   Die allgemeine Mythologie und ihre ethnologischen Grundlagen, Leipzig
Eliade, Mircea
1954   Die Religionen und das Heilige, Salzburg
1957   Das Heilige und das Profane, Hamburg
1957   Schamanismus und Archaische Ekstasetechnik, Zürich und Stuttgart
1959   Traité d'Histoire des Religions, Payot, Paris
Frickel, Protasio
1968   Os Xikrin. Equipamentos e técnicas de Subsisténcia. Publ. Avulsas Museu Paraense Emilio Goeldi, 7, Belém
Frobenius, Leo
1898   Die Weltanschauung der Naturvölker, Weimar
Graebner, Fritz
1924   Das Weltbild der Primitiven, München
Haekel, Josef
1958   Religion, in: Lehrbuch der Völkerkunde, ed. Adam Trimborn, Stuttgart
Jensen, Ad. E.
1960   Mythos und Kult bei den Naturvölkern
Kieckers, Ernst
1931   Die Sprachstämme der Erde, Heidelberg
Kissenberth, Wilhelm
1912   Über die hauptsächlichsten Ergebnisse der Araguaya-Reise, Zeitschrift für Ethnologie XLIV, Berlin
Koch-Grünberg, Theodor
1919   Vom Roroima zum Orinoco, vol. II, Mythen und Legenden der Taulipang- und Arekuna-Indianer, Berlin
1921   Indianermärchen aus Südamerika, Jena
Kräutler, Enrico
1953   O Xingu, encanto o terror? Imprenso Ofical Belem
Krause, Fritz
1911   In den Wildnissen Brasiliens, Leipzig
Kunz, Dietmar
1954   Allgemeine Völkerkunde, die Form und Entwicklung der Kulturen, Braunschweig
Loukotka, Cestimir
1935   Classificacion de las lenguas sudamericanas, Praha
1952   siehe Rivet Paul et Loukotka Cestimir

1954   Les Lengues non Tupi du Brezil du Nordest Anais do
        XXXI Cong. Int. dos Americanistas vol II. São Paulo
1967   Ethno-Linguistic Distribution of South American Indians
        (Sprachkarte), University of California, Los Angeles
Lowie, Herbert
1946   The north western and central Ge Handbook of South
        American Indians. Vol. I, Washington
Lukesch, Anton
1956   Über das Sterben bei den nördlichen Kayapó-Indianern,
        Anthropos, vol. 51, Fribourg
1960   Beiträge zur Weltanschauung der Kayapó, Akten des 34.
        Internationalen Amerikanistenkongresses, Wien
1961   Bebgororotí, eine mythologische Gestalt der Gorotire-In-
        dianer, Wiener völkerkundliche Mitteilungen. VII. Jg.,
        Bd. II, 1–4, Wien
1963   Religionsbuch der Kayapó, Mödling bei Wien
1963   Die Auffassung des Mythos bei den Kayapó. Zeitschrift
        für Ethnologie, Band 88, Heft I, Braunschweig
1964   Indianische Persönlichkeit bei dem Ge-Volk der Kayapó,
        Völkerkundliche Abhandlungen, Band I, Niedersächsi-
        sches Landesmuseum, Hannover
1965   Stellung der Frau in einer indianischen Gesellschaftsord-
        nung, Mitteil. d. Anthrop. Gesell., Bd. XCV, Wien,
        124–131
1990   Schamanen am Rio Xingu. Neuentdeckte Indianerstämme
        im brasilianischen Urwald, Wien, Köln
Magalhaes, Couto de
1935   O Selvagem, 3 Ediçao Brasiliana vol. 52, São Paulo
Malinowski, B.
1926   Myth in primitive Psychology, Psychische Miniatures,
        gen. ser, no. 6, pp. 128, London
Martius, Carl Friedrich Phil. von
1867   Beiträge zur Ethnographie und Sprachenkunde Amerikas
        zumal Brasilias; Vol. I Zur Ethnographie vol. II, Sprachen-
        kunde, Leipzig
Moscica, Neto Araujo
1959   Relatorio sobre a situação actual dos Indios Kayapó
Métraux, Alfred
1958   et Dreyfus-Roche, La Naissance et la Première Enfance
        chez les Indiens Cayapo du Xingu. Miscellanea Paul Ri-
        vet, Mexico
1960   Mythes et Contes des Indiens Cayapo (Groupe Kuben-Kran-
        Kegn), Revista do Museu Paulista, nova Seria XII, São Paulo

Murphy, Robert F.
1960   Headhunters Heritage, Social and economical Change among the Mundwucu, Berkley and Los Angeles
Nimunendaju, Curt
1939   Tribes of the lower and middle Xingu River, Handbook of South American Indians. Vol. III, Washington
1939   Apinaye, The Catholic University of America, Anthropological series no 8, Washington
1946   The eastern Timbira, University of California Publications in American Archeology and Ethnology, vol. 41, Berkley and Los Angeles
1952   Os Gorotire R. M. P. n. s. vol. VI, São Paulo
Pinto, Estevão
1956   Ethnologia Brasileirea, Fulnio os ultimos Taburas, São Paulo
Preuss, Karl Theodor
1964   Der religiöse Gehalt der Mythen. In: C. A. Schmitz, Religionsethnologie, Frankfurt
Ribeiro, Darcy
1976   Uirá sai à procura de Deus. Ensaio de Etnologia e Indigenismo, Rio de Janeiro
Rivet, Paul et Loukotka, Cestimir
1952   Langues de l'Amérique du Sud et des Antilles, In Meillet A. et Cohen, Marcel, Les Langues du Monde, Paris, vol. 1099–1151
Schebesta, Paul
1961   Ursprung der Religionen, Berlin
Schmidt, Wilhelm
1928   Die Sprachfamilien und Sprachkreise der Erde, Heidelberg
Schultz, Harald
1950   Lendas dos Indios Kraho, Revista do Museu Paulista, São Paulo
Steinen, Karl von den
1886   Durch Central-Brasilien, R. A. Brockhaus, Leipzig
1894   Unter den Naturvölkern Zentral-Brasiliens, Berlin
Steward, J.
1946   Handbook of South American Indians, Washington
Stiglmayr, Engelbert
1970   Ganzheitliche Ethnologie. Ethnologie als integrale Kulturwissenschaft. Acta Ethnologica et Linguistica No. 18. Wien
Szyszlo, Vitold de
1955   La Naturaleza en la América Ecuatorial, Lima

Thomas, Sebastião Dom
1936   Gorotirés, Rio de Janeiro
Trimborn, Adam
1958   Lehrbuch der Völkerkunde, Stuttgart
Vries, Jan de
1961   Forschungsgeschichte der Mythologie, Freiburg–München
Wagley, Charles
1949   The Tenetehara Indians of Brazil, New York
Zerries, Otto
1954   Wild- und Buschgeister in Südamerika, Wiesbaden
1962   Wildbeuter- und Jägertum in Südamerika – ein Überblick,
           Paideuma, Mitteilungen zur Kulturkunde, Bd. VIII, Heft 2,
           Salzburg

BÖHLAU
BÜCHER

Otto König/Franz Renner/Michaela Wolf (Hg.)

AMERIKA IM GEDÄCHTNIS

500 Jahre Widerstand in Lateinamerika
Eine Selbstbeschreibung
(Böhlaus Zeitgeschichtliche Bibliothek, Bd. 24,
hg. v. Helmut Konrad)

1994. 128 S. Brosch. ISBN 3-205-98102-2

Der Band enthält eine Dokumentation der wichtigsten Vorträge des Symposiums, das im März 1992 unter dem Titel „500 Jahre Widerstand in Lateinamerika" von der Karl-Franzens-Universität Graz in Kooperation mit der Universidad Centroamericana Managua veranstaltet wurde.
Leitende Absicht der Zusammenarbeit und der Veranstaltung anläßlich des Quinto Centenarios — dem 500. Jahrestag nach der Entdeckung Amerikas durch Christoph Kolumbus — war es, die Basis für eine Selbstbeschreibung der kulturellen, politischen, ökonomischen und religiösen Situation Lateinamerikas durch namhafte lateinamerikanische Wissenschafter zu schaffen und dadurch die Basis für einen egalitären universitären Diskurs zu legen.
Vor allem aber sollte Vertretern verschiedener Fachrichtungen aus Lateinamerika die Möglichkeit gegeben werden, ihre Perspektiven dieses historischen Einschnittes in der Geschichte dieses Kontinents sowie ihre Versuche einer Neudefinition der Beziehungen zwischen Lateinamerika und Europa zu entwickeln.

Erhältlich in Ihrer Buchhandlung!

BÖHLAU VERLAG WIEN KÖLN WEIMAR

BÖHLAU
BÜCHER

Anton Lukesch

DIE SCHAMANEN
AM RIO XINGU

Neuentdeckte Indianerstämme
im brasilianischen Urwald

1990. 342 S. 8 Farb- u. 8 SW-Tafeln. Geb.

ISBN 3-205-05288-9

Anton Lukesch war an der Entdeckung von zwei Urwaldstämmen
im Rio-Xingu-Gebiet in Peru beteiligt und hat viele Jahre hier gelebt.
Aufgrund langjähriger Studien beschreibt er erstmals für den
deutschsprachigen Raum Lebensweise und Weltbild dieser Indianerstämme.
Im Zentrum der Darstellung steht der Schamane. Er ist durch seine
mystischen Fähigkeiten Mittler zur übersinnlichen Welt und stellt
so auf religiös-weltanschaulichem Gebiet die erste Autorität in diesen Gemeinschaften dar.
Der Autor vermittelt dem Leser faszinierende Einblicke in eine Welt
von Mythen, Träumen, Himmelsreisen, Geisterglauben, religiösen
Festen oder Besessenheit und dokumentiert in letzter Stunde für
diesen Raum, in dem große Veränderungen vor sich gehen, Alltag
und religiöse Grundhaltung der hier lebenden Indianer.

Erhältlich in Ihrer Buchhandlung!

BÖHLAU VERLAG WIEN KÖLN WEIMAR

BÖHLAU
BÜCHER

Günter Kahle
Lateinamerika in der Politik
der europäischen Großmächte 1492–1810
1993. VIII, 102 S., 2 Ktn. Brosch. ISBN 3-412-04093-2

Jahrbuch für Geschichte von Staat, Wirtschaft
und Gesellschaft Lateinamerikas
Begründet von R. Konetzke (†) und H. Kellenbenz (†)
Hg. von Günter Kahle, Horst Pietschmann und Hans Pohl
ISSN 0075-2673. Erscheinungsweise jährlich

Lateinamerikanische Forschungen
Beihefte zum Jahrbuch für Geschichte von Staat, Wirtschaft
und Gesellschaft Lateinamerikas
Informationen über die zahlreichen bereits erschienenen
Bände bitte anfordern!

Historische Anthropologie
Kultur — Gesellschaft — Alltag
Hg. von Richard van Dülmen, Alf Lüdtke, Hans Medick,
Michael Mitterauer u.a.
ISSN 0942-8704. Erscheinungsweise dreimal jährlich.

Erhältlich in Ihrer Buchhandlung!

BÖHLAU VERLAG KÖLN WEIMAR WIEN